AF551685

GRöLS
Verlage

„Bücher sind wie Fallschirme. Sie nützen uns nichts, wenn wir sie nicht öffnen."

Gröls Verlag

Redaktionelle Hinweise und Impressum

Das vorliegende Werk wurde zugunsten der Authentizität sehr zurückhaltend bearbeitet. So wurden etwa ursprüngliche Rechtschreibfehler *nicht* systematisch behoben, denn kleine Unvollkommenheiten machen das Buch – wie im Übrigen den Menschen – erst authentisch. Mitunter wurden jedoch zum Beispiel Absätze behutsam neu getrennt, um den Lesefluss zu erleichtern.

Um die Texte zu rekonstruieren, werden antiquarische Bücher von Lesegeräten gescannt und dann durch eine Software lesbar gemacht. Der so entstandene Text wird von Menschen gegengelesen und korrigiert – hierbei treten auch Fehler auf. Wenn Sie ebenfalls antiquarische Texte einreichen möchten, finden Sie weitere Informationen auf www.groels.de

Viel Freude bei der Lektüre wünscht Ihnen das Team des Gröls-Verlags.

Adressen

Verleger: Sophia Gröls, Im Borngrund 26, 61440 Oberursel

Externer Dienstleister für Distribution & Herstellung: BoD, In de Tarpen 42, 22848 Norderstedt

Unsere „Edition | Werke der Weltliteratur“ hat den Anspruch, eine der größten und vollständigsten Sammlungen klassischer Literatur in deutscher Sprache zu sein. Nach und nach versammeln wir hier nicht nur die „üblichen Verdächtigen“ von Goethe bis Schiller, sondern auch Kleinode der vergangenen Jahrhunderte, die – zu Unrecht – drohen, in Vergessenheit zu geraten. Wir kultivieren und kuratieren damit einen der wertvollsten Bereiche der abendländischen Kultur. Kleine Auswahl:

Francis Bacon • Neues Organon • **Balzac** • Glanz und Elend der Kurtisanen • **Joachim H. Campe** • Robinson der Jüngere • **Dante Alighieri** • Die Göttliche Komödie • **Daniel Defoe** • Robinson Crusoe • **Charles Dickens** • Oliver Twist • **Denis Diderot** • Jacques der Fatalist • **Fjodor Dostojewski** • Schuld und Sühne • **Arthur Conan Doyle** • Der Hund von Baskerville • **Marie von Ebner-Eschenbach** • Das Gemeindekind • **Elisabeth von Österreich** • Das Poetische Tagebuch • **Friedrich Engels** • Die Lage der arbeitenden Klasse • **Ludwig Feuerbach** • Das Wesen des Christentums • **Johann G. Fichte** • Reden an die deutsche Nation • **Fitzgerald** • Zärtlich ist die Nacht • **Flaubert** • Madame Bovary • **Gorch Fock** • Seefahrt ist not! • **Theodor Fontane** • Effi Briest • **Robert Musil** • Über die Dummheit • **Edgar Wallace** • Der Frosch mit der Maske • **Jakob Wassermann** • Der Fall Maurizius • **Oscar Wilde** • Das Bildnis des Dorian Grey • **Émile Zola** • Germinal • **Stefan Zweig** • Schachnovelle • **Hugo von Hofmannsthal** • Der Tor und der Tod • **Anton Tschechow** • Ein Heiratsantrag • **Arthur Schnitzler** • Reigen • **Friedrich Schiller** • Kabale und Liebe • **Nicolo Machiavelli** • Der Fürst • **Gotthold E. Lessing** • Nathan der Weise • **Augustinus** • Die Bekenntnisse des heiligen Augustinus • **Marcus Aurelius** • Selbstbetrachtungen • **Charles Baudelaire** • Die Blumen des Bösen • **Harriett Stowe** • Onkel Toms Hütte • **Walter Benjamin** • Deutsche Menschen • **Hugo Bettauer** • Die Stadt ohne Juden • **Lewis Caroll** • *und viele mehr….*

Thomas Edward Lawrence

Aufstand in der Wüste

Inhalt

1. Storrs landet in Djidda

Als wir endlich im Außenhafen von Djidda vor Anker gingen, angesichts der weißen Stadt, die schwebend hing zwischen dem flammenden Himmel und seiner Spiegelung, die leuchtend über die weite Lagune hin wallte, da kam Arabiens Glut gleich einem gezückten Schwert über uns und machte uns stumm. Es war ein Oktobermittag des Jahres 1916, und die steile Sonne hatte, wie Mondlicht, alle Farben ausgelöscht. Man sah nur Licht und Schatten, weiße Häuser und schwarze Straßenschlünde; davor der fahl schimmernde Dunst über dem Innenhafen; dahinter breitete sich in blendendem Glanz ein meilenweites Meer von Sand und verlor sich gegen den Saum einer niedrigen Hügelkette, die nur eben wie hingehaucht lag in dem fernen Geflimmer der Hitze.

Hart nördlich von Djidda lag eine zweite Gruppe schwarzweißer Gebäude, die in der Spiegelung wie Kolben auf und ab tanzten, während das Schiff vor Anker rollte und einzelne Windstöße Glutwellen durch die Luft trugen.

Oberst Wilson, der britische Geschäftsträger beim jungen arabischen Staat, hatte uns seine Barkasse entgegengeschickt; und erst als wir den Fuß an Land setzten, überzeugten wir uns von der Wirklichkeit dieser schwebenden Fata Morgana. Unser Weg zum Konsulat führte uns an dem weißen Mauerwerk der noch unfertigen Hafenmole vorbei und durch die enge, stickige Gasse der Lebensmittelhändler. Allerorten, vom Dattelverkäufer bis zu den Fleischbänken, schwirrten Scharen von Fliegen gleich Stäubchen in den schmalen Sonnenstreifen, die durch die Ritzen und Löcher der hölzernen und sackleinenen Schutzdächer bis in die dunkelsten Winkel der Buden stachen. Die Luft war wie ein heißes Bad.

Wir erreichten das Konsulat; und daselbst, in einem schattigen Raum, ein offenes Gitterfenster im Rücken, saß Wilson, in hoffnungsvoller Erwartung der frischen Brise von der See, die in den letzten Tagen ausgeblieben war. Er erzählte uns, daß Scherif Abdulla, der zweite Sohn Husseins, Großscherifs von Mekka, soeben in der Stadt eingezogen sei. Ronald Storrs und ich waren von Kairo aus das Rote Meer heruntergefahren, um uns mit Abdulla zu unterreden. Dieses gleichzeitige Eintreffen war also eine glückverheißende Fügung; denn Mekka, die Hauptstadt des Scherifats, ist für Christen unzugänglich, und Geschäfte, wie die Storrs', konnten füglich nicht durchs Telephon erledigt werden. Meine Anwesenheit segelte unter der Flagge einer Vergnügungsreise; Storrs aber, Orientalist und Sekretär bei der Residentschaft in Kairo, war der Vertrauensmann Sir Henry Mc Mahons bei all den heiklen Verhandlungen mit dem Scherif von Mekka. Die glückliche Vereinigung seiner Landeskenntnis mit der Erfahrung und dem Scharfsinn Sir Henrys und dem gewinnenden Wesen Claytons hatten einen so starken Eindruck auf den Scherif gemacht, daß diese ungemein schwierige Persönlichkeit in den bedingten Abmachungen eine ausreichende Sicherung sah, um den Aufstand gegen die Türkei zu beginnen, und daß er auch späterhin England die Treue hielt während eines an Wechselfällen und gefährlichen Krisen überreichen Krieges.

Abdulla erschien bei uns in feierlichem Aufzug, auf einer Schimmelstute reitend, mit einem Gefolge reichbewaffneter Sklaven zu Fuß und begleitet vom ehrfürchtig schweigsamen Gruß der Bevölkerung. Er war noch ganz erfüllt von seinem jüngsten Erfolg bei Taif und in glücklichster Stimmung. Ich selbst sah ihn zum erstenmal, Storrs hingegen war ein alter Freund von ihm und stand mit ihm auf bestem Fuß. Mein erster Eindruck von ihm, während sie miteinander sprachen, war der einer beständigen Vergnügtheit. Der Schalk saß ihm in den Augenwinkeln, und trotz seiner fünfunddreißig Jahre hatte er auch schon Fett angesetzt, vermutlich von allzu vielem Lachen. Er scherzte mit allen Anwesenden auf die liebenswürdigste Art. Als sich dann die Unterhaltung ernsten Gegenständen zuwandte, schien allerdings die Maske des Frohsinns zu verschwinden, wie er denn auch seine Worte mit Sorgfalt wählte und seine Gründe scharfsinnig darzulegen wußte. Freilich hatte er es auch mit einem Mann wie Storrs zu tun, der in der Diskussion hohe Anforderungen an seinen Gegenpart stellte.

Ich hielt mich beobachtend im Hintergrund und suchte mir ein Urteil über ihn zu bilden. Der Aufstand des Scherifs hatte in den letzten Monaten nur geringe Fortschritte gemacht (war sogar zum Stillstand gekommen: der Anfang vom Ende bei jedem Kleinkrieg) und meiner Meinung nach lag das an einem Mangel an Führung; denn nicht Verstand, Urteil, politische Einsicht, sondern nur die Flamme der Begeisterung vermochten die Wüste in Brand zu setzen. Mein Besuch galt hauptsächlich dem Zweck, den überragenden Führergeist für die Sache ausfindig zu machen und seine Eignung daraufhin zu prüfen, ob er den Aufstand bis zu dem mir vorschwebenden Ziel vorwärts zu tragen imstande wäre. Im Laufe des Gesprächs kam ich mehr und mehr zu der Überzeugung, daß der ausgeglichene, kühle und nüchterne Abdulla nicht der Prophet war, den ich suchte: vor allem nicht der Prophet mit dem Schwert, der allein – wenn die Geschichte wahr spricht – Erhebungen zu Erfolg zu führen vermag. Sein Wert mochte vielleicht später nach glücklichem Vollbringen zur Geltung kommen.

Storrs zog mich in die Verhandlung, indem er Abdulla nach seiner Ansicht über den gegenwärtigen Stand des Feldzugs fragte. Dieser wurde sofort ernst und sagte, er wünschte die Engländer von der dringenden Notwendigkeit ihrer sofortigen und persönlichen Mitwirkung bei der Sache zu überzeugen, was er folgendermaßen begründete:

Durch unser Versäumnis, die Hedjasbahn zu unterbrechen, seien die Türken in der Lage, fortgesetzt Truppen und Material zur Verstärkung nach Medina zu senden.

Faisal sei von der Stadt vertrieben worden; und der Feind sei bereits dabei, eine fliegende Kolonne aller Waffengattungen aufzustellen, um mit ihr gegen Rabegh vorzurücken.

Die Araber in den Bergen längs des Weges nach Rabegh seien infolge unserer Säumnis zu schwach an Artillerie, Maschinengewehren und sonstigem Material, um den Vormarsch ernstlich aufhalten zu können.

Hussein Mabeirig, der Scheikh der Rabegh-Harb, habe sich auf seiten der Türken gestellt. Sobald die Kolonne von Medina vorrücke, würden sich die Harb anschließen.

Danach also bliebe seinem Vater nichts anderes übrig, als sich an die Spitze seines Volkes von Mekka zu stellen und angesichts der Heiligen Stadt im Kampf zu sterben.

In diesem Augenblick läutete das Telephon: Der Großscherif wünschte Abdulla zu sprechen. Er wurde vom Stand unserer Unterredung unterrichtet und bestätigte sogleich, daß er äußerstenfalls so handeln würde. Die Türken würden nur über seine Leiche in Mekka eindringen. Das Telephon klingelte ab; Abdulla wandte sich ein wenig lächelnd zu uns und fragte, ob zur Verhütung solchen Unheils eine englische Brigade, wenn möglich aus mohammedanischen Truppen bestehend, in Suez transportbereit gehalten werden könne, um, wenn die Türken von Medina vorrückten, nach Rabegh geworfen zu werden. Was wir über diesen Vorschlag dächten?

Ich antwortete, daß ich seine Meinung der ägyptischen Regierung unterbreiten würde, daß aber England nur sehr ungern Truppen der entscheidenden Verteidigung Ägyptens entziehen würde (obgleich er nicht glauben dürfe, daß der Kanal irgendwie ernstlich durch die Türken bedroht sei), und daß England noch weniger geneigt wäre, etwa Christen zur Verteidigung der Heiligen Stadt zu Hilfe zu schicken, da gewisse mohammedanische Kreise in Indien, die an dem unverjährbaren Recht des Türkischen Reiches auf die Haramein festhielten, unsere Beweggründe und unser Handeln falsch auslegen würden. Ich glaubte aber, daß ich seine Vorschläge vielleicht wirksamer unterstützen könnte, wenn ich über die Rabegh-Frage auf Grund persönlicher Einsicht in die dortigen Verhältnisse und Stimmungen zu berichten in der Lage wäre. Auch würde ich Faisal gern sehen, um mich mit ihm über alles Notwendige zu besprechen, namentlich über die Möglichkeit einer längeren Verteidigung durch die Stämme seines Berglandes, wenn wir sie mit Material unterstützten. Mein Wunsch sei, von Rabegh die Sultanistraße gegen Medina hinaufzureiten bis zum Lager Faisals.

Storrs legte sich ins Mittel und unterstützte mich nach Kräften, indem er darauf hinwies, wie außerordentlich wichtig es für das Britische Oberkommando in Ägypten sei, durch einen geübten Beobachter eingehend und rechtzeitig über die Lage unterrichtet zu werden. Abdulla ging ans Telephon und versuchte die Einwilligung seines Vaters für meine Bereisung des Landes zu erhalten. Der Scherif nahm den Vorschlag mit entschiedenem Mißtrauen auf. Abdulla setzte die Gründe auseinander, wies auf die Vorteile hin und übergab dann Storrs das Hörrohr, der seine ganze diplomatische Kunst bei dem Alten spielen ließ. Storrs in vollem Schwung zuzuhören, war ein Genuß, allein schon der arabischen Sprache wegen, aber auch eine wirksame Lektion für jeden Engländer, wie man mit argwöhnischen und widerspenstigen Orientalen umzugehen hat. Es war schlechthin unmöglich, ihm länger als einige Minuten zu widerstehen, und auch in diesem Falle erreichte er seinen Zweck. Der Scherif verlangte wieder nach Abdulla und ermächtigte ihn, an Ali zu schreiben und ihm anheimzustellen, mir die Erlaubnis zum Besuch Faisals zu geben, falls er es für angemessen hielte und nichts Besonderes dagegen vorläge. Abdulla veränderte unter Storrs' Einfluß diesen bedingten Bescheid in eine klare schriftliche Anweisung an Ali, mich so schnell wie möglich mit guten Reittieren zu versehen und unter voller Sicherheit zum Lager Faisals zu bringen. Da das alles war, was ich, und ein gut Teil von dem, was Storrs begehrte, begaben wir uns zu Tisch.

Die Stadt Djidda hatte uns schon auf dem Weg zum Konsulat gut gefallen. Nach dem Mittagessen, als es ein wenig kühler war oder wenigstens die Sonne nicht mehr so hoch stand, machten wir uns daher auf den Weg, um geführt von Young, dem Sekretär Wilsons, einem Mann, der sich in den Dingen von einst besser auskannte als in den Dingen von heute, die Sehenswürdigkeiten zu besichtigen.

Djidda war in der Tat eine merkwürdige Stadt. Die Straßen waren schmale Gassen, im Basarviertel holzüberdeckt, und da, wo sie offen waren, blickte der Himmel nur durch einen schmalen Spalt zwischen den hohen Firsten der weißgetünchten Häuser. Diese, aus Korallenkalkstein gebaut, waren vier bis fünf Stockwerk hoch, durch viereckige Balken versteift und mit weiten Bogenfenstern versehen, die durch graue, vom Boden bis zum Dach laufende Holztäfelungen verbunden waren. Die Fenster in Djidda hatten keine Scheiben, dafür aber eine Fülle schönen Gitterwerks, und einige der Umrahmungen zeigten sehr feine Flachornamentik. Die schweren, zweiflügeligen Türen aus Teakholz waren reich geschnitzt, oft mit viereckigen Gucklöchern versehen und mit Angeln und Ringklopfern von kunstvoller Schmiedearbeit. Man sah auch viel Stuckplastik, und an älteren Häusern reichgeschnittene Steinknäufe und Pfosten an den zum Innenhof gehenden Fenstern.

Die ganze Bauweise erinnerte an den zierlichen Fachwerkstil aus dem Elisabethanischen Zeitalter, namentlich in der überladenen Manier von Cheshire, jedoch auf eine kapriziös spielerische Art bis zur äußersten Spitze getrieben. Die Fronten der Häuser waren filigranartig durchbrochen und getüncht, so daß sie aussahen wie aus Pappe geschnitten für irgendeine romantische Bühnendekoration. Jedes Stockwerk überragte das andere, kein Fenster saß gerade, und oftmals standen selbst die Wände schief. Djidda war fast wie eine tote Stadt, so lautlos und still. Die winkligen Gassen waren mit feuchtem, mit der Zeit festgetretenem Sand bedeckt, so daß man geräuschlos wie über einen Teppich schritt. Alle die Gitter und Nischen fingen jedes laute Wort ab.

Es gab weder Wagen – dazu waren die Straßen zu schmal – noch Hufgeklapper, noch lärmendes Treiben. Alles war gedämpft, gedrückt und fast wie verstohlen. Die Haustüren schlossen sich lautlos, wenn wir vorübergingen. Man hörte kein Kindergeschrei, kein Hundegebell; und nur in dem noch halb schlafenden Basar sahen wir einige Fußgänger. Die wenigen, die wir trafen, magere Gestalten mit haarlosen, narbigen, wie von Krankheit verwüsteten Gesichtern und zusammengekniffenen Augen, glitten rasch und scheu an uns vorbei, ohne uns anzublicken. In ihren dürftigen weißen Kleidern, mit den Käppchen auf den geschorenen Schädeln, roten baumwollenen Überwürfen und bloßen Füßen sahen sie einer wie der andere aus, fast wie uniformiert.

Die Luft war tödlich beklemmend, wie leblos: nicht glühend heiß, sondern voll eines gewissen Moderduftes, eines Hauchs von Alter und Erschöpfung, wie wir ihn noch in keiner anderen Stadt gespürt hatten: keine Orgie von Gerüchen wie in Smyrna, Neapel oder Marseille, sondern ein Muff von Verbrauchtsein, von Ausdünstung vieler Menschen, von ständigem, heißem Badedunst und Schweiß. Man hätte meinen können, Djidda wäre seit Jahren von keinem frischen Windzug durchlüftet worden, und die Straßen bewahrten jahraus jahrein, seit die Häuser standen und solange sie stehen würden, immer die gleiche Luft. Im Basar gab es auch nichts Gescheites zu kaufen.

Am Abend läutete das Telephon; der Scherif wünschte Storrs zu sprechen und fragte ihn, ob wir Lust hätten, seine Musikkapelle zu hören. Storrs fragte erstaunt, was das für eine Kapelle wäre, und beglückwünschte Seine Heiligkeit zu dieser entschieden kulturfördernden Erwerbung. Der Scherif erzählte, daß beim Hauptquartier des türkischen Hedjas-Kommandos ein Trompeterkorps gewesen war, das jeden Abend vor dem Generalgouverneur gespielt hatte; und als der Generalgouverneur durch Abdulla bei Taif gefangengenommen wurde, geriet mit ihm auch seine Kapelle in Gefangenschaft. Die Kriegsgefangenen wurden zur Internierung nach Ägypten geschickt, mit Ausnahme der Kapelle, die in Mekka zurückbehalten wurde, um die Sieger mit ihren Weisen zu erfreuen. Scherif Hussein legte das Hörrohr auf den Tisch in seiner Empfangshalle, und wir, einer nach dem andern feierlich zum Apparat gerufen, hörten die Musik in dem fünfundvierzig Meilen entfernten Palast von Mekka. Storrs gab unser aller hoher Befriedigung Ausdruck, und der Scherif, seine Huld überbietend, erklärte, daß die Kapelle in Eilmärschen nach Djidda gesandt werden sollte, um bei uns im Hof zu spielen. „Und“, fügte er hinzu, „ihr macht mir dann das Vergnügen, mich von dort aus anzuläuten, damit ich euren Genuß teilen kann.“

Am nächsten Tag besuchte Storrs Abdulla in seinem Zelt außerhalb der Stadt beim Grab der Eva. Sie besichtigten zusammen das Lazarett, die Baracken, die städtischen Behörden und erfreuten sich an der Gastfreundschaft des Bürgermeisters und des Gouverneurs. Zwischendurch sprach man von Geld, vom Titel des Scherifs, seinen Beziehungen zu den übrigen Fürsten Arabiens und von der allgemeinen Kriegslage: unverbindliche Gemeinplätze, wie sie zwischen Gesandten zweier Regierungen üblich sind. Mich langweilte das, und ich hielt mich meist fern; denn es stand bei mir fest, daß Abdulla nicht der Führer war, den wir brauchten.

Als interessanter erwies sich die Gesellschaft von Scherif Schakir, Abdullas Vetter und bestem Freund. Schakir, ein Grande von Taif, war von Kindheit an Spielkamerad der Söhne des Großscherifs gewesen; und noch jetzt betrieb er alles – im Privat- wie im Staatsleben – gleichsam als Spiel im Großen, mit allen Mitteln seines Reichtums, seines Mutes und Selbstvertrauens. Nie zuvor war ich einem Menschen von so jäher Gemütsart begegnet: in einem Augenblick umspringend von frostiger Würde zu einem Wirbelwind von Ausgelassenheit – stürmisch, leidenschaftlich, kraftvoll, herrlich. Sein Gesicht, von Blatternarben bis auf die letzten Haarwurzeln zerfressen, spiegelte wie die Fensterscheibe eines fahrenden Wagens alles zugleich, was drinnen und draußen vorging. Bei der Belagerung von Taif hatte Abdulla den Oberbefehl gehabt; Schakir aber machte mit den Truppen einen ungestümen Vorstoß, der durch das Übermaß an Tollkühnheit fehlschlug. Die Araber wagten nicht, dem schon in eine Bresche Eingedrungenen zu folgen; und Schakir mußte umkehren, allein und unverwundet, seine Leute verfluchend und verlachend und wilden Hohn hinüberrufend zu dem verdutzten Feind, der sich dadurch rächte, daß er Schakirs schönes Haus in Taif mit Petroleum übergoß und es samt seiner kostbaren Sammlung arabischer Handschriften niederbrannte.

Am Abend kam Abdulla zum Diner zu Oberst Wilson. Wir empfingen ihn im Vorhof an der Treppe des Hauses. Hinter ihm kam sein glänzendes Gefolge von Bedienten und Sklaven, und hinter diesen eine bleiche Schar abgemagerter Gestalten mit bärtigen, kummervollen Gesichtern, in zerlumpte Uniformen gekleidet und verrostete Blechinstrumente tragend. Abdulla wies mit der Hand nach ihnen hin und krähte entzückt: „Meine Kapelle!“ Wir brachten sie im Vorhof auf Bänken unter, und Wilson schickte ihnen Zigaretten, während wir zum Speisesaal hinaufstiegen, dessen Balkonläden in Hoffnung auf eine frische Seebrise weit und begierig geöffnet waren. Als wir uns gesetzt hatten, begann die Kapelle, unter den Flinten und Säbeln von Abdullas Gefolge, eine Reihe herzbrechender türkischer Weisen zu spielen, wobei jedes Instrument seine eigenen Wege ging. Uns taten von dem Lärm die Ohren weh; aber Abdulla strahlte.

Wir hatten genug von türkischer Musik und verlangten nach etwas Deutschem. Ein Adjutant trat auf den Balkon und rief der Kapelle auf türkisch zu, etwas Ausländisches zu spielen. Darauf stimmten sie, etwas wackelig zwar, „Deutschland über alles“ an, just in dem Augenblick, als der Großscherif in Mekka an sein Telephon kam, um unserer Festmusik zu lauschen. Wir wollten noch mehr deutsche Musik hören, und sie spielten: „Ein feste Burg“. Mitten drin aber versackten sie in ersterbenden Dissonanzen der Trommeln. Die Felle waren durch die feuchte Luft Djiddas aufgeweicht. Sie riefen nach Feuer, worauf Wilsons Diener und Abdullas Leibwache ganze Haufen von Stroh und

Kisten heranschleppten. Über der entfachten Glut wurden die Trommeln unter Hin- und Herdrehen erwärmt, und dann legten sie los mit etwas, wovon sie behaupteten, es sei der „Haßgesang“; aber wir konnten darin nichts irgendwie Europäisches entdecken. Einer der Gäste wandte sich an Abdulla und sagte: „Es ist ein Trauermarsch.“ Abdulla bekam große Augen; doch Storrs legte sich rasch rettend ins Mittel und brachte durch ein geschicktes Wort alle zum Lachen. Zum Beschluß des Festes sandten wir den kummervollen Musikern eine Belohnung, aber sie schwangen sich zu keiner rechten Freude an unserer Anerkennung auf und baten nur, nach Hause geschickt zu werden.

2. Ritt zu Faisal

Am nächsten Morgen verließ ich Djidda und gelangte zu Schiff nach Rabegh, dem Hauptquartier des Scherifs Ali, Abdullas älterem Bruder. Als Ali den „Befehl“ seines Vaters erhielt, mich unverzüglich zu Faisal zu senden, wurde er stutzig, mußte sich aber fügen. Er stellte mir sein eigenes prächtiges Reitkamel zur Verfügung, gesattelt mit seinem eigenen Sattel und behangen mit üppigen Schabracken und Polstern in jener aus vielfarbigen Lederstücken zusammengesetzten Nedjdarbeit, mit geflochtenen Fransen und silberdurchwirktem Netzwerk. Als zuverlässigen Führer zum Lager Faisals erwählte er Tafas, vom Stamm der Hawazim-Harb, nebst seinem Sohn.

Ali ließ mich nicht vor Sonnenuntergang abreiten, denn keiner von seinen Leuten sollte mein Verlassen des Lagers bemerken. Selbst vor seinen Sklaven hielt er die Reise geheim und versah mich mit arabischem Mantel und Kopftuch, die meine Uniform verhüllen und mir im Dunkeln auf meinem Kamel eine unauffällige Silhouette geben sollten. Da ich keine Vorräte bei mir hatte, gab er Tafas Weisung, in dem sechzig Meilen entfernten Bir el Scheikh, der ersten Tagesrast, Lebensmittel anzukaufen, und befahl ihm aufs strengste, unterwegs jederlei neugierige Fragen oder Erkundigungen von mir fernzuhalten und alle Lager oder sonstige Begegnungen zu vermeiden.

Wir ritten durch die Palmenhaine, die die zerstreuten Häuser des Dorfes Rabegh wie ein Gürtel umschlossen, und dann unter die Sterne hinaus, längs der Tihamma hin, jenem sandigen und flachen Wüstenstreifen, der sich an der Westküste Arabiens zwischen Meeresstrand und Randgebirge auf Hunderte von Meilen einförmig dahinzieht. Tagsüber herrscht in dieser Ebene eine unerträgliche Hitze, und ihre Wasserarmut macht ihre Durchquerung höchst beschwerlich. Doch war dieser Weg nicht zu vermeiden, da die wasserreichen Randgebirge von Norden wie von Süden her zu schroff waren für einen Übergang mit beladenen Tieren.

Die Kühle der Nacht war wohltuend nach dem mit Widrigkeiten und Verhandlungen hingeschleppten Tag in Rabegh. Tafas führte schweigend, und die Kamele schritten lautlos über den weichen, ebenen Sand. Während wir so dahinzogen, dachte ich daran, daß wir hier auf der alten Pilgerstraße ritten, auf der seit unzähligen Generationen das Volk aus dem Norden herabgezogen kam, um die Heiligen Städte zu besuchen und Gaben des Glaubens am Heiligen Grab niederzulegen. Und mir kam der Gedanke, daß die Erhebung Arabiens gewissermaßen eine Pilgerfahrt in umgekehrter Richtung werden könnte, eine Pilgerfahrt, die dem Norden – Syrien – ein anderes Ideal bringen würde: den Glauben an die Freiheit an Stelle ihres früheren Glaubens an eine Offenbarung.

Mehrere Stunden lang ritten wir gleichförmig dahin, nur daß die Kamele bisweilen strauchelten und sich wieder hochrafften und die Sättel krachten: Anzeichen dafür, daß die glatte Ebene in Triebsandgelände überging, das mit niedrigem Strauchwerk bestanden und infolgedessen uneben war, indem sich um die Pflanzen kleine Dämme stauten und die Wirbel der Seewinde die Zwischenräume aushöhlten. Die Kamele schienen im Dunkeln nicht gangsicher zu sein, und da der sternbeleuchtete Sand kaum Schatten warf, waren Unebenheiten und Löcher schwer zu erkennen. Kurz vor Mitternacht hielten wir an; ich wickelte mich fester in meinen Mantel und suchte mir eine meiner Größe passende Kuhle, in der ich gut bis fast zur Morgendämmerung schlief.

Sobald Tafas den frostigen Lufthauch des nahenden Tages spürte, war er auf den Beinen, und zwei Minuten später schaukelten wir von neuem dahin. Eine Stunde danach, als es eben hell wurde, klommen wir einen niedrigen Lavarücken hinan, der fast bis zur Höhe mit Flugsand bedeckt war. Ein schmaler Ausläufer nahe dem Ufer verband ihn mit dem großen Lavafeld von Hedjas, dessen Westrand rechts von uns aufstieg und die Lage der Küstenstraße bestimmte. Der Rücken war steinig, aber nicht lang, die bläuliche Lava hatte beiderseits niedrige Grate angestaut, von denen aus man – wie Tafas sagte – die Schiffe draußen auf dem Meer sehen konnte. Zu Seiten des Weges hatten hier die Pilger Steinmale errichtet. Bisweilen waren es einzelne kleine Pfeiler, aus je drei übereinandergeschichteten Steinen bestehend, bisweilen regellose Haufen, denen jeder Vorübergehende nach Belieben einen Stein hinzufügte – ohne eigentlich zu wissen warum, nur weil es andere auch taten, und die wußten vielleicht den Grund.

Jenseits der Höhe stieg der Pfad in eine weite, offene Ebene hinab, die Masturah, durch die der Wadi Fura zum Meere floß. Die ganze Oberfläche war bedeckt mit ineinanderlaufenden, wenige Zoll tiefen Rinnen aus lockerem Steingeröll: den Betten des Hochwassers, wenn es nach einem der seltenen Regenfälle im Tareif sich mit stromartiger Gewalt zum Meer ergoß. Das Delta der Flußmündung war ungefähr sechs Meilen breit, und in seinem unteren Teil traten zuweilen für ein bis zwei Stunden oder selbst ein bis zwei Tage kleine Wasserläufe hervor. Der Untergrund war voller Feuchtigkeit und durch die darüberliegende Sandschicht vor dem Austrocknen geschützt, so daß Dornbäume und lockeres Buschwerk darauf wuchsen.

Manche Stämme waren einen Fuß im Durchmesser stark und etwa zwanzig Fuß hoch. Die Bäume und Büsche standen in einzelnen Gruppen verstreut, und ihre unteren Zweige waren von Kamelen abgefressen, so daß sie wie künstlich gestutzt aussahen, was in dieser Wildnis einen seltsamen Eindruck machte, zumal die Tihamma sich bisher nur als eine kahle Öde gezeigt hatte.

Die Sonne stand noch nicht hoch am Himmel, und wir ließen die Kamele über das gleichmäßige Kiesgeröll zwischen den Bäumen in ständigem Trab gehen, um den Brunnen von Masturah zu erreichen, der ersten Station auf der Pilgerstraße von Rabegh, wo wir tränken und etwas rasten wollten. Ich war ganz entzückt von meinem Kamel, denn ich hatte nie vorher auf einem so trefflichen Tier gesessen. In Ägypten gibt es keine guten Kamele, und die aus der Sinaiwüste, obgleich kräftig und abgehärtet, sind nicht dressiert auf diesen sanften, gleichmäßigen und raschen Gang, wie die prächtigen Tiere der arabischen Fürsten.

Doch blieben die Fertigkeiten meines Kamels an diesem Tage durchaus ungenützt, denn sie konnten nur Reitern zugute kommen, die sich darauf verstanden und den Kniff weg hatten, nicht aber mir, der ich lediglich getragen zu werden erwartete und von dieser Reitkunst wenig Ahnung hatte. Es ist nicht schwer, auf dem Buckel eines Kamels zu sitzen, ohne herunterzufallen; aber mit Verständnis das Beste aus ihm herauszuholen, ohne bei langer Reise Reiter und Tier zu überanstrengen, dazu gehört allerlei. Tafas gab mir unterwegs einige Winke in dieser Beziehung; und das war in der Tat so ziemlich das einzige, worüber er mit mir sprach. Der Befehl, mich von jeder Berührung mit Menschen fernzuhalten, schien auch seine eigenen Lippen verschlossen zu haben. Schade, denn sein Dialekt interessierte mich.

Nahe am Nordrand der Masturah trafen wir auf den Brunnen. Neben ihm standen verfallene Steinmauern, wahrscheinlich einst eine Hütte, und gegenüber einige Schutzdächer aus Zweigen und Palmblättern, unter denen ein paar Beduinen hockten. Wir grüßten sie nicht, sondern Tafas bog hinter die Mauerruinen, und wir stiegen ab. Dort blieb ich im Schatten sitzen, während Tafas und sein Sohn Abdulla die Kamele tränkten und für sich wie für mich einen Trunk Wasser schöpften. Der Brunnen war alt und geräumig, mit einer gut erhaltenen steinernen Einfassung und einer starken Mauerkappe über der Öffnung. Er war ungefähr zwanzig Fuß tief, und zur Bequemlichkeit für Reisende, die, wie wir, keine Seile bei sich hatten, war in dem Mauerwerk ein Schacht ausgespart mit Stützen für Hand und Fuß, so daß jedermann hinabsteigen und seinen Ziegenschlauch füllen konnte.

Unnütze Hände hatten Steine in den Brunnen geworfen, so daß der Grund zum Teil verstopft war und wenig Wasser gab. Abdulla band seine flatternden Ärmel über der Schulter zusammen, schürzte das lange Gewand unter dem Patronengürtel, und, hurtig ab- und aufkletternd, brachte er jedesmal vier bis fünf Gallonen herauf, die er für die Kamele in einen Steintrog neben dem Brunnen goß. Jedes von ihnen soff etwa fünf Gallonen, denn sie waren zuletzt am Tage vorher in Rabegh getränkt worden. Dann ließen wir sie etwas umherschweifen, während wir friedlich beieinandersaßen und die leichte Brise von See atmeten. Abdulla rauchte eine Zigarette zur Belohnung für seine Mühen.

Einige Harb kamen heran mit einer großen Herde Kamelfohlen und begannen sie zu tränken. Ein Mann stieg in den Brunnen hinab, um den schweren Ledereimer zu füllen, den dann die anderen Hand vor Hand mit lautem Stakkato-Gesang heraufzogen.

Während wir ihnen zusahen, näherten sich von Norden her zwei Reiter auf rasch und leicht trabenden Vollblutkamelen. Beide waren junge Männer. Der eine trug kostbare Kaschmir-Gewänder und ein reich mit Seide gesticktes Kopftuch; der andere war in einfachen weißen Baumwollstoff gekleidet, mit einem Kopftuch aus rotem Kattun. Sie machten neben dem Brunnen halt; der Reichgekleidete glitt anmutig zur Erde, ohne sein Kamel niedergehen zu lassen, warf seinem Begleiter den Halfter zu und sagte nachlässig: „Tränke sie, ich gehe derweil mich ausruhen." Dann schlenderte er zu uns herüber und ließ sich im Schatten der Mauer nieder, nachdem er einen Blick gemachter Gleichgültigkeit auf uns geworfen hatte. Er bot mir eine frisch gedrehte und geklebte Zigarette an und sagte: „Ihr kommt aus Syrien herunter?" Ich wich höflich aus, indem ich der Vermutung Ausdruck gab, er komme von Mekka, worauf er ebensowenig direkte Antwort gab. Wir sprachen dann noch einiges über den Krieg und die Magerkeit der Kamelfohlen der Harb.

Der andere Reiter stand mittlerweile bei dem Brunnen, müßig die Halfter haltend, und schien zu warten, bis die Harb ihre Herde getränkt hätten und an ihn die Reihe käme. Sein junger Herr rief ihm zu: „Was soll das, Mustafa? Gib sofort den Tieren zu trinken!" Der Diener kam zu uns und sagte betrübt: „Sie wollen mich nicht heranlassen." „Zum Teufel!" rief sein Herr wütend, sprang auf und schlug dem unglücklichen Mustafa mit dem Reitstock drei- oder viermal über Kopf und Schultern. „Geh und frage sie!" Mustafa machte eine beleidigte, verdutzte und zornige Miene, fast als wollte er zurückschlagen, besann sich aber eines besseren und eilte zum Brunnen.

Die betroffenen Harb machten ihm mitleidig Platz und ließen seine zwei Kamele aus ihrem Wassertrog saufen. Sie flüsterten: „Wer ist er?" und Mustafa sagte: „Der Vetter unseres Herrn von Mekka." Sofort liefen sie hin, knüpften ein Bündel von einem ihrer Sättel los und streuten daraus den beiden Reitkamelen Futter von grünen Blättern und Dornstrauchknospen. Diese sammeln sie, indem sie mit schweren Stöcken auf die niedrigen Büsche schlagen, bis die abgebrochenen Zweigspitzen auf das darunter ausgebreitete Tuch herniederregnen.

Der junge Scherif sah ihnen befriedigt zu. Als sein Kamel gefressen hatte, kletterte er leicht und ohne jede Anstrengung über den Hals in den Sattel, setzte sich lässig zurecht und nahm salbungsvoll Abschied von uns, indem er des Himmels reiche Gnade auf die Araber herabrief. Sie wünschten ihm gute Reise, und er ritt nach Süden zu davon, während wir, nachdem Abdulla unsere Kamele herbeigebracht hatte, uns nach Norden wandten. Zehn Minuten später hörte ich den alten Tafas kichern und sah vergnügte Fältchen zwischen seinem grauen Schnurr- und Vollbart.

„Was hast du, Tafas?“ fragte ich.

„Herr, du sahst jene beiden Reiter am Brunnen?“

„Den Scherif und seinen Diener?“

„Ja; aber es war der Scherif Ali ibn el Hussein von Modhig und sein Vetter, Scherif Mohsin, die Oberherren der Harith, die Todfeinde der Masruh. Sie fürchteten, angehalten oder vom Wasser vertrieben zu werden, wenn die Araber sie erkannten. So gaben sie sich als Herr und Diener aus, von Mekka kommend. Habt ihr den Zorn Mohsins gesehen, als Ali ihn schlug? Ali ist ein Teufel. Mit elf Jahren floh er aus seines Vaters Haus zu seinem Onkel, dessen Gewerbe das Berauben von Pilgern war, und lebte bei ihm viele Monate, bis sein Vater ihn wieder einfing. Vom ersten Tage der Schlacht bei Medina war er bei unserm Herrn Faisal und führte die Ateiba an in den Ebenen rund um Aar und Bir Derwisch. Hier waren die Kamelgefechte, und Ali wollte keinen Mann bei sich haben, der es ihm nicht gleich tun konnte: neben dem Kamel herlaufen und sich mit einer Hand in den Sattel schwingen, während die andere die schußbereite Büchse hielt. Die Kinder der Harith sind Kinder der Schlacht.“ Zum erstenmal floß der Mund des alten Mannes über von Worten.

Während er sprach, durcheilten wir die blendende, fast baumlose Ebene, deren Boden nach und nach weicher wurde. Anfangs war es graues Geröll gewesen, dicht gelagert wie Kies. Allmählich nahm der Sand mehr und mehr zu und die Steine wurden seltener, so daß man sie schließlich einzeln nach Farbe und Art unterscheiden konnte: Porphyr, Basalt, grüner Schiefer. Zuletzt war es nahezu reiner weißer Sand, mit einer härteren Gesteinsschicht darunter, über den man wie über weichen Teppich ritt. Die einzelnen Sandkörnchen waren blank geschliffen und fingen wie kleine Diamanten die Sonnenstrahlen in so blendenden Reflexen auf, daß ich's nach einer Weile nicht mehr aushalten konnte. Ich kniff die Augen zusammen und zog mir das Kopftuch wie ein Visier bis tief über die Nase, um mich so vor der Hitze zu schützen, die mir in glasigen Wellen vom Boden herauf ins Gesicht schlug. Etwa achtzig Meilen vor uns tauchte hinter Janbo der massige Gipfel des Rudhwa auf und schwand wieder in dem flimmernden Dunst, der seinen Fuß verhüllte. Ganz nahe in der Ebene schienen kleine formlose Hügel den Weg zu sperren. Zu unserer Rechten zog sich der steile Rücken des Beni Ayub dahin, scharf und kantig wie eine Säge, nordwärts sich abdachend zu einer blauen, sanften Hügelkette. Hinter dieser aber stiegen mächtige Gebirgszüge, jetzt von der Abendsonne rot beleuchtet, gleich einer hochgestuften Treppe mählich hinan zum ragenden Hauptmassiv des Djebel Subh mit seinen phantastischen Granitkegeln. Ein wenig später bogen wir von der Pilgerstraße rechts ab und ritten von nun ab quer über einen sanft ansteigenden Basaltrücken, so von Sand überdeckt, daß nur die obersten Grate daraus hervorragten.

Gegen Sonnenuntergang sichteten wir den Weiler Bir el Scheikh. Bei Dunkelwerden, als eben die Feuer der Abendmahlzeit angezündet wurden, ritten wir durch seine breite Straße ein und machten halt. Tafas trat in eine der zwanzig elenden Hütten, und unter Geflüster, unterbrochen von langen Pausen des Schweigens, erhandelte er Mehl, woraus er mit Wasser einen Teigkuchen knetete, zwei Zoll dick und acht Zoll im Durchmesser. Diesen vergrub er in die Asche eines Reisigfeuers, das ihm eine Frau der Subh, die ihn zu kennen schien, angefacht hatte. Als der Kuchen durchwärmt war, zog er ihn vom Feuer fort und klopfte die Asche ab, worauf wir ihn untereinander teilten. Abdulla ging dann sich Tabak kaufen.

Man sagte mir, der Ort habe zwei steingemauerte Brunnen am Fuß des südlichen Abhanges; aber ich spürte keine Lust, sie zu besichtigen, denn ich war müde von dem langen ungewohnten Ritt des Tages, und die Hitze in der Ebene hatte mir stark zugesetzt. Meine Haut war voller Blasen, und meine Augen schmerzten von dem scharfen Lichtreflex des silbrigen Sandes und der glänzenden Kiesel. Die letzten zwei Jahre hatte ich in Kairo verbracht, Tag für Tag am Schreibtisch hockend, in einem kleinen überfüllten Büro, mit hunderterlei eiligen Sachen beschäftigt, die inmitten ablenkenden Getriebes durchdacht und besprochen werden mußten, aber ohne jede körperliche Betätigung, außer dem täglichen Gang zwischen Büro und Hotel. Daher wurde mir dieser plötzliche Wechsel einigermaßen schwer, denn ich hatte keine Zeit gehabt, mich erst nach und nach an die pestilenzialische Glut der arabischen Sonne und die Eintönigkeit langer Kamelritte zu gewöhnen. Wir mußten heute nacht noch eine zweite Station erreichen, und für morgen stand bis zum Lager Faisals noch eine lange Tagereise bevor.

So war mir das Abkochen und Einkaufen sehr willkommen, womit eine Stunde verging; wir kamen überein, noch eine weitere Stunde zu rasten, und als diese zu Ende war, stieg ich ungern wieder in den Sattel. Wir ritten in pechschwarzer Finsternis immer talauf und talab, abwechselnd durch heiße oder kühlere Luftschichten, je nachdem wir offenes Feld oder geschützte Senkungen passierten. Nach der Lautlosigkeit unseres Rittes zu urteilen, die dem gespannt lauschenden Ohr förmlich wehtat, muß der Boden sandig gewesen sein und weich wie ein Teppich, denn ich schlief ständig im Sattel ein, um alle paar Sekunden aus dem Halbschlaf wieder aufzuschrecken, wenn ich, durch einen unregelmäßigen Schritt des Tieres aus dem Gleichgewicht gekommen, instinktiv nach dem Sattelknopf griff. Bei der Dunkelheit und der Einförmigkeit des Geländes war es mir unmöglich, die schweren Lider über den stierenden Augen offenzuhalten. Lange nach Mitternacht machten wir endlich Rast; und ich war, in den Mantel gehüllt, in einer höchst komfortablen kleinen Sandkuhle eingeschlafen, ehe noch Abdulla mein Kamel niedergehalftert hatte.

Drei Stunden später waren wir wieder im Sattel, und jetzt beleuchtete der späte Mond unseren Weg. Wir ritten den Wadi Mared hinab – sein ausgetrocknetes Bett tot, heiß, schweigend; rechts und links scharfzackige Höhen, schwarzweiß ragend in der ermatteten Luft. Viele Bäume. Endlich graute der Tag, als wir just aus der Enge herauskamen in eine weite Ebene, über deren Fläche ein unruhiger Wind launische Staubwirbel drehte. Es wurde immer heller, und nun zeigte sich, hart rechts von uns, Bir Ibn Hassani. Die saubere Ansiedlung von rührend unwahrscheinlichen Häuserchen, braun und weiß, wie schutzsuchend aneinander gedrängt, nahm sich puppenhaft aus und erschien noch verlassener als die Wüste selbst unter dem riesigen Schatten der finster dahinter aufragenden Wand des Subh. Während wir hinschauten, in der Hoffnung, Leben vor den Türen zu entdecken, brach die Sonne herauf; und die zackige Klippenwand, Tausende von Fuß über unseren Köpfen, setzte sich plötzlich in hart zurückgeworfenem Glanze weißen Lichts gegen den in schwindender Dämmerung noch matten Himmel ab.

Indes wir durch die Talebene weiterritten, kam ein alter geschwätziger Kamelreiter von den Häusern her zu uns herübergetrabt, in der Absicht, sich uns anzuschließen. Er nannte sich Khallaf und schien von übergroßer Freundlichkeit. Seine Vorstellung erfolgte inmitten eines Stromes abgedroschener Redensarten, und als sie erwidert war, suchte er uns in ein Gespräch zu verwickeln. Doch Tafas zeigte sich abgeneigt gegen seine Gesellschaft und gab nur lakonische Antworten. Khallaf ließ sich nicht abschrecken, und um sich beliebt zu machen, beugte er sich zu guter Letzt herunter und kramte in seiner Satteltasche, bis er einen kleinen verschlossenen Emailletopf hervorzog, der eine ansehnliche Portion des im Hedjas üblichen Reiseproviants enthielt. Es war der gleiche ungesäuerte Teig von gestern, nur, bevor er ausgekühlt war, in den Fingern zerkrümelt und mit flüssiger Butter durchfeuchtet, so daß das Ganze breiig zusammenpappte. Zum Essen süßte man ihn mit gemahlenem Zucker, griff dann mit den Fingern hinein und formte, wie aus feuchtem Sägemehl, kleine Kugeln.

Ich aß nur wenig bei diesem meinem ersten Versuch; Tafas und Abdulla aber langten kräftig zu, so daß Khallaf zum Dank für seine Freigebigkeit halb hungrig blieb: wohlverdientermaßen, denn es gilt bei den Arabern für weibisch, auf einer kleinen Reise von hundert Meilen Proviant mitzuführen. Wir waren nun Kameraden, und der Schwatz begann von neuem. Khallaf erzählte uns von den letzten Kämpfen und von einer Schlappe, die Faisal am Tage vorher erlitten hatte. Er schien aus seiner Stellung bei den Quellen des Wadi Safra zurückgeworfen zu sein und jetzt bei Hamra zu stehen, das nur eine kurze Wegstrecke von uns entfernt war; oder Khallaf glaubte wenigstens, daß er dort stände: wir würden das sicher im nächsten Dorf auf unserem Wege erfahren. Der Kampf schien nicht schwer gewesen zu sein; doch hatten die wenigen Verluste gerade den Stamm von Tafas und Khallaf betroffen, und die Namen wie Verwundung eines jeden wurden der Reihe nach aufgezählt.

Nach einem Ritt von sieben Meilen gelangten wir auf eine niedrige Wasserscheide, gekrönt von einer Mauer aus behauenen Granitsteinen, jetzt nur noch lose Trümmerhaufen, aber einst ohne Zweifel ein Grenzwall. Sie lief von Fels zu Fels und stieg selbst ein beträchtliches Stück die Bergwände hinan, da wo die Hänge nicht allzu steil waren. In der Mitte, wo die Straße durchlief, hatten zwei Einfriedigungen gelegen, vielleicht frühere Viehhegen. Ich fragte Khallaf nach der Bedeutung der Mauer. Er antwortete, er wäre in Damaskus, Konstantinopel und Kairo gewesen und hätte viele Freunde unter den Großen Ägyptens. Ob mir dort einer der Engländer bekannt wäre? Khallaf schien sich sehr für meine Persönlichkeit und meinen Reisezweck zu interessieren. Er versuchte mich zu fangen, indem er anfing, ägyptisch zu reden. Als ich ihm im Dialekt von Aleppo antwortete, sprach er von seinen Bekanntschaften unter den Vornehmen Syriens. Ich kannte sie ebenfalls; worauf er auf die Landespolitik übersprang und vorsichtig verschleierte Fragen stellte über den Scherif und seine Söhne, und was ich wohl glaubte, was Faisal jetzt tun werde. Ich wußte das noch weniger als er und wich ihm durch zusammenhanglose Antworten aus. Schließlich kam mir Tafas zu Hilfe und wechselte das Gesprächsthema. Nachher erfuhren wir, daß Khallaf im Sold der Türken stand und ihnen ständig Bericht schickte über alles, was über Bir ibn Hassani zur arabischen Front wollte.

Wir wandten uns nach rechts, überquerten einen zweiten Sattel und stiegen einige Meilen bergab bis zu einem hohen Felsvorsprung. Als wir um ihn herumbogen, befanden wir uns plötzlich im Tal Wadi Safra, dem Ziel unserer Reise, und mitten in Wasta, seinem größten Dorf. Wasta bestand aus lauter einzelnen kleinen Weilern, die teils auf Sandbänken an den Steilhängen zu beiden Seiten des Flußbettes lagen, teils auf Geröllinseln zwischen den zahlreichen, tiefausgewaschenen Kanälen, die in ihrer Gesamtheit die Talsohle bildeten.

Wir wandten uns, an zwei oder drei dieser angestauten Inseln vorbei, dem oberen Teil des Tales zu. Unser Weg führte uns an dem Hauptbett der Winterfluten hin, das mit weißem Geröll und Blöcken erfüllt und ganz flach war. In seiner Mitte, zwischen zwei Palmenhainen am oberen und unteren Ende, floß eine Strecke klaren Wassers, etwa zweihundert Yard und zwölf Fuß breit, mit sandigem Grund und auf beiden Seiten gesäumt mit einem zehn Fuß breiten Streifen von fettem Gras und Blumen. Hier hielten wir einen Augenblick an, um unsere Kamele von dem frischen Wasser saufen zu lassen. Der Anblick des Rasens nach dem tagelangen harten Kieselglanz war eine so plötzliche Entspannung für unsere Augen, daß ich unwillkürlich aufblickte, um zu sehen, ob nicht eine Wolke die Sonne verdunkelt hätte.

Wir folgten diesem Wasserlauf aufwärts bis zu dem Palmenhain, von dem er, in einer steingefaßten Rinne sprudelnd, seinen Ausgang nahm, und ritten im Schatten der Palmen an der verwitterten Gartenmauer hin bis wieder zu einem der abgesonderten Weiler. Tafas lenkte in die schmale Straße ein (die Häuser waren so niedrig, daß man vom Sattel aus auf ihre Lehmdächer herabsehen konnte), hielt vor einem der größeren Häuser an und klopfte an das Hoftor. Ein Diener öffnete uns, und wir stiegen im Innern ab. Tafas halfterte die Kamele nieder, lockerte die Sattelgurte und warf ihnen von einem Haufen, der neben dem Tor lag, würzig duftendes Grünfutter vor. Dann führte er mich in das Gastzimmer des Hauses, einen dämmerigen, sauberen kleinen Raum aus Lehmziegeln, gedeckt mit halbgeteilten Palmstämmen und festgestampfter Erde darüber. Wir ließen uns auf den Palmblattmatten nieder, die den erhöhten Sitz rings um den Raum bedeckten. Der Tag in dem stickigen Tal war glühend heiß gewesen: einer nach dem anderen sanken wir, Seite an Seite, zurück; und das Summen der Bienen in den Gärten draußen und der Fliegen drinnen, die unsere verhüllten Gesichter umkreisten, lullte uns in Schlaf.

Als wir aufwachten, stand ein Mahl aus Brot und Datteln für uns bereit. Die Datteln waren so frisch, so saftig und süß, wie ich sie nie vorher gegessen hatte. Darauf stiegen wir wieder in den Sattel und ritten das klare, gemächliche Rinnsal aufwärts, bis es sich zwischen dem Palmenhain mit seinen niedrigen Grenzmauern aus sonnengetrocknetem Lehm verlor. Kreuz und quer zwischen den Baumwurzeln waren kleine Gräben gezogen, ein bis zwei Fuß tief und so angelegt, daß der Strom aus der steinernen Rinne in sie hineingeleitet und jeder Baum einzeln bewässert werden konnte. Der Oberlauf des Wassers, der diese Bewässerungsanlage speiste, war Eigentum der Gemeinde, und nach einem alten Brauch wurde das Wasser jedem Landeigentümer täglich oder wöchentlich auf eine bestimmte Anzahl Minuten oder Stunden zugeteilt. Das Wasser war leicht salzig, wie es bessere Palmen brauchen; doch gab es in den Hainen auch zahlreiche süße Brunnen in Privatbesitz, die aus dem drei bis vier Fuß unter dem Boden liegenden Grundwasser gespeist wurden.

Unser Weg führte uns durch das Hauptdorf und seine Basarstraße. In den Läden war wenig zu finden; überhaupt machte der ganze Ort einen verfallenen Eindruck. Wasta war noch vor einer Generation ein großer, volkreicher Ort gewesen (man sprach von tausend Häusern); eines Tages aber wälzte sich eine gewaltige Wasserflut durch den Wadi Safra herab, durchbrach die Dämme der Palmengärten und schwemmte die Palmen weg. Manche der Inseln, auf denen die Häuser jahrhundertelang gestanden hatten, wurden überflutet, die Lehmhäuser sanken aufgeweicht zusammen und erstickten oder ersäuften die unglücklichen Bewohner. Menschen und Bäume hätten ersetzt werden können, wenn nicht der Erdboden mit fortgeschwemmt worden wäre. Aber die Gärten waren in jahrelanger Arbeit mühsam aus Erde aufgebaut, die man aus den Anschwemmungen nach normalen Regengüssen gewonnen hatte, und jene Wasserflut – acht Fuß tief und drei Tage lang rasend – hatte diese künstlichen Hemmnisse auf ihrer Bahn wieder in die ursprünglichen Geröllhalden verwandelt.

Etwas oberhalb Wasta erweiterte sich das Tal auf etwa vierhundert Yard Breite, und der sandige Kies des Flußbettes war durch die Winterregen zu einer weichen, glatten

Fläche geebnet. Die Talwände bestanden aus nackten, roten oder schwarzen Steilfelsen, deren Ecken und Grate scharf wie Messerklingen waren und die das Sonnenlicht wie gleißendes Metall zurückwarfen. Als eine wahre Wohltat erschien uns dagegen das frische Grün von Laub und Gras. Wir begegneten bereits einzelnen Abteilungen von Truppen Faisals mit Herden weidender Reitkamele, und nach Hamra zu war jedes Felsenloch und jede Baumgruppe ein Biwak. Die Soldaten riefen Tafas fröhliche Grüße zu, und dieser, wieder zum Leben erwacht, winkte und rief zurück, während er eilig vorwärts drängte, um bald seiner Pflicht gegen mich entbunden zu sein.

Hamra tauchte zu unserer Linken auf, ein Dorf mit etwa hundert Häusern, wie es schien, verborgen zwischen Gärten und breiten Erdwällen von etlichen zwanzig Fuß Höhe. Wir durchwateten einen kleinen Fluß, stiegen zwischen Gärten einen gemauerten Pfad bis zu einem der Erdwälle hinan, und nahe dem Hoftor eines breiten niedrigen Hauses ließen wir unsere Kamele niedergehen. Tafas sprach ein paar Worte mit einem Posten, der vor dem Tor stand, einen Säbel mit silberbeschlagenem Griff in der Hand. Er führte mich in einen Innenhof; an seiner gegenüberliegenden Seite, umrahmt von den Pfeilern eines schwarzen Torwegs, stand eine weiße Gestalt, die mich gespannt erwartete. Ich fühlte auf den ersten Blick, dies war der Mann, den zu suchen ich nach Arabien gekommen war – der Mann, der die Erhebung Arabiens zu glorreichem Ende führen würde. Faisal machte einen sehr großen, säulenhaft schlanken Eindruck in seinen langen, weißseidenen Gewändern und dem braunen Kopftuch, das von einer scharlachroten, golddurchwirkten Schnur gehalten war. Seine Lider waren gesenkt, und das bleiche Gesicht mit dem schwarzen Bart wirkte wie eine Maske gegenüber der seltsamen, regungslosen Wachheit seines Körpers. Die Hände hielt er vor sich über seinem Dolch gekreuzt.

Ich grüßte ihn. Er ging vor mir her in das Zimmer und setzte sich auf seinen Teppich nahe der Tür. Als sich meine Augen an das Dämmerlicht gewöhnt hatten, sahen sie in dem kleinen Raum eine ganze Anzahl schweigender Gestalten sitzen, die unverwandt auf mich oder Faisal starrten. Dieser hielt den Blick immer noch auf seine Hände gesenkt, die sich langsam um den Dolch wanden. Schließlich fragte er leise, wie ich die Reise gefunden hätte. Ich sprach von der Hitze, und er fragte, wie lange ich von Rabegh gebraucht hätte, worauf er erklärte, daß ich für die Jahreszeit schnell geritten wäre.

„Und wie gefällt dir unsere Stellung hier im Wadi Safra?“

„Gut; aber sie ist weit von Damaskus.“

Das Wort war wie ein Schwert unter sie gefahren. Ein Beben durchlief alle. Dann erstarrten sie zu Regungslosigkeit, und eine Minute lang hörte man nicht den leisesten Atemzug. Einige träumten vielleicht von fernem Erfolg; andere mochten darin eine Anspielung auf ihre jüngste Niederlage sehen. Endlich hob Faisal die Augen, lächelte mir zu und sagte: „Türken gibt es, gelobt sei Gott, näher bei uns.“ Wir lächelten alle mit ihm, und ich erhob mich, um mich für den Augenblick zu verabschieden.

3. Faisals Aufgebot

Auf einem Wiesenhang, unter dem fächerigen Blätterdach hoher Palmen, fand ich das wohlgeordnete Lager des ägyptischen Detachements, das Sir Reginald Wingate kürzlich vom Sudan zur Unterstützung des arabischen Aufstandes heraufgesandt hatte. Die Abteilung bestand aus einer Gebirgsgeschützbatterie nebst einigen Maschinengewehren. Ihr Kommandant, der ägyptische Major Nafi Bey, war ein liebenswürdiger Mann und zeigte sich mir gegenüber sehr freundlich und gastfrei.

Bald wurde Faisal gemeldet. Er erschien in Begleitung des Maulud el Mukhlus, eines fanatischen Arabers aus Tekrit, der als türkischer Offizier wegen überschäumendem Nationalismus degradiert worden war und zwei Jahre im Exil im Nedjd verbracht hatte als Sekretär Ibn Raschids. Vor Schaiba hatte er die türkische Kavallerie befehligt und war von uns aufgehoben worden. Sobald er von der Erhebung des Scherifs hörte, meldete er sich freiwillig und wurde als der erste aktive Offizier zu Faisal geschickt, dessen Adjutant er jetzt war.

Er beklagte sich bitterlich über die Ausrüstung der Truppen, die in jeder Beziehung zu wünschen übriglasse. Das wäre auch der Hauptgrund ihres Versagens. Sie bekämen vom Scherif monatlich dreißigtausend Pfund, aber nur geringe Mengen Mehl, Reis und Gerste, wenig Gewehre, ungenügende Munition, keine Gebirgsgeschütze, keine Maschinengewehre, kein technisches Material, keine Nachrichten.

Hier unterbrach ich Maulud und erklärte, daß ich eigens zu dem Zweck gekommen wäre, um ihren Bedarf festzustellen und darüber zu berichten; aber daß eine wirksame Zusammenarbeit nur dann möglich wäre, wenn ich über die allgemeine Lage eingehend unterrichtet würde. Faisal stimmte dem zu und begann, mir in kurzer Übersicht den bisherigen Verlauf des Aufstandes von seinen Anfängen an zu schildern.

Der erste Ansturm gegen Medina war eine verzweifelte Sache gewesen. Die Araber waren schlecht bewaffnet und knapp an Munition, die Türken dagegen in bedeutender Stärke. Im kritischen Augenblick fielen die Beni Ali ab, und die Araber wurden aus den Verschanzungen herausgeworfen. Dann eröffneten die Türken Artilleriefeuer auf die Weichenden, und die Araber, ungewohnt dieser ihnen neuen Waffe, wurden von Panik erfaßt. Die Ageyl und die Ateiba brachten sich in Sicherheit und weigerten sich, wieder vorzugehen.

Abteilungen des Stammes der Beni Ali machten sich an den türkischen Befehlshaber heran mit dem Anerbieten, sich zu ergeben, falls ihre Dörfer verschont blieben. Fakhri hielt sie geschickt hin, und in der darauffolgenden Pause der Feindseligkeiten umstellte er mit seinen Truppen die Vorstadt Awali. Dann gab er plötzlich Befehl, die Vorstadt im Sturm zu nehmen und alles Lebendige darin niederzumachen. Hunderte von Einwohnern wurden hingemetzelt, die Frauen vergewaltigt, die Häuser in Brand gesteckt und alles Lebendige oder Tote in die Flammen geworfen. Fakhri und seine Leute waren gut aufeinander eingespielt; sie hatten sich in der Kunst des Mordens auf jederlei Methode an den Armeniern im Norden geübt.

Diese bittere Vorprobe türkischer Kampfmethoden ließ ganz Arabien wie unter einem Schlag erbeben. In der Kriegführung der Araber nämlich galt als erste Regel die Unantastbarkeit der Frauen; als zweite, daß Leben und Ehre der noch nicht kampffähigen Jugend zu schonen war; als dritte, daß alles nicht fortzuschaffende Eigentum unbeschädigt blieb. Faisal und die Araber begriffen, daß sie vor einer gänzlich ungewohnten Art der Kriegführung standen; sie lösten sich vom Feinde ab, um zur Neuordnung Zeit zu gewinnen. Von nun an konnte von Unterwerfung keine Rede mehr sein; das Blutbad von Awali hat Blutrache heraufbeschworen und ihnen die Pflicht auferlegt, bis zum letzten Atemzug zu kämpfen. Doch war es nun klar, daß dieser Krieg von langer Dauer sein würde, und daß sie wenig Aussicht hätten, ihn mit Vorderladern an Stelle moderner Waffen zu gewinnen.

So zogen sie sich aus der Ebene um Medina in die Berge zurück, wo sie vorläufig blieben; während Ali und Faisal Boten auf Boten nach Rabegh, ihrem Hafenstützpunkt, sandten, um festzustellen, wann mit dem Nachschub von Vorräten, Geld und Waffen zu rechnen wäre. Der Aufstand war sozusagen ins Blaue hinein begonnen worden, auf ausdrücklichen Befehl ihres Vaters; und der alte Mann, zu selbstherrlich, um seine Söhne ganz ins Vertrauen zu ziehen, hatte mit ihnen keinerlei Pläne zur weiteren Durchführung des Unternehmens vereinbart. Als Antwort auf ihre dringenden Anforderungen erhielten sie eine geringe Menge Lebensmittel. Später wurden ihnen japanische Gewehre geschickt, die meisten davon unbrauchbar. Und selbst die wenigen, die noch intakte Läufe hatten, waren so mürbe, daß sie bei der ersten Gelegenheit den lebhaften Arabern unter den Händen zerbrachen. Geld erhielten sie überhaupt nicht. Als Ersatz dafür füllte Faisal eine Kiste mit mäßig großen Steinen, verschloß und verschnürte sie sorgfältig, ließ sie auf den täglichen Märschen von seinen eigenen Dienern bewachen und jeden Abend unter allerlei Vorsichtsmaßregeln in sein Zelt stellen. Mit solchen kleinen Täuschungsmitteln suchte er seine abbröckelnden Streitkräfte zusammenzuhalten.

Schließlich machte sich Ali selbst nach Rabegh auf, um nachzuforschen, wo es an der Organisation nicht klappte. Er stellte fest, daß Hussein Mabeirig, der dortige Stammeshäuptling, zu der Überzeugung gelangt war, der Sieg würde den Türken zufallen (er hatte sich zweimal mit ihnen eingelassen, war aber sehr übel weggekommen), und demgemäß entschieden hatte, sich ihrer Sache als der besseren anzuschließen. Als nun von den Engländern Waffen und Vorräte gelandet wurden, nahm er diese an sich und speicherte sie heimlich in seinen Häusern auf. Ali ergriff sofort energische Maßregeln und sandte dringende Botschaft an seinen Halbbruder Zeid in Djidda, unverzüglich mit Hilfskräften zu ihm zu stoßen. Hussein bekam es mit der Angst und entfloh als ein Geächteter in die Berge. Die beiden Scherifs nahmen von seinen Dörfern Besitz und fanden darin große Vorräte an Waffen, sowie Lebensmittel genug, um die Truppen einen Monat lang zu ernähren. Doch war für sie beide die Versuchung, in Bequemlichkeit und Ruhe zu leben, zu groß: sie blieben von da ab in Rabegh.

Faisal, allein gelassen in den Bergen, geriet sehr bald in bedrängte Lage; die rückwärtigen Verbindungen brachen ab, und er sah sich auf die kärglichen Vorräte im Lande angewiesen. Eine Weile hielt er durch, benutzte dann aber einen Besuch des Obersten Wilson in dem soeben eroberten Janbo, um zu ihm zu eilen und ihm eine genaue Darstellung seiner Lage zu geben. Auf Wilson machte die Persönlichkeit Faisals starken Eindruck, und er versprach ihm sofort eine Batterie Gebirgsgeschütze und einige Maschinengewehre und zu ihrer Bedienung Offiziere und Mannschaften aus den ägyptischen Besatzungstruppen im Sudan. So erklärte sich die Anwesenheit Nafi Beys und seiner Abteilung.

Die Araber begrüßten die Verstärkung mit großer Freude und glaubten sich nunmehr den Türken gewachsen. Aber die vier Geschütze waren zwanzig Jahre alte Krupp-Kanonen mit einer Schußweite von nur dreitausend Yard, und die Mannschaft war für einen irregulären Krieg nicht geistig beweglich und geschult genug. Dennoch gingen Faisals Haufen vor, und es gelang ihnen, die türkischen Außenposten zu überrennen und in deren vorderste Stützpunkte einzudringen, bis dann der rasch herbeigeeilte Fakhri die Front besichtigte und die bedrohte Stellung bei Bir Abbas um etwa dreitausend Mann verstärkte. Die Türken führten Feldgeschütze und Haubitzen und genossen den Vorteil überhöhter Beobachtungsstellung. So begannen sie, die Araber mit indirektem Feuer zu belegen, und eine Granate schlug dicht neben Faisals Zelt ein, wo die Stammeshäupter eben zur Beratung versammelt waren. Die ägyptischen Kanoniere wurden aufgefordert, das Feuer zu erwidern und die feindliche Artillerie in Schach zu halten. Sie mußten eingestehen, daß ihre Geschütze nutzlos seien, denn sie reichten nicht auf die erforderlichen neuntausend Yard. Man lachte sie aus, und die Araber eilten wieder in die Berge zurück.

Faisal war tief entmutigt. Er hatte starke Verluste gehabt, und der Rest seiner Leute war erschöpft. Seine einzig wirksame Taktik gegen den Feind hatte in überraschenden Reiterüberfällen gegen dessen rückwärtige Verbindung bestanden; aber bei diesen gewagten Vorstößen waren viele Kamele getötet, verwundet oder unbrauchbar geworden. Es wurmte ihn, die ganze Last des Krieges allein auf seinen Schultern tragen zu sollen, während Abdulla in Mekka, Ali und Zeid in Rabegh saßen. Schließlich zog er die Hauptmasse seiner Streitkräfte zurück und überließ es den Unterstämmen der Harb, die türkischen Verbindungen und Nachschubkolonnen durch fortgesetzte Überfälle unter ständigem Druck zu halten, in der gleichen Art, die für ihn selbst auf die Dauer nicht durchführbar gewesen war.

Dennoch hegte er keinerlei Besorgnis vor einem etwaigen erneuten Vorstoß der Türken. Seine Fehlschläge und ihre offenbare Überlegenheit hatten ihm keinerlei Respekt vor ihnen eingeflößt. Sein jüngster Rückzug auf Hamra war freiwillig gewesen: mehr eine Geste des Überdrusses und des Mißmuts über seine unverkennbare Ohnmacht; und er war gewillt, für einige Zeit den Zwang der Muße mit Würde zu tragen.

Ich fragte Faisal nach seinen ferneren Absichten. Er erklärte, solange Medina nicht fiele, wären sie unweigerlich im Hedjas gebunden und genötigt, nach Fakhris Pfeife zu tanzen. Seiner Meinung nach hatten es die Türken auf die Wiedereroberung von Mekka abgesehen. Sie hätten ihre Hauptkräfte jetzt in einer beweglichen Kolonne vereinigt, mit der sie auf den verschiedensten Wegen überraschend nach Rabegh marschieren könnten, wodurch die Araber ständig in Atem gehalten würden. Die Verteidigung der Subh-Berge hätte bewiesen, daß die Araber zum rein passiven Widerstand wenig geeignet wären. Träte der Feind den Vormarsch an, so müsse ihm offensiv begegnet werden.

Maulud, der während unseres langatmigen Gesprächs sichtliche Unruhe verraten hatte, konnte nicht länger an sich halten und rief: „Wozu erzählst du immer nur Geschichten? Was allein nottut, ist kämpfen und wieder kämpfen und alle Türken vernichten. Gib mir ein paar Maschinengewehre und eine Batterie Schneider-Gebirgsgeschütze, und ich werd's für dich erledigen. Wir reden und reden und kommen zu nichts." Ich widersprach ihm ebenso lebhaft, und Maulud, ein Kämpfer, für den eine gewonnene Schlacht wertlos war, wenn er nicht eine Wunde als Beweis seiner Tapferkeit aufweisen konnte, legte sich energisch ins Zeug. Während wir miteinander stritten, saß Faisal dabei und lächelte vergnügt.

Diese Unterredung mit mir war für ihn ein Festtag. Mein Kommen allein schon hatte seine Zuversicht belebt, denn er war ein Stimmungsmensch, pendelnd zwischen Hoffnungsseligkeit und Verzweiflung, und gerade jetzt tief entmutigt. Er sah um Jahre älter aus als einunddreißig, seine dunklen, sprechenden Augen, die leicht schräg saßen, waren blutunterlaufen und seine Wangen hohl und zerfurcht von Sorgen und Grübeln. Das Denken widerstrebte seiner Natur, denn es lähmte ihm die beflügelte Tat; sein Gesicht bekam etwas mühsam Schmerzvolles, wenn er zu überlegen gezwungen war. Seiner äußeren Erscheinung nach war er groß, geschmeidig und kraftvoll, in Gang und Haltung von einer wahrhaft königlichen Würde. Das war ihm natürlich bewußt, und bei öffentlichem Auftreten äußerte er sich am liebsten nur durch Zeichen und Gebärde.

Seine ganze Art wie seine Bewegungen hatten etwas Ungestümes; er war heißblütig, empfindlich bis zur Unvernunft und unberechenbar im Zorn. Heftiger Wille und

Kühnheit paarten sich in ihm mit physischer Schwäche. Sein persönlicher Zauber, seine Verwegenheit und das Rührende, das gerade darin lag, daß ein so zarter Körper der einzige Träger dieses stolzen Charakters war, machten ihn zum Idol seiner Anhänger. Ob er zuverlässig war, blieb dahingestellt; aber es zeigte sich später, daß er Vertrauen mit Vertrauen, Mißtrauen mit Mißtrauen vergelten konnte. Seine Klugheit überwog bei weitem sein Gemüt.

Seine Erziehung in der Umgebung Abdul Hamids hatte ihn zum unübertrefflichen Meister der Diplomatie gemacht. Durch seine Dienstzeit bei den Türken hatte er praktische militärische Kenntnisse erworben, und sein Aufenthalt in Konstantinopel wie im türkischen Parlament hatte ihn mit europäischen Gewohnheiten und Fragen vertraut gemacht. Auch war er ein vorzüglicher Menschenkenner. Hatte er Ausdauer genug, seine Träume zu verwirklichen, so mußte er Großes erreichen; denn er war ganz erfüllt von seinem Werk und lebte für nichts anderes. Die Gefahr war nur, daß er sich zeitig abnutzen würde in dem Bestreben, das Unmögliche möglich zu machen, und daß er an einer Überspannung der Kräfte zugrunde gehen würde. Nach einem schweren Gefecht, so erzählte man mir, in dem er stundenlang auf dem Posten sein und die Angriffe persönlich leiten und vorwärtstragen mußte, war er körperlich zusammengebrochen, und man hatte ihn nach gewonnenem Sieg bewußtlos und mit Schaum vor den Lippen forttragen müssen.

Uns indessen schien hier, wenn wir nur entschlossen zugriffen, der Prophet gegeben, der, obgleich unwissentlich, der Idee, die hinter dem äußeren Geschehen der arabischen Erhebung stand, die zwingende Form geben würde. Das war viel, mehr als wir hoffen konnten, mehr als unsere zögernde Haltung verdiente. Damit hatte sich der Zweck meiner Reise erfüllt.

Mir lag jetzt ob, die Nachricht auf dem kürzesten Wege nach Ägypten zu bringen. Und was ich in dem Palmenhain an diesem Abend erfuhr, das wuchs in meiner Phantasie und breitete sich aus in tausend Ästen und Zweigen, fruchtbeladen und schattenspendend gleich jenen, unter denen ich halb zuhörend, halb träumend saß, während die Dämmerung wuchs und die Nacht. Dann kam eine Reihe Sklaven mit Lichtern den geschlängelten Pfad zwischen den Palmen herab, und wir gingen durch die Gärten zurück zu Faisals niedrigem Haus, dessen Hof wartendes Volk erfüllte, während im heißen Raum drinnen die Vertrauten versammelt waren. Hier hockten wir uns miteinander zum Abendessen vor die dampfende Schüssel mit Reis und Fleisch, die Sklaven auf den Fußteppich gesetzt hatten.

Am nächsten Morgen war ich früh auf und ritt allein nach Kheif zu Faisals Truppen hinaus, um ihrer Stimmung gleich selber den Puls zu fühlen. Eile tat not, denn ich mußte in zehn Tagen Eindrücke sammeln, für die ich eigentlich viele Wochen der Beobachtung gebraucht hätte.

Und hier bedurfte es eines sehr wachen Berichterstatters. In diesem Gelegenheitskrieg wurde das geringste Versagen höheren Orts mit Genugtuung aufgenommen, gewissermaßen als Bestätigung der vorgefaßten Meinung des Generalstabes, der sich McMahon starrsinnig anpaßte. Ich aber glaubte an die arabische Bewegung und war, schon bevor ich hierherkam, der Überzeugung, daß sie den wirksamen Hebel bilden würde zur Aufteilung des Türkischen Reiches. Doch bei den Herren in Ägypten fehlte meist das rechte Vertrauen, und man hatte ihnen eine falsche oder mangelhafte Kenntnis des arabischen Krieges beigebracht. Gab ich nun eine lebendige Schilderung vom Geiste dieser Romantiker in den Bergen rings um die Heiligen Städte, so gelang es mir vielleicht, Kairo für die weiteren notwendigen Hilfsmaßnahmen zu gewinnen.

Die Leute begrüßten mich sehr fröhlich. Unter jedem größeren Fels oder Busch räkelten sich die braunen Gestalten gleich trägen Skorpionen und genossen, vor der Hitze verkrochen, die morgendliche Kühle des beschatteten Gesteins. Meiner Khakiuniform wegen hielten sie mich für einen übergegangenen türkischen Offizier und sparten nicht mit scherzhaften, aber grauslichen Drohungen, wie sie mit mir verfahren wollten.

Sie waren voll grimmiger Begeisterung und schrien, der Krieg könne von ihnen aus noch zehn Jahre dauern. Eine so fette Zeit hatten aber auch die Bergvölker bisher noch nicht erlebt. Der Scherif ernährte, außer den Kriegern selbst, auch deren Familien und bezahlte monatlich für einen Mann zwei, für ein Kamel vier Pfund. Nur so konnte das Wunder vollbracht werden, eine aus Stämmen bestehende Truppe fünf Monate hindurch im Felde zu halten.

Entsprechend ihrer Sippenordnung war in den einzelnen Kontingenten ein beständiger Wechsel. Eine Familie besaß meist nur eine Flinte, und jeder der Söhne diente der Reihe nach einige Tage. Ein Verheirateter blieb eine Weile im Lager, eine Weile bei seinem Weib, und manchmal hatte es ein ganzer Klan satt und nahm sich Urlaub. Faisals achttausend Mann waren eine geschlossene Truppe, in zehn Kamelreiterkorps eingeteilt, das übrige Bergvölker. Diese dienten nur unter ihren eigenen Scheikhs und nahe ihrer Heimat und besorgten Verpflegung und Transporte selbst.

Die Blutfehden waren dem Namen nach aufgehoben und in dem Bereich der Scherifs tatsächlich beigelegt: Billi und Djuheina, Ateiba und Ageyl lebten und kämpften Seite an Seite in Faisals Armee. Dennoch waren die einzelnen Stämme argwöhnisch gegeneinander, und auch innerhalb des Stammes traute keiner dem Nachbarn. Wohl war jeder einzelne wahrscheinlich oder sicherlich beseelt vom Haß gegen die Türken, aber vielleicht doch nicht bis zu dem Grade, um einer bestehenden Familienfehde auch im Felde vollständig zu entsagen.

Ihre skrupellose Habgier machte sie erpicht auf Beute und spornte sie an, Bahngeleise aufzureißen, Karawanen zu plündern und Kamele zu stehlen; doch waren sie zu unabhängigen Sinnes, um sich einem Kommando zu beugen oder in Masse zu fechten. Ein Mann, der auf eigene Faust gut zu kämpfen versteht, gibt meist einen schlechten Soldaten ab, und diese Champions schienen mir ein wenig geeignetes Material für unsere Art Drill. Doch wenn wir ihnen zur Rückenstärkung Maschinengewehre von dem leichten Lewis-Typ gaben, die sie selbst bedienen konnten, so stand zu hoffen, daß sie ihre Berge halten würden. Dieser Hedjas-Krieg war sozusagen der Kampf eines felsigen öden Berglandes selber (dem die wilden Horden seiner Bewohner nur zu Hilfe kamen) gegen einen Feind, der von den Deutschen so überreich ausgerüstet war, daß ihm fast die Fähigkeit verlorenging zu einem derartigen regellosen Kleinkrieg. Die Bergketten waren ein Paradies für Hinterhalte.

Die Täler, auf Hunderte von Meilen die einzig gangbaren Straßen, waren nicht so sehr Täler als vielmehr Schluchten und Klüfte, bisweilen zweihundert, bisweilen nur zwanzig Yard breit, mit zahllosen Windungen und Ecken, eintausend bis viertausend Fuß tief und völlig öde. Die Seitenwände bestanden aus kahlem Granit, Basalt oder Porphyr, nicht in glatten Hängen, sondern zersägt, zerspalten und aufgeschichtet zu Tausenden von zackigen Blockhaufen, hart und fast so scharf geschliffen wie Metall.

Meinen gewiß nicht sachkundigen Augen erschien es unmöglich, daß die Türken ohne Verrat von seiten der Bergstämme hier den Durchbruch wagen konnten.

Das einzig Beunruhigende war nur, daß es den Türken tatsächlich gelang, die Araber durch Artillerie in Schrecken zu setzen. Der Knall eines Kanonenschusses jagte alle bis außer Hörweite in Deckung. Sie glaubten, die Wirkungskraft dieser Waffe entspräche ihrem Lärm. Nicht, daß sie sich vor Kugeln oder auch übermäßig vor dem Sterben fürchteten, aber gerade der Tod durch Granatfeuer war ihnen unerträglich. Ich gewann den Eindruck, daß ihr moralischer Halt nur dadurch wiederhergestellt werden konnte, daß sie selber Kanonen bei sich hatten, ganz gleich, ob verwendbar oder nicht, wenn sie nur Lärm machten. Vom glanzvollen Faisal bis herab zum nacktesten Burschen in der Armee gab es nur ein Schlagwort: Artillerie, Artillerie und wieder Artillerie.

So aus der Höhe betrachtet, kam mir die Gewalt des Aufstandes recht eigentlich zum Bewußtsein. Eine dichtbevölkerte Landschaft hatte mit einem Schlage ihr Aussehen verändert; aus losen Zusammenrottungen nomadisierender Gelegenheitsdiebe war eine geschlossene Front gegen die Türkei geworden und kämpfte gegen sie, zwar nicht auf unsere Weise, aber doch mit aller Wildheit, und das trotz der religiösen Idee, die drauf und dran war, den ganzen Osten zum Heiligen Krieg gegen uns zu entflammen. Bei den Stämmen in der Kampfzone zeigte sich eine fast überreizte Begeisterung, wie sie sicherlich allen nationalen Erhebungen zu eigen ist, die aber etwas seltsam Beunruhigendes hatte für den Angehörigen eines schon so lange Zeit freien Landes, dem der Begriff nationaler Freiheit wie das Wasser geworden war, das man trinkt: man schmeckt es nicht.

Später sah ich Faisal nochmals und versprach ihm, mein Bestes für ihn zu tun. Meine Oberen in Kairo würden eine Operationsbasis in Janbo errichten und dort Vorräte und allen nötigen Nachschub für seinen ausschließlichen Gebrauch aufstapeln lassen. Wir würden versuchen, aus den in Mesopotamien oder am Kanal gefangenen türkischen Offizieren Freiwillige für ihn zu gewinnen. Ferner würden wir Unteroffiziere und Mannschaften der Interniertenlager als Geschützbedienung ausbilden und sie mit Gebirgsgeschützen und Maschinengewehren ausrüsten, soviel davon in Ägypten aufzutreiben wären. Schließlich würde ich vorschlagen, aktive britische Offiziere herunterzusenden, die ihm als Ratgeber und Verbindungsoffiziere beigegeben werden sollten.

Unsere Unterhaltung, die diesmal freundschaftlichen Charakter angenommen hatte, endete in wärmstem Dank seinerseits und der Einladung, sobald als möglich wiederzukommen. Ich erklärte ihm, daß meine Pflichten in Kairo den Dienst im Felde für mich ausschlössen, daß mir aber meine Vorgesetzten einen erneuten Besuch bei ihm vielleicht später gestatten würden, wenn seine augenblicklichen Wünsche erfüllt wären und die Bewegung glücklich vorwärtsginge. Inzwischen möchte ich ihn für meine Reise nach der Küste um seine gütige Unterstützung bitten.

Faisals Fürsorge verschaffte mir eine Eskorte einheimischer Scherifs, von denen geleitet ich durch weite Meilen rauhen Berglandes, dessen Öde von schmalen Wasserrinnen wie von haarfeinen Fäden durchzogen war, nach Janbo gelangte, einer Art von dörflichem Djidda, das sich sehr gastfrei erwies. Sein Gouverneur, ein Javaner aus Mekka, beherbergte mich eine Reihe von Tagen, bis dann die „Suva“, Kapitän Boyle, den Hafen anlief und mir Mitfahrt die Küste hinunter gewährte. In der Tat „gewährte“, denn nach den tagelangen Dauerritten sah ich einigermaßen abgerissen aus und trug zudem das Kopftuch der Eingeborenen; bei der königlichen Marine aber gilt alles Eingeborene als Lumpenpack.

In Djidda lag der „Euryalus“, mit Admiral Wemyss an Bord; er wollte nach Port Sudan, um von da Sir Reginald Wingate in Khartum aufzusuchen. Sir Reginald, als Sirdar der ägyptischen Armee, führte den Befehl über die militärische Mitwirkung Englands am arabischen Aufstand; und für mich war es daher von Wichtigkeit, ihm meine Eindrücke mitzuteilen. Ich bat also den Admiral um Überfahrt und um einen Platz in seinem Zuge nach Khartum, was er mir auch bereitwillig gewährte, nachdem er mich einem längeren Kreuzverhör unterzogen hatte.

Ich fand, daß der Admiral dank seinem regen Geist und seiner klaren Einsicht dem arabischen Aufstand von Anfang an sein Interesse zugewendet hatte. Er war wieder und wieder mit seinem Flaggschiff herabgekommen, um Hilfe zu leisten, wenn die Dinge kritisch standen, und war wohl zwanzigmal von seinem Kurs abgewichen, um beim Nachschub mitzuwirken, was eigentlich Sache der Armee gewesen wäre. Er hatte in zahllosen Transporten den Arabern Gewehre, Maschinengewehre, Landungskorps und technisches Material gebracht und war allen ihren Anforderungen stets bereitwillig und in weitestem Umfange nachgekommen.

Nach dem Aufenthalt in Arabien war Khartum kühl und gab mir die nötige Frische, um Sir Reginald Wingate meinen langen Bericht vorzutragen, wobei ich mit allem Nachdruck hervorhob, daß mir die Lage sehr aussichtsreich erschiene. Die Hauptsache wäre fachkundige Beihilfe, und der Feldzug würde sich gedeihlich entwickeln, wenn einige aktive englische Offiziere, besonders befähigt und des Arabischen mächtig, den arabischen Führern als technische Ratgeber und zur Aufrechterhaltung engster Verbindung mit uns beigegeben würden.

Wingate war froh, von hoffnungsvollen Aussichten zu hören. Der arabische Aufstand war sein Traum seit Jahren. So fuhr ich nach zwei- bis dreitägigem Aufenthalt in Khartum nach Kairo, in der Gewißheit, daß die verantwortliche Persönlichkeit alle meine Vorschläge angenommen hatte. Die Fahrt den Nil hinunter war für mich eine wahre Ferienzeit.

4. Rückschläge bei Janbo

Nach einem Aufenthalt in Kairo von nur wenigen Tagen gab mir mein Chef, General Clayton, den Auftrag, zu Faisal nach Arabien zurückzukehren. Das paßte mir wenig, und ich machte geltend, daß ich mich für diese Aufgabe durchaus ungeeignet fühlte. Ich erklärte, daß mir jede Art von Verantwortung zuwider wäre – zweifellos bedingte das Amt eines gewissenhaften Ratgebers ein hohes Maß von Verantwortung – und daß mich von jeher Dinge mehr interessiert hätten als Menschen und Ideen mehr noch als Dinge. Daher würde mir die Verpflichtung, mich bei Menschen durchzusetzen und sie auf bestimmte Zwecke hin zu beeinflussen, doppelt schwer fallen. Ich wäre nichts weniger als Soldat, verabscheute alles Soldatische, und außerdem hätte ja der Sirdar bereits telegraphisch in London aktive Offiziere angefordert, die die nötigen Fachkenntnisse zur Leitung des arabischen Feldzuges besäßen.

Clayton wendete ein, daß bis zu deren Ankunft Monate vergehen würden, inzwischen aber müßte Faisal fest an uns gebunden und sein Bedarf schnellstens nach Ägypten gemeldet werden. So blieb mir nichts übrig, als zu gehen.

Ich reiste also nach Janbo, jetzt der speziellen Operationsbasis von Faisals Armee. Als ich mich eben landeinwärts zu Faisal aufmachen wollte, kam die Nachricht von einer Schlappe der Türken. Eine ihrer Erkundungsabteilungen, aus Kavallerie und Kamelreitern bestehend, hatte sich zu weit in die Berge vorgewagt und war von den

Arabern abgefangen und auseinandergesprengt worden. So brach ich also unter einem guten Vorzeichen auf, zusammen mit meinem Reisegespons, Scherif Abd el Kerim. Er war begleitet von zwei bis vier seiner Leute, alle gut beritten; und unsere Reise ging rasch vonstatten, denn Abd el Kerim, ein berühmter Reiter, setzte seinen Ehrgeiz darein, die Etappen in einem Drittel der üblichen Zeit zurückzulegen. Da ich nicht mein eigenes Kamel ritt und das Wetter kühl, bewölkt und regenverheißend war, hatte ich nichts dagegen.

Wir ritten drei Stunden ununterbrochen in scharfem Trab. Der hatte unsere vollen Wänste so gründlich durchgerüttelt, daß wir wieder etwas hineinstopfen konnten. Also hielten wir an und labten uns an Brot und Kaffee, während Abd el Kerim sich auf seinem Teppich in einer Art Hundekampf mit einem seiner Leute umherwälzte. Als er außer Atem war, setzte er sich auf, und nun erzählten sie sich Geschichten und trieben Possen, bis sie genügend verschnauft hatten, um aufzustehen und zu tanzen. Das geschah alles auf eine ungezwungene, gutgelaunte Art und keineswegs würdevoll.

Dann, nach erneutem Aufbruch, brachte uns eine einstündige tolle Hetzjagd an den Fuß einer mächtigen Bergkette. Um sie zu überqueren, ritten wir ein enges, gewundenes Tal hinan. Da es vor einigen Tagen Wasser geführt hatte, war der sandige Boden fest; doch der steile Anstieg zwang die schnaufenden Kamele, im Schritt zu gehen. Mir war das willkommen, aber Abd el Kerim war wütend; und als wir nach einer knappen Stunde die Höhe erreichten, riß er sein Tier wieder vorwärts, und nun ging's eine halbe Stunde in halsbrecherischer Jagd durch die Finsternis den Berg hinab (zum Glück war der mit Sand und Kieseln bedeckte Boden gut gangbar). Dann ebnete sich das Land, und wir gelangten zu den Außenplantagen von Nakhl Mubarak, den Hauptdattelkulturen der südlichen Djuheina.

Als wir näher kamen, sahen wir Flammenschein zwischen den Palmen hindurch und dann das Licht zahlloser Feuer, während das weite Tal widerhallte vom Brüllen tausender aufgeregter Kamele, von krachenden Schüssen und dem Rufen von Leuten, die in der Dunkelheit nach ihren verlorenen Kameraden suchten. Da wir in Janbo erfahren hatten, daß Nakhl geräumt war, so schien uns dieser Lärm verdächtig. Wir schlichen uns also am Rand einer der Anpflanzungen entlang und durch eine enge, von mannshohen Lehmmauern umsäumte Straße bis zu einer abseitigen Häusergruppe. Beim ersten dieser Häuser zur Linken drückte Abd el Kerim das Hoftor ein, führte die Kamele in den Hof und fesselte die niedergegangenen Tiere nahe der Wand, damit sie nicht gesehen wurden. Dann lud er eine Patrone in seine Flinte, und vorsichtig auf Zehenspitzen stahl er sich die Straße hinunter, um festzustellen, was los war. Wir blieben wartend sitzen in der kühlen Nacht, während unsere vom Schweiß des scharfen Rittes durchfeuchteten Kleider allmählich trockneten.

Nach einer halben Stunde kam er zurück und berichtete, daß Faisal mit seinem Kamelreiterkorps soeben eingetroffen sei und wir zu ihm hinabkommen sollten. So führten wir die Kamele heraus, saßen auf und ritten hintereinander eine schmale, dammartige Gasse hinab, von einzelnen Häusern besetzt und rechts begrenzt von einem tiefgelegenen Palmenhain. Dem Ende zu war sie vollgepfropft von einem Gewimmel von Arabern und Kamelen, das Ganze ein wüstes, brüllendes und schreiendes Durcheinander. Wir drängten uns hindurch, stiegen einen Hang hinab und sahen uns plötzlich im Flußbett des Wadi Janbo, einem weiten offenen Tal, dessen Ausdehnung man nur aus den zahllosen Wachtfeuern erraten konnte, die in wirren Linien weithin aufleuchteten. Auch war der Boden feucht und das Geröll mit Schlamm überzogen, Rückständen einer kurzen Überschwemmung zwei Tage zuvor. Unsere Kamele bewegten sich vorsichtig und unsicher auf dem schlüpfrigen Grund.

Doch waren wir jetzt nicht in der Lage, dies oder sonst etwas zu bemerken, außer den Massen von Faisals Armee, die das Tal von Uferrand zu Uferrand erfüllten. An Hunderten von kleinen Feuern aus Dornreisig und mitten zwischen dem Durcheinander der Kamele lagerten Araber, machten sich Kaffee, aßen oder schliefen gleich Toten, in ihre Mäntel gehüllt. Eine derartig große Anhäufung von Kamelen verursachte eine unbeschreibliche Wirrnis; über das ganze weite Biwakfeld lagen sie, auf die Knie gegangen, wo sie gerade standen, oder durch Fesseln niedergehalten; immer neue strömten hinzu, und die Gefesselten, auf drei Beinen sich aufrichtend, strebten brüllend vor Hunger und Aufregung zu ihnen hin. Patrouillen zogen ab, Karawanen wurden entladen, und im Mittelpunkt der Szene jagten Dutzende von ägyptischen Mauleseln wild bockend umher.

Wir ackerten uns mühsam unsern Weg durch das Getöse hindurch, und gerade in der Mitte des Talbettes, auf einem Eiland der Ruhe, fanden wir Scherif Faisal. Wir stiegen ab und banden unsere Kamele in der Nähe fest. Faisal saß auf seinem über die nackten Steine gebreiteten Teppich, zu beiden Seiten Scherif Scharraf, Kaimakam von Imaret und Taif, und sein Adjutant Maulud, der feurige alte Patriot aus Mesopotamien. Vor ihm kniete ein Sekretär, einen Befehl niederschreibend, während hinter ihm ein zweiter laut eine Meldung vorlas beim Schein einer silbernen, von einem Sklaven gehaltenen Lampe. Die Nacht war windstill, und die offene Flamme stand kerzengerade in der schweren Luft.

Faisal, ruhig wie immer, bewillkommnete mich mit einem Lächeln, während er das Diktat beendete. Dann entschuldigte er sich wegen des formlosen Empfangs und winkte seinen Sklaven, uns allein zu lassen. Als sie sich eben samt allen Umstehenden zurückgezogen hatten, stürmte ein scheu gewordenes Kamel bockend und trompetend auf den Platz vor uns. Maulud sprang auf und ergriff das Kopfhalfter des Tieres, um es wegzuziehen; statt dessen zerrte ihn das Kamel mit fort, dabei lösten sich die Seile der Futterlast auf seinem Rücken, und eine Lawine von Heu überschüttete den schweigsamen Scherif, seine Lampe und mich. „Gott sei gelobt“, sagte Faisal würdevoll,

„daß es keine Butter war oder etwa Geldsäcke." Dann erzählte er mir, was sich Unerwartetes an der Kampffront in den letzten vierundzwanzig Stunden ereignet hatte.

Die Türken hatten die Vortruppen der arabischen Sperrstellung im Wadi Safra mittels eines Seitenpfades in den Bergen umgangen und ihnen dadurch den Rückzug abgeschnitten. Die von einer Panik ergriffenen Harb hatten sich in die Schluchten zu beiden Seiten verkrümelt und sich in Gruppen zu zweit oder zu dritt durch die Türken hindurchgeschlichen. Die türkische Reiterei strömte das nunmehr ungedeckte Tal hinab und stieß über den Dhifran-Paß gegen Bir Said vor, wo Emir Zeid, der jüngere Halbbruder Faisals, mit einer Abteilung der Harb stand. Zeid wurde von dem türkischen Angriff überrascht und geworfen. Seine Truppe zerstob in lose Haufen, die in wilder Flucht durch die Nacht auf Janbo jagten.

Damit lag für die Türken der Weg nach Janbo frei, und Faisal hatte sich, gerade eine Stunde vor unserer Ankunft, mit seinen fünftausend Mann hierher geworfen, um zunächst seine rückwärtige Verbindung zu decken, bis man geeignete Verteidigungsmaßnahmen getroffen hätte. Die Lage war ernst; jedoch Faisals Anwesenheit hier konnte möglicherweise den Feind heranlocken, und bei dem Versuch, Faisal und seine Armee abzufangen, verlor er mehrere Tage, während deren wir Zeit hatten, Janbo zu verstärken. Inzwischen tat Faisal in heiterer Ruhe sein möglichstes, und ich saß bei ihm und hörte zu, wie Meldungen kamen oder Gesuche, Klagen und Beschwerden vorgebracht wurden, die er summarisch erledigte.

Das dauerte so bis gegen halb vier Uhr morgens. Es war sehr kalt geworden, und die Feuchtigkeit des Tales drang durch den Teppich hindurch in unsere Kleider. Allmählich wurde es still im Lager, da Menschen und Tiere nach und nach ermüdet in Schlaf fielen; ein weißlicher Nebel lagerte sich weich darüber, und die Feuer wurden zu trägen Rauchsäulen.

Endlich hatte Faisal die dringendste Arbeit beendet. Wir aßen ein halb Dutzend Datteln, eine magere Stärkung, und streckten uns auf dem feuchten Teppich aus. Als ich noch fröstelnd dalag, bemerkte ich, wie sich die Biascha-Posten heranschlichen und ihre Mäntel sanft über Faisal breiteten, nachdem sie sich vergewissert hatten, daß er schlief.

Eine halbe Stunde später, in der feuchtkalten Dämmerung (zu kühl, um sich noch länger schlafend zu stellen), erhoben wir uns mit steifen Gliedern. Die Sklaven zündeten ein erwärmendes Feuer aus Palmstrünken an, während Scharraf und ich uns nach ein wenig Atzung und Brennmaterial umsahen. Von allen Seiten trafen Boten ein mit schlimmen Meldungen über einen unmittelbar bevorstehenden Angriff, und im Lager drohte eine Panik. Faisal entschloß sich daher zu einem Stellungswechsel, teils, weil wir durch einen zufälligen Regenguß in den Bergen aus unserer jetzigen Stellung herausgeschwemmt werden konnten, teils, um die Gemüter seiner Leute zu beschäftigen.

Als die Trommeln zum erstenmal wirbelten, wurden die Kamele in Eile beladen. Auf ein zweites Signal stieg jeder in den Sattel und wich nach rechts oder links aus, um eine breite Gasse freizumachen. Durch diese ritt Faisal auf seiner Stute, einen Schritt hinter ihm Scharraf, und gleich danach kam Ali aus Nedjd, der Bannerträger, eine prachtvolle Erscheinung, dessen Falkenantlitz umrahmt war von jettschwarzen, seitlich der Schläfen herabfallenden Haarflechten. Ali war prächtig gekleidet und ritt ein besonders stattliches Kamel. Dahinter folgte der ganze Schwarm von Scherifs und Scheikhs und Sklaven – und meine Wenigkeit – bunt durcheinander. Die Leibwache zählte an diesem Morgen achthundert Mann.

Die nächsten zwei Tage verbrachte ich in Faisals Gesellschaft und bekam dadurch tieferen Einblick in die Art seiner Führung, und zwar gerade während dieses interessanten Zeitabschnittes, wo infolge der ständigen Alarmmeldungen und des Abfalls der nördlichen Harb der Geist seiner Armee schwer litt. Faisal wußte den Mut seiner Leute hauptsächlich dadurch wieder zu heben, daß er jedem in seine Nähe Kommenden etwas von seiner eigenen Zuversicht einflößte. Für alle war er zugänglich, die vor seinem Zelt standen und auf Beachtung warteten; nie, daß er Bitten oder Gesuche kurz abwies, selbst dann nicht, wenn ein ganzer Schwarm von Leuten kam, um rund um uns her in der Dunkelheit ihre Klagen in vielstrophigem Gesang im Chor vorzutragen. Stets hörte er aufmerksam zu; und wenn er nicht selbst entschied, rief er Scharraf oder Faiz herbei, um die Sache für ihn zu erledigen. Diese unendliche Geduld war eine weitere Lehre für mich, was Führerschaft über Eingeborene in Arabien bedeutet.

Gleich groß war aber auch seine Selbstbeherrschung. Als Mirzuk el Tikheimi, sein Haushofmeister sozusagen, von Zeid gesandt, ankam, um von ihrer schmachvollen Schlappe Bericht zu geben, lachte ihn Faisal vor allen Leuten einfach aus und hieß ihn beiseitetreten und warten, während er die Scheikhs der Harb und der Ageyl empfing, deren Nachlässigkeit hauptsächlich das Unheil verschuldet hatte. Diese behandelte er mit feinem Spott und zog sie auf mit diesem und jenem, was sie getan, und den Verlusten, die sie erlitten oder verursacht hatten. Dann rief er Mirzuk zurück und ließ die Zeltflagge niederholen: ein Zeichen, daß jetzt Privatangelegenheiten zur Verhandlung standen. Ich dachte an die Bedeutung des Namens Faisal (das im Niedersausen blitzende Schwert) und fürchtete eine Szene. Doch er machte auf seinem Teppich Platz für Mirzuk und sagte: „Komm. Erzähle uns noch mehr von euren „Nächten“ und wunderbaren Heldentaten. Erheitere uns.“

Faisal hatte eine klangreiche, melodische Stimme und wußte damit geschickt auf seine Leute zu wirken. Er sprach mit ihnen im Dialekt der Stämme, aber auf eine sonderbar zögernde Art, wie wenn er, innerlich nach dem rechten Wort suchend, nach jedem Satz mühsam tasten müsse. Der Gedanke mochte bei ihm vielleicht nur um ein Geringes dem Wort vorausgehen, denn der schließlich gewählte Ausdruck war stets von größter Einfachheit, was ihm etwas Aufrichtiges und zugleich Packendes gab. Fast schien es, so dünn war der Schleier der Worte, als könnte man seinen geraden und hochgemuten Sinn hindurchleuchten sehen.

Der Tageslauf unseres Lagerlebens war einfach. Unmittelbar vor Anbruch des Morgens pflegte der Armee-Imam einen aufschreckenden Gebetsruf loszulassen. Seine Stimme war rauh und so gebieterisch, daß wir uns aufgescheucht erhoben, sei es zum Beten oder Fluchen. Sobald er geendet hatte, begann der Imam Faisals vor dem Zelteingang sanft und melodisch zu rufen. Eine Minute danach kam einer von Faisals fünf Sklaven und reichte uns gesüßten Kaffee. Zucker für die erste Tasse hielt man in Rücksicht auf die Kühle des Morgens für angemessen.

Eine Stunde später wurde die Klappe zu Faisals Schlafzelt zurückgeschlagen: seine Einladung zum Eintritt für die nächste Umgebung. Meist waren vier oder fünf anwesend, und nach dem Austausch der Morgenneuigkeiten wurde eine Platte mit Frühstück hereingetragen. Der Hauptsache nach bestand es aus Datteln; aber bisweilen schickte uns Hedjris, der Leibsklave, irgendwelche seltsamen Kuchen oder Backwerk eigenster Erfindung. Nach dem Frühstück pflegten wir uns abwechselnd mit bitterem Kaffee oder süßem Tee zu erfrischen, während Faisal seine Korrespondenz erledigte und den Sekretären diktierte. Einer von diesen war Faiz, der Verwegene; ein weiterer der Imam, ein ernst aussehender Mann, berühmt in der ganzen Armee durch seinen bauschigen Regenschirm, der stets an seinem Sattelknopf hing. Gelegentlich wurde jetzt auch eine Privataudienz erteilt, doch nur selten, da das Schlafzelt des Scherifs ausschließlich seinem persönlichen Gebrauch vorbehalten blieb. Dieses, ein gewöhnliches Spitzzelt, war ausgestattet mit Zigaretten, einem Feldbett, einer leidlich guten kurdischen Wolldecke, einem schäbigen Schirazi und einem prachtvollen alten Belutsch-Gebetsteppich, auf dem er zum Beten niederkniete.

Gegen acht Uhr morgens pflegte Faisal seinen Galadolch umzugürten und nach dem Empfangszelt hinüberzugehen. Hier setzte er sich in den Hintergrund des Zeltes, dem Eingang gegenüber, während wir uns längs der Wände im Halbkreis um ihn gruppierten. Die Sklaven beschlossen den Zug und stellten sich rings um die offene Seite des Zeltes auf, um die Masse der Bittsteller zu überwachen, die im Schatten des Zelteingangs oder weiter entfernt im Sande lagen und warteten, bis die Reihe an sie kam. Wenn irgend möglich, wurde die Arbeit bis Mittag erledigt, da der Emir sich um diese Zeit zu erheben liebte.

Wir von der Umgebung sowie einige Gäste versammelten uns dann im Wohnzelt, und Hedjris und Salem trugen die Platte mit dem Mittagessen herein, das aus so vielen Gerichten bestand, als die Gelegenheit jeweils erlaubte. Faisal war ein außergewöhnlich starker Raucher, aber schwacher Esser; und er pflegte zum Schein mit den Fingern oder einem Löffel in Bohnen, Linsen, Spinat, Reis und süßen Kuchen herumzustochern, bis er glaubte, daß wir satt waren, worauf nach einem Wink seiner Hand die Platte fortgetragen wurde und andere Sklaven erschienen, um am Zelteingang Wasser über unsere Finger zu gießen. Fette Leute, wie Mohammed ibn Schefia, gerieten in drollige Nöte bei den raschen und kärglichen Mahlzeiten des Emirs, und später, wenn sie allein waren, pflegten sie das Versäumte aus ihren eigenen Vorräten nachzuholen. Nach dem Essen schwatzten wir ein wenig, schlürften zwei Tassen Kaffee und genossen zwei Gläser eines sirupartigen Tees. Danach blieb bis zwei Uhr nachmittags der Vorhang des Zeltes herabgelassen, was bedeutete, daß Faisal schlief, las oder Privatgeschäfte erledigte. Nachher saß er wieder in dem Empfangszelt, bis er alle, die etwas von ihm wollten, abgefertigt hatte. Niemals sah ich einen Araber sein Zelt unbefriedigt oder gekränkt verlassen – ein Zeugnis für seinen Takt und sein Gedächtnis; denn nie schien er zu zögern, weil ihm eine Tatsache entfallen war, oder über eine verwandtschaftliche Beziehung zu stolpern.

Wenn nach der zweiten Audienz noch Zeit war, pflegte er mit seinen Freunden spazierenzugehen. Zwischen sechs und sieben Uhr wurde das Abendessen gebracht, zu dem alle im Hauptquartier Anwesenden von den Sklaven gebeten wurden. Es entsprach ungefähr dem Mittagsmahl.

Mit dieser Mahlzeit endete der Tag, außer daß ein barfüßiger Sklave unauffällig und in verlängerten Zwischenräumen ein Brett mit Tee herumreichte. Faisal pflegte erst sehr spät zu schlafen und verriet niemals den Wunsch, unsern Besuch abzukürzen. Den Abend widmete er der Erholung und vermied vermeidbare Arbeit. Nur selten spielte er auch einmal Schach, dann aber glänzend und mit dem unbekümmerten Draufgängertum eines Fechters. Bisweilen gab er, vielleicht mir zu Ehren, etwas von seinen Erlebnissen in Syrien zum besten, hie und da auch ein Kapitel aus der türkischen Geheimgeschichte oder Familienaffären. Ich lernte viel aus seinem Munde über Personen und Parteien im Hedjas.

Eines Tages überraschte mich Faisal mit der Frage, ob ich nicht während meines Aufenthaltes im Lager arabische Kleidung tragen wollte so wie er. Ich würde es selbst angenehm finden, denn da ich wohl oder übel hier als Araber leben müßte, wäre diese Kleidung am geeignetsten. Außerdem würden dann die Stämme wissen, wie sie sich mir gegenüber zu verhalten hätten. Die einzigen in Khaki Gekleideten, mit denen sie zu tun gehabt hätten, wären türkische Offiziere gewesen, gegen die sie eine instinktive Abwehrstellung eingenommen hätten. Trüge ich aber Mekka-Kleidung, so würden sie sich zu mir stellen, als wäre ich wirklich einer der Führer; und ich könnte in Faisals Zelt ein und aus gehen, ohne Aufsehen zu erregen, und ohne daß er Neuankommende jedesmal wieder darüber zu beruhigen brauchte.

Ich stimmte sofort hocherfreut zu. Auch Hedjris war entzückt und schwelgte förmlich darin, mich mit prächtigen weißseidenen und golddurchwirkten Hochzeitsgewändern auszustatten, die Faisal vor kurzem (war es ein Wink?) von seiner Großtante in Mekka erhalten hatte. In dieser mir neuen lockeren Kleidung machte ich einen Gang rings um die Palmgärten, um mich an das Gefühl zu gewöhnen.

Wie die Dinge standen, konnte die Stellung Faisals bei Nakhl Mubarak nur eine vorübergehende sein; und ich hielt es für besser, wenn ich nach Janbo ginge, um die Land- und Seeverteidigung dieses Hafens zu organisieren, da sich unsere Flotte zur jederzeitigen Mitwirkung bereit erklärt hatte. Es wurde abgemacht, daß ich mich mit Zeid in Verbindung setzen sollte, um alles Nötige mit ihm gemeinsam zu veranlassen. Faisal stellte mir für die Rückreise ein prachtvolles dunkelbraunes Kamel zur Verfügung. Wir nahmen einen anderen Weg, den Wadi Messarih durch die Agida-Berge, da die direkte Straße durch türkische Patrouillen bedroht war. Bedr ibn Schefia begleitete mich. Wir legten die Strecke bequem in einem Ritt von sechs Stunden zurück und erreichten Janbo vor Morgengrauen. Ermüdet von drei anstrengenden Tagen mit wenig Schlaf und fortwährenden Alarmierungen, ging ich sofort zu dem leerstehenden Hause Garlands (er selbst wohnte an Bord eines Schiffes im Hafen) und schlief auf einer Bank ein. Bald darauf aber wurde ich wieder geweckt durch die Nachricht, daß Scherif Zeid ankomme, und ich ging hinunter, um mir den Einzug der geschlagenen Truppen anzusehen.

Es mochten an die achthundert Mann sein; sie waren still, aber sonst in keiner Weise von ihrer Schmach bedrückt. Zeid trug eine noble Gleichgültigkeit zur Schau. Als er die Stadt betrat, wandte er sich an den neben ihm reitenden Stadtgouverneur, Abd el Kadir, und rief: „Was sehe ich! Eure Stadt ist ja ganz verfallen! Ich werde bei meinem Vater telegraphisch vierzig Maurer bestellen, um die öffentlichen Gebäude auszubessern." Das tat er denn auch wirklich. Ich hatte an Kapitän Boyle (als den ältesten der englischen Marineoffiziere im Roten Meer) telegraphiert, daß Janbo ernstlich bedroht wäre, und Boyle hatte umgehend geantwortet, seine Flotte werde binnen kurzem in Janbo sein. Diese Bereitwilligkeit war ein Trost zur rechten Zeit, denn am nächsten Tage kamen schlimme Nachrichten. Die Türken waren mit einer starken Abteilung von Bir Said gegen Nakhl Mubarak vorgestoßen und hier mit Faisals Streitkräften in dem Augenblick zusammengestoßen, als diese noch in Bewegung waren. Nach kurzem Kampf brach Faisal ab, räumte das Feld und zog sich auf Janbo zurück. Der letzte Akt unseres Krieges schien begonnen zu haben. Ich nahm meine Kamera und machte von der Brustwehr des Medina-Tors aus eine schöne Aufnahme der beiden einziehenden Brüder. Faisal hatte annähernd zweitausend Mann bei sich, aber es fehlten die Stämme der Djuheina. Das sah nach Verrat und sogar Abfall aus, eine Möglichkeit, an die weder Faisal noch ich überhaupt gedacht hatten.

Ich besuchte ihn gleich darauf in seinem Hause, und er erzählte mir, was vorgefallen war. Die Türken hatten mit drei Bataillonen, einer Abteilung auf Mauleseln berittener Infanterie und Kamelreiterei angegriffen. Mit dem ersten Vorstoß gelangten sie über den Wadi Janbo hinweg bis in die Palmenkulturen und bedrohten so die rückwärtige Verbindung der Araber nach Janbo. Gleichzeitig konnten sie Nakhl Mubarak mit ihren sieben Geschützen ungehindert unter Feuer nehmen. Faisal ließ sich dadurch nicht aus der Fassung bringen, sondern schickte die Djuheina auf seinen linken Flügel vor, um sich den Türken in dem breiten Tal entgegenzuwerfen. Mit seinem Zentrum und rechten

Flügel hielt er Nakhl Mubarak und entsandte die ägyptische Artillerie, um die Straße nach Janbo den Türken zu sperren. Dann eröffnete er mit seinen beiden Fünfzehnpfündern das Feuer.

Rasim, ein Syrier und früherer Batteriechef in der türkischen Armee, kommandierte die beiden Geschütze und erzielte mit ihnen eine großartige moralische Wirkung. Sie waren eine Gabe aus Ägypten, auf jeden Fall unbrauchbarer Plunder, aber noch gut genug, meinte man, für die wilden Araber. So hatte Rasim keine Visiere, keine Entfernungsmesser, keine Schußtabellen und kein Brisanzpulver.

Die Entfernung mochte etwa viertausend Yard betragen, aber die Zünder an den Schrapnells – Antiquitäten aus dem Burenkrieg – waren voller Grünspan, und wenn sie überhaupt krepierten, dann entweder gleich nach dem Abschuß oder erst im Aufschlag. Da er jedoch sowieso keine Möglichkeit hatte, die Munition fortzuschaffen, wenn's schief ging, ließ Rasim herausfeuern, was das Zeug hielt, und wollte sich schieflachen über diese Art, Krieg zu führen. Als die Stämme den Kommandanten so vergnügt sahen, faßten sie Mut. „Bei Allah“, rief einer, „das sind richtige Kanonen, die krachen!“ Rasim schwor, daß die Türken reihenweise fielen, und auf sein Wort hin gingen die Araber beherzt zum Angriff vor.

Die Sache stand gut, und Faisal hoffte schon auf einen entscheidenden Erfolg, als plötzlich der linke Flügel im Tal stutzte, anhielt, gleich darauf kehrtmachte und sich in Unordnung zum Lagerplatz zurückzog. Faisal galoppierte zu Rasim im Zentrum und rief ihm zu, die Djuheina wären davongelaufen und er sollte die Geschütze in Sicherheit bringen. Rasim ließ aufprotzen und trabte davon; Faisals Scharen strömten hinterdrein. Er selbst bildete mit seinem Gefolge die Nachhut, und in geordnetem Zuge rückten sie auf Janbo ab, die Djuheina unter ihrem Führer, Scherif Abd el Kerim, meinem einstigen Begleiter, samt den Türken auf dem Schlachtfeld zurücklassend.

Während wir noch über den schlimmen Ausgang sprachen und dem Verräterpaar, den beiden Brüdern Beidawi, fluchten, erhob sich Lärm draußen vor der Tür; gleich darauf drängte sich Abd el Kerim durch die Sklaven, trat zum Hochsitz, küßte zur Begrüßung die Kopfschnur Faisals und setzte sich neben uns. Faisal sah ihn mit sprachlosem Staunen an und sagte: „Wie denn?“ und Abd el Kerim berichtete von ihrer Bestürzung über die plötzliche Flucht Faisals, und wie er und sein Bruder mit ihren tapferen Leuten die ganze Nacht hindurch ohne Artillerie gegen die Türken gekämpft hätten, bis die Palmenhaine nicht mehr zu halten waren und sie ebenfalls zurück mußten. Sein Bruder rücke soeben mit der Hälfte der Mannschaft in die Stadt ein. Die andern hätten sich den Wadi Janbo aufwärts verkrümelt, um Wasser zu suchen.

„Und warum habt ihr euch mitten während der Schlacht nach dem Lagerplatz hinter uns zurückgezogen?“ fragte Faisal. „Nur um uns eine Tasse Kaffee zu kochen“, sagte Abd el Kerim. „Wir hatten seit Sonnenaufgang gekämpft und es war Abend, wir waren sehr ermüdet und hatten Durst.“ Faisal und ich lehnten uns zurück und lachten. Dann machten wir uns auf, um zu sehen, was zur Verteidigung der Stadt geschehen konnte.

Janbo lag auf einem abgeflachten Korallenriff etwa zwanzig Fuß über dem Meeresspiegel und war auf zwei Seiten von Wasser umgeben. Vor den beiden anderen Seiten erstreckten sich weite Sandflächen, stellenweise feucht, doch auf Meilen hin ohne jede Bodenbedeckung, und nirgendwo gab es Trinkwasser. Bei Tage war der Platz, mit Artillerie und Maschinengewehren verteidigt, allem Ermessen nach uneinnehmbar.

Auch bekamen wir die nötige artilleristische Verstärkung von See; denn Kapitän Boyle, wie immer mehr haltend als er versprochen, hatte in weniger als vierundzwanzig Stunden fünf Schiffe in Janbo konzentriert. Den Monitor M 31, seines geringen Tiefganges wegen dazu geeignet, legte er in die innerste südöstliche Bucht des Hafens, von wo aus seine Sechszöller die vermutliche Anmarschrichtung der Türken bestreichen konnten. Crocker, der Kapitän von M 31, brannte schon darauf, diese bissigen Geschütze spielen zu lassen. Die größeren Schiffe wurden so verteilt, daß sie mit erheblicher Schußweite über die Stadt hinwegfeuern oder vom nördlichen Hafen aus die andere Flanke des Feindes bestreichen konnten. Die Scheinwerfer von „Dufferin“ und M 31 kreuzten über die Ebene jenseits der Stadt.

Die Araber, begeistert über die Menge der Schiffe im Hafen, waren bereit, auch ihr Teil zur nächtlichen Verteidigung der Stadt beizutragen. Sie gaben uns die Versicherung, daß keine Panik mehr ausbrechen würde; doch bedurften sie zur völligen Beruhigung irgendeines Verteidigungswalls mittelalterlicher Art. So errichteten wir dicht vor dem zerbröckelten und durch das ausgewaschene Salz durchlöcherten Stadtwall einen zweiten Damm, packten Erde dazwischen und verstärkten diese vorsintflutlichen Bastionen, bis sie wenigstens gegen Gewehrfeuer und möglicherweise auch gegen die türkischen Gebirgsgeschütze schußsicher waren.

Außerhalb der Brustwehr zwischen den unmittelbar vor der Stadt liegenden Zisternen ließen wir Stacheldraht ziehen. An geeigneten Stellen der Verschanzung wurden Maschinengewehre eingebaut und mit ausgebildeten Schützen aus Faisals Truppe besetzt. Die Ägypter, gleich allen anderen, denen ein Platz im Verteidigungswerk angewiesen wurde, waren glücklich wie Kinder. Garland, ein Offizier der Festungsartillerie, den uns der Sirdar zur Verfügung gestellt hatte, wurde technischer Leiter der Verteidigung und erster Berater.

Nach Sonnenuntergang durchzitterte die Stadt verhaltene Erregung. Tagsüber hatten sich die an der Verschanzung Arbeitenden durch Geschrei, Freudenschüsse und wilde Begeisterungsausbrüche ermuntert; nun, beim Dunkelwerden, gingen sie in die Häuser, um zu essen, und Schweigen senkte sich über die Stadt. Kaum einer schlief in dieser Nacht. Gegen elf Uhr gab es Alarm. Unsere Außenpatrouillen waren nur drei Meilen von Janbo auf den Feind gestoßen. Garland ging, begleitet von einem Rufer, durch die wenigen Straßen und alarmierte die Garnison. Alles eilte aus den Häusern heraus und begab sich in tiefstem Schweigen an die zugewiesenen Plätze, ohne daß man einen Ruf oder Schuß hörte. Die Matrosen oben auf den Minaretts gaben Warnungssignale an die Schiffe; diese begannen, mit ihren vereinigten Scheinwerfern Stück für Stück des Vorfeldes abzuleuchten und tasteten mit strahlenden Lichtkegeln in alle Niederungen und Mulden, die ein feindlicher Angriff durchqueren mußte. Jedoch nichts rührte sich, und vergeblich warteten wir auf das Erscheinen des Gegners, um das Feuer zu eröffnen.

Später erfuhren wir, daß den Türken der Mut gesunken war, angesichts der schweigsamen Stadt und der Fülle der erleuchteten Schiffe im Hafen, während die unheimlichen Strahlen der Scheinwerfer ihnen die völlige Deckungslosigkeit des weiten Vorfeldes enthüllten, das sie beim Angriff hätten durchschreiten müssen. Also machten sie kehrt; und in dieser Nacht, glaube ich, haben sie ihren Krieg verloren. Ich selbst war auf der Suva, um unbehindert zu sein, und habe nachher endlich einmal wieder prächtig geschlafen, so daß ich allen Grund hatte, dem Feind für seine Mutlosigkeit dankbar zu sein; denn für diese acht Stunden ungestörter Nachtruhe hätte ich gern noch viel mehr drangegeben als selbst einen glorreichen Sieg, den wir vielleicht erfochten hätten.

5. Faisal rückt nach Norden vor

Oberst Wilson kam zu uns nach Janbo, um uns von der Notwendigkeit eines sofortigen Unternehmens gegen Wedjh zu überzeugen. Es war dies der nächste, nordwärts von Janbo gelegene Hafen, und von dort bedrohten die Türken Faisals Verbindungen nach dem Innern. Wenn wir uns durch überraschenden Vorstoß des Ortes bemächtigten, mußte die Initiative der Kriegführung uns zufallen.

Mit Faisal war ein prächtiges Arbeiten; hatte er einmal einer Sache zugestimmt, so setzte er sich auch mit ganzem Herzen dafür ein. Er gab sein Wort, daß er baldigst marschieren werde; und am Neujahrstage kamen wir beide daher zusammen, um uns über die Einzelheiten des Unternehmens und seine Bedeutung für uns wie für die Türken zu besprechen.

Faisal schlug vor, die Djuheina annähernd vollzählig mitzunehmen und ihnen Teile der Harb, der Billi, Ateiba und Ageyl anzugliedern, um möglichst viele Stämme an dem Unternehmen zu beteiligen. Denn dieser Vorstoß, der dem Krieg im nördlichen Hedjas einen gewissen Abschluß geben würde, sollte uns dazu verhelfen, das ganze westliche Arabien in Bewegung zu bringen.

Faisal trug Bedenken, Janbo, den zweiten Hafen vom Hedjas und bisher seine unentbehrliche Basis, ungedeckt zu lassen; und während wir über Maßnahmen nachdachten, die die Türken von einer Besetzung Janbos ablenken könnten, fiel uns plötzlich Sidi Abdulla ein. Er hatte etwa fünftausend Irreguläre nebst einigen Geschützen und Maschinengewehren. Faisal schlug vor, er solle bis an den Wadi Ais vorgehen, einem historischen Quellental genau hundert Kilometer nördlich von Medina, wodurch er Fakhris Eisenbahnverbindung nach Damaskus unmittelbar bedrohte.

Das war entschieden eine glückliche Eingebung, und wir schickten sogleich Raja el Khuluwi ab, um Abdulla für den Plan zu gewinnen. So sicher waren wir seiner Zustimmung, daß ich Faisal drängte, ohne die Antwort abzuwarten, vom Wadi Janbo nordwärts einen Tagemarsch gegen Wedjh vorzurücken.

Faisal willigte ein; und am 3. Januar 1917 brachen wir auf, um auf der breiten oberen Straße durch den Wadi Messarik auf Owais vorzurücken, eine Gruppe von Brunnen, etwa fünfzehn Meilen nördlich von Janbo. Das Gebirge war herrlich an diesem Tage. Die Dezemberregen waren reichlich gefallen, und der Sonnenschein danach hatte der Erde vorgetäuscht, der Frühling sei gekommen. Ein dünner Graswuchs war in allen Mulden und Niederungen aufgesproßt, vereinzelte Halme nur, schnell und starr emporschießend zwischen den Steinen.

Das Aufbruchsignal ertönte, aber es galt nur für uns und die Ageyl. Die übrigen Teile der Armee säumten – jeder Mann neben seinem niedergegangenen Kamel – seitlich unsern Weg, und sobald Faisal herankam, wurde er schweigend begrüßt. Er rief ihnen heiter zu: „Friede über euch!“ und jeder der Oberscheikhs gab den Gruß mit den gleichen Worten zurück. Sobald wir vorüber waren, saßen die Leute auf einen Wink ihrer Führer auf und schlossen sich an; so wuchs der Zug hinter uns und wurde zu einer unendlich langen Kette von Reitern und Kamelen, die sich, soweit das Auge reichte, durch den engen Paß zur Wasserscheide hinaufwand.

Außer Faisals Gruß hatte nichts die Stille des Marsches unterbrochen, bis wir den Höhenkamm erreichten, von dem aus sich das Tal öffnete, und ein sanfter, mit Sand und feinem Geröll bedeckter Hang abwärts führte. Ibn Dakhil aber, der feurige Scheikh der Russ – er hatte vor zwei Jahren das Kontingent der Ageyl zur Unterstützung der Türkei aufgestellt, nach Ausbruch des Aufstandes aber sich mit seinen Leuten vollzählig dem Scherif angeschlossen – blieb nun einige Längen zurück, ordnete die uns unmittelbar folgenden Ageyl zu einer breiten Kolonne in gegliederten Reihen und ließ die Trommeln rühren. Und alle stimmten aus voller Kehle ein in den Gesang zu Ehren des Emirs Faisal und seiner Familie.

Unser Marsch nahm nachgerade etwas barbarisch Prächtiges an. Voran ritt Faisal in Weiß, zu seiner Rechten Scharraf in rotem Kopftuch und hennafarbenem Kleid und Mantel, zu seiner Linken ich selbst in Weiß und Scharlachrot, hinter uns die drei Banner aus verblaßter karminroter Seide mit goldenen Nägeln beschlagen, dann die Trommler, einen Marsch schlagend, und hinter diesen wiederum die Masse der zwölfhundert kräftigen Kamele der Leibgarde, so dicht gedrängt wie irgend möglich, die Reiter in Kopftüchern aller erdenklichen Farben und die Kamele fast ebenso prächtig in ihrer

Aufzäumung. Das ganze Tal war bis an seine Flanken von diesem buntschillernden Heerstrom angefüllt.

Die Gefahr war groß, daß während unseres Vormarsches auf Wedjh Janbo in die Hand des Feindes fallen konnte; und daher hatten wir es für richtiger gehalten, die dort lagernden Vorräte zu räumen. Boyle verschaffte uns die Möglichkeit dazu, indem er signalisierte, die „Hardinge" werde zur Aufnahme der Vorräte verfügbar gemacht werden. Die „Hardinge" war ein indisches Truppentransportschiff, und ihr unteres Deck hatte längs der Wasserlinie große, viereckige Ladepforten. Kapitän Linberry ließ sie öffnen, und nun wurde alles Vorhandene einfach da hineingestopft: achttausend Gewehre, drei Millionen Patronen, Tausende von Schrapnells, Mengen von Reis und Mehl, eine Schuppenladung von Uniformen, zwei Tonnen Brisanzpulver und unser ganzes Benzin in kunterbuntem Durcheinander. Es war, wie wenn man Briefe in den Kasten wirft. Noch nie hatte das Schiff in so kurzer Zeit über tausend Tonnen Ladung genommen.

Boyle kam, um sich über die Lage zu orientieren. Er versprach, daß uns die „Hardinge" dauernd als Transportschiff zur Verfügung stehen würde, um, wann immer es nottäte, Lebensmittel und Wasser zu landen. Damit war unsere Hauptschwierigkeit behoben. Auch die Seestreitkräfte versammelten sich bereits; die halbe Rote-Meer-Flotte sollte zur Stelle sein. Der Admiral wurde erwartet, und auf jedem Schiff wurden Landungsabteilungen ausgebildet. Alles war damit beschäftigt, weißen Drell in Khaki zu färben, Bajonette zu schleifen oder sich im Schießen zu üben.

Im stillen freilich hoffte ich trotz alledem, daß es dort nicht zum Kampfe kommen würde. Faisal hatte etwa zehntausend Mann, genug, um das ganze Land der Billi mit bewaffneten Abteilungen zu besetzen und alles daraus fortzuschaffen, was nicht niet- und nagelfest war. Daß wir Wedjh einnehmen würden, war sicher; nur bestand die Gefahr, daß viele aus Faisals Heer unterwegs durch Hunger und Durst umkommen konnten. Indessen war das Land bis Um Ledji, halbwegs nach Wedjh gelegen, freundschaftlich gesinnt, und bis dahin jedenfalls konnte sich nichts Bedenkliches ereignen. Faisal setzte daher seinen Marsch an eben dem Tage fort, als Abdullas Antwort eintraf, daß er dem Plan mit dem Wadi Ais zustimmte. Am gleichen Tage kam die Nachricht von meiner Ablösung. Newcombe, als aktiver Oberst zum Chef unserer Militärmission im Hedjas ernannt, war in Ägypten eingetroffen; und seine beiden Stabsoffiziere, Cox und Vickery, waren schon auf dem Roten Meer unterwegs, um sich Faisals Expedition anzuschließen.

Boyle brachte mich auf der „Suva" nach Um Ledji, und wir gingen an Land, um Nachrichten einzuziehen. Der Scheikh sagte uns, daß Faisal am gleichen Tage in Bir el Woheidi eintreffen würde, einer Wasserstelle vier Meilen landeinwärts. Wir sandten eine Botschaft zu ihm; und dann gingen wir nach dem Fort hinüber, das Boyle einige Monate vorher von der „Fox" aus zusammengeschossen hatte. Es war nur noch ein Schutthaufen, und Boyle, die Ruinen betrachtend, meinte: „Man muß sich ja beinah schämen, solchen Tonpott zerschmissen zu haben.“ Er war mit Leib und Seele Offizier, stets auf dem Posten, tüchtig und pflichteifrig; nur manchmal etwas aufbrausend gegen jederlei Schlendrian. Rothaarige Menschen sind selten geduldig. „Ginger Boyle“, wie wir ihn nannten, war ein Sprudelkopf.

Während wir noch die Ruinen betrachteten, kamen vier in graue Lumpen gekleidete Dorfälteste heran und baten um die Erlaubnis, zu sprechen. Sie sagten, vor einigen Monaten wäre plötzlich ein Schiff mit zwei Schornsteinen angekommen und hätte ihr Fort zerstört. Man hätte ihnen nun Weisung gegeben, es für die Polizei der arabischen Regierung wieder aufzubauen. Ob sie den großmütigen Kapitän des friedfertigen Schiffes mit einem Schornstein bitten dürften, ihnen etwas Bauholz oder anderes Material zur Wiederherstellung zu überlassen? Boyle wurde ungeduldig bei dieser langen Rede und fuhr mich an: „Was ist los? Was wollen die?“ Ich sagte: „Nichts weiter. Sie erzählen nur von der furchtbaren Wirkung des Bombardements durch die „Fox“.“ Boyle blickte rundum und lächelte ingrimmig: „Na ja, das hat ganz nett geflutscht.“

Am nächsten Tag traf Vickery ein. Er war Artillerist und hatte während einer zehnjährigen Dienstzeit im Sudan so gut arabisch gelernt, die Schrift- wie Umgangssprache, daß wir der Sorge um einen Dolmetscher für ihn enthoben waren. Wir kamen überein, zusammen mit Boyle zum Lager Faisals zu gehen, um die Einzelheiten des Angriffsplanes festzusetzen. Also setzten sich denn nach dem Mittagessen Engländer und Araber zusammen, um gemeinsam über den weiteren Vormarsch auf Wedjh zu beraten.

Es wurde beschlossen, die Armee in Gruppen zu teilen, und diese sollten, unabhängig voneinander, bis zum Sammelpunkt Abu Zereibat in Hamdh vorrücken, jenseits dessen bis Wedjh keine Wasserstelle mehr vorhanden war. Boyle jedoch erklärte sich bereit, die „Hardinge“ für eine Nacht den Küstenort Scherm Habban – wo man einen geeigneten Hafen vermutete – anlaufen zu lassen und dort zwanzig Tonnen Wasser für uns an Land zu schaffen. So war diese Frage erledigt.

Für den Angriff auf Wedjh boten wir Boyle eine Landungsabteilung an, bestehend aus einigen hundert Harbs und Djuheina Landvolk. Er entschied sich, sie auch noch auf einem der Decks der vollgepfropften „Hardinge“ unterzubringen. Sie, nebst der Marineabteilung, sollten nördlich der Stadt an Land gehen, wo keine türkischen Truppen zur Abwehr standen und von wo aus Wedjh und sein Hafen am besten umgangen werden konnten.

Boyle würde im ganzen sechs Schiffe zur Verfügung haben mit insgesamt fünfzig Geschützen, um die Aufmerksamkeit der Türken abzulenken; außerdem hatte er zur Beobachtung und Leitung des Feuers ein Flugzeug-Mutterschiff. Wir würden am Zwanzigsten des Monats in Abu Zereibat sein; am Zweiundzwanzigsten in Habban, um das von der „Hardinge" gelieferte Wasser in Empfang zu nehmen; und die Landungsabteilung sollte in der Frühe des Dreiundzwanzigsten bei Wedjh an Land gehen, zu welcher Zeit unsere Reiterei alle von Wedjh abgehenden Wege gesperrt haben würde.

Die Nachrichten aus Rabegh lauteten günstig; die Türken hatten keinen Versuch gemacht, die Entblößung von Janbo auszunutzen. Als die Funksprüche Boyles uns über diese unsere größte Sorge endgültig beruhigten, hob sich unser Mut gewaltig. Abdulla stand schon dicht vor Ais, wir selber halbwegs nach Wedjh: die Initiative der Kriegführung war auf die Araber übergegangen. Ich war so froh darüber, daß ich für einen Augenblick meine Selbstbeherrschung vergaß und begeistert ausrief, in einem Jahr würden wir an die Tore von Damaskus pochen. Ein Frosthauch der Ernüchterung ging durch das Zelt, und meine Hoffnungsfreudigkeit erstarb. Dennoch war es kein phantastischer Traum, denn fünf Monate später war ich in Damaskus und ein Jahr darauf de facto Gouverneur der Stadt.

Faisals Armee bei Bir el Waheida belief sich auf fünftausend Kamelreiter und fünftausend Mann zu Fuß, mit vier Krupp-Gebirgskanonen und zehn Maschinengewehren; zum Transport hatten wir dreihundert Lastkamele. Unser Aufbruch war für den achtzehnten Januar gleich nach Mittag festgesetzt, und pünktlich zur Essenszeit hatte Faisal alle Vorbereitungen beendet. Nach Tisch wurde das Zelt abgebrochen; wir gingen zu unsern Kamelen, die gesattelt und beladen rings im Kreise lagen; je ein Sklave hielt sie, den Fuß auf ihr untergeschlagenes Vorderbein gestellt, nieder. Der Paukenschläger, neben Ibn Dakhil, dem Kommandanten der Leibgarde, stehend, ließ sieben oder acht Paukenschläge ertönen, worauf alles still wurde. Wir blickten auf Faisal. Er erhob sich von seinem Teppich, wo er eben noch ein paar Worte zu Abd el Kerim gesprochen hatte, ergriff beide Sattelknöpfe, stemmte das Knie gegen die Flanke des Tieres und rief laut: „Laßt Gott für euch walten." Der Sklave ließ das Kamel los, und es sprang auf. Sobald es auf den Füßen stand, schwang Faisal das andere Bein über den Rücken, zog mit einer Armbewegung Kleid und Mantel unter sich und setzte sich im Sattel zurecht.

Als sein Kamel anritt, schwangen auch wir uns in den Sattel, und sämtliche Tiere richteten sich hoch, einige mit Gebrüll, die meisten aber ruhig, wie es sich für wohlabgerichtete Kamelstuten gehört. Sie trabten ziemlich heftig an, und wir Reiter mußten die Schenkel um die Vorderpauschen des Sattels klemmen und das Kopfhalfter aufgreifen, um das Tempo zu zügeln. Dann sahen wir uns nach Faisal um, klopften leicht den Kopf unseres Reittieres und drückten ihm die nackten Füße gegen die Schultern, bis wir in gleicher Linie mit Faisal waren. Ibn Dakhil kam heran, und nach einem raschen Blick über Gelände und Marschrichtung gab er den Ageyl einen kurzen Befehl, die daraufhin in zwei Flügel, rechts und links von uns, aufmarschierten.

Dann kam ein auffordernder Trommelwirbel; und der Dichter des rechten Flügels stimmte einen schrillen Gesang an, einen frei erfundenen Zweizeiler zum Ruhm von Faisal und von den Herrlichkeiten, die er uns in Wedjh verschaffen würde. Der rechte Flügel horchte gespannt auf den Vers, nahm ihn auf und sang ihn gemeinsam einmal, zweimal, dreimal, stolz, selbstzufrieden und herausfordernd. Aber ehe sie zum vierten Male ansetzen konnten, stimmte der Dichter des linken Flügels eine Entgegnung aus dem Stegreif an, in gleichem Vers und Rhythmus, aber noch leidenschaftlicher im Gefühl. Der linke Flügel brach in Beifallstriumph aus, die Trommeln rasselten von neuem, die Bannerträger entrollten die großen, leuchtend roten Fahnen, und alles, rechts, links und in der Mitte, stimmte im Chor den brausenden Gesang der Leibgarde an, nach der alten Melodie:

„Britannien hab' ich und Gallien verloren
Und Rom und die Schwüre, die sie geschworen,
Und verloren Lalage“;

nur sangen sie statt dessen von Nedjh, das sie verloren hatten, und den Frauen von Maabda und Djidda und Suez. Es war ein schönes Lied im rhythmischen Takt, den die Kamele liebten, so daß sie die Köpfe senkten, die Hälse vorstreckten und mit weitausgreifenden Schritten träumerisch dahinschwankten.

Der Weg war heute nicht beschwerlich, denn er ging über feste Sandhänge, lange sanft ansteigende Dünenwellen, kahl auf den Rücken, aber in den Mulden mit Gesträuch bewachsen und mit vereinzelten dürftigen Palmen in den feuchten Niederungen. Später, als wir gerade eine Senkung passierten, kamen von links zwei Reiter angaloppiert, um Faisal zu begrüßen. Den einen kannte ich, es war der alte, schmutzige, triefäugige Mohammed Ali el Beidawi, der Emir der Djuheina; aber der andere schien mir fremd. Beim Näherkommen sah ich, daß er Khakiuniform trug, mit arabischem Mantel darüber, nebst seidener Schnur und Kopftuch, das reichlich schief saß. Er sah auf, und ich erkannte Oberst Newcombes sonnenverbranntes Gesicht mit den zwingenden Augen und dem heftigen Mund, ein breites gutmütiges Lachen zwischen den kräftigen Kinnbacken. Er war am gleichen Morgen in Um Ledji angekommen, und als er hörte, daß wir gerade erst aufgebrochen waren, hatte er Scheikh Jussufs schnellstes Pferd genommen und war uns nachgeritten.

Ich bot ihm mein zweites Kamel an und stellte ihn Faisal vor, der ihn gleich einem Jugendfreund begrüßte. Und sofort stürzten sie sich mitten in die Ereignisse, berieten, debattierten, entwarfen Pläne im Handumdrehen. Newcombes rasch zupackendes Ungestüm war hinreißend; und die Frische des Tages, die freudige Bewegtheit des Heeres gaben dem Marsch begeisterten Schwung und weckten eine Fülle froher Zukunftshoffnungen in uns.

Die Einteilung der Marschroute war einigermaßen schwierig bei der recht dürftigen Hilfe der Musa Djuheina, unserer landeskundigen Führer. Sie schienen keine kleinere Zeiteinheit zu kennen als den Halbtag und keine andere Entfernungseinheit als Handspanne oder Tagemarsch; und bei ihnen konnte ein Tagemarsch sechs oder auch sechzehn Stunden bedeuten, je nach dem guten Willen von Mann oder Kamel. Die Verständigung zwischen den weit auseinandergezogenen Abteilungen war schwierig, da es oft keinen bei ihnen gab, der lesen oder schreiben konnte. Die Folge war, daß Aufenthalte, Verwirrung, Hunger und Durst den Vormarsch beeinträchtigten. Das wäre zu vermeiden gewesen, wenn wir Zeit gehabt hätten, vorher den Weg genauer zu erkunden. Die Tiere blieben fast drei Tage lang ohne Futter, und die letzten fünfzig Meilen hatte die Truppe nichts mehr zu essen und verfügte nur noch über eine halbe Gallone Wasser pro Mann. Das tat ihrer guten Laune keinen Abbruch; sie trotteten leidlich frohgemut auf Wedjh zu und ergötzten sich an heiserem Gesang oder tummelten sich in kleinen Scheingefechten. Aber Faisal meinte: noch ein solcher heißer, dürrer Tag, und es wäre um ihr Tempo und ihre Spannkraft geschehen.

Nach beendetem Tagewerk zogen Newcombe und ich uns in das Schlafzelt zurück, das uns Faisal als besonderen Luxus zur Verfügung gestellt hatte. Die Transportmöglichkeiten waren so beschränkt und zugleich von so ausschlaggebender Bedeutung für uns, daß wir Offiziere unsern Stolz darein setzten, nicht mehr Gepäck mit uns zu führen als der Mann, der sich auf das Allernotwendigste beschränken mußte; daher hatte ich bislang niemals ein eigenes Zelt besessen. Heute wurde es hart am Rande eines Abgrunds in den Vorbergen aufgeschlagen; die Schlucht war kaum breiter als das Zelt selbst und scharf gerandet, so daß der Steilhang unmittelbar vor den Stangen der Zeltklappe jäh abfiel. Hier fanden wir Abd el Kerim, den jungen Beidawi Scherif, sitzen und auf uns warten, bis an die Augen in Mantel und Kopftuch gehüllt, denn der Abend war kühl und Regen drohte. Er war gekommen, um mich um ein Maultier samt Sattel und Zaumzeug zu bitten. Die schmucke Erscheinung unserer M.-I.-Kompanie in Breeches und Gamaschen nebst ihren prächtigen jungen Tieren hatte ihm den Mund wäßrig gemacht.

Ich hielt ihn ein wenig zum Narren mit seiner Begehrlichkeit und vertröstete ihn damit, er möge nach unserm siegreichen Einzug in Wedjh mit seinem Anliegen wieder zu mir kommen; und damit gab er sich zufrieden. Wir waren todmüde, und endlich stand er auf, um zu gehen; dabei fiel sein Blick in das Tal, wo ringsum in den Niederungen die Wachtfeuer der einzelnen Heeresabteilungen weithin leuchteten. Er rief mich vor das Zelt, und mit dem Arm darüber hinweisend, sagte er mit leichter Trauer: „Jetzt sind wir keine Araber mehr, wir sind eine Masse geworden."

Am nächsten Morgen regnete es unaufhörlich; wir waren froh, unsere Wasservorräte zu ergänzen, und fühlten uns so behaglich in den Zelten bei Semna, daß wir erst aufbrachen, als am frühen Nachmittag die Sonne wieder schien. In der erfrischten Luft marschierten wir dann westwärts das breite Tal hinab. Unmittelbar hinter uns folgten die Ageyli. Dahinter führte Abd el Kerim seine Gufaleute, ungefähr siebenhundert Berittene und mehr noch zu Fuß. Sie waren in Weiß gekleidet, mit breitem Kopftuch aus rotweiß gestreifter Baumwolle; an Stelle von Fahnen schwenkten sie grüne Palmzweige.

Dann kam Scherif Mohammed Ali abu Scharrain, ein alter Patriarch mit langem, gelocktem, grauem Vollbart, in aufrecht stolzer Haltung. Seine dreihundert Reiter waren Aschraf, vom Geschlecht der Aiaischi (Djuheina), und tatsächlich jeder ein Scherif, aber nur in ihrer Gesamtheit als solche anerkannt, da sie keinen geschriebenen Stammbaum besaßen. Sie trugen unter schwarzen Mänteln rostrote, hennagefärbte Kleider und fochten nur mit dem Säbel. Hinten auf der Kruppe des Kamels eines jeden hockte ein Sklave, der ihm im Kampf mit Flinte und Dolch zur Seite stand, das Kamel betreute und das Essen bereitete. Die Sklaven waren, wie es sich für Diener armer Herren geziemt, nur höchst spärlich bekleidet. Ihre kräftigen schwarzen Beine hielten die wolligen Flanken des Kamels wie Schraubstöcke umklammert, um nicht zu harte Stöße auf ihr knochiges Hinterteil zu bekommen, und sie hatten ihre zerlumpten Hemden unter dem geflochtenen Lendenstrick hochgeschürzt, damit das Kamel sie nicht beschmutzte beim Stallen oder Misten unterwegs. Das Wasser von Semna hatte heilkräftige Wirkung, und an diesem Tage floß der Dung unserer Tiere wie grüne Suppe an den Schenkeln herab.

Hinter den Aschraf folgte das rote Banner des letzten zu einer Truppe geordneten Stammes, der Rifaa unter Owdi ibn Zuweid, dem pfiffigen alten Piraten, der die Mission Stotzingen ausgeraubt und ihr Funkgerät samt der indischen Bedienungsmannschaft bei Janbo ins Meer geworfen hatte. Die Haie werden vermutlich das Funkgerät verschmäht haben, aber wir hatten manche nutzlose Stunde verbracht mit dem Versuch, es wieder herauszufischen. Owdi trug noch einen langen, dicken, pelzbesetzten deutschen Offiziersmantel, eine reichlich unzweckmäßige Bekleidung für dies Klima, aber, wie er geltend machte, ein prächtiges Beutestück. Er hatte ungefähr zweitausend Mann, zwei Drittel davon unberitten. Hinter ihm marschierte Rasim, der Artilleriekommandeur, mit vier alten Krupp-Geschützen, noch genau so auf den Maultieren verpackt, wie er sie von der ägyptischen Armee übernommen hatte.

Rasim war ein bärbeißiger Damaszener, der jeder wirklichen Gefahr lachend entgegenging, aber kopfhängerisch herumschlich, wenn alles gut stand. Heute gab es wieder allerhand unheilschwangeres Gemurmel: denn neben ihm ritt Abdulla el Deleimi, Führer der Maschinengewehrabteilung, ein flinker, gescheiter, leichtsinniger, aber liebenswürdiger Offizier, so recht der Typ seines Standes, der sich immer einen Hauptspaß daraus machte, irgendein Sorgengewitter in Rasims Gemüt zusammenzubrauen, bis es sich dann mit aller Gewalt über Faisal oder mich entlud. Diesmal half ich ihm noch dabei, indem ich Rasim lächelnd darauf aufmerksam machte, daß bei unserem Marsch heute die Unterstämme sich auf ganze Vierteltagsabstände seitwärts geschlagen hätten. Rasim blickte über das regenfeuchte Gesträuch, auf dessen Blättern noch die Tropfen in der eben unter einem Wolkendach hinter ferner Düne glührot versinkenden Sonne glitzerten; und er blickte auf die wilden Horden der Beduinen, die allenthalben zu Fuß hierhin und dorthin hinter Vögeln und Kaninchen, Rieseneidechsen und Springmäusen herjagten oder sich untereinander herumbalgten: und er nickte sauertöpfisch und meinte, er würde demnächst einen Unterstamm auf eigene Faust begründen und sich auf halbe Tagemarschlängen in die Büsche schlagen und sich wenigstens nicht länger mit den Fliegen herumärgern.

Beim Abmarsch hatte ein Mann in der Kolonne einen Hasen vom Sattel aus geschossen, aber wegen der Gefahr solcher wilden Schießerei hatte Faisal es verboten; und nun wurden die unter den Tritten der Kamele hochgehenden Hasen mit Stöcken gejagt. In der Kolonne gab es dann jedesmal vergnügliche Aufregung: Geschrei ertönte, Kamele wurden seitlich herausgetrieben, die Reiter sprangen ab und bemühten sich, mit wild geschwungenen Stöcken das Tier totzuschlagen oder aufzugreifen. Faisal war froh, daß seine Leute auf diese Weise reichlich Fleisch zu essen bekamen, aber ihm grauste vor dem Appetit der wenig wählerischen Djuheina auf Eidechsen und Springmäuse.

Wir marschierten über ebene Sandflächen, die dicht mit kräftigen Dornbüschen bewachsen waren, bis wir in Sicht der Küste kamen; dann wandten wir uns nordwärts und schlugen einen festgetretenen Weg ein, die Pilgerstraße von Ägypten. Sie lief etwa fünfzig Yard von der Küste entfernt und war so breit, daß die Truppe unter fröhlichem Gesang zu dreißig bis vierzig nebeneinander marschieren konnte. Ein alter, halb im Sand begrabener Lavastrom hatte sich von dem vier bis fünf Meilen landeinwärts gelegenen Gebirge vorgeschoben und bildete einen breiten Buckel. Die Straße kreuzte ihn, und links von uns tauchten sumpfige Niederungen auf, von schmalen, im letzten Abendlicht funkelnden Wasserläufen durchzogen. Das war unser vorgesehener Rastpunkt, und Faisal gab das Signal zum Halten. Die Kamele wurden versorgt, die Leute reckten die Glieder, setzten sich oder gingen zum Meer hinab, um vor dem Essen zu baden; und da gab es denn ein Geplantsche und Getobe von Hunderten von nackten Männerleibern in allen erdenklichen Hauttönungen der Erde.

Das Abendessen war diesmal sehr verlockend, da ein Djuheina am Nachmittag eine Gazelle für Faisal erlegt hatte. Gazellenfleisch wird in der Wüste allem anderen vorgezogen, denn, wie öde und wasserarm auch die Gegend sein mochte, dies Wild lieferte stets einen fetten und saftigen Braten.

Am nächsten Tag gab es einen bequemen Marsch bei heiterem, kühlem Wetter. Tagsüber ritten wir beiden Engländer natürlich stets im großen Haufen, doch besaßen wir zum Glück ein Zelt, in das wir uns, um allein zu sein, zurückziehen konnten. Das ständige Leben in Gemeinsamkeit bedeutete nicht die kleinste der vielen Plagen der Wüste; jeder hörte und sah bei Tag und Nacht, was jeder andere sprach oder tat. Einen Raum für sich zu haben, wie Newcombe und ich, bedeutete eine wahre Erlösung nach dem ewigen Beisammensein; aber natürlich beeinträchtigte eine solche Absonderung den engen Zusammenhang zwischen Führer und Mann. Die Araber kannten keine Unterschiede, weder der Geburt noch des Standes, außer der selbstverständlichen Vorherrschaft, die man einem berühmten Scheikh kraft seiner natürlichen Überlegenheit einräumte. Sie sagten mir, keiner könnte ihr Führer sein, es wäre denn, er teile ihre Kost, trüge ihre Kleider, lebe in gleicher Weise wie sie und zeige sich dabei doch tüchtiger und fähiger als alle andern.

Wir marschierten auf Abu Zereibat zu; und am Vormittag stiegen wir einen rasch fallenden Hang mit nacktem, schwarzem Kieselgrund hinab. Als wir einmal anhielten, fühlten wir, daß eine ausgedehnte Senkung vor uns lag; doch erst um zwei Uhr nachmittags, nach Überquerung eines Basaltfeldes, öffnete sich unserm Blick ein Einschnitt von fünfzehn Meilen Breite: das Tal des Wadi Hamdh, der hoch im Gebirge entsprang. Für unsere, von den Formen einer kleinlicheren Landschaft übersättigten Augen war es ein wohltuender Anblick, dieses gewaltige Schlußteil eines trockenen Stromes, länger als der Tigris. Es war das größte Tal Arabiens, zum erstenmal von Doughtyerwähnt und bis heute unerforscht.

Voller Erwartung ritten wir die kiesigen, mit immer dichteren Grasbüscheln bedeckten Hänge hinab, bis wir um drei Uhr das Bett des Wadi selbst betraten. Es war eine Meile breit und mit Gruppen des Asla-Strauchs bestanden, rings umklebt von Sandhügeln, einige Fuß hoch. Der Sand war durchzogen von trockenen und brüchigen Lehmstreifen, den Rückständen einstiger Überflutungen, die den ganzen Boden in scharf abgesetzte Schichten teilten und in den unteren Lagen zu salzigem Schlamm zersetzt waren, so daß sie nachgaben und die Kamele durch die obere trockene Sandlage bis zu den Fesseln durchbrachen, mit einem Geräusch wie von zerbröckelnder Kuchenkruste. Der Nebel stieg in dicken Schwaden auf, und von der Sonne niedergehalten, verdichtete er sich mehr und mehr.

Die hinteren Reihen konnten nicht mehr erkennen, wo sie gingen, was das Vorwärtskommen sehr erschwerte; denn die Sandhügel drängten sich immer enger zusammen, und das Flußbett war zerfurcht von einem wirren Netz schmaler Rinnen, dem jahrzehntelangen Werk partieller Fluten. Gegen die Mitte des Tales hin war alles mit dichtem Buschwerk überwachsen; es sproßte seitlich aus den kleinen Hügeln und verflocht sich ineinander mit gewundenen Zweigen, dürr, hart und trocken wie alte Knochen. Wir rollten die Klappen unserer prächtigen Satteltaschen ein, damit sie nicht vom Gestrüpp zerrissen würden, knüpften die Mäntel fest zusammen, zogen zum Schutz der Augen die Kopftücher herunter und rauschten hindurch, wie Sturmwind durchs Röhricht. Der Staub blendete die Augen und benahm den Atem; und das Zurückschnappen der Zweige, das Murren der Kamele, das Geschrei und Gelächter der Leute hörten sich abenteuerlich genug an.

Kurz vor dem jenseitigen Uferrand öffnete sich das Dickicht, und lehmiger Boden erschien, in dem ein tiefer, brauner Wasserpfuhl lag, achtzig Fuß lang und etwa fünfzehn breit. Das war das Flutwasser von Abu Zereibat, unserm Ziel. Wir rückten noch einige Yard weiter, vorbei an den letzten Büschen und erreichten das offene Nordufer, wo Faisal den Lagerplatz bestimmt hatte. Wir hielten die Kamele an, die Sklaven entsattelten sie und schlugen die Zelte auf, während wir hingingen, um den Maultieren zuzuschauen, die, ausgedürstet vom langen Tagemarsch, sich samt der Begleitmannschaft in den Weiher stürzten und hier vergnügt bockend im Wasser herumplantschten. Der Überfluß an Brennholz war eine weitere Annehmlichkeit, und überall, wo sich eine Gruppe Lagergefährten ihren Platz gewählt hatte, brannte ein fauchendes Feuer – allen sehr willkommen, denn der Abendnebel lagerte acht Fuß dick über dem Tal, und die feuchte Kühle steifte unsere wollenen Mäntel und setzte sich in silbernen Tröpfchen auf dem rauhen Gewebe ab.

Die Nacht war schwarz und mondlos, doch über der Nebelschicht funkelnd von Sternen. Wir standen auf einem Hügel in der Nähe unserer Zelte beisammen und blickten über das Gewoge des weißen Nebelmeeres. Zeltspitzen ragten daraus hervor und zerfließende Rauchsäulen entstiegen ihm, die von unten her beleuchtet wurden, wenn die Wachtfeuer höher aufflammten, gleichsam emporgetrieben vom wechselnden Lärm der unsichtbaren Armee. Als ich mich in diesem Sinne äußerte, verbesserte mich der alte Owdi ibn Zuweid, indem er sagte: „Nicht eine Armee, sondern ein ganzes Volk rückt hier gegen Wedjh vor." Ich freute mich über dieses Wort, denn um der Erweckung eben dieses Gefühls willen hatten wir uns ja die ganze Zeit auf einem so schwierigen Marsch mit einer ungelenken Männerhorde abgemüht.

Später trat, ohne Ankündigung oder Gepränge, der Scherif Nasir von Medina ins Zelt. Faisal sprang auf, umarmte ihn und führte ihn zu uns. Nasir machte einen hervorragenden Eindruck, ganz so, wie es nach allem, was wir von ihm gehört hatten, unserer Erwartung entsprach. Er war der Wegbereiter, der Vorläufer von Faisals Erhebung, der Mann, der in Medina den ersten Schuß abgefeuert hatte und der unseren letzten Schuß in Muslimijeh jenseits Aleppo abfeuern sollte, an dem Tage, als die Türkei um Waffenstillstand bat. Und von Beginn bis Schluß des Feldzuges war nur Rühmendes von ihm zu sagen.

Er war eigentlich ein Liebhaber friedlichen Gartenbaues, aber wider seinen Willen war seit der Knabenzeit sein Schicksal Krieg gewesen. Er mochte jetzt siebenundzwanzig Jahre alt sein. Seine breite, niedere Stirn fügte sich gut zu den sinnenden Augen, und der weiche, gefällige Mund und das schmale Kinn traten deutlich hervor unter seinem gestutzten schwarzen Bart.

Am nächsten Morgen schliefen wir lange, um uns für die notwendigen Audienzstunden zu stärken. Ihre Hauptlast trug Faisal selbst. Nasir, als zweiter im Kommando, unterstützte ihn, und die beiden Brüder Beidawi setzten sich auch dazu und halfen. Der Tag war klar und warm und drohte heiß zu werden. Newcombe und ich schlenderten umher, sahen uns die Mannschaften an und das Tränken an der Wasserstelle und beobachteten den Zustrom Neuankommender.

Wir waren bereits zwei Tage hinter der mit der Flotte vereinbarten Zeit zurück, und Newcombe entschloß sich noch am selben Abend nach Habban vorauszureiten. Dort wollte er Boyle treffen, um ihm mitzuteilen, daß wir die Verabredung mit der „Hardinge“ nicht einhalten könnten, daß wir aber sehr froh wären, wenn das Schiff am 24. Januar nochmals in Habban sein könnte, zu welcher Zeit wir dort eintreffen und dringenden Bedarf an Wasser haben würden. Auch wollte er zusehen, ob der Angriff von See sich nicht auf den fünfundzwanzigsten verschieben ließe, damit der verabredete Plan eingehalten bliebe.

Früh am nächsten Morgen marschierten wir in aufgelösten Reihen drei Stunden den Wadi Hamdh hinunter. Dann bog das Tal nach links, wir stiegen hinauf und kamen über eine trostlose, einförmige Niederung. Es war kalt heute; ein harscher Nordwind, die graue Küste entlang, fuhr uns ins Gesicht. Während des Marsches hörten wir von Zeit zu Zeit Artilleriefeuer aus der Gegend von Wedjh, und wir mußten fürchten, daß die Flotte die Geduld verloren und ohne uns den Angriff begonnen hatte. Doch konnten wir ja die verlorenen Tage nicht wieder einholen; und so marschierten wir denn unser langweiliges Pensum ab, einen Nebenfluß des Hamdh nach dem andern überquerend. Die ganze Ebene war von diesen Wadis durchzogen, alle schmal, steil und steinig, so zahlreich und verworren wie Adern in einem Blatt. Schließlich stiegen wir bei Kurna wieder zum Hamdh hinab, und obgleich der lehmige Boden nur Schlamm hielt, wurde hier das Lager aufgeschlagen.

Während wir uns einrichteten, gab es plötzlich Lärm. Nach Osten zu hatte man weidende Kamele gesehen, und die Unternehmungslustigen unter den Djuheinas machten sich auf, fingen die Tiere und trieben sie ins Lager. Faisal war wütend und schrie ihnen zu, haltzumachen; aber sie waren zu aufgeregt, um zu hören. Er ergriff sein Gewehr und schoß auf den Vordersten; dieser purzelte vor Schreck aus dem Sattel, so daß die anderen stoppten. Faisal ließ die Gesellschaft vor sich kommen, hieb mit seinem Reitstock auf die Anführer ein, beschlagnahmte die Kamele und, zur gerechten Strafe, auch die der Diebe. Dann ließ er die Tiere ihren Eigentümern, den Billi, wieder zustellen. Hätte er nicht so gehandelt, so würde der Vorfall wahrscheinlich einen Sonderkrieg mit den ortsangesessenen Stämmen – unseren Verbündeten von morgen – entfacht und ein weiteres Vorrücken über Wedjh hinaus vereitelt haben. Von solchen Kleinigkeiten konnte unser Enderfolg abhängig sein.

Am nächsten Morgen marschierten wir bis an die Küste und erreichten um vier Uhr Habban. Die „Hardinge“ lag wirklich draußen, zu unserer großen Erleichterung, und landete Wasser; aber die schmale Bucht gab nur geringen Schutz, und in der schwer rollenden See war das Ankommen für die Boote gefährlich. Die erste Ladung reservierten wir für die Maultiere und gaben, was an Wasser übrigblieb, den erschöpften Fußgängern. Es wurde eine unruhige Nacht. Haufen von Durstigen drängten sich um die Tanks im Licht der Scheinwerfer und hofften auf einen Trunk, wenn die Boote nochmals die Landung wagen würden.

Ich ging an Bord und erfuhr, daß die Flotte den Angriff, ohne die Landarmee abzuwarten, begonnen hätte; denn Boyle hatte gefürchtet, daß bei längerem Zögern die Türken davonlaufen würden. Tatsächlich hatte der türkische Kommandant, Ahmed Tewfik Bey, am gleichen Tage, als wir Abu Zereibat erreichten, eine Ansprache an die Garnison gehalten und dabei erklärt, Wedjh müßte bis zum letzten Blutstropfen gehalten werden. Dann, bei Dunkelheit, hatte er sich mit wenigen, gut berittenen Begleitern nach der Eisenbahn davongemacht. Die zweihundert Mann Infanterie beschlossen ihrerseits, die Pflicht, die er versäumt hatte, gegenüber dem Landungskorps zu erfüllen; doch standen sie einer gegen drei, und das schwere Feuer der Schiffsgeschütze hinderte sie daran, ihre Stellungen richtig auszunutzen. Soweit auf der „Hardinge" bekannt war, hatte der Kampf noch nicht geendet, aber die Stadt Wedjh war bereits von Marinesoldaten und Arabern besetzt.

Die günstigen Nachrichten belebten die Armee, und bald nach Mitternacht begann sie sich nordwärts in Bewegung zu setzen. Beim Morgengrauen sammelten wir die einzelnen Gruppen, marschierten geschlossen weiter und trafen dann auf versprengte türkische Abteilungen, von denen einzelne kurzen Widerstand leisteten. Die Ageyl saßen ab, um sich ihrer Mäntel, Kopftücher und Kleider zu entledigen; dann gingen sie in ihrer braunen Halbnacktheit vor, wodurch, wie sie erklärten, etwaige Wunden sauber und außerdem ihre kostbaren Gewänder unbeschädigt bleiben würden.

Es war hübsch anzusehen, wie diese kräftigen braunen Männer im Sonnenlicht durch das sandige Tal schritten, in dessen Mitte der türkisblaue Spiegel eines Salzsees erglänzte, von dem sich die beiden vorangetragenen Banner rot leuchtend abhoben. Sie gingen in einem langen, gleichmäßigen Schritt vor, in einem Tempo von fast sechs Meilen in der Stunde, in tiefstem Schweigen, und erreichten und erklommen die steile Höhe bei Wedjh, ohne einen Schuß abzufeuern. Auf diese Weise erfuhren wir, daß die Arbeit schon von der Flotte und dem Landungskorps für uns getan war.

6. Taktik und Politik

Die Behörden in Kairo versprachen bereitwillig Geld, Gewehre, Maultiere und noch weitere Maschinengewehre und Gebirgsgeschütze; doch die bekamen wir natürlich nie. Die Geschützfrage bedeutete überhaupt ein ewiges Ärgernis. Man konnte toll werden bei dem Gedanken, daß wir bei vielen Unternehmungen unterlegen waren und andere ganz unterlassen mußten, lediglich aus dem technischen Grund, weil die Reichweite der türkischen Geschütze die unsere um drei- bis viertausend Yard übertraf und wir daher gegen ihre Artillerie nicht aufkommen konnten.

Einen sehr wertvollen Zuwachs für unsere Sache bekamen wir in der Person von Djaafar Pascha, einem türkischen Offizier und gebürtigen Bagdader. Nachdem er sich in der deutschen und türkischen Armee hervorgetan hatte, wurde er von Enver dazu ausersehen, die Aufgebote des Scheikhs el Senussi zu organisieren. Er gelangte mittels U-Boot dorthin, schuf eine leidlich gute Truppe aus diesen wilden Leuten und erwies sich von großem taktischen Geschick in zwei Gefechten gegen die Engländer. Dann wurde er gefangengenommen und mit den übrigen kriegsgefangenen Offizieren in der Zitadelle von Kairo untergebracht. Eines Nachts machte er einen Fluchtversuch, indem er sich an einem aus Bettüchern gedrehten Seil in den Festungsgraben hinunterließ; doch die Bettücher rissen unter der Last, und im Fall verletzte er sich den Knöchel, worauf der Hilflose wieder festgenommen wurde. Im Lazarett gab er sein Ehrenwort, nicht mehr zu entweichen, und wurde nach Bezahlung der zerrissenen Bettücher auf freien Fuß gesetzt. Eines Tages las er dann in einer arabischen Zeitung vom Aufstand des Scherifs und von der Hinrichtung bekannter arabischer Nationalisten – seiner Freunde – durch die Türken, was ihm die Augen darüber öffnete, daß er auf der falschen Seite war. Faisal wußte natürlich von ihm und wünschte ihn als Oberbefehlshaber seiner regulären Truppen, deren Vervollkommnung jetzt unsere Hauptsorge war.

Ich kehrte nach Wedjh zurück, wo es manches Interessante gab. Das Lager war nun in die gehörige Ordnung gebracht. Faisal hatte seine Zelte (jetzt eine stattliche Gruppe: Wohnzelte, Empfangszelte, Zelte für den Stab, für die Gäste und für die Dienerschaft) etwa eine Meile von See auf der Höhe eines Korallenriffs aufgestellt, das sanft von der Küste ansteigend nach Osten und Süden zu in jähem Hang abfiel, von dem aus man über die breiten, strahlenförmig vom Hafen auslaufenden Täler blickte. In diesen sandigen Tälern hatten die Soldaten und die Stämme ihre Zelte errichtet, uns die kühle Höhe überlassend. Für uns Nordländer war es köstlich, wenn abends die Brise von See das Wellenrauschen der Wogen zu uns herübertrug, fern und gedämpft wie das Echo des Verkehrs in einer stillen Seitenstraße Londons.

Unmittelbar unter uns lagen die Zelte der Ageyl in regellosen Gruppen. Südlich davon sah man Rasims Artillerie und nachbarlich neben ihnen die Maschinengewehrabteilung Abdullas, die Zelte in gerader Reihe und die angepflöckten Maultiere so gut ausgerichtet und mit so vorzüglicher Ausnutzung des knappen Raumes, daß es dem Berufsoffizier alle Ehre machte. Weiter nach draußen zu hatte sich der Markt etabliert, ein brodelndes Menschengewimmel rings um die am Boden ausgebreiteten Waren. Und weithin verstreut, da wo es irgendein geschütztes und windstilles Plätzchen gab, hatten sich die Zelte oder Schutzdächer der Stämme angesiedelt. Dahinter öffnete sich das flache Land, und zwischen dem Lager und den dürftigen Palmen des nächstgelegenen salzigen

Brunnens gingen Kamelgruppen ständig hin und her. Den Hintergrund bildeten die Vorberge, in zackiger Steilheit gegen den Horizont des Küstengebirges abgesetzt.

Bei der sehr weitläufigen Lagerweise in Wedjh verbrachte ich meine Zeit mit ständigem Rundgang zwischen Faisals Zelten, den Zelten der Engländer, den Zelten der ägyptischen Truppen, der Stadt, dem Hafen und der Funkstation. Um meinen schon abgehärteten Körper noch widerstandsfähiger zu machen, wanderte ich unermüdlich Tag für Tag in Sandalen oder barfuß über die Korallenkalkpfade und gewöhnte so ganz allmählich meine Füße daran, schmerzlos über steinigen und brennend heißen Boden zu gehen.

Die guten Araber wunderten sich, warum ich kein Pferd nähme; und ich verzichtete darauf, ihnen auseinanderzusetzen, daß ich mich abhärten wollte, oder daß ich um der Schonung der Tiere willen lieber ginge als ritte; sie hätten es doch nicht verstanden, obwohl beides zutraf. Ein unbehagliches Gefühl, das gegen meinen Stolz ging, verbot mir, von derlei niederen Lebensfunktionen mit ihnen zu reden. Die Gebundenheit an diese Funktion brachte mir das Knechtische unseres Menschengeschlechts – etwa wie von einem Gott aus gesehen – zum Bewußtsein; und darin, daß auch ich sie ausübte, zumal in einem Fall, wo ich es eigentlich nicht nötig gehabt hätte, lag etwas Beschämendes für mich. Es war etwas Ähnliches, wie ich es den Negern gegenüber empfunden hatte, wenn sie allnächtlich unterm Vordach ihrer Behausung sich mit Tam-Tam-Getöse bis zur Rotglut erhitzten: ihre Gesichter, die so ganz anders waren als die unseren, waren noch erträglich; aber daß alle ihre Gliedmaßen das getreue Ebenbild der unseren waren, darin lag etwas Verletzendes.

Faisal, drinnen im Zelt, beschäftigte sich Tag und Nacht mit den politischen Angelegenheiten, wobei wir ihm nur wenig helfen konnten. Draußen unterhielten sich die Truppen mit Paraden, Freudenschießereien und Siegesmärschen. Auch Unfälle ereigneten sich. Einmal spielten einige Leute hinter unseren Zelten mit einer Flugzeugbombe, einem Überbleibsel von der Einnahme der Stadt durch Boyle. Die Bombe explodierte, die Glieder der Leute flogen im Lager herum, und die Leinwand unserer Zelte wurde mit Blutspritzern bedeckt, die sich bald bräunlich verfärbten und allmählich verblaßten. Faisal bezog andere Zelte und gab Befehl, die blutbespritzten Zelte zu vernichten; doch die sparsamen Sklaven wuschen sie nur aus. Ein anderes Mal fing eins der Zelte Feuer, und drei von unseren Gästen wurden dabei angeröstet. Das ganze Lager lief zusammen und brüllte vor Freude, bis das Feuer erstarb; erst dann nahm man sich, mit einigermaßen blöden Gesichtern, der Verletzten an. Ein drittes Mal wurde durch einen vorzeitig krepierenden Freudenböller eine Stute verwundet und viele Zelte durchlöchert.

Eines Abends begannen die Ageyl gegen ihren Befehlshaber, Ibn Dakhil, zu meutern, weil er ihnen zu häufige Geldbußen auferlegte und sie allzu grausam durchprügeln ließ. Mit Geschrei und Geschieße kamen sie angelaufen, stürzten sein Zelt um, warfen alles umher und verbläuten seine Sklaven. Aber damit hatte ihre Wut noch nicht ausgetobt: sie erinnerten sich plötzlich der Vorfälle von Janbo und machten sich auf, um die Ateiba niederzumachen. Faisal sah von der Uferhöhe aus ihre Fackeln, rannte, barfuß wie er war, hinunter, fuhr wie eine Windsbraut zwischen sie und hieb mit flacher Klinge auf sie ein.

Sein Eingreifen brachte sie zum Stehen, indes die herbeigerufenen Sklaven und Reiter den Hügel hinabstürmten und mit Geschrei und flachen Säbelhieben auf sie eindrangen. Man gab Faisal ein Pferd, auf dem er die Rädelsführer niederritt, und die Haufen wurden auseinandergetrieben, indem man ihnen Leuchtraketen auf die Kleider schoß. Es gab nur zwei Tote und dreißig Verwundete. Ibn Dakhil dankte am nächsten Tage ab.

Fakhri Pascha ließ sich auch weiterhin von uns das Gesetz seines Handelns vorschreiben. Er hielt Medina in einer Verteidigungsstellung besetzt, die gerade weit genug vorgeschoben war, um den Arabern eine Beschießung der Stadt mit Artillerie unmöglich zu machen. (Ein solcher Versuch wurde weder beabsichtigt noch unternommen.) Seine übrigen Truppen hatte er längs der Eisenbahn verteilt; und zwar wurden alle Wasserstationen zwischen Medina und Tebuk mit starken Abteilungen belegt, zwischen denen schwächere Posten standen, so daß durch tägliche Patrouillengänge die Strecke dauernd gesichert werden konnte. Binnen kurzem also hatte sich Fakhri in die denkbar untätigste Defensive drängen lassen. Garland war von Wedjh in südöstlicher und Newcombe in nordöstlicher Richtung aufgebrochen, um die Eisenbahn zu unterbrechen. Geleise und Brücken wurden in die Luft gesprengt und gegen fahrende Züge selbsttätige Minen gelegt.

Die Araber waren vom Kleinmut zum blühendsten Optimismus umgeschlagen und versprachen musterhafte Diensterfüllung. Faisal stellte den größten Teil des Stammes der Billi ein, die ihn als Oberherrn von Arabien zwischen Eisenbahn und Meeresküste anerkannten. Die Djuheina sandte er darauf zu Abdulla nach Wadi Ais.

Er hatte nun freie Hand, alle Vorbereitungen zu dem größeren Unternehmen gegen die Hedjasbahn zu treffen. Doch ich bat ihn, vorläufig noch in Wedjh zu bleiben und die Bewegung auch unter den entfernter wohnenden Stämmen mit allem Nachdruck zu betreiben, damit der Aufstand immer mehr Raum gewinne und die Eisenbahn von Tebuk aus (unserer augenblicklichen Einflußgrenze) weiter nordwärts bis Maan hin bedroht würde.

Seine nördlichen Nachbarn, die Howeitat an der Küste, hatte er schon gewonnen. Nun sandte er Boten zu den Beni Atiyeh, einem volkreichen Stamm im Nordosten. Ihr Oberherr, Asi ibn Atiyeh, erschien vor Faisal und schwur ihm Treue. Er gestattete uns freien Durchzug durch das Gebiet seines Stammes. Weiter nördlich von den Beni saßen verschiedene Stämme, die alle dem Nuri Schaalan Gehorsam schuldeten, dem großen

Emir der Rualla, und, neben dem Scherif, Ibn Saud und Ibn Raschid, dem vierten unter den etwas zweifelhaften Wüstenherrschern.

Nuri war ein alter Mann, der schon dreißig Jahre über die Stämme von Anazeh herrschte. Er gehörte zu der vornehmsten Familie der Rualla, hatte aber selbst auf keinerlei Vorrang in ihr Anspruch, weder durch Geburt, noch durch Kriegsruhm oder besondere Beliebtheit. Die Oberherrschaft gewann er lediglich durch seine Charakterstärke, nachdem er vorher zwei seiner Brüder umgebracht hatte. Später fügte er seiner Gefolgschaft noch die Scherarat und andere Stämme an, und im ganzen Gebiet seiner Herrschaft galt sein Wort schlechthin als Gesetz. Er besaß nichts von der üblichen diplomatischen Geschmeidigkeit des arabischen Scheikhs; ein Wort, und der Widerspruch war erledigt – oder auch der Widersprecher. Alle hielt er in Furcht und Gehorsam; und für den Durchmarsch durch sein Gebiet brauchten wir seine Einwilligung.

Glücklicherweise war sie nicht schwer zu bekommen. Faisal hatte sich schon seit Jahren seiner Gunst versichert und sie durch Austausch von Geschenken aus Medina und Janbo sich zu erhalten gewußt. Jetzt wurde von Wedjh aus Faiz el Ghusein zu ihm geschickt; und unterwegs begegnete er Ibn Dughmi, einem der Führer der Rualla, der uns die sehr willkommene Gabe von einigen hundert vortrefflichen Lastkamelen brachte. Nuri hielt zur Zeit natürlich noch Freundschaft mit den Türken. Seine Märkte waren Damaskus und Bagdad, und die Türken konnten, falls sie Verdacht schöpften, binnen drei Monaten seine Stämme aushungern. Aber wir wußten, daß wir im entscheidenden Augenblick auf seine Waffenhilfe rechnen konnten; bis dahin galt es, mit allen Mitteln seinen Bruch mit der Türkei zu beschleunigen.

Gewährte er uns seine Gunst, so stand uns der Sirhan offen, eine berühmte Durchgangsstraße mit guten Lagerplätzen und zahlreichen Wasserstellen, die sich in einer Kette von Senkungen von El Djof im Südosten, der Hauptstadt Nuris, nordwestlich bis nach Azrak nahe Djebel Druse in Syrien erstreckte. Wir brauchten den freien Durchmarsch durch den Sirhan, um die Zelte der östlichen Howeitat zu erreichen, jener berühmten Abu Tayi, deren Oberherr Auda war, der größte Kampfheld Nordarabiens. Nur mit Hilfe des Auda abu Tayi konnten wir die Stämme zwischen Maan und Akaba so nachdrücklich zu unseren Gunsten in Bewegung bringen, daß sie bei der Eroberung des von den Türken besetzten Akaba und seiner Berge mitwirkten. Und nur mit seiner tätigen Unterstützung durften wir es wagen, von Wedjh aus die lange Strecke bis nach Maan vorzustoßen. Seit den Tagen in Janbo hatten wir ihn umworben und uns bemüht, ihn für unsere Sache zu gewinnen.

In Wedjh taten wir in dieser Beziehung einen großen Schritt vorwärts: Ibn Zaal, der Vetter Audas und Anführer der Abu Tayi im Kriege, kam am 17. Februar an. Dieser Tag war überhaupt in jeder Hinsicht ein Glückstag. Schon in der Morgenfrühe erschienen fünf Häuptlinge der Scherarat aus der Wüste östlich von Tebuk und brachten als

Geschenk arabische Straußeneier, deren es viele gab in ihrem abgelegenen Wüstenstrich. Danach meldeten die Sklaven Dhaif-Allah abu Tiyur, einen Vetter von Hamd ibn Djazi, dem Oberhaupt der mittleren Howeitat auf der Hochfläche von Maan. Sie waren zahlreich und mächtig, vortreffliche Krieger, aber in Blutfehde mit ihren Vettern, den Nomaden Abu Tayi, wegen eines uralten Streites zwischen Auda und Hamd. Daß sie von so weither uns begrüßen kamen, schmeichelte uns natürlich, wenn uns auch nicht viel damit geholfen war, denn sie eigneten sich weit weniger als die Abu Tayi für den geplanten Angriff gegen Akaba.

Gleich nach ihm kam ein Vetter von Nawwaf, Nuri Schaalans ältestem Sohn, und brachte von Nawwaf eine schöne Stute als Geschenk für Faisal. Die Schaalan und die Djazi, die in Feindschaft miteinander lebten, funkelten sich mit bösen Augen an, daher trennten wir die Parteien und richteten schnell ein neues Gastlager ein. Nach den Rualla wurde Abu Tageiga gemeldet, das Oberhaupt der seßhaften Howeitat an der Küste. Er brachte die ehrerbietigen Grüße seines Stammes und die Siegerbeute von Dhaba und Moweilleh, den beiden letzten Ausgängen der Türken zum Roten Meer. Faisal machte ihm auf dem Teppich neben sich Platz und sprach ihm seinen wärmsten Dank aus für die Rührigkeit seines Stammes. Dank ihnen waren uns alle ferneren Zugangsstraßen in das Gebiet von Akaba geöffnet, die, obwohl für Truppenbewegungen zu unwirtlich, doch geeignet waren, um von da den Aufstand weiterzutragen, und mehr noch, um auf diesem Wege rasche Nachrichten zu erhalten.

Am Nachmittag erschien dann Ibn Zaal, in Begleitung von zehn weiteren Gefolgsmännern Audas. Er küßte Faisal die Hand, einmal für Auda und dann einmal für sich selbst, setzte sich und erklärte, daß er von Auda komme, um dessen Grüße zu bestellen und nach Befehlen zu fragen. Faisal, bei aller Höflichkeit, ließ nichts von seiner Freude merken und stellte ihn feierlich seinen Blutsfeinden, den Djazi Howeitat, vor. Ibn Zaal grüßte sie sehr gemessen. Später hatten wir mit ihm eine längere Privatunterhaltung; und Faisal entließ ihn mit reichen Geschenken, noch reicheren Versprechungen und der persönlichen Botschaft an Auda, daß sein Verlangen nicht eher gestillt wäre, als bis er ihn Auge in Auge in Wedjh begrüßt hätte. Die Ritterlichkeit Audas war hochberühmt, doch für uns war er eine unbekannte Größe, und in der letzthin entscheidenden Unternehmung gegen Akaba durften wir uns nicht den geringsten Fehlgriff leisten. Er mußte persönlich kommen, damit wir uns über ihn klar werden und in seiner Gegenwart, unter seiner Mitwirkung den zukünftigen Plan entwerfen konnten.

Als die Sonne ins Meer sank und Abendkühle heraufzog, entstieg den Hügelketten in Richtung von Abu Zereibat eine starke Kavalkade und näherte sich uns. Weit vor ihrer Front jagten drei oder vier Reiter, gleich dunklen Punkten, in voller Karriere aufeinander zu, durchkreuzten sich, ein Kampfspiel aufführend, und strömten wieder auseinander, indes die Hauptmasse ein schwermütiges Ateiba-Lied anstimmte. Es war Scherif Schakir, meine interessante Bekanntschaft aus Djidda, der in großer Begleitung von Scherif

Abdullas Lager am Wadi Ais nahe Medina kam, um Faisal zu besuchen. Schakir galt in den Augen des großen Ateiba-Stammes als ein echter Fürst, dessen Schieß- und Reitkunst (er war zu Pferde ein wahrer Zentaur), dessen Mut, Unerschrockenheit und Reichtum gleichermaßen Bewunderung fanden. Zum Dank dafür gab sich Schakir ganz als Beduine. Die Einfachheit seiner Kleidung wie Lebensführung und seine ganze Art waren völlig die eines Nomaden, auch seine äußere Erscheinung, von den hornigen Füßen bis zum geflochtenen Haar; und sogar diese Haare selbst waren echt beduinisch reich bevölkert: "Ein Knauser nur", meinte Schakir lachend, „möchte seinen Kopf ganz für sich allein haben."

Abgesehen von all diesen erfreulichen Zwischenfällen verbrachte Faisal seinen Tag nicht viel anders als sonst. Mein Tagebuch schwoll an von der Fülle der Neuigkeiten. Auf der Straße nach Wedjh wimmelte es von Freiwilligen, Gesandtschaften und großen Scheikhs, die kamen, um Treue zu schwören. Durch den Anblick dieses ständigen Zustroms wurden auch die lauen Billi zu größerem Eifer für unsere Sache angespornt. Faisal ließ alle neuen Anhänger feierlich auf den Koran in seinen Händen schwören: „zu rasten, wenn er rastete, zu marschieren, wenn er marschierte, keinem Türken Gehorsam zu leisten, Freundschaft zu halten mit jedem Arabischsprechenden (sei er Bagdader, Aleppiner, Syrier oder reinen Blutes) und über Leben, Familie und Besitz die Freiheit zu stellen."

Auch unternahm es Faisal, die einander feindlichen Stämme vor sich kommen zu lassen und ihre Fehden zu schlichten. Zwischen den Parteien wurde eine Gewinn- und Verlustrechnung aufgestellt. Faisal sorgte für einen maßvollen Ausgleich; und oft bezahlte er den verbleibenden Rest oder steuerte doch aus seinem Vermögen dazu bei, um den Streit möglichst bald aus der Welt zu schaffen. Während zweier Jahre arbeitete Faisal so daran, all die zahllosen Partikelchen, aus denen das arabische Volk bestand, in ihrer natürlichen Ordnung aneinanderzufügen und die Vereinigten mit *seiner* Idee des Kampfes gegen die Türkei zu beseelen. In keinem der Gebiete, das er durchzogen hatte, blieb eine Blutfehde zurück; er selbst galt in ganz Westarabien als oberste Instanz, letzthin gültig und unanfechtbar.

Und er zeigte sich würdig dieses Ruhmestitels. Niemals fällte er eine Entscheidung nur teilweise oder mit so unpraktischer Gerechtigkeit, daß daraus wohl oder übel neue Zwistigkeiten entstehen mußten. Nie, daß ein Araber sein Urteil anfocht oder seine Weisheit und richterliche Kompetenz in Stammesangelegenheiten anzweifelte. Durch sein geduldiges Abwägen von Recht und Unrecht, durch seinen Takt, sein erstaunliches Gedächtnis gewann er Gewalt über die Nomaden von Medina bis Damaskus und weiter. Man sah in ihm eine Macht jenseits des Stammes, höher als das Stammeshaupt und erhaben über Neid und Mißgunst. Die arabische Bewegung wurde im besten Sinne national, seitdem alle Araber in ihr geeinigt waren und jederlei Sonderinteresse um ihretwillen schweigen mußte. Und zum Haupt dieser Bewegung hatte sich kraft seiner Eignung und Fähigkeit rechtmäßig der Mann aufgeschwungen, der sich diesem Platz gewachsen zeigte in den wenigen Wochen des Triumphs, wie in den langen Monaten der Enttäuschung nach der Befreiung von Damaskus.

Die Beduinen waren ein eigenartiges Volk. Für den Engländer war es schwer, mit ihnen umzugehen, besaß er nicht eine Geduld, weit und tief wie das Meer. Sie waren völlig Sklaven ihrer körperlichen Begierden, ohne jede Hemmung; sie gossen ungeheure Mengen von Kaffee, Milch oder Wasser in sich hinein, verschlangen ganze Haufen von gesottenem Fleisch und waren die zudringlichsten Bettler um Tabak. Wochen vorher und nachher träumten sie von ihren seltenen sexuellen Erlebnissen, und in der Zwischenzeit kitzelten sie sich und ihre Zuhörer mit der Erzählung schlüpfriger Geschichten. Hätten es die Umstände erlaubt, so würden sie hemmungslose Sinnenmenschen gewesen sein. Ihre Stärke war die Stärke von Menschen, die lediglich durch die Natur ihres Landes vor Versuchungen bewahrt sind: die Kärglichkeit Arabiens machte sie mäßig, enthaltsam und ausdauernd. Hätte man ihnen die Zivilisation aufgezwungen, so würden sie deren Krankheiten, Niederträchtigkeiten, Lastern, Grausamkeiten und Verlogenheiten genau so wie jedes andere primitive Volk erlegen sein; und würden genau so, aus Mangel an Gegengiften, verheerend darunter gelitten haben.

Sobald sie merkten, daß wir irgendwelchen Zwang auf sie ausüben wollten, wurden sie störrisch oder liefen davon. Erst als wir ihre Art begriffen hatten und uns Zeit und Mühe nahmen, ihnen das Geforderte als ein höchst Verlockendes darzustellen, waren sie bereit, uns zuliebe sich gewaltig ins Zeug zu legen. Ob dann das erreichte Ergebnis der aufgewendeten Mühe entsprach, war freilich mitunter zweifelhaft. Als Engländer an ein entsprechenderes Verhältnis von Einsatz und Gewinn gewöhnt, wollte und konnte man nicht Tag für Tag, gleich den Scheikhs oder Emirs, Zeit, Gedanken und Nervenkraft um kärglicher Resultate willen verschwenden. Dies vorausgesetzt, war die Art, wie sie als Araber handelten und dachten, genau so klar und folgerichtig wie die unsere und im Grunde in keiner Weise unverständig oder fremdartig; und wenn sie manchmal undurchsichtig oder allzu „orientalisch" erschienen oder wir sie mißverstanden, so lag die Schuld immer nur an unserer eigenen Schwerfälligkeit oder Unwissenheit.

Militärisch waren wir in Wedjh nunmehr gut gesichert. Allenby hatte uns zwei Rolls Royce-Panzerautos geschickt, Veteranen aus General Smuts Feldzug in Deutsch-Ostafrika. Geführt wurden sie von verwegenen englischen Offizieren und Mannschaften, die sich eifrigen Übungen hingaben in der Kunst, durch tiefen Sand zu fahren. Aus Janbo wurden alle Vorräte und die Besatzung bis auf den letzten Soldaten geräumt.

Ebenso aus Rabegh. Die dortigen Flieger waren nach Wedjh herübergeflogen und wurden hier installiert. Die ägyptischen Truppen, samt Joyce, Goslett und dem Rabegher Generalstab kamen zu Schiff nach und fanden in Wedjh Verwendung. Newcombe und Hornby waren im Innern und arbeiteten Tag und Nacht – meist eigenhändig – an der

Unterbrechung der Bahn. So stand schon alles zum besten; und nun, eines Nachmittags, kam Suleiman, der Quartiermeister, ins Zelt geeilt und flüsterte Faisal etwas zu, worauf dieser mit leuchtenden Augen und mühsam beherrschter Erregung sich zu mir wandte und sagte: „Auda ist da." Ich rief: „Auda abu Tayi!", im gleichen Augenblick wurde die Zeltklappe zurückgeschlagen, und eine tiefe Stimme begrüßte schwungvoll „unsern erhabenen Herrn, den Beherrscher der Gläubigen". Herein trat eine hohe, kraftvolle Gestalt, mit hagerem Gesicht, leidenschaftlich und düster. Es war Auda, und ihm folgte Mohammed, sein Sohn, der wie ein kleines Kind aussah, obwohl er schon elf Jahre alt war.

Faisal sprang auf. Auda ergriff seine Hand und küßte sie; beide traten einige Schritte zur Seite und blickten sich an – ein prächtig ungleiches Paar, die Verkörperung des Besten in Arabien: Faisal der Prophet und Auda der Krieger, jeder in seiner Art vollendet und auf den ersten Blick sich verstehend und liebend. Sie setzten sich nieder. Faisal stellte uns nacheinander vor, und Auda, mit einem gemessenen Wort, schien sich jeden einzelnen fest einzuprägen.

Wir hatten schon viel von Auda gehört. Mit seiner Hilfe wollten wir das Wagnis unternehmen, Akaba zu erobern; und schon nach wenigen Augenblicken ersah ich aus der Kraft und Geradheit dieses Mannes, daß unser Plan glücken werde. Wie ein fahrender Ritter war er zu uns gestoßen, ungeduldig über unser langes Zögern in Wedjh und nur von dem einen Gedanken beseelt, sich in seinen Gebieten um die Freiheit Arabiens verdient zu machen. Wenn seine Taten auch nur zur Hälfte seinem Eifer entsprachen, mußte das Glück uns hold sein. Keine Ungewißheit lastete mehr auf unsern Gemütern, als wir zum Abendessen gingen.

Wir waren eine heitere Gesellschaft: Nasib, Faiz, Mohammed el Dheilan, Audas staatskluger Vetter, Zaal, sein Neffe, und Scherif Nasir, der sich einige Tage in Wedjh von seinen Expeditionen ausruhte. Ich erzählte Faisal amüsante Geschichten aus Abdullas Lager und was für eine spaßhafte Sache es sei, Eisenbahnen zu zerstören. Plötzlich hastete Auda hoch, und mit einem lauten „Gott bewahre mich!" rannte er aus dem Zelt. Wir starrten uns an, und dann hörte man von draußen ein hämmerndes Geräusch. Ich ging nach, um die Ursache zu erforschen, und fand Auda, über einen Felsblock gebeugt und sein falsches Gebiß mit einem Stein in Stücke schlagend. „Ich vergaß", erklärte er, „Djemal Pascha hat es mir gegeben. Ich habe meines Herrn Brot mit türkischen Zähnen gegessen!" Unglücklicherweise hatte er nur noch ein paar Stumpen im Munde, so daß ihm nun das Essen von Fleisch, das er sehr liebte, Schwierigkeiten machte und Magenbeschwerden verursachte. Er ging von da ab nur immer halb gesättigt herum, bis wir Akaba eingenommen hatten und Sir Reginald Wingate ihm einen Zahnarzt aus Ägypten schickte, der ihm ein alliiertes Gebiß machte.

Auda trug sich sehr einfach, nach der Art des nördlichen Arabiens, in weißen Baumwollkleidern und rotem Mossul-Kopftuch. Er mochte über fünfzig sein, und sein schwarzes Haar war weiß durchsetzt. Doch war er noch kräftig, aufrecht, gelenkig, schlank und beweglich wie ein Junger. Sein prächtiges Gesicht war hager und durchfurcht, und deutlich stand darauf der Kummer seines Lebens geschrieben über den Tod seines Lieblingssohnes in der Schlacht bei Annad, der seinem Traum, die Größe seines Namens auf kommende Geschlechter zu übertragen, ein Ende gesetzt hatte. Er hatte große, lebhafte Augen, mit einem Glanz wie leuchtend-schwarzer Samt. Seine Stirn war niedrig und breit, seine Nase stark vortretend, schmalrückig und kräftig geschwungen, sein Mund mehr voll und beweglich. Backen- und Schnurrbart waren nach Art der Howeitat in einer zusammenlaufenden Spitze geschnitten und das Kinn darunter ausrasiert.

Vor Hunderten von Jahren waren die Howeitat aus dem Hedjas nach Westen gewandert, und ihre nomadisierenden Klans rühmten sich, echte Beduinen zu sein. Auda war ihr vollendetster Typ. Seine Gastfreundschaft war überschwenglich und fiel einem, wenn man nicht eine sehr hungrige Seele war, einigermaßen zur Last. Dank seiner Freigebigkeit war er stets arm geblieben, trotz seinen Erträgnissen aus hundert Beutezügen. Er war achtundzwanzigmal verheiratet und dreizehnmal verwundet gewesen; auch von seinen Leuten war keiner unverwundet geblieben bei all den Angriffsschlachten, die er geschlagen, und die meisten seiner Verwandten waren gefallen. Er selbst hatte im Kampf mit eigener Hand fünfundsiebzig Mann erschlagen, das heißt Araber, aber nie einen außerhalb der Schlacht. Die Anzahl der getöteten Türken konnte er nicht angeben, die zählten nicht mit. Unter ihm waren die Toweiha die berühmtesten Kampfhelden der Wüste geworden, beseelt von einer sozusagen kommentmäßigen Tollkühnheit und einem sicheren Gefühl von Überlegenheit, das sie nie verließ, solange es zu leben und Taten zu vollbringen galt. Aber seit den dreißig Jahren ständigen Kriegs unter den Nomaden war ihre Zahl von zwölf hundert auf weniger als fünfhundert zusammengeschrumpft.

Auda ging auf Raub aus, wo und wie weit er immer konnte. Auf seinen Beutezügen war er bis nach Aleppo, Basra, Wedjh und dem Wadi Dawasir gekommen, und er ließ es sich angelegen sein, mit nahezu allen Stämmen der Wüste in Feindschaft zu leben, um möglichst großen Spielraum für seine Überfälle zu haben. Nach echter Räuberart war er ebenso kaltblütig wie draufgängerisch, und hinter seinen allertollsten Taten stand immer noch eine kühl berechnete Möglichkeit des Gelingens. In seinem Handeln war er von unerschütterlicher Festigkeit; und Ratschläge, Kritik oder Schmähung überhörte er mit einem ebenso beharrlichen wie bezaubernden Lächeln. Im Zorn verlor er die Herrschaft über seine Mienen, und ein Anfall schäumender Wut brach aus ihm hervor, der sich erst sänftigte, wenn er jemanden niedergeschlagen hatte; in solchen Augenblicken wurde er zum wilden Tier, und jeder entwich aus seiner Nähe. Nichts auf Erden konnte ihn bewegen, seinen Sinn zu ändern oder einem Befehl zu gehorchen oder das Geringste zu tun, was er nicht billigte; stand seine Meinung fest, so nahm er keinerlei Rücksicht auf das Gefühl anderer.

Sein eigenes Leben erlebte er wie einen Heldengesang. Alle Ereignisse darin wurden bedeutsam, alle Personen darin bekamen etwas Heroisches. Sein Kopf war angefüllt mit Gedichten und Sagen von einstigen Kämpfen und Raubzügen, und wer gerade neben ihm saß, mußte eine ganze Flut davon über sich ergehen lassen. Fehlten ihm Zuhörer, so liebte er es, sich derlei Dichtungen mit seiner gewaltigen, tiefen und volltönenden Stimme selbst vorzusingen. Er hielt seine Zunge nicht im Zaum und schadete dadurch sich selbst und verletzte beständig seine Freunde. Er sprach von sich in dritter Person und war so sicher seines Rufes, daß er sich einen Spaß daraus machte, Schimpfgeschichten über sich selber zum besten zu geben. Zuzeiten schien er von einem Schabernackteufel besessen zu sein und begann dann in aller Öffentlichkeit die unglaublichsten Fabeln über das Privatleben seiner Gastgeber oder Gäste zu erfinden und mit allen Eiden zu beschwören. Und bei alledem war er bescheiden, voller Einfalt wie ein Kind, aufrichtig, ehrlich, gutherzig und heiß geliebt, selbst von denen, die am meisten unter ihm zu leiden hatten – seinen Freunden.

Die lange Operationspause nach dem Fall von Wedjh bedeutete einen großen Vorteil für mich: ich hatte Zeit und Muße, um nachzudenken, und war den Dingen weit genug entrückt, um sie unbefangen zu betrachten. Zunächst galt unsere ganze Tätigkeit noch der Eisenbahn. Newcombe und Garland standen mit Scherif Scharraf und Maulud in der Nähe von Muadhdham. Sie verfügten über einen Teil der Billi, eine auf Maultieren berittene Infanterieabteilung, Geschütze und Maschinengewehre und hofften, das Fort Muadhdham und die dortige Station zu nehmen. Danach gedachte Newcombe die gesamten arabischen Streitkräfte möglichst dicht an Medain Salih heranzuziehen und durch Einnahme und Besetzung eines Teiles der Eisenbahnlinie Medina abzuschneiden und es zur raschen Übergabe zu zwingen. Wilson war bereit, bei dieser Operation mitzuwirken, und Devenport wollte von den ägyptischen Truppen heranschaffen, was sich heranschaffen ließ, um den arabischen Angriff zu verstärken.

Dies war das Programm, das ich nach der Einnahme von Wedjh zur weiteren Durchführung des arabischen Aufstandes für notwendig erachtet hatte. Und ich hatte bei seinem Entwurf und der Ausarbeitung teilweise selbst mitgewirkt. Doch jetzt, während meiner Mußezeit, kam ich zu der Einsicht, daß der Plan nicht nur in Einzelheiten, sondern in seiner Grundanlage falsch war. Es lag mir nunmehr ob, meine geänderten Ideen auseinanderzusetzen und, wenn möglich, die leitenden Stellen zu überzeugen, sich meinen neuen Vorschlägen anzuschließen.

Zu diesem Zweck begann ich mit drei Feststellungen: Erstens, daß irreguläre Truppen keine festen Plätze angreifen könnten und daher nicht imstande wären, Entscheidungen zu erzwingen. Zweitens, daß sie, ebenso wie zum Angriff, auch zur Verteidigung von Stellungen oder festen Plätzen ungeeignet wären. Drittens, daß der Wert irregulärer Truppen nicht auf der Stoßkraft ihrer Front, sondern auf ihrer weiten Tiefenausdehnung beruhe.

Beim arabischen Krieg war das Geographische die feste Gegebenheit, die türkische Armee das veränderlich Hinzutretende. Unser Ziel war, die materiell schwächste Stelle des Feindes ausfindig zu machen und auf diese allein einen ständigen Druck auszuüben, bis mit der Zeit die gesamte feindliche Linie zusammenbrach. Unsere ausgiebigsten Hilfskräfte, die Beduinen, auf die sich unsere Kriegführung einstellen mußte, waren an planmäßige Operationen nicht gewöhnt, waren dafür aber überlegen an Beweglichkeit, Ausdauer, Selbstvertrauen, Landeskenntnis und besonnenem Mut. Bei ihnen bedeutete Trennung Stärke. Wir mußten daher unsere Front bis zur äußersten Möglichkeit ausdehnen, um den Türken die denkbar längste Verteidigungslinie aufzuzwingen; denn das bedeutete für sie, dem Kräfteverbrauch nach, die kostspieligste Art der Kriegführung.

Es war unsere Pflicht, das Endziel mit möglichst sparsamem Einsatz von Leben zu erreichen, denn Menschen waren für uns kostbarer als Geld und Zeit. Waren wir geduldig und von nahezu übermenschlicher Geschicklichkeit, so konnten wir nach dem Beispiel des Marschalls von Sachsen den Krieg ohne Schlacht gewinnen, wenn wir nur unsern Vorteil rechnerisch und psychologisch bis aufs letzte auszunutzen wußten. Glücklicherweise waren unsere materiellen Hilfsmittel nicht so schwach, um uns zu lähmen. Wir waren an Transportmitteln, Maschinengewehren, Kraftwagen, Sprengstoffen reicher als die Türken. Wir konnten schnell bewegliche und vortrefflich ausgerüstete Stoßtrupps kleinsten Ausmaßes aufstellen und sie nacheinander an den verschiedensten Punkten der türkischen Linie einsetzen, wodurch der Feind gezwungen wurde, die einzelnen zerstreuten Posten über das Verteidigungsminimum von zwanzig Mann hinaus zu verstärken.

Medina brauchten wir gar nicht zu nehmen. Die türkischen Truppen dort waren unschädlich. In ägyptischer Gefangenschaft würden sie nur Nahrung und Bewachung gekostet haben. Uns konnte es nur lieb sein, wenn der Türke in Medina, ebenso wie an anderen entfernten Punkten, in möglichst großer Stärke stehenblieb. Am vorteilhaftesten war es für uns, wenn er seine Eisenbahn gerade noch in Betrieb erhalten konnte, aber eben nur gerade noch, mit einem Maximum an Kräfteverbrauch und Schwierigkeiten. Die Ernährungsfrage mußte ihn an die Eisenbahnen fesseln; aber er mochte ruhig die Hedjasbahn, die Transjordanbahn und die Bahnen in Palästina und Syrien für die Dauer des Krieges behalten, solange er uns dafür nur die restlichen neunhundertneunundneunzig Tausendstel Arabiens überließ. Wenn er schon jetzt die besetzten Strecken räumte, in dem Bestreben, sich auf ein kleines Gebiet zu konzentrieren, das er mit seinen Kräften wirklich zu beherrschen vermochte, so konnte das seine Zuversicht nur wieder beleben und unsere Unternehmungen gegen ihn auf ein Mindestmaß beschränken. Es stand jedoch zu erwarten, daß seine eigene Torheit unser Verbündeter sein werde, und daß er tatsächlich oder vermeintlich soviel wie möglich von seinen alten Provinzen halten würde. Sein Glaube an seinen imperialistischen Herrschaftsanspruch würde ihn festbannen an seine jetzige unsinnige Stellung: nur Flanken und keine Front.

Ich kritisierte dann im einzelnen den bisherigen Plan. Die Besetzung eines mittleren Stückes der Eisenbahnlinie würde übermäßig viel Kräfte beanspruchen, denn eine derartige Stellung wäre von allen Seiten bedroht. Die Vermengung ägyptischer Abteilungen mit arabischen Stämmen bedeutete eine moralische Schwächung. Bei Anwesenheit einer aktiven Truppe würden die Beduinen beiseite stehen und froh, von entscheidender Mitarbeit befreit zu sein, den anderen zuschauen. Gegenseitige Eifersüchteleien, aus der Untätigkeit erwachsend, würden die Folge sein. Außerdem sei das Land der Billi sehr wasserarm, und die Versorgung einer großen Truppenmacht auf einer so langen Verbindungslinie würde technische Schwierigkeiten machen.

Doch weder meine allgemeinen Bedenken noch meine Einwände im einzelnen fielen groß ins Gewicht. Der Plan war gemacht und die Vorbereitungen im Gange. Ein jeder war zu beschäftigt mit seiner Aufgabe, um mir Gelegenheit zu geben, meine Ansicht zur Geltung zu bringen. Man hörte mich an, das war alles, und machte mir das bedingte Zugeständnis, daß meine Gegenoffensive vielleicht eine wirksame Ablenkung bedeuten könne. Ich hatte nämlich mit Auda abu Tayi den Plan zu einem Marsch nach den Frühlingsweideplätzen der Howeitat in der syrischen Wüste ausgearbeitet. Dort konnten wir aus den Howeitat eine bewegliche Kamelreitertruppe zusammenstellen und mit ihr Akaba von Osten her, ohne Geschütze oder Maschinengewehre, überfallen.

Die Ostseite von Akaba war ungedeckt und, als Linie des geringsten Widerstandes, für uns am günstigsten. Dieser Marsch dorthin bedeutete eine Umgehungsbewegung sehr gewagter Art, denn es galt, eine sechshundert Meilen lange Wüstenstrecke zu durchqueren, um die Schützengrabenlinie zu nehmen, die im Bereich unserer Schiffsgeschütze lag; aber es blieb keine andere Wahl. Auda war des Glaubens, daß mit Dynamit und Geld kein Ding unmöglich sei, und daß die kleineren Stämme rings um Akaba zu uns übergehen würden. Auch Faisal, der mit ihnen schon in Verbindung stand, war überzeugt, daß sie uns helfen würden, wenn wir nur erst einen Teilerfolg bei Maan zu verzeichnen hätten, um dann mit starken Kräften gegen den Hafen vorzurücken. Indes wir noch überlegten, hatte unsere Flotte die Angriffe auf Akaba eröffnet, und die von ihr gefangenen Türken gaben uns so wertvolle Auskünfte, daß ich mich entschloß, sofort aufzubrechen.

7. Aufbruch nach Syrien

Am 9. Mai 1917 waren alle Vorbereitungen beendet, und im Glanz der Nachmittagssonne verließen wir das Zelt Faisals. Er rief uns von der Höhe herab gute Wünsche nach, während wir davonritten. Scherif Nasir von Medina hatte die Leitung, ein Führer, wie man ihn sich nicht besser denken kann, und in seiner strahlenden Heiterkeit ein wahrer Segen für uns bei so gewagter Unternehmung.

Unser erster kurzer Tagemarsch endete beim Fort Sebeil, landeinwärts von Wedjh, wo die ägyptischen Pilger sich mit Wasser versorgen. Wir lagerten bei dem großen backsteinernen Wasserbehälter im Schatten der Palmen oder der Fortumwallung und behoben die Mängel, die sich beim ersten Marsch herausgestellt hatten. Auda und seine Sippe waren mit uns, ebenso Nesib el Bekri, der weltkluge Damaszener, der bei den Dorfsassen Syriens in Faisals Sinne wirken sollte. Er besaß Verstand und Haltung und zudem die Erfahrung einer früheren erfolgreichen Wüstenreise; seine heitere Ausdauer bei allen Zufällen und Schwierigkeiten – höchst selten bei Syriern – machte ihn zu einem Gefährten so recht nach unserm Sinn, ebenso wie seine politischen Fähigkeiten, seine Gewandtheit, seine gutmütig überzeugende Beredsamkeit und sein Patriotismus, der immer wieder die Oberhand gewann über die eingeborene Neigung zu Winkelzügen. Zum Begleiter hatte er sich Zeki, einen syrischen Offizier, gewählt. Als Bedeckung hatten wir fünfunddreißig Ageyl, unter Ibn Dgheithir, einem Mann, gleichsam eingemauert in seine Wesensart, ablehnend, unzugänglich, selbstherrlich. Faisal hatte uns einen Beutel von zwanzigtausend Pfund in Gold mitgegeben – alles, was er aufbringen konnte, und mehr, als wir erbeten hatten –, um damit die Neuangeworbenen zu besolden und dem Eifer der Howeitat den nötigen Nachdruck zu geben.

Zu den drei Ageyl meiner persönlichen Begleitung – Mukheymer, Merjan, Ali – war jetzt noch Mohammed gekommen, ein pausbäckiger, williger Bauernbursche aus einem Dorf im Hauran, und ferner der gelbwangige Gasim, ein aufgegriffener Flüchtling aus Maan, der zu den Howeitat in die Wüste entwichen war, nachdem er in einem Streit um Viehsteuer einen türkischen Beamten niedergeschlagen hatte. Vergehen gegen Steuereintreiber erschienen uns sehr sympathisch, und Gasim erhielt dadurch einen Nimbus von Verwegenheit, die er aber in Wirklichkeit gar nicht besaß.

Nach Dunkelwerden wurde aufgeladen, und wir zogen weiter. Nasir, unser Führer, kannte dieses Land fast so gut wie sein eigenes. Während wir durch die sternklare Mondnacht ritten, verweilten seine Gedanken sehnsüchtig bei seiner Heimat. Er erzählte mir von seinem steingepflasterten Haus mit den tiefgelegenen Hallen und dem hochgewölbten Dach, das die Sommerhitze fernhielt; von seinen Gärten mit jederlei Sorte von Obstbäumen und schattigen Pfaden, auf denen man, geschützt vor der Sonne, wandeln konnte. Er erzählte mir von dem Wasserrad über dem Brunnen mit den daraufgeknüpften ledernen Schöpfeimern, von Ochsen gezogen, die im Kreise auf einem Pfad hartgetretener Erde gingen; und wie dann das Wasser vom Behälter in die steinernen Rinnen längs der Wege floß oder den Springbrunnen speiste bei dem großen, weinumrankten Wasserbecken, gefaßt in blanken Zement, in dessen grüne Tiefe er und seines Bruders Familie zu tauchen pflegte um die Mittagszeit.

Bei all seiner gewöhnlichen Heiterkeit war Nasir doch nicht frei von gelegentlicher Schwermut; und in dieser Nacht machte er sich Gedanken darüber, warum er, ein Emir von Medina, reich, mächtig und wohlbehalten in seinem Gartenpalast, alles das aufgegeben hatte, um der schwache Führer verzweifelter Abenteurer in der Wüste zu werden. Seit zwei Jahren war er ein Geächteter, sich stets herumschlagend hinter der Front von Faisals Heer, auserwählt für jedes tolle Wagnis, Wegbahner für jeden Schritt vorwärts; und indessen hausten die Türken in seinem Palast, verwüsteten seine Obstbäume, fällten seine Palmen. Selbst der Brunnen, so sagte er, der seit sechshundert Jahren erklungen war vom Knarren der Ochsenräder, war verstummt; der Garten, von der Hitze ausgedörrt, war wüst und öde geworden wie die kahlen Hügel, über die wir ritten.

Nach vierstündigem Marsch ruhten wir zwei Stunden und erhoben uns mit der Sonne. Die Lastkamele, von der verwünschten Räude in Wedjh geschwächt, kamen nur langsam weiter und hielten sich ständig mit Grasen auf. Wir Reiter hätten auf unseren flinken Tieren leicht vorauseilen können, aber Auda, der den Marsch regelte, untersagte es im Hinblick auf die noch bevorstehenden Schwierigkeiten, für die unsere Tiere alle jetzt klug gesparte Kraft brauchen würden. So trotteten wir denn gelassen sechs Stunden lang dahin in sengender Hitze. Die Sommersonne in diesem Lande des weißen Sandes jenseits Wedjh blendete die Augen grausam, und der nackte Fels zu beiden Seiten des Weges strahlte Glutwellen aus, die uns Schwindel und Kopfschmerzen verursachten. Gegen elf Uhr vormittags waren wir erschöpft und weigerten uns, nach Audas Wunsch noch weiter zu marschieren. So machten wir halt und ruhten unter wenigen Bäumen bis gegen halb drei. Mittels doppeltgelegter Decken, die wir an überhängenden Zweigen der Dornbüsche befestigten, suchte sich jeder einen einigermaßen dichten, wenn auch immer wieder entweichenden Schatten zu verschaffen.

Nach der Rast ritten wir drei weitere, etwas angenehmere Stunden über flachen Boden, der sich allmählich zum Hang eines breiten Tales senkte; und dann erblickten wir gerade vor uns den grünen Garten von El Kurr. Weiße Zelte leuchteten zwischen den Palmen. Als wir absaßen, kamen Rasim und Abdulla, Mahmud, der Doktor, und selbst Maulud, der alte Kavallerist, heraus, um uns zu begrüßen. Sie teilten uns mit, daß Scherif Scharraf, den wir in Abu Raga, unserer nächsten Station, treffen wollten, für wenige Tage auf einer Streife unterwegs sei. Also hatten wir keine Eile und machten Feiertag für zwei Nächte in El Kurr.

Der Bewohner von Kurr, der einzige seßhafte Belluwi, der eisgraue Dhaif-Allah, arbeitete Tag und Nacht mit seinen Töchtern in dem kleinen, terrassenförmigen Gemüsegarten, den er von seinen Vorfahren ererbt hatte. Er war in einer Ausbuchtung am Südhang des Flußtales angelegt und vor der Winterflut durch eine breite Mauer aus Rohsteinen geschützt. In der Mitte lag ein Brunnen mit klarem, kaltem Wasser, und über ihm ragte ein Ziehbalken aus verwittertem Holz. Hier schöpfte Dhaif-Allah morgens und abends, wenn die Sonne tief stand, große Kübel mit Wasser und goß sie in Tonrinnen, die, den Garten durchziehend, bis zu den Wurzeln der Bäume führten. Er zog niedrige Palmen, um mit ihren breiten Blättern die Pflanzen gegen die Sonne zu schützen, die sonst in dem weitoffenen Tal alles Grün ausgedörrt hätte; hauptsächlich pflanzte er Tabak (seine ergiebigste Ernte) und in kleineren Mengen Bohnen und Gurken, Melonen und Aubergine, je nach der Jahreszeit.

Der alte Mann lebte mit seinen Frauen in einer Reisighütte unter den Bäumen. Unsere Politik schätzte er wenig – ob man denn, so fragte er, nach all den Plagen und blutigen Opfern etwa mehr zu essen und zu trinken haben würde? Wir suchten ihm sänftiglich beizukommen mit Begriffen wie Unabhängigkeit und mit der Freiheitsidee: Arabien den Arabern. „Ist nicht auch dieser Garten, Dhaif-Allah, ganz dein eigen?“ Gleichwohl konnte er nicht begreifen, sondern richtete sich auf, schlug stolz an seine Brust und rief: „Ich – ich bin El Kurr.“

Aber wir waren ihm dankbar, denn abgesehen davon, daß er uns Sklaven des Magens ein rühmliches Beispiel von Genügsamkeit gab, verkaufte er uns auch Gemüse; und mitsamt den erbeuteten Konserven Rasims, Abdullas und Mahmuds hatten wir somit reichlich zu leben. Jeden Abend bei den Feuern hatten wir Musik, nicht das monotone, krächzige Rohren der Stämme oder die aufreizenden Gesänge der Ageyl, sondern die Falsett-Vierteltöne und Triller der städtischen Syrier. Maulud hatte Musiker in seiner Abteilung, und jeden Abend wurden ein paar verschämte Krieger herangeholt, die Gitarre spielten und Kaffeehausschlager aus Damaskus oder Liebeslieder aus ihren Heimatdörfern vortrugen.

Im ganzen Lager blieb es totenstill, bis die letzte Strophe verklang, und ein sehnsüchtig seufzendes Echo folgte jedesmal der letzten Note. Nur der alte Dhaif-Allah stand, unentwegt Wasser schöpfend, am Brunnen, überzeugt, daß noch jemand kommen und von seinem Grünzeug kaufen werde, sobald wir mit unseren Torheiten zu Ende waren.

Für uns Städter war dieser Garten eine Erinnerung an die Welt, wie sie gewesen war, bevor wir kriegswütig auszogen und uns selber in die Wüste hetzten. Für Audas Geschmack aber lag in dieser Pflanzenfülle ein fast geiles Übermaß, und er sehnte sich nach der kargen Leere der Wüste. So wurde unsere letzte Nacht im Paradies abgekürzt, und um zwei Uhr morgens zogen wir talauf. Es war pechfinster, und selbst die Sterne konnten nicht mit ihrem Licht bis in die Tiefe unseres Weges dringen.

Auda führte, und, um sich in der Dunkelheit bemerkbar zu machen, stimmte er lautschallend ein Lied der Howeitat an; es war ein ewiges „Ho-ho-ho“ auf drei Baßnoten, immer auf und ab, vor- und rückwärts, und mit so vollquellender Stimme gesungen, daß die Worte unverständlich blieben. Bald aber waren wir ihm dankbar für die Singerei, denn der Weg bog links ab, und in langgezogener Reihe folgten wir dem Klang seiner

Stimme, deren Echo in den schwarzen, schroffen, mondbeschienenen Felsklippen widerhallte.

Erst als die Sonne hoch am Himmel stand, machten wir, erschöpft vom langen Nachtritt, halt. Das Frühstück wurde aus unseren eigenen Mehlvorräten bereitet, so daß endlich, nach all den Tagen der Gastfreundschaft, die Last unserer armen Kamele ein wenig erleichtert wurde. Da Scharraf noch nicht in Abu Raga war, brauchten wir den Marsch nicht stärker zu beschleunigen, als es die Schwierigkeit der Wasserbeschaffung notwendig machte. So spannten wir nach dem Essen wieder unsere Decken als Dächer aus und ruhten bis zum Nachmittag, verdrießlich dem ständig entweichenden Schatten nachrutschend, in Schweiß gebadet und unablässig geplagt von Fliegenstichen. Am Morgen ritten wir um fünf Uhr ab. Die Talwände drängten sich zusammen, und in schroffem Anstieg ging es um einen vorspringenden Grat. Der Weg wurde zum bröckeligen Ziegenpfad, der in steilen, kaum gangbaren Zickzacklinien die Höhe erklomm. Wir saßen ab und führten die Kamele am Kopfgestell. Bald mußte man sich gegenseitig helfen; an den schwierigen Übergängen wurden die Tiere teils gezogen, teils geschoben, und man stemmte sich gegen die Lasten, um das Gewicht zu erleichtern.

Stellenweise wurde es geradezu gefährlich, wenn vorspringende Felsen den Pfad verengten, so daß die innere Seite der Last anstreifte und die Tiere hart an den äußersten Rand des Abgrundes gedrängt wurden. Wir mußten abladen und umpacken; und trotz aller Vorsicht büßten wir zwei unserer schwächeren Kamele ein. Die Howeitat stachen sie gleich an der Stelle ab, wo sie zusammengebrochen waren, indem sie den Kopf auf den Sattel zurückbogen, dadurch den Hals straff spannten und den scharfen Dolch in die Schlagader oberhalb der Brust stießen. Die Tiere wurden dann sofort zerlegt und das Fleisch verteilt. Endlich öffnete sich vor uns ein steiler Abstieg zum Grunde eines sandigen, mit Gestrüpp bewachsenen Tales, beiderseits eingeschlossen von Abstürzen und Zinnen aus Sandstein, die, je tiefer wir stiegen, desto höher wuchsen und sich hart gegen den Morgenhimmel absetzten. Wir schlängelten uns immer weiter den Schlund hinab, bis wir, nach einer halben Stunde um eine jähe Ecke biegend, den Wadi Djizil betraten, eine tiefe Schlucht, etwa zweihundert Yard breit.

Das Lager schlugen wir auf einer unkrautbewachsenen Sandbank auf, an einer Biegung des Tales, wo der verengte Strom ein hohles Becken ausgewaschen hatte, in dem sich ein Rückstand der letzten Winterflut staute. Wir sandten einen Boten nach einem Oleanderdickicht, aus dem man die weißen Spitzen von Scharrafs Zelten leuchten sah. Scharraf selbst wurde erst am nächsten Tag erwartet; und so verbrachten wir zwei Nächte in diesem seltsam farbigen, vom Echo widerhallenden Tal. Das Brackwasser des Tümpels war trinkbar für die Kamele, und zu Mittag badeten wir darin. Dann wurde gegessen und ausgiebig geschlafen. Später wanderten wir in die nahen Seitentäler und sahen mit Entzücken die prachtvollen Färbungen: Querstreifen in rosa, braun, gelb und purpurn, die in den mannigfachsten, feinsten Schattierungen über das Grundrot der

Felsen liefen. Nachmittags ruhte ich bei einer Schafhege aus Sandsteinblöcken; die Sonne schien, die Luft war mild und rein, und der Wind tupfte und zupfte an dem bröckeligen Mauerrand mir zu Häupten. Das Tal atmete Frieden, und selbst der Wind schien ruhevoll mit seinem eintönigen Gesäusel.

Ich hatte träumend die Augen geschlossen, als eine jugendliche Stimme mich aufblicken ließ. Ich sah einen mir unbekannten Ageyl mir zu Füßen kauern, offenbar in großer Bekümmernis. Er nannte sich Daud und bat flehentlich um meinen Beistand. Sein Freund Farradj habe bei einem übermütigen Streich ihr gemeinsames Zelt verbrannt, und Saad, der Hauptmann von Scharrafs Ageyl-Abteilung, habe seinem Freund zur Strafe Prügel zudiktiert. Wenn ich ein Wort für ihn einlegte, würde ihm die Strafe erlassen werden. Zufällig kam Saad, der mich besuchen wollte, gerade dazu. Ich stellte ihm die Sache vor, während Daud, uns beobachtend, abseits saß, den Mund vor Erwartung halb geöffnet, die Lider über großen, schwarzen Augen zusammengekniffen und die klaren Brauen gerunzelt in ängstlicher Spannung. Seine etwas nach innen stehenden Pupillen gaben ihm den Ausdruck lauernder Sprungbereitschaft.

Saads Antwort war wenig tröstlich. Mit dem Paar wäre immer etwas los, und zuletzt wären ihre Streiche so toll geworden, daß der gestrenge Scharraf befohlen hatte, ein Exempel zu statuieren. Er könnte nichts weiter tun, aber mir zu Gefallen wollte er anordnen, daß Daud sich mit seinem Freund in die verhängte Strafe teilen dürfte. Daud sprang auf vor Glück, küßte meine und Saads Hand und rannte talaufwärts davon, während Saad mir lachend allerlei Geschichten von diesem berühmten Paar erzählte. Sie waren ein Musterbeispiel orientalischer Knabenliebe, die eine unvermeidliche Folge der strengen Absonderung der Frau ist. Derartige Freundschaften führten oft zu männlicher Liebe von einer Kraft und Tiefe, von der sich unsere einseitig auf das Erotische eingestellte Anschauung keinen Begriff machen kann. Im Stande der Unschuld waren diese Freundschaften von einer unbefangenen Leidenschaftlichkeit. Trat das Geschlechtliche hinzu, so verwandelten sie sich in eine rein sinnliche Beziehung des Gebens und Nehmens gleich einer Ehe.

Am nächsten Tag war Scharraf noch nicht zurück. Vormittags saß ich mit Auda zusammen, und wir sprachen über den bevorstehenden Marsch, während Nasir mit Daumen und Zeigefinger brennende Streichhölzer von der Schachtel über sein Zelt zu uns herüberschnippte. Während wir uns solchergestalt vergnügten, kamen zwei gebeugte Gestalten, Schmerz in den Augen, aber ein verzerrtes Lächeln in den Lippen, angehumpelt und grüßten. Es waren Daud, der Hitzige, und sein Geliebter Farradj, ein schöner, feingliedriger, mädchenhafter Jüngling mit unschuldigem, glattem Gesicht und verschwimmendem Blick. Sie erklärten beide, daß sie mir zu Diensten ständen. Ich brauchte niemanden und lehnte unter dem Vorwand ab, daß sie nach den Prügeln ja doch nicht reiten könnten. Sie wandten ein, sie würden auf ungesattelten Tieren reiten. Ich sagte, ich wäre ein bedürfnisloser Mensch und liebte keine Dienerschaft um mich her. Daud wandte sich ab, verletzt und zornig. Farradj jedoch machte geltend, daß wir doch Leute brauchten, und sie würden bei mir bleiben ohne jeden Entgelt. Während der männlichere Daud schmollend abseits stand, wandte sich Farradj an Nasir und kniete flehend vor ihm nieder, wobei alles Weibische seines Wesens so recht zum Vorschein kam. Am Ende nahm ich auf Nasirs Rat die beiden zu mir, hauptsächlich um ihres jugendlich unschuldigen Aussehens willen.

Am Morgen des dritten Tages kehrte Scharraf zurück. Er hatte an der Eisenbahnlinie Gefangene gemacht, außerdem Geleise und eine Unterführung in die Luft gesprengt. Ferner brachte er die Nachricht, daß sich im Wadi Diraa, auf unserem Wege, Süßwassertümpel vom jüngsten Regenguß her angesammelt hätten. Das verkürzte die wasserlose Strecke nach Fedjr um fünfzig Meilen.

Am nächsten Tag verließen wir Abu Raga. Auda führte uns durch ein ihm tributpflichtiges Tal, das sich bald zur Ebene von Schegg weitete. Die sandige Fläche war weithin mit Blöcken und Felsen aus rotem Sandstein übersät, aufgetürmt wie groteske Eisberge und an ihrer Basis von Sandstürmen unterhöhlt, so daß sie jeden Augenblick umzufallen und den Weg zu blockieren drohten. Dieser führte in unendlichen Windungen zwischen den Steininseln hindurch und schien immer wieder in ausgangslosen Engpässen zu endigen, aus denen sich dann stets eine neue scheinbare Sackgasse öffnete. Auda geleitete uns ohne das geringste Zögern durch diesen Irrgarten, auf seinem Kamel vor uns herschaukelnd, die Ellenbogen erhoben und mit den Händen über die Schultern weg schwingende Zeichen gebend.

Man sah nicht die geringste Fußspur, denn jeder Windstoß fegte wie eine große Bürste über den Sandboden, jede neue Fährte verwischend, bis die Fläche wieder zu einem einzigen, jungfräulich unberührten Gekräusel zahlloser winziger Wellen geworden war. Nur der trockene Kamelmist, geformt zu runden Kugeln in Walnußgröße und leichter als der Sand, rollte darüber hinweg und wurde von den wirbelnden Winden in Ecken aufgehäuft. Daran vielleicht, abgesehen von seinem unvergleichlichen Ortssinn, erkannte Auda den Weg.

Als wir etwa den halben Marsch hinter uns hatten, sahen wir fünf oder sechs Reiter aus der Richtung der Eisenbahn uns entgegenkommen. Ich ritt mit Auda an der Spitze, und wir fühlten jenen köstlich erregenden Augenblick einer jeden Begegnung in der Wüste: „Freund oder Feind?“, während wir uns vorsichtig nach der günstigen Seite hinüberschlugen, die den Arm für den Schuß freigab. Doch als die Reiter näherkamen, sahen wir, daß sie zu den arabischen Truppen gehörten. Der Vorderste, der nachlässig auf einem starkknochigen Kamel saß mit dem plumpen Holzsattel der britischen Kamelreiterkorps, war ein blonder Engländer mit struppigem Bart und zerrissener Uniform. Er mußte, meiner Vermutung nach, Hornby sein, der verwegene Ingenieur und Schüler Newcombes, mit dem er wetteiferte bei der Zerstörung der Eisenbahn. Ich sah ihn zum erstenmal, und nachdem wir uns begrüßt hatten, erzählte er uns, daß

Newcombe vor kurzem nach Wedjh gegangen war, um sich mit Faisal über die Schwierigkeiten und die Mittel zu ihrer Behebung zu besprechen.

Bei Sonnenuntergang erreichten wir den Nordrand des Feldes mit den Sandsteinruinen und gelangten auf eine weitere, sechzig Fuß höher gelegene Ebene von vulkanischem Charakter und blauschwarzer Färbung. Sie war bedeckt mit verwitterten, etwa faustgroßen Basaltstücken, fein säuberlich wie Kieselpflaster zusammengepackt über einer harten, schwarzen Schicht ihres eigenen, fein geriebenen Schutts.

Trotz der völlig klaren Nacht war es sehr dunkel, denn das schwarze Gestein am Boden schluckte das Sternenlicht auf, und als wir endlich um sieben Uhr haltmachten, waren nur vier von unserer Abteilung zur Stelle. Wir lagerten in einem flachen Flußbett, mit sandigem, weichem, noch etwas feuchtem Untergrund und von Dorngebüsch bestanden, das leider zu Kamelfutter nicht taugte. Wir machten uns daran, die bitteren Sträucher mit der Wurzel auszuraufen und zu einem großen Haufen zusammenzutragen, den Auda dann anzündete. Als das Feuer um sich griff, kroch eine lange, schwarze Schlange aus dem Gesträuch hervor auf uns zu; wir mußten sie wohl in erstarrtem Zustand mit eingesammelt haben. Die Flamme leuchtete über die schwarze Fläche hin, ein Signalfeuer für die Nachzügler, die so weit zurück waren, daß die letzte Gruppe erst nach zwei Stunden eintraf: alle aus voller Kehle singend, teils um sich und die hungrigen Kamele bei dem Marsch über die geisterhafte Ebene zu ermutigen, teils, um sich schon von weitem als Freunde kenntlich zu machen.

Während der Nacht verliefen sich einige der Kamele, und die Leute mußten sie suchen gehen. Darüber wurde es fast acht Uhr, bis wir, nachdem wir Brot gebacken und gegessen hatten, wieder aufbrachen. Unser Weg führte uns weiter über Lavafelder, aber jetzt, da wir vom Morgen frisch gestärkt waren, kamen sie uns weniger steinig vor; auch waren sie oftmals von Dünen und Sandschichten wie mit einer weichen Decke überzogen, auf der es sich ging wie auf einem Tennisplatz.

Zu Mittag machten wir auf kahlem Boden ausnahmsweise eine Rast bis gegen drei Uhr, denn wir fürchteten, daß unsere abgehetzten Kamele, die nur die sandigen Wege der Küstenebene gewohnt waren, sich die weichen Hufe durch die harten, sonnendurchglühten Steine verbrennen und lahm laufen würden. Als wir dann weiterritten, wurde der Weg schwieriger, und wir mußten fortwährend weite Felder mit getürmten Basaltblöcken oder gelbe, ausgetrocknete Wasserläufe umgehen, die sich durch die harte Kruste tief in das weichere Gestein darunter eingeschnitten hatten. Allmählich brach wieder roter Sandstein in tollen Schornsteinformen durch, aus deren weichem, bröckeligem Gestein die härteren Lagen in messerscharfen Schichten herausragten. Schließlich wurden diese Ruinen aus Sandstein so dicht und häufig wie gestern und standen um unsern Weg gruppiert in den gleichen, von Schatten und Licht gescheckten Hohlräumen. Wiederum bewunderten wir die Sicherheit, mit der uns Auda durch dieses Felsenlabyrinth führte.

Dann öffnete sich der Weg, und wir kamen von neuem über vulkanischen Boden. Er war mit kleinen narbigen Kratern bedeckt, oft zwei oder drei dicht beisammen, von denen hochgeschichtete Basaltmoränen wie Straßenschotter hinabliefen. Zwischen den Kratern lag der Basalt in kleinen, tetraederförmigen Stücken mit abgeschabten und gerundeten Ecken, Stein an Stein gefügt, wie Mosaik auf einem Untergrund von gelbem Lehm. Die Wege über solche Flächen waren leicht erkennbar, denn der schwere, gleitende Schritt der darüber hinziehenden Kamele hatte die Steine zur Seite geschoben, und der Regen hatte Lehm in die entstandenen Löcher gespült, die sich nun blaß gelblich gegen das blaue Gestein abhoben. Weniger begangene Wege sahen aus wie schmale Leiterstege, die auf Hunderten von Yard über die Steinfelder führten, denn zwischen den ausgetretenen und lehmgefüllten Löchern waren Ränder und Risse aus blaugrauem Gestein, gleichsam wie Sprossen, stehengeblieben. Nach solchen Strecken über Steinfelder folgte dann gewöhnlich eine Fläche aus jettschwarzem Basaltschutt, durch den sonnengedörrten Lehm zu einer festen Masse zusammengepappt, und danach ein Tal von weichem, schwarzem Sand und zahlreichen daraus aufragenden Sandsteinklippen oder angewehten Dünen aus dem roten und gelben Verwitterungsschutt des Sandsteins.

Schließlich wies Auda auf einen etwa fünfzig Fuß hohen Wall aus großen gewundenen Blöcken, aufgetürmt und ineinandergeschoben, wie sie bei der Abkühlung erstarrt waren. Es war die Grenze der Lava, und als wir sie erreicht hatten, öffnete sich vor uns ein welliges Tal (der Wadi Ais) mit goldgelbem Sand und dünnem Strauchwerk, auch grünen Rasenflächen hie und da und einzelnen, sehr kleinen Wasserlöchern, die aber nach den Regenfällen vor drei Wochen schon von anderen vor uns ausgeschöpft waren. Hier lagerten wir, und die abgeladenen Kamele wurden bis Sonnenuntergang auf die Grasflächen getrieben, wo sie zum erstenmal seit Abu Raga ausgiebig weiden konnten.

Während sie weithin im Tal verstreut waren, erschienen Reiter am östlichen Horizont und hielten auf die Wasserstellen zu. Nach ihrem Heranjagen zu urteilen, hatten sie offenbar keine ehrlichen Absichten und begannen denn auch auf die Leute bei den Kamelen zu feuern. Wir im Lager besetzten rasch die Klippen und Talränder, schossen und schrien. Als sie erkannten, daß wir so zahlreich waren, nahmen sie Reißaus, so schnell ihre Kamele laufen konnten; und wir sahen sie, knapp ein Dutzend an Zahl, in der Dunkelheit gegen die Eisenbahnlinie hin flüchten. Wir waren sehr erfreut zu sehen, daß sie uns so sorgfältig mieden. Auda meinte, es wäre eine Patrouille der Schammar gewesen.

8. Die eigentliche Wüste

Bei Morgengrauen wurde gesattelt, und wir ritten die kurze Strecke bis Diraa, jenen Wasserstellen, von denen Scharraf uns berichtet hatte. Dort rasteten wir bis zum Nachmittag, denn wir waren nun schon sehr nahe der Eisenbahn und mußten uns für die lange Strecke nach Fedjr sattrinken und unsere wenigen Wasserschläuche füllen.

Während des Halts kam Auda, um zuzuschauen, wie Farradj und Daud meine Kamelstute mit Fett einrieben, um das unerträgliche Jucken der Räude zu mildern, die vor kurzem an ihrem Kopf ausgebrochen war. Die dürren Weiden der Billi und der verseuchte Boden des Lagers in Wedjh hatten verheerend auf die Tiere gewirkt. In Faisals Stall war nicht eins seiner Tiere gesund geblieben, und die Kamele unserer kleinen Schar wurden von Tag zu Tag schwächer. Nasir war sehr in Sorge, daß bei dem bevorstehenden Gewaltmarsch viele unserer Tiere zusammenbrechen und die Reiter hilflos in der Wüste zurückbleiben würden.

Wir besaßen kein Mittel gegen Räude und konnten trotz aller Not nur wenig tun. Immerhin kräftigte das Reiben und Einfetten mein Kamel, und die Prozedur wurde wiederholt, sooft Farradj oder Daud irgendwie Fett auftreiben konnten. Ich war mit diesen beiden Burschen sehr zufrieden, sie waren tüchtig und flink, immer guter Laune, vortreffliche Reiter und zu jeder Arbeit willig.

Um dreiviertel vier Uhr brachen wir auf und ritten den Wadi Diraa hinab, zwischen steilen hohen Rücken aus Flugsand, aus denen bisweilen die Kuppe eines schroffen roten Felsgrates ragte. Nach einer Weile kroch ich mit zwei oder drei anderen, dem Haupttrupp weit voraus, auf allen vieren einen Sandgipfel hinauf, um gegen die Eisenbahn hin Ausschau zu halten. Die Luft war kaum zu atmen, und die Anstrengung ging fast über unsere Kraft; aber unsere Mühe wurde sogleich belohnt: denn da lag die Bahnlinie vor uns in aller Stille und Verlassenheit. Wir würden also unbelästigt übergehen können.

Unsere Lastkamele wurden über die Bahnlinie und noch ein Stück darüber hinaus in das jenseitige Gelände geführt, wo sie hinter Sanddünen und in Felsklüften Deckung fanden. Inzwischen hatten die Ageyl Schießbaumwolle und Sprengpatronen an die Schienen gelegt, soweit es in der Eile geschehen konnte, begannen dann die Zündschnüre der Reihe nach in Brand zu setzen, und bald ertönte das Tal vom Gekrach der Explosion.

Auda hatte bis dahin Dynamit nicht gekannt, und in kindlicher Freude über das Neue fühlte er sich angeregt, den Ruhm dieser gewaltigen Macht in einem Stegreifhymnus zu besingen. Wir durchschnitten drei Telegraphenleitungen und befestigten die losen Enden der Drähte an den Sätteln von sechs Reitkamelen der Howeitat. Die verblüfften Tiere zogen an und schleppten die wachsende Last der klirrenden, ineinander verwickelten Drähte und der umgebrochenen, nachschleifenden Stangen weit in das östliche Tal hinein. Zuletzt konnten sie nicht weiter. Wir schnitten sie los und ritten, vergnügt über das gelungene Werk, in der sinkenden Dämmerung der Karawane nach.

Am nächsten Morgen brachte uns Auda schon vor vier Uhr auf die Beine. Wir stiegen bergan, bis wir zuletzt an den Rand einer Hochebene gelangten. Von hier aus öffnete sich ein unbegrenzter Blick nach Osten zu, wo sich die Ebene abwärts senkte und sich mit sanften Abdachungen in eine scheinbar unendliche Ferne von fahlblauem Dunst verlor. Eben stieg die Sonne auf; ihr Licht flutete waagerecht über die weite Ebene und zauberte, jede kaum merkbare Erhöhung mit langen Schatten hervorhebend, das ganze wechselvolle Spiel einer reich bewegten Bodengestaltung über die Fläche hin – doch nur für Augenblicke: denn während wir noch hinsahen, schrumpften die Schatten gen Osten ein, verweilten noch wie ein letzter zitternder Hauch an den fernen Hügeln und schwanden dann wie auf einen Schlag. Voller Morgen war angebrochen: die Lichtströme der Sonne, erbarmungslos uns wandernde Kreaturen voll ins Gesicht treffend, ergossen sich gleichförmig über jeglichen Stein der Wüste.

Die Fedjr-Beduinen, die Bewohner dieser Ebene, nennen sie El Haul, um ihrer trostlosen Öde willen. Und den ganzen Tag über trafen wir auf kein Zeichen des Lebens, keine Gazellenfährte, keine Eidechse, kein Rattenloch, nicht einmal einen Vogel. Wir fühlten uns winzig klein in dieser Grenzenlosigkeit, und unser Vorwärtshasten durch solche Unermeßlichkeit war fast wie ein Stillstand, gleichsam wie ein fruchtloses Auf-der-Stelle-Treten. Kein Laut war zu vernehmen, außer dem hohlen Echo der polternden Steinplatten unterm Tritt der Kamele und dem harten Rascheln des Sandes, der vor dem heißen Wind langsam nach Westen zu über den rindenartig verwitterten Sandstein hinkroch. Es war ein wahrhaft erstickender Wind, von Hochofenglut, wie man ihn in Ägypten unter dem Namen Khamsin kennt. Als die Sonne höher stieg, nahm er noch zu und füllte sich mit dem Staub der Nefudh, jener gewaltigen Sandwüste Nordarabiens, die, obwohl nicht weit von uns entfernt, im Dunst unsichtbar blieb. Gegen Mittag schwoll er zu einem Sturm an von solcher Trockenheit, daß unsere ausgedörrten Lippen aufsprangen und die Haut im Gesicht zerriß, während die Augenlider, körnig von Sand, gleichsam einzuschrumpfen und die in die Höhlen gesunkenen Augen bloßzulegen schienen. Die Araber wickelten sich die Kopftücher fest über die Nasen und zogen sie von oben herunter über die Augen wie ein flappendes Visier mit schmalem Sehschlitz.

So ackerten wir uns den ganzen Tag über weiter (selbst wenn es der Wind nicht schon unmöglich gemacht hätte, durften wir uns keine weitere Rast im Schatten der ausgespannten Tücher gönnen, falls wir ohne Schädigung von Mann und Tier El Fedjr erreichen wollten); und nichts veranlaßte uns, die Augen zu öffnen oder einen Gedanken zu denken, bis der Abend, still, schwarz und sternenklar, über uns herabsank. Als wir endlich haltmachten, hatten wir fast fünfzig Meilen zurückgelegt.

Am nächsten Tage brachen wir vor Morgengrauen auf und erreichten gegen Mittag den Brunnen, der unser Ziel war. Er war etwa dreißig Fuß tief, mit Steinen ausgemauert und schien sehr alt. Das Wasser war leicht salzig, schmeckte aber nicht schlecht, wenn man es frisch trank; nur in den Schläuchen wurde es rasch faulig. Das Tal hatten im Vorjahr Regengüsse überflutet, so daß einige trockene und dürftige Weideplätze vorhanden waren, auf die wir unsere Kamele trieben, damit sie bis Dunkelwerden fleißig grasen konnten. Dann wurden sie nochmals getränkt und unter einem Hang, etwa eine halbe Meile vom Wasser entfernt, für die Nacht angebunden. So blieb der Brunnen frei, falls ein oder das andere Streifkorps ihn im Dunkeln benutzen wollte. Doch unsere Posten hörten nichts.

Wie üblich waren wir schon vor Sonnenaufgang wieder unterwegs; und nach einem öden Ritt über eine noch ödere Ebene erreichten wir noch gerade vor Sonnenuntergang Khabar Adjadj, unsere Tagesstation. Der Brunnen enthielt heuriges Regenwasser, gut für Kamele und noch eben trinkbar für Menschen. Wir hatten geglaubt, Howeitats hier zu finden; aber der Boden war kahl gegrast und das Wasser faulig geworden durch die Tiere, während sie selbst davongegangen waren. Auda suchte nach ihren Spuren, konnte aber keine entdecken: die Stürme hatten den Sand zu neuen sauberen Rillen glatt gefegt. Wenn wir indessen nordwärts ritten, mußten wir auf sie stoßen.

Der folgende Tag war, so endlos lang uns die Zeit auch schon erschien, erst der vierzehnte seit unserm Aufbruch von Wedjh; und die aufgehende Sonne fand uns bereits wieder auf dem Marsch, über Flächen von Kalkstein und Sand, in Richtung auf einen vorspringenden Winkel der „Großen Nefudh“, jenes berühmten Sandsteingürtels, der den Djebel Schammar von der Syrischen Wüste trennt. Von bekannten Reisenden hatten ihn Palgrave, die beiden Blunts und Gertrud Bell durchkreuzt; und ich bat Auda, ein wenig abzubiegen und, ihren Spuren folgend, in diese Zone einzudringen. Aber er entgegnete brummend, daß man den Nefudh nur notgedrungen, auf Raubzügen, beträte, und daß der Sohn seines Vaters auf einem wankenden, ausgezehrten Kamel keine Raubzüge mache. Unsere Sache sei, Arfadja lebend zu erreichen.

So zogen wir denn brav in gleicher Richtung weiter über eintönigen, glitzernden Sand und über jene noch weit schlimmeren Strecken, „Giaan“ genannt, aus blank poliertem Schlamm, so weiß und glatt fast wie Schreibpapier und oft über Quadratmeilen ausgedehnt. Sie warfen das Sonnenlicht mit einer glasharten Gewalt in unsere Gesichter zurück, so daß es nicht nur von oben mit einem wahren Pfeilregen von Strahlen uns beschoß, sondern auch von unten, gespiegelt, durch unsere widerstandsunfähigen Augenlider drang. Es war kein gleichmäßiger Druck, sondern ein auf und ab wogender Schmerz, manchmal zu einer Höhe gesteigert, daß man fast ohnmächtig wurde, um dann wieder für einen Augenblick sich kühl zu lindern, wenn etwas wie ein Trugschatten gleich einem Flor sich über die Netzhaut zog; das gab uns dann jedesmal eine kurze Atempause, um neue Leidenskraft zu sammeln, wie wenn ein Ertrinkender für Augenblicke zur Oberfläche auftaucht. Wir redeten kaum noch miteinander. Aber gegen sechs Uhr machten wir erleichtert halt und buken frisches Brot zur Abendmahlzeit.

Nach Dunkelwerden krochen wir noch drei Stunden weiter, bis wir die Höhe eines Sandrückens erreichten. Und hier sanken wir dankerfüllt in Schlaf, nach einem furchtbaren Tag voll Glutwind, Staubstürmen und Triebsand, der uns in die entzündeten Gesichter biß und zeitweise, bei stärkeren Windstößen, jede Aussicht auf den Weg verhüllte und unsere klagenden Kamele hin und her trieb. Auda jedoch war besorgt wegen morgen, denn er sagte sich, daß ein nochmaliger heißer Gegenwind uns auch noch einen dritten Tag in der Wüste aufhalten würde, und dafür hatten wir kein Wasser mehr. So weckte er uns noch während der Nacht, und ehe der Tag anbrach, erreichten wir die Ebene von Biseita (was eine scherzende Anspielung ist auf ihre ungeheure Ausdehnung und Flachheit). Der feine Schotter aus sonnengebräunten Kieseln, der die Oberfläche bedeckte, war von einem wohltuenden Dunkel für unsere triefenden Augen; doch war der Weg heiß und hart für unsere Kamele, von denen einige wundgelaufen waren und lahmten.

Die aus den sandigen Ebenen der arabischen Küste stammenden Kamele haben weiche Wülste unter den Hufen. Werden nun solche Tiere ohne langsame Gewöhnung zu andauernden Märschen im Innern über Kieselgrund oder anderen hitzehaltenden Boden benutzt, so brennen die Sohlen durch, und die Blasen springen schließlich auf, wobei das rohe Fleisch oft in einer Breite von zwei Zoll und mehr zutage tritt. In solchem Zustand können sie wie sonst über weichen Sand gehen; wenn aber der Fuß zufällig auf einen Kiesel tritt, so stolpern sie und zucken zusammen, als wären sie auf Feuer getreten; und auf langen Märschen brechen sie schließlich ganz zusammen, falls sie nicht besonders zäh sind. Daher ritten wir sehr vorsichtig und suchten mit Sorgfalt die weichsten Stellen des Weges, Auda und ich voran.

Plötzlich fegten ein paar Staubwolken mit dem Winde vor uns vorüber. Auda sagte, es wären Strauße; und bald kam ein Mann angelaufen mit zwei großen, elfenbeinfarbenen Eiern. Wir bestimmten diese gütige Gabe der Biseita zu unserm Frühstück und suchten nach Brennmaterial, fanden aber in zwanzig Minuten kaum eine Handvoll Gras. Die Öde der Wüste machte uns einen Strich durch die Rechnung. Die Lastkamele zogen vorüber, und mein Blick fiel zufällig auf eine Ladung Schießbaumwolle. Eine Packung wurde geöffnet und der Inhalt vorsichtig in das Feuer gebröckelt, das wir auf einem Stein unter den Eiern angezündet hatten, bis das Gericht als gar erklärt wurde. Nasir und Nesib waren, höchst interessiert, abgestiegen, um ihren Spott an uns auszulassen. Auda zog seinen silberbeschlagenen Dolch und schlug dem ersten Ei die Spitze ab. Ein pestilenzialischer Gestank verbreitete sich, und wir entwichen schleunigst nach einer geruchfreien Stelle, wobei wir das zweite heiße Ei mit sanften Fußtritten vor uns herrollten. Nachdem es geöffnet war, erwies es sich als leidlich frisch und hart wie Stein. Wir bohrten seinen Inhalt mit dem Dolch auf Kieselplatten, die uns als Teller dienten, und verzehrten die Stücke; sogar Nasir, der nie vorher in seinem Leben so tief gesunken war, Straußeneier zu essen, ließ sich überzeugen und nahm seinen Anteil. Das allgemeine Urteil lautete: – Zäh und hart, aber für die Biseita immerhin ganz gut.

Zaal entdeckte eine Oryx-Antilope, beschlich sie und brachte das Tier zur Strecke. Die besseren Stücke wurden auf die Lastkamele verstaut für die nächste Rast, dann ging der Marsch weiter. Später sahen die stets hungrigen Howeitat noch weitere Oryx in der Ferne und pirschten die Tiere an, die törichterweise eine kurze Strecke davonliefen, dann wieder hielten, nach den Näherkommenden äugten, um wiederum ein Stückchen davonzugaloppieren. Aber da war es schon zu spät. In der blendenden Luftspiegelung verrieten ihre weißleuchtenden Bäuche jede ihrer Bewegungen.

Ich war zu müde und überdies zu wenig Jäger, um selbst wegen des seltensten Wildes der Erde vom Wege abzuweichen; daher ritt ich der Karawane nach, die ich mit dem weitausholenden Trab meines Kamels rasch einholte. Am Schluß der Kolonne marschierten meine Diener zu Fuß. Sie fürchteten, ihre Tiere würden, falls sich der Wind noch verstärkte, bis zum Abend zusammenbrechen, und führten sie daher an der Hand, in der Hoffnung, sie auf diese Weise durchzubringen. Ich erging mich in Betrachtung des Gegensatzes zwischen Mohammed, dem derben, schwerfälligen Bauern, und den geschmeidigen Ageyl, Farradj und Daud, die nur so dahintanzten, barfüßig und mit den feinen Gliedern einer Vollblutrasse. Nur Gasim fehlte: sie vermuteten ihn bei den Howeitat, denn sein mürrisches Wesen störte ihre fröhliche Gemeinschaft, und er hielt sich lieber zu den Beduinen, die besser zu seiner Art paßten.

Da niemand mehr hinter uns war, ritt ich nach vorn, um nach seinem Kamel zu suchen, und fand es schließlich, reiterlos, von einem Howeitat geführt. Satteltaschen, Büchse, Proviant, alles war da, nur er selbst war nirgends zu sehen. Allmählich wurde uns klar, daß der Unglückselige sich verloren haben mußte: eine sehr böse Sache, denn bei dem Dunst und der Blendung durch das grelle Licht konnte die Karawane auf höchstens zwei Meilen gesichtet werden, und auf dem stahlharten Boden hinterließ sie keinerlei Spuren; zu Fuß konnte er uns nie wieder einholen.

Jeder hatte sich bei dem Gedanken beruhigt, er würde schon irgendwo in der weit auseinandergezogenen Kolonne mitmarschieren. Darüber war viel Zeit vergangen, schon war es fast Mittag, und er mußte auf Meilen zurück sein. Sein beladenes Kamel bewies, daß wir ihn nicht etwa schlafend beim Aufbruch von unserm nächtlichen Rastplatz vergessen hatten. Die Ageyl vermuteten, daß er vielleicht im Sattel eingeduselt, dann heruntergefallen und dabei bewußtlos geworden oder umgekommen war; möglicherweise auch hatte einer aus der Expedition irgendeinen alten Groll gegen ihn ausgetragen. Jedenfalls wußte niemand etwas; Gasim war ihnen ein mürrischer Fremdling, der sich an keinen näher angeschlossen hatte, und keiner hatte sich auch viel um ihn gekümmert.

Dazu kam, daß Mohammed, sein Landsmann und spezieller Lager- und Weggenosse, die Wüste nicht kannte, ein wundgerittenes Kamel hatte und unmöglich umkehren und ihn suchen konnte.

Ich überblickte flüchtig meine zu Fuß gehenden Diener und überlegte einen Augenblick, ob ich einem von ihnen mein Kamel geben und ihn zur Rettung Gasims zurückschicken sollte. Man würde es mir zugute gehalten haben, wenn ich mich um diese Pflicht herumgedrückt hätte, da ich ja ein Ausländer war; aber gerade darauf wollte ich nicht pochen, da ich ja doch Anspruch erhob, den Arabern in diesem ihrem Aufstand ein Helfer zu sein. Es ist in jedem Fall schon schwierig für einen Außenstehenden, auf die nationale Bewegung eines fremden Volkes Einfluß zu gewinnen; doppelt schwierig für einen Christen und Seßhaften, auf mohammedanische Nomaden bestimmend einzuwirken. Ich würde mir selbst meine Stellung erschwert oder unmöglich gemacht haben, wenn ich, je nach Umständen, die Vorrechte beider Kulturkreise in Anspruch genommen hätte.

Ohne ein Wort zu sagen, ließ ich daher mein widerstrebendes Kamel kehrtmachen und zwang das unwillig brummende und nach seinen Freunden stöhnende Tier an der langen Kolonne von Menschen und Lastkamelen vorbei in die Leere der Wüste hinaus. Meine Stimmung war wenig heroisch. Ich war wütend über meine Diener, über mich selbst und meine ganze Beduinenspielerei, und am wütendsten über Gasim, diesen zahnlückigen, mürrischen Burschen, zänkisch und schlecht gelaunt auf allen Märschen, argwöhnisch und roh, einen Mann, dessen Anwerbung ich längst bereute, und den ich bei nächster günstiger Gelegenheit wieder loszuwerden mir vorgenommen hatte. Es erschien mir geradezu unsinnig, daß ich mich und alles, was ich für das arabische Unternehmen bedeutete, um eines einzigen, noch dazu so wertlosen Menschen aufs Spiel setzen sollte.

Mein Kamel schien, nach seinem brummigen Knurren zu urteilen, ähnliches zu empfinden, aber das war wohl nur der übliche Kamelprotest gegen schlechte Behandlung. Nach ein bis zwei Meilen ging es schon besser, und es bewegte sich weniger widerspenstig vorwärts, wenn auch immer noch langsam. Ich hatte unsere Marschrichtung alltäglich mit meinem Ölkompaß festgestellt und hoffte mit seiner Hilfe bis zu unserem letzten Rastplatz, siebzehn Meilen entfernt, zurückzufinden.

Ich war etwa anderthalb Stunden ziemlich mühelos geritten, denn dank dem Rückenwind konnte ich den Schorf von den entzündeten Augen wischen und fast ohne Schmerz um mich blicken; da bemerkte ich vor mir etwas wie eine Gestalt oder auch einen großen Busch, jedenfalls etwas Dunkles. Die vibrierende Luftspiegelung machte es unmöglich, Größe oder Entfernung zu erkennen; aber der Gegenstand schien sich etwas östlich von meiner Straße zu bewegen. So ritt ich auf gut Glück darauf zu, und in wenigen Minuten erkannte ich, daß es Gasim war. Als ich ihn anrief, stand er verwirrt still, und beim Näherkommen sah ich, daß er fast erblindet und nicht mehr recht bei Sinnen war: er stand da, die Arme nach mir ausgestreckt und den schwarzen Mund lallend aufgesperrt. Ich gab ihm Wasser, unser letztes, das die Ageyl in meinen Schlauch gefüllt hatten, und in der Gier zu trinken, verschüttete er den größten Teil sinnlos über Gesicht und Brust. Danach hörte er mit dem Lallen auf und begann seinen Jammer herauszuwürgen. Ich setzte ihn vor mich quer über die Kruppe meines Kamels, ließ es hochgehen und ritt los.

Bei der Rückkehr schien das Tier wesentlich erleichtert und ging ohne Antrieb vorwärts. Trotz des doppelten Gewichtes begann es tüchtig auszugreifen; ja, bisweilen sogar senkte es den Kopf und ging streckenweise in jenem freien und angenehm wiegenden Trab, den geübte Reiter den besten Tieren in der Jugend beibringen. Dieser Beweis noch aufgesparter Kraft machte mir große Freude, ebenso wie der Umstand, daß ich nur so wenig Zeit bei der Suche verloren hatte.

Gasim jammerte fortwährend über die Schrecken und Qualen des Durstes. Ich befahl ihm zu schweigen; aber er fuhr fort und saß auch nicht mehr fest, so daß er schließlich bei jedem Tritt auf die Kruppe des Kamels mit einem Ruck aufbumste, was, ebenso wie sein Geschrei, das Tier zu immer größerer Eile anspornte. Es war gefährlich, denn auf diese Weise konnten wir das Tier zuschanden reiten. Ich befahl ihm nochmals, still zu sein, und als er nur noch lauter jammerte, zog ich ihm ein paar über und schwor, ich würde ihn einfach abwerfen, wenn er noch einen Ton von sich gäbe. Diese Drohung, der meine sichtliche Wut den nötigen Nachdruck gab, wirkte. Von da ab klammerte er sich grimmig fest und ließ keinen Laut mehr hören.

Nach kaum vier Meilen gewahrte ich vor mir wiederum etwas dunkel Schattenhaftes, das in der Luftspiegelung auf und ab tanzte, dann sich in drei Teile spaltete und größer wurde. Ich überlegte, ob es vielleicht Feinde wären – als einen Augenblick später der Dunstvorhang mit traumhafter Plötzlichkeit verflog und ich Auda erkannte, der mit zwei von Nasirs Leuten zurückgeritten war, um mich zu suchen. Ich schrie ihnen Hohn und Spott entgegen, daß sie einen Kameraden hilflos in der Wüste zurückgelassen hätten. Auda zerrte an seinem Bart und meinte grollend, wäre er zur Stelle gewesen, ich würde nicht umgekehrt sein. Gasim wurde unter Beschimpfungen auf den bequemeren Sattel eines anderen Reiters gepackt, und wir schunkelten davon.

Nach einer Stunde trafen wir Nasir und Nesib im Nachtrab der Karawane. Nesib machte mir Vorwürfe, weil ich einer Grille wegen mein und Audas Leben in Gefahr gebracht hatte. Nach seiner Meinung hatte ich bestimmt damit gerechnet, daß sie mich suchen kommen würden. Nasir war empört über eine so unedelmütige Auffassung, und Auda nahm gern die Gelegenheit wahr, um einem Städter wie Nesib den Unterschied zwischen Stamm und Stadt deutlich unter die Nase zu reiben: den Unterschied zwischen der gemeinschaftlichen Verantwortung und Brüderlichkeit in der Wüste und der Abgeschlossenheit des einzelnen, des Kampfes aller gegen alle im Gedränge der Stadt.

Über diesem kleinen Zwischenfall waren vier Stunden vergangen, und der Tag schien nicht mehr so lang; doch hatte die Hitze noch zugenommen, und der Sandsturm schlug uns ins Gesicht, so daß wir die Luft sehen und hören konnten, wie sie, dick wie Rauch, um unsere Kamele pfiff. Der Boden war flach und eben, bis wir gegen fünf Uhr niedrige Erhebungen vor uns sahen und uns bald danach in leidlicher Windstille inmitten von Sandhügeln fanden, spärlich mit Tamarisken bewachsen. Es war der Kaseim, zum Sirhan gehörig. Büsche und Dünen brachen den Wind, die Sonne ging unter, und im Westen stieg ein milder, rötlicher Abend herauf. So notierte ich in mein Tagebuch: Der Sirhan ist herrlich.

Da wir keinen Schluck Wasser mehr hatten, konnten wir natürlich auch nichts essen, und so wurde es eine recht enthaltsame Nacht. Doch die Gewißheit, morgen Wasser zu bekommen, ließ uns leidlich schlafen, auf dem Bauch liegend, um einem etwaigen Hungerödem vorzubeugen. Die Araber pflegen sich an jedem Brunnen bis zum Überlaufen voll zu trinken, um dann lieber bis zum nächsten zu dursten; etwa mitgenommenes Wasser wird schon bei der ersten Rast zum Trinken und Brotbacken fast vollständig verbraucht.

Am nächsten Morgen ritten wir einige Hänge hinab, dann über einen hohen Rücken und noch einen und noch einen, jeder drei Meilen vom andern entfernt. Um acht Uhr hielten wir beim Brunnen von Arfadja, genannt: der süß duftende Busch, und in der Tat roch es köstlich ringsum. Der ungefaßte Brunnen hatte eine Tiefe von etwa achtzehn Fuß, sein Wasser war dick wie Sahne, von starkem Geruch und salzigem Geschmack. Wir fanden es köstlich; und da es genug Grünfutter gab für die Kamele, beschlossen wir, einen Tag hier zu bleiben.

9. Feste bei den Stämmen

Am Morgen machten wir einen flotten Marsch von fünf Stunden (nach der gestrigen Ruhepause waren unsere Kamele sehr munter) und erreichten eine Oasenniederung mit verkrüppelten Palmen, einzelnen Tamariskenbüschen und reichlichem Wasser, etwa sieben Fuß tief und süßer als das von Arfadja. Doch erwies es sich beim Gebrauch ebenfalls als echtes „Sirhanwasser“: frisch getrunken war es noch erträglich, nahm aber keine Seife an, und nach zweitägiger Aufbewahrung im geschlossenen Gefäß entwickelte es einen fauligen Geruch und penetranten Geschmack, der in Kaffee, Tee oder Brot jedes Aroma verdarb.

Wir waren in der Tat dieses Wadi Sirhan herzlich überdrüssig, trotzdem Nesib und Zeki bereits großartige Pläne entwarfen für Anpflanzungen im Sirhan und sonstige Verbesserungen durch die arabische Regierung, sobald sie erst einmal errichtet wäre. Solche hochschweifende Phantasie ist typisch für den Syrier, der sich leicht allerlei Möglichkeiten einredet, um ebenso rasch davon abzulassen und die Verantwortung für das augenblicklich Notwendige auf andere abzuschieben. „Zeki“, sagte ich eines Tages,

„dein Kamel ist voller Räude." „Ja, leider", stimmte er bekümmert zu, „heute abend, ganz sicherlich, wenn die Sonne untergeht, werden wir ihm das Fell gründlich einsalben."

Beim nächsten Ritt machte ich ihn nochmals auf die Räude aufmerksam. „Ja, richtig", meinte Zeki, „das hat mir einen glänzenden Gedanken eingegeben. Nämlich die Errichtung einer staatlichen Veterinäranstalt für Syrien, wenn Damaskus erst uns gehört. Wir werden einen Stab geschickter Ärzte haben, nebst einer Schule natürlich, für Kandidaten und Studenten, in einem Zentrallazarett oder besser mehreren Zentrallazaretten für Kamele und für Pferde, für Esel und Rinder und sogar (warum nicht?) für Schafe und Ziegen. Es muß wissenschaftliche und bakteriologische Abteilungen geben, um Forschungen anzustellen über Heilmittel gegen Tierkrankheiten. Und wie wäre es mit einer Bibliothek ausländischer Bücher? . . . und Bezirkslazaretten, die die Zentralstelle versorgen, und reisenden Inspektoren . . .?" Unter eifriger Mitarbeit von Nesib teilte er Syrien in vier Generalinspektionen und mehrere Unterinspektionen ein.

Am nächsten Tage kamen wir wieder auf die Räude zu sprechen. Beide hatten ihr Werk beschlafen und den Plan noch weiter ausgestaltet. „Aber trotzdem, mein Lieber", meinte Zeki, „ist er noch unvollkommen, und es ist nun mal unsere Art, uns nicht eher zufrieden zu geben, als bis die letzte Vollendung erreicht ist. Es bekümmert uns zu sehen, wie ihr euch so leicht mit dem bloß Möglichen zufrieden gebt. Es ist das ein Fehler der Engländer." Ich erwiderte, auf ihre Art eingehend: „O Nesib", sagte ich, „und o Zeki, würde nicht Vollkommenheit, selbst im geringsten der Dinge, das Ende der Welt bedeuten? Sind wir Menschen dafür reif? Bin ich unzufrieden, so bitte ich Gott, unsern Erdenball in die glühende Sonne zu schleudern und das Leid der noch ungeborenen Kreatur zu verhüten; bin ich aber zufrieden, so wünsche ich mir nichts, als im Schatten zu liegen, bis ich selbst zum Schatten werde." Unbehaglich wechselten sie das Thema und sprachen von Gestüten. Am dritten Tag verendete das arme Kamel, „weil", wie Zeki sehr richtig herausfand, „ihr es nicht eingerieben habt." Auda, Nasir und wir andern hielten durch ständige Pflege unsere Tiere marschfähig. Wir hofften das Fortschreiten der Räude gerade noch so lange aufzuhalten, bis wir das Lager eines wohlversorgten Stammes erreichen würden, wo wir uns Medizinen verschaffen und die Krankheit nachdrücklich bekämpfen könnten.

Ein Reiter kam den Hang herab gerade auf uns zu. Allgemeine Spannung einen Augenblick: dann riefen ihm die Howeitat Willkommen zu. Er war einer ihrer Hirten, und Begrüßungen wurden ausgetauscht in jener ruhigen gemessenen Weise, wie es sich für die Wüste geziemt, wo Lärm und Hast als unerzogen, wenn nicht gar als „städtisch" gilt.

Er berichtete uns, daß die Howeitat ein Stück voraus zwischen Isawiya und Nebk lagerten und schon ungeduldig auf Nachrichten von uns warteten. Bei ihnen stände alles gut. Auda vernahm das mit Freuden und drängte voller Eifer zum Aufbruch. In scharfem, einstündigem Ritt erreichten wir Isawiya und die Zelte des Ali abu Fitna, des Haupts eines zu Auda gehörigen Klans. Der alte Ali, mit Triefaugen, rotem, ungekämmtem Haar und sehr langer Nase, aus der es ständig in den Struwwelbart tropfte, begrüßte uns sehr herzlich und wünschte durchaus, daß wir in seinen Zelten kampierten. Wir entschuldigten uns damit, daß wir unserer zu viele wären, und schlugen das Lager bei einigen Dornbüschen auf, während Ali und die übrigen Familienvorstände nach ungefährer Abschätzung unserer Anzahl für den Abend Festlichkeiten vorbereiteten, jeder Zeltgruppe eine kleine Schar Besucher zuteilend. Die Bereitung des Mahls dauerte Stunden, und erst nach Dunkelwerden wurden wir gerufen. Ich rüttelte mich wach, stolperte hinüber, aß, ging wieder zu den lagernden Kamelen zurück und schlief weiter.

Unser Marsch war glücklich beendet. Wir hatten die Howeitat gefunden; unsere Leute waren in vorzüglicher Verfassung, unser Geld und Sprengmaterial noch fast unberührt. So kamen wir am nächsten Morgen in froher Stimmung zu einem feierlichen Kriegsrat zusammen. Man war einstimmig der Ansicht, daß man zunächst dem Nuri Schaalan, mit dessen Zustimmung wir im Sirhan waren, ein Geschenk von sechstausend Pfund überreichen sollte. Wir wünschten von ihm die Erlaubnis zu erlangen, in seinem Gebiet zu bleiben, bis wir die nötigen Kampftruppen angeworben und organisiert hatten. Und später, wenn wir den Vormarsch antraten, sollte er sich der Familien, Zelte und Herden der Ausgehobenen annehmen.

Dies waren wichtige Dinge, und es wurde bestimmt, daß Auda selbst als Abgesandter zu Nuri reiten sollte, da beide befreundet waren. Während der Zeit wollten wir mit Ali abu Fitna zusammenbleiben und langsam gegen Norden in das Gebiet von Nebk vorrücken, wo Auda an alle Abu Tayi Befehl schicken würde, sich zu sammeln. Er selbst konnte von Nuri zurück sein, bevor sie noch vollzählig vereinigt waren. Also wurde es beschlossen und sechs Beutel Geld in Audas Satteltaschen verstaut, worauf er abritt. Darauf machten die Häuptlinge der Fitenna ihre Aufwartung und erklärten, es würde ihnen eine hohe Ehre sein, zweimal am Tage, morgens und bei Sonnenuntergang, Festlichkeiten für uns zu veranstalten, solange wir bei ihnen blieben – und sie hielten, was sie versprachen! Die Gastfreundschaft der Howeitat – nicht zufrieden mit der nach formellem Gesetz der Wüste üblichen dreitägigen Abspeisung – war unbegrenzt und leider auch recht lästig und ließ uns keinerlei anständigen Vorwand, uns all dem zu entziehen, was nun einmal nach dem Begriff eines Nomaden zum wahren Wohlleben gehört. Jeden Morgen, zwischen acht und zehn, erschienen einige Vollblutstuten mit höchst mangelhaftem und zusammengestückeltem Sattelzeug auf unserm Lagerplatz. Nasir, Nesib, Zeki und ich saßen auf, und begleitet von etwa einem Dutzend unserer Leute, bewegten wir uns feierlich im Schritt durch das Tal über die sandigen Pfade zwischen dem Buschwerk. Die Pferde wurden von unsern Dienern geführt, denn es galt als unschicklich, ungeleitet oder in rascher Gangart zu reiten. So erreichten wir schließlich das Zelt, das jeweils an dem Tage zur Festhalle bestimmt war. Jede Familie lud uns der Reihe nach zu Gast und war tief beleidigt, wenn etwa Zaal, der Festordner, eine Familie außer der Reihe bevorzugte.

Bei der Ankunft stürzten sich zunächst einmal sämtliche Hunde auf uns und wurden von den Zuschauern fortgejagt, deren sich stets eine erkleckliche Anzahl vor dem auserwählten Zelt versammelt hatte. Dann schritten wir unter den gespannten Seilen nach dem für Gäste bestimmten offenen Teil des Zeltes, der für diese Gelegenheit beträchtlich erweitert und reich mit Wandteppichen zum Schutz gegen die Sonne behängt war. Der Gastgeber erschien, murmelte schüchtern einige Begrüßungsworte und verschwand wieder. Die dunkelroten Stammesteppiche, ziemlich billiges Zeug aus Beirut, waren längs des Trennungsvorhanges an der Rückwand und den beiden frei hängenden Seitenwänden für uns bereit gelegt, so daß wir uns im Hufeisen um einen freien staubigen Platz niederließen, insgesamt etwa fünfzig an Zahl.

Der Wirt erschien wieder und blieb am Zeltpfahl stehen; die einheimischen Gäste, Mohammed el Dheilan, Zaal und andere Scheikhs nahmen nun ihrerseits zögernd auf den Teppichen zwischen uns Platz, so daß es etwas eng wurde zwischen den mit Filzdecken belegten Packsätteln, auf die wir uns mit den Ellenbogen lehnten. Die vordere Seite blieb offen, und alle Augenblicke mußten die Hunde von den Kindern verjagt werden, die aufgeregt und noch kleinere an der Hand schleppend über den freien Platz rannten. Ihre Bekleidung war um so spärlicher, je geringer die Zahl ihrer Jahre und je rundlicher ihre Bäuchlein waren. Die Allerkleinsten, splitternackt und mühsam auf ihren gespreizten Beinchen balancierend, starrten, daumenlutschend und hoffnungsvolle Dickbäuche vorstreckend, mit ihren von Fliegen schwarzen Augen nach uns hin.

Dann folgte gewöhnlich eine Verlegenheitspause, über die unsere Gastfreunde uns hinweghalfen durch Vorzeigen des Hausfalken auf seiner Stange (er mußte möglichst von der Gattung des Seefalken und an der Küste des Roten Meeres jung eingefangen sein) oder ihres Haushahns (der als Wächter benutzt wird) oder Windhunds. Einmal wurde ein Steinbock hereingezerrt, um bewundert zu werden, ein andermal eine Oryx-Antilope. Waren diese Unterhaltungen erschöpft, so wurde ein kleines Gespräch mit einigem Erfolg eingeleitet, um uns von den häuslichen Geräuschen und dem eifrigen Küchengemurmel abzulenken, das mitsamt einem kräftigen Fettgeruch und Schwaden würzigen Fleischdampfes durch den Spalt des rückwärtigen Vorhanges drang.

Wiederum Schweigen, und dann trat der Wirt oder sein Abgesandter zu uns und fragte flüsternd: „Schwarz oder Weiß?“; was bedeutete, ob wir Kaffee oder Tee wollten. Nasir antwortete regelmäßig: „Schwarz“, worauf der Sklave mit der langgeschnäbelten Kaffeekanne in der einen und einem Satz von drei oder vier klirrenden Steinguttäßchen in der andern Hand herangewinkt wurde. Er goß wenige Tropfen Kaffee in die oberste Schale und reichte sie Nasir, dann die zweite mir und die dritte Nesib. Dann wartete er, während wir die Schälchen in unsern Händen drehten und sie sorgfältig und in geziemender Würdigung des Gebotenen bis auf den letzten Tropfen ausschlürften.

Sobald die Tassen geleert waren, griff die Hand des Sklaven rasch danach und stülpte sie wieder mit vielem Geklirr übereinander, um die oberste dann – etwas weniger feierlich – für den nächsten Gast der Rangordnung nachzufüllen und so fort, bis alle getrunken hatten. Dann wieder zurück zu Nasir. Die zweite Tasse war schmackhafter als die erste, teils weil das Gebräu mehr den Tiefen der Kanne entstammte, teils weil die Neigen der vorhergehenden Trinker in der Schale geblieben waren. Die dritte und vierte Tasse schließlich, falls sich das Auftragen des Mahls so lange verzögerte, war gewöhnlich von überraschendem Wohlgeschmack.

Endlich indessen drängten sich zwei Männer durch die erschauernde Menge und trugen schwankend eine mit Reis und Fleisch gefüllte flache Wanne aus verzinntem Kupferblech, fünf Fuß im Durchmesser. Der ganze Stamm besaß nur ein Eßgefäß in dieser Größe, und rings um den Rand lief eine Inschrift in der blühenden Sprache Arabiens: „Zur Ehre Gottes des Allmächtigen und in der Hoffnung auf Gnade, wenn das Ende naht, das Eigentum Seines demütig Flehenden, Auda abu Tayi." Sie wurde jedesmal von dem Gastgeber, der uns zu bewirten an der Reihe war, ausgeborgt; und da mein unruhiger Geist mich oft früh erwachen ließ, so sah ich von meinem Zelt aus im ersten Licht des Morgens den gewaltigen Trog durch das Lager wandern und wußte dann, wenn ich mir die Richtung merkte, wo wir am kommenden Tag zu speisen hatten.

Jetzt war die Wanne randvoll; ringsherum lief ein Wall von Reis, einen Fuß breit und sechs Zoll hoch; in der Mitte waren Hammelkeulen und Rippenstücke hoch bis zum Umfallen aufgehäuft. Man brauchte stets zwei bis drei Opfer, um eine Fleischpyramide von der Mächtigkeit aufzurichten, wie es die Ehre des Hauses vorschrieb. Das Mittelstück bildeten die aufgerichteten Hammelköpfe, gestützt auf ihre abgeschlagenen Halsstümpfe, so daß die langen Ohren, braun wie altes Laub, über den Reisdamm hinausschlappten. Die Kiefer standen gähnend offen und zeigten den dunklen Schlund der Kehle mit der noch rosigen, auf die Backzähne aufgeklebten Zunge, während die langen ragenden Vorderzähne gleichsam die Pyramide krönten und weißlich hervorbleckten zwischen den stoppelbesetzten Nasenlöchern und den schwärzlichen, wie zu einem Lachen verzogenen Lippen.

Die heiß dampfende Ladung wurde vor uns in die Mitte des Raums niedergesetzt, und dann erschien eine Prozession von Dienern niederen Grades mit kleinen Kesseln und Kupfertöpfen. Mit stark zerbeulten Emailleschalen schöpften sie nun daraus das ganze Gekröse und die äußeren Teile des Hammels in die große Schüssel: Stücke der gelblichen Eingeweide, Teile vom weißen Fettschwanz, bräunliche Hammelfüße, allerlei Fleisch und noch haarige Hautstücke, alles in einer Butter- und Fettbrühe schwimmend. Die Gäste verfolgten aufmerksam das Werk und ließen ein befriedigtes Murmeln vernehmen, wenn ein besonders saftiger Bissen herausplumpste.

Die Fettbrühe war siedend heiß, und manchmal ließ einer den Schöpfer fallen und steckte – nicht eben ungern – die verbrannten Finger zur Abkühlung in den Mund. Aber sie hielten wacker stand und schöpften, bis die Kelle auf dem Boden des Gefäßes klapperte. Zuletzt fischten sie mit einer Geste des Triumphs die ganze Leber aus der Tiefe des Fleischsaftes heraus und krönten damit die gähnenden Kinnbacken der Hammelköpfe.

Dann hoben je zwei Mann einen der kleinen Kessel, kippten ihn um und ließen das flüssige Fett über das Fleisch spritzen, bis der Krater angefüllt war und die Reiskörner am Rande in der steigenden Flut schwammen; und auch dann gossen sie immer noch weiter, bis die Wanne unter unseren überraschten Rufen der Bewunderung überlief und eine kleine Pfütze im Staub gerann. Das war der Schlußeffekt der Herrlichkeit, und nun forderte uns der Wirt auf, zum Essen zu kommen.

Wie es die Sitte verlangte, stellten wir uns zunächst taub; endlich hörten wir die Einladung, blickten uns höchst überrascht an, und jeder drängte seinen Nachbarn, den Anfang zu machen. Schließlich erhob sich Nasir mit gemessener Zurückhaltung, wir andern folgten hinter ihm drein, ließen uns vor der Platte auf ein Knie nieder und schoben und drängten uns zusammen, bis alle zweiundzwanzig auf dem knappen Raum rund um den Trog Platz hatten. Dann wurde der rechte Ärmel bis zum Ellenbogen zurückgeschlagen, und dem Beispiel Nasirs folgend, tauchten wir mit einem leisen: „Im Namen Gottes, des Gnädigen und Allgütigen“ die Finger in die Speise.

Das erste Eintauchen war, für mich wenigstens, immer gefährlich, da meine noch nicht daran gewöhnten Finger sich an dem heißen Fett leicht verbrühten. So nahm ich mir erst vorsichtig ein abseitiges und schon etwas abgekühltes Fleischstückchen und hantierte damit herum, bis die Aushöhlungen der Nachbarn meinen Reisabschnitt freigelegt hatten. Man pflegte mit den Fingern (doch ohne die Handfläche zu beschmutzen) hübsche Kügelchen aus Reis, Fett, Leber und Fleisch zu drehen und unter leichtem Druck zusammenzukneten, worauf sie mit einer schnappenden Bewegung zwischen Daumen und gekrümmtem Zeigefinger in den Mund geschossen wurden. Mit dem richtigen Trick und bei richtiger Herstellung kamen die Kügelchen säuberlich aus den Fingern; wenn aber überflüssiges Fett und schlecht hineingepappte Stückchen an den Fingern kleben blieben, mußten diese sorgfältig abgeleckt werden, damit es bei dem nächsten Versuch besser glitschte.

Unser Wirt stand bei der Runde und ermunterte unsern Appetit durch freundliche Zurufe. Mit Volldampf wurde zerrissen, zerbrochen, gedreht und gestopft, ohne daß ein Wort gesprochen wurde, denn Unterhaltung hätte eine Herabwürdigung des Mahles bedeutet. Doch geziemte es sich, dankbar zu lächeln, wenn ein Freund einem ein besonders auserwähltes Stück darbot oder etwa Mohammed el Dheilan mit würdiger Miene mir einen riesigen, fleischlosen Knochen samt einem Segensspruch herüberreichte. In diesem Falle pflegte ich die Ehrengabe mit einem besonders scheußlichen Stück Eingeweide zu erwidern, eine Narretei, die den Howeitat einen

Mordsspaß machte, die jedoch der korrekte und aristokratische Nasir mit Mißbilligung ansah.

Mit der Zeit waren einzelne annähernd gesättigt und begannen nur noch spielerisch herumzustochern; dabei schielten sie seitwärts nach den übrigen, bis auch diese ihr Tempo verlangsamten und schließlich aufhörten. War man fertig, so stützte man den Ellenbogen aufs Knie und ließ die Hand vom Knöchel abwärts über die Schüssel herunterhängen, damit sie abtropfte, während Fett, Butter und einzelne Reiskörner zu einer fettigen weißen Kruste erkalteten, die die Finger zusammenklebte. Als alle fertig waren, räusperte sich Nasir vernehmlich, und mit einem allgemeinen „Gott vergelte dir's, o Gastfreund!" erhoben wir uns eilig und gruppierten uns draußen unter den Zeltstricken, während sich die nächsten zwanzig Gäste an die Schüssel setzten. Die Feineren unter uns gingen an die Rückwand des Zeltes, wo über den äußeren Pfählen eine Klappe des Dachtuchs als Abschlußvorhang herabhing, und an diesem Familienhandtuch, dessen rauhes Ziegenhaargewebe vom vielen Gebrauch glatt und geschmeidig geworden war, wischte man sich die dicksten Fettpatzen von den Händen. Dann gingen wir wieder hinein und ließen uns seufzend und einigermaßen beschwerlich auf unsere Sitze nieder. Sklaven (sie hatten sich den ihnen zustehenden Teil, die Hammelköpfe, schon beiseite gelegt) gingen mit einer hölzernen Schale und einer Kaffeetasse als Schöpfer die Reihe herum und gossen Wasser über unsere Finger, die wir gleichzeitig mit dem Seifenstück des Stammes abrieben.

Mittlerweile hatte auch die zweite und die dritte Runde der Tischgesellschaft abgegessen, und es gab nochmals eine Tasse Kaffee oder ein Glas sirupartigen Tee. Schließlich wurden die Pferde gebracht, wir traten hinaus, saßen auf und ritten mit einem würdevoll ruhigen Segenswunsch für den Gastgeber davon. Sobald wir den Rücken gedreht hatten, stürzten sich die Kinder über die Reste in der Schüssel, balgten sich um die abgenagten Knochen und flüchteten mit etwa ergatterten Leckerbissen ins Freie, um sie hinter einem Busch in Sicherheit zu verzehren; während sämtliche Hunde des Lagers schnappend umherstreiften und der Herr des Zeltes seinen Windhund mit den auserlesensten Überresten fütterte.

So feierten wir in Isawiya am ersten Tag einmal, am zweiten zweimal und am dritten ebenfalls zweimal. Dann, am dreißigsten Mai, ritten wir ab und marschierten bequeme drei Stunden über ein altes versandetes Lavafeld bis zu einem Tal, in dem es zahlreiche, etwa sieben Fuß tiefe Brunnen gab mit dem üblichen leicht salzigen Wasser. Die Abu Tayi brachen auf, als wir aufbrachen, zogen mit uns zusammen und errichteten ihr Lager rings um uns her; so war ich heute zum erstenmal Zuschauer und Mitwirkender zugleich bei dem Schauspiel eines reisenden arabischen Stammes.

Unser Marsch war wesentlich verschieden von der gewöhnlichen Eintönigkeit unserer Wüstenreisen. Die ganze graugrüne, mit Steinen und niederem Buschwerk bedeckte Ebene erzitterte wie in einer Luftspiegelung unter den Tritten der dahinziehenden

Scharen. Da sah man Fußgänger; Reiter auf Kamelen oder zu Pferd; Kamele mit den hohen schwarzen Buckeln aufgepackter Ziegenhaarzelte; Kamele, die gleich riesigen Schmetterlingen dahinschaukelten unter den bunt geputzten und reich befransten Sänften, den „Haudahs“ für die Frauen; Kamele, die gleichsam gewaltige Stoßzähne hatten wie Mammuts oder breite herabhängende Schwänze wie Vögel infolge der Ladung hochgerichteter oder hinten nachschleppender Zeltstangen aus dem hellen Holz der Silberpappel. Es gab weder Ordnung noch Marschdisziplin noch irgendwelche Leitung; man zog in breiter Front dahin, jede Gruppe für sich, geregelt nur durch die Gleichzeitigkeit des Aufbruchs und einen natürlichen, aus zahllosen Generationen überkommenen Instinkt.

Der Marsch machte keinerlei Beschwer; und wir, die wir wochenlang auf uns allein angewiesen gewesen waren, empfanden es als unbeschreibliche Erleichterung, nun alle Gefahren mit einer so zahlreichen Gemeinschaft zu teilen. Selbst unsere ernsthaften Leute ließen sich ein wenig gehen, und die Leichtsinnigeren wurden geradezu ausgelassen. Allen voran natürlich Farradj und Daud, meine beiden Spaßmacher, deren gute Laune auch durch die Strapazen der früheren Märsche nicht einen Augenblick gedämpft worden war. Um ihren Platz in der Marschkolonne herum war stets ein Strudel von Leben und Bewegung, den ihr ewiger Unfug hervorrief. Schließlich stellten sie meine beharrliche Geduld aber allzusehr auf die Probe. Das geschah so: die Schlangenplage, die uns bereits seit dem Betreten der Sirhan verfolgt hatte, hatte sich nachgerade zu einem wahren Schrecken entwickelt. Für gewöhnlich, sagten die Araber, war es mit den Schlangen im Sirhan nicht schlimmer als an andern, wasserreicheren Stellen der Wüste; in diesem Jahr jedoch schien das ganze Tal förmlich zu wimmeln von Hornvipern und Puffottern, Kobras und schwarzen Schlangen. Bei Nacht war jeder Schritt gefährlich; und auch bei Tage wurde es schließlich notwendig, mit Stöcken zu marschieren und jedes Gebüsch nach allen Seiten abzuklopfen, ehe man nackten Fußes behutsam hindurchschritt.

Die Schlangen hatten die merkwürdige Gewohnheit, nachts auf oder unter unsere Decken zu kriechen und, wahrscheinlich der Wärme wegen, sich neben uns zu legen. Wir mußten daher, als wir das gewahr wurden, stets unter großen Vorsichtsmaßregeln aufstehen: der erste, der sich erhob, klopfte die Lagerstätten seiner Kameraden mit dem Stock ab, bis er sie für schlangenfrei erklären konnte. Unsere fünfzig Mann töteten täglich etwa zwanzig Schlangen. Schließlich ging uns die Plage so auf die Nerven, daß selbst die Kühnsten unter uns sich scheuten, den Boden zu betreten; und ich, der ich einen angeborenen Abscheu vor aller Art Reptilien habe, wünschte mich sobald wie möglich wieder heraus aus dem Sirhan.

Nicht so Farradj und Daud. Für sie bedeuteten die Schlangen eine neue, herrliche Belustigung. Alle Augenblicke erschreckten sie uns durch den Alarmruf und schlugen wie verrückt auf sämtliche harmlose Zweige und Wurzeln, die ihnen in den Weg kamen.

Schließlich, bei der Mittagsrast, gab ich ihnen strengen Befehl, den Schlangenruf nicht ein einziges Mal mehr hören zu lassen; und von da ab hatten wir endlich Ruhe. Ich lag ausgestreckt am Boden, froh, jeder Bewegung enthoben zu sein, müßig dahindämmernd oder meinen Gedanken nachhängend; und so mochte etwa eine Stunde vergangen sein, als ich bemerkte, daß das Gaunerpaar in einiger Entfernung vor mir stand und sich lachend anstieß. Achtlos folgte ich der Richtung ihrer Blicke und sah nun unter dem Gebüsch dicht neben mir eine aufgerollte braune Schlange liegen, die nach mir züngelte.

Sehr rasch war ich zur Seite gerutscht und rief nach Ali, der herbeikam und das Tier mit dem Reitstock erschlug. Dann befahl ich ihm, den beiden Schlingeln je ein gutes halbes Dutzend aufzuzählen, um sie zu lehren, meine Weisungen nicht auf meine Kosten allzu buchstäblich auszuführen. Der hinter mir schlummernde Nasir hörte es und rief erfreut, es möchten von ihm aus noch weitere sechs hinzugefügt werden. Desgleichen tat Nesib, dann Zeki und dann Ibn Dgheithir, bis schließlich das halbe Lager in den Ruf nach Vergeltung einstimmte. Die beiden Verbrecher waren sehr gedrückt, als sie sahen, daß sämtliche Riemen und Stöcke der Abteilung bereit gemacht wurden, um ihre Rechnung zu begleichen. Ich hatte indes ein Einsehen und rettete sie vor dem Strafgericht; statt dessen erklärten wir ihren moralischen Bankrott und steckten sie unter die Frauen bei den Zelten zum Holzmachen und Wasserholen.

Wir waren des Sirhan herzlich überdrüssig. Die Landschaft war von einer weit tieferen Hoffnungslosigkeit und Schwermut als all die freien Wüsten, die wir durchquert hatten. Oder Sand und Steine oder auch nackter Fels haben immer noch etwas fesselnd Erregendes und in bestimmter Beleuchtung die unheimliche Schönheit unfruchtbarster Einsamkeit. Hingegen lag etwas Unheilvolles, etwas bedrohlich Böses in diesem schlangenverseuchten, salzwassergeschwängerten Sirhan mit seinen krüppligen Palmen und dem Buschwerk, das weder zu Futter noch zu Brennholz taugte.

Verabredungsgemäß marschierten wir einen Tag und dann noch einen zweiten über Ghutti hinaus, dessen wenig ergiebiger Brunnen fast süß war. Als wir uns Ageila näherten, sahen wir ein großes Zeltlager, und eine Reiterabteilung kam uns daraus entgegen. Es waren Auda, wohlbehalten von Nuri Schaalan zurück, und der einäugige Durzi ibn Dughmi, der schon in Wedjh unser Gast gewesen war. Seine Anwesenheit wie auch die starke Eskorte von Rualla bewiesen uns die Gewogenheit Nuri Schaalans. Die Reiterschar bewillkommnete uns vor Nuris leerstehendem Haus mit einer Art Fantasia: barhäuptig und mit wildem Geschrei jagten sie in vollem Galopp dahin, schwangen die Speere und schossen in hochwirbelndem Staub ihre Flinten und Pistolen ab.

Die Dinge ließen sich recht günstig an, und wir bestimmten drei Mann zum Kaffeemachen für die Besucher. Diese erschienen denn auch bald einzeln oder in Gruppen vor Nasir, schwuren Faisal und der arabischen Bewegung Treue und Gefolgschaft nach der Formel von Wedjh und versprachen, den Befehlen Nasirs zu gehorchen und sich mit ihren Kontingenten ihm anzuschließen. Außer den offiziellen

Geschenken hinterließ jeder Schub auf unseren Teppichen noch beiläufig seine ganze Privatgabe von Läusen; und bereits lange vor Sonnenuntergang waren Nasir und ich von einem förmlichen Juckfieber befallen. Auda, der von einer alten Verwundung am Ellenbogen her einen steifen Arm hatte, konnte sich nicht überall eigenhändig kratzen; aber die Erfahrung hatte ihm ein sehr probates Mittel gelehrt in Gestalt eines gabelförmigen Kamelstocks, den er durch seinen linken Ärmel hinaufschob und dann immer rundherum gegen seine Rippen drehte und rieb; eine Methode, die ihm das Jucken gründlicher zu vertreiben schien als uns unser Händekratzen.

10. Nomaden und Nomadenleben

Seit unserm Aufbruch von Wedjh waren nun fünf Wochen vergangen; das mitgeführte Geld war bis auf einen kleinen Rest ausgegeben; wir hatten alle Hammel der Howeitat verzehrt; unsere Kamele waren ausgeruht oder durch neue ersetzt: nichts hinderte uns mehr am Weitermarsch. Die bevorstehenden Abenteuer machten uns frisch und unternehmungslustig; und am Abend vor dem Aufbruch gab Auda in seinem geräumigen Zelt ein großes Abschiedsfest, das großartigste von allen. Hunderte waren anwesend, und die große Schüssel wurde fünfmal leer gegessen, ebenso rasch wie sie wieder gefüllt und aufgetragen war.

Die Sonne war in prachtvollem Abendglühen untergegangen; und nach dem Fest lagerte die ganze Gesellschaft draußen rings um den Kaffeeherd unter dem glitzernden Sternenhimmel, während Auda und andere Geschichten erzählten. In einer Pause erwähnte ich ganz zufällig, daß ich heute nachmittag Mohammed el Dheilan in seinem Zelt aufgesucht hätte, um ihm für das überlassene Milchkamel zu danken, daß ich ihn aber nicht hätte finden können. Auda schüttelte sich vor Lachen, bis alles nach ihm hinblickte. Und in dem Stillschweigen, das entstand – jeder wünschte doch den Spaß zu hören –, wies Auda auf Mohammed, der mißmutig neben dem Kaffeemörser hockte, und rief mit seiner dröhnenden Stimme:

„Was meint ihr? Soll ich erzählen, warum Mohammed vierzehn Tage lang nicht in seinem Zelt geschlafen hat?" Alles grunzte vor Vergnügen, jede Unterhaltung hörte auf, und man streckte sich bequem auf dem Boden zurecht, das Kinn in die Hand gestützt, um sich keine der Pointen der Geschichte, die man wohl schon an die zwanzigmal gehört hatte, entgehen zu lassen. Auch die Frauen – drei von Auda, die Frau Zaals und einige von Mohammed – kamen von der Küche herüber mit ihren vorgestreckten Leibern und dem breitbeinig wiegenden Gang (eine Folge des Tragens schwerer Lasten auf dem Kopf) und blieben dicht beim Trennungsvorhang lauschend stehen, indes Auda lang und breit erzählte, wie Mohammed im Basar von Wedjh eine kostbare Perlenschnur gekauft hatte, sich dann aber nicht hatte entschließen können, welcher von seinen Frauen er sie schenken sollte, worauf sich alle miteinander verzankten, aber in dem einen Punkt einig waren, nämlich sich dem Gatten zu versagen.

Die Geschichte war natürlich reine Erfindung – Audas spottlustiges Temperament war durch die Anregung des Aufstandes erst so recht in Zug gekommen – und der unglückliche Mohammed, der einfach vierzehn Tage lang in den Zelten seiner Stammesgenossen herumgastiert hatte, rief Gott um Gerechtigkeit und mich zum Zeugen an, daß Auda nicht die Wahrheit spräche. Ich räusperte mich vernehmlich, worauf Auda Stille gebot und mich aufforderte, seine Worte zu bestätigen.

Ich begann mit der üblichen formelhaften Einleitung einer ernsthaften Erzählung: „Im Namen Gottes des Gnädigen und Allgütigen! Wir waren unser sechs zu Wedjh. Es waren da Auda und Mohammed und Zaal, Gasim el Schimt, Mufadhi und der Armselige (das war ich); und eines Nachts, kurz vor Morgengrauen, sagte Auda: „Laßt uns einen Beutezug zum Markt machen." Und wir sagten: „Im Namen Gottes!" Und so machten wir uns auf: Auda im weißen Gewand, roten Kopftuch und Kasim-Sandalen aus gestückeltem Leder; Mohammed im seidenen Mantel „der sieben Könige" und barfuß; Zaal . . . aber ich vergaß, was Zaal trug. Gasim war in baumwollnen Kleidern und Mufadhi in blaugestreifter Seide mit gesticktem Kopftuch. Euer Diener aber war, wie euer Diener jetzt ist."

Als ich einen Augenblick innehielt, war allgemeine Verblüffung. Meine Geschichte war eine offenbare Parodie auf Audas Erzählungsart; ich ahmte auch seine Handbewegungen nach und den hohl dröhnenden Klang der Stimme mit dem steigenden und fallenden Ton, womit er seine Pointen unterstrich – oder was er wenigstens in seinen stets pointelosen Geschichten dafür hielt. Die Howeitat hockten mäuschenstill und starrten begierig auf Auda, vor Freude mit ihren vollen Bäuchen wackelnd unter den schweißsteifen Kleidern. Alle erkannten das Original, und eine Parodie war für sie, wie für Auda, etwas gänzlich Neues. Der Kaffeebereiter, Mufadhi, ein wegen einer Blutschuld geflüchteter Schammar und selbst ein Original, vergaß im Eifer des Lauschens frisches Dornreisig auf das Feuer zu schichten.

Ich erzählte dann weiter, wie wir die Zelte verließen, gab ein genaues Verzeichnis der Zelte, und wie wir dann hinunterstiegen, dem Dorfe zu, erwähnte jedes Kamel und jedes Pferd und jeden Vorübergehenden, die wir unterwegs trafen, und beschrieb darauf die Höhenrücken: – „Alle kahl und ohne einen Grashalm, denn, bei Gott, das Land war öde und leer. Und wir marschierten weiter, und nachdem wir so lange gegangen waren, wie man braucht, um eine Zigarette zu rauchen, hörten wir ein Geräusch, Und Auda blieb stehen und sagte: „Kameraden, ich höre etwas." Und Mohammed blieb stehen und sagte: „Kameraden, ich höre etwas." Und Zaal sagte: „Bei Gott, ihr habt recht." Und wir hielten inne und lauschten, und da war nichts, und der Armselige sagte: „Bei Gott, ich höre nichts." Und Zaal sagte: „Bei Gott, ich höre nichts." Und Mohammed sagte: „Bei Gott, ich höre nichts." Und Auda sagte: „Bei Gott, ihr habt recht."

Und wir gingen und gingen, und das Land war öde, und wir hörten nichts. Und zu unserer Rechten kam ein Mann, ein Neger, auf einem Esel. Der Esel war grau, mit schwarzen Ohren und einem schwarzen Fuß, und auf seiner Schulter war ein eingebranntes Mal, das sah so aus (ein Schnörkel in der Luft) . . . und sein Schwanz wackelte, und seine Beine bewegten sich. Auda sah ihn und sagte: „Bei Gott, ein Esel." Und Mohammed sagte: „Beim wahrhaftigen Gott, ein Esel und ein Sklave." Und wir gingen weiter. Und wir kamen an einen Höhenrücken, kein großer, aber doch ein Rücken so breit wie von hier bis Wie-heißt-es-gleich? („lil bili yeh el hok"), das liegt da drüben. Und wir gingen auf den Rücken, und er war öde und leer. Jenes Land war öde, öde, öde.

Und wir gingen weiter. Und hinter Wie-heißt-es-gleich war ein Was-ist-das-gleich, so weit entfernt wie von hier nach dorthin; und dahinter kam ein Höhenrücken; und wir kamen an den Rücken und stiegen auf den Rücken hinauf; er war öde, das ganze Land war öde: und als wir oben auf den Rücken kamen und auf den Grat des Rückens und auf den Gipfel des Grats des Rückens, da, bei Gott, bei meinem Gott, beim wahrhaftigen Gott, da ging die Sonne über uns auf!"

Damit endete die Erzählung. Jeder hatte wohl schon an die zwanzigmal diesen Sonnenaufgang gehört, mit seinem gewaltigen Pathos und der unendlichen Kette verschlungener Phrasen, die Auda in ewigen Steigerungen ewig wiederholte, um stundenlang das atemlos gespannte Interesse an irgendeiner Räubergeschichte wachzuhalten, in der nichts geschah. Was ich selbst hinzugefügt hatte, war nur die leichte Übertreibung, die deutlich machen sollte, daß es sich um eine Verspottung der Erzählungen Audas handelte und somit auch der Geschichte von dem Spaziergang nach dem Markt von Wedjh, die viele von uns wirklich für Ernst genommen hatten. Die ganze Gesellschaft bog sich vor Lachen.

Auda selbst lachte am längsten und lautesten; denn er hatte es nicht ungern, wenn man ihn verulkte, und außerdem hatte ja meine alberne Geschichte seine sichere Beherrschung epischer Schilderungen deutlich zur Geltung gebracht. Er umarmte Mohammed und bekannte, daß er die Halsbandgeschichte erfunden habe. Aus Dankbarkeit lud Mohammed uns alle für morgen eine Stunde vor Abmarsch zum Frühstück ein in seinem wiedererlangten Zelt. Wir sollten ein vor kurzem geborenes Kamelkalb in saurer Milch bekommen, ein sagenhaftes Gericht, und außerdem von seinen eigenen Frauen zubereitet, die ihrer Kochkünste wegen berühmt waren.

Am 19. Juni 1917 brachen wir zum Vorstoß auf Akaba auf. Nasir hatte die Führung; er ritt seine Ghazala – ein Kamel, gewaltig und hochbordig wie ein antikes Schiff, seine Nachbarn gut um einen Fuß überragend, und doch wohlproportioniert und mit dem leichten und geräumigen Schritt eines Straußes – eine bildschöne Stute edelster Howeitatzucht, die nachweislich neunmal gekalbt hatte. Neben ihm ritt Auda, während ich um sie herumschwärmte auf meiner leichten Naáma, genannt „die Straußenhenne", einem Rennkamel und meiner jüngsten Erwerbung. Hinter mir folgten meine Ageyl mit

Mohammed, dem Plumpen. Er hatte jetzt Gesellschaft bekommen in der Person eines andern Bauern, Ahmed, der dank seiner Schlauheit und Gewandtheit sechs Jahre bei den Howeitat gelebt hatte – ein ausgepichter, gewitzter Schuft.

Unser Trupp war jetzt auf mehr als fünfhundert angewachsen. Und der Anblick dieser stattlichen Schar kräftiger, zuversichtlicher Nordländer, die in übermütiger Laune Gazellen über die weite Wüste hetzten, nahm uns im Augenblick jede ängstliche Besorgnis über den möglichen Ausgang unserer Unternehmung. Am Abend nach dem Marsch kamen die Führer der Abu Tayi zum Essen zu uns. Es war eine festliche Nacht, und nach dem Mahle saßen wir draußen auf den Teppichen, angenehm erwärmt in der Kühle dieses nördlichen Hochlandes durch die glimmenden Kaffeefeuer, und sprachen von allerlei fernen Dingen.

Als wir in der Frühe des nächsten Tages aufbrachen, sagte mir Auda, daß er nach Bair vorausreiten wollte und ob ich Lust hätte, mitzukommen. Nach einem scharfen zweistündigen Ritt sahen wir von einem Hügel aus plötzlich Bair vor uns liegen. Auda war vorausgeeilt, um das Grab seines Sohnes Annad zu besuchen, dem fünf seiner Motalga-Vettern bei Bair aufgelauert hatten aus Rache für Abtan, ihren besten Fechter, der von Annad im Einzelkampf erschlagen worden war. Auda erzählte, wie Annad gegen sie angeritten war, einer gegen fünf, und gestorben war, wie es sich geziemte. Doch war ihm nur noch der kleine Mohammed als einziges Kind und unsicherer Erbe geblieben. Auda hatte mich mitgenommen, um einen Zuhörer für seine Klagen über den Tod seines Sohnes zu haben.

Als wir jedoch nach den Gräbern zu hinabritten, bemerkten wir zu unserm Erstaunen aus der Niederung bei dem Brunnen Rauch aufsteigen. Wir schlugen einen scharfen Bogen und näherten uns auf Umwegen vorsichtig den Gräbern. Niemand war zu sehen, aber die dicke Dungschicht um den Brunnen war zum Teil verkohlt und sein Rand zertrümmert. Der Boden war aufgewühlt und wie durch eine Explosion geschwärzt; und als wir in den Brunnenschacht blickten, stellten wir fest, daß die Innenwand zerrissen und zersplittert und der Grund bis zur halben Höhe durch Steintrümmer verstopft war. Es schien mir in der Luft nach Dynamit zu riechen.

Auda eilte zu dem nächsten Brunnen, im Grunde des Tales unterhalb der Gräber. Auch dessen Umfassung war zerstört und der Schacht mit Steinen angefüllt. „Das ist das Werk der Djazi", meinte Auda. Wir gingen quer durch das Tal zum dritten – dem Beni-Sakhr-Brunnen. Er war nur noch ein Steinkrater. Zaal traf ein und machte eine sehr ernste Miene, als er die Zerstörungen sah. Wir untersuchten den ebenfalls in Trümmer gelegten Khan und fanden frische, nur eine Nacht alte Spuren von etwa hundert Pferden. Jenseits des Tals in der offenen Ebene gab es noch einen vierten Brunnen; und wir machten uns dahin auf, ohne jede Hoffnung und in trüben Gedanken, was aus uns werden sollte, wenn ganz Bair zerstört war. Zu unserer freudigen Überraschung fanden wir ihn unberührt. Es war ein speziell den Djazi gehöriger Brunnen, und seine Unversehrtheit bestätigte die

Richtigkeit von Audas Vermutung. Dieses rasche Eingreifen der Türken brachte uns in ernste Verlegenheit, und wir mußten befürchten, daß sie wahrscheinlich auch El Djefer, östlich von Maan, zerstört hatten. Waren die dortigen Brunnen, die wir zum Sammelpunkt vor dem Angriff auf Akaba bestimmt hatten, unbrauchbar, so bedeutete das ein kaum zu überwindendes Hindernis für das Unternehmen. Indessen, dank dem unversehrten vierten Brunnen, war unsere Lage, wenn auch unbequem, so doch nicht wirklich gefährdet. Seine Wassermenge aber reichte natürlich nicht aus für die Versorgung von fünfhundert Kamelen; und wir mußten daher versuchen, den am wenigsten zerstörten Brunnen – den bei den Gräbern, mit dem schwelenden Kamelmist – wieder zu öffnen. Auda, Nasir und ich machten uns daher zu einer erneuten Besichtigung dahin auf.

Ein Ageyl brachte einen leeren Kasten, der Dynamitpackungen enthalten hatte, offenbar das von den Türken benutzte Sprengmaterial. Aus den Spuren im Boden ging deutlich hervor, daß mehrere Ladungen zugleich rings um den Rand und im Schacht zur Explosion gebracht worden waren. Als sich das Auge an die Dunkelheit im Innern des Brunnens gewöhnt hatte, entdeckten wir eine Anzahl Aushöhlungen im Schacht, etwa zwanzig Fuß unter dem Rand, zum Teil noch gefüllt und mit herabhängender Zündschnur.

Augenscheinlich war das eine zweite Serie von Ladungen, deren Zündung entweder versagt hatte, oder die – was auch möglich war – mit einer sehr langsam wirkenden Zeitzündung versehen waren. In aller Eile wurden die Stricke unserer Wassereimer losgemacht, dann zusammengeknüpft und das Ende an einem starken Querbalken über der Mitte des Schachts befestigt, denn der Rand war so bröckelig, daß die Steine unter dem Druck des Taus nachgegeben hätten. Unten fand ich dann, daß die Ladungen ziemlich schwach waren, keine über drei Pfund und durch Feldtelephondraht gruppenweise verbunden. Irgend etwas hatte bei der Sache nicht funktioniert. Entweder hatten die Türken schlechte Arbeit gemacht, oder ihre Posten hatten uns kommen sehen, bevor sie Zeit gehabt hatten, die Zündungen richtig anzulegen. So verfügten wir denn nach kurzer Zeit über zwei brauchbare Brunnen und hatten noch obendrein eine Zugabe von dreißig Pfund feindlichen Sprengmaterials. Wir beschlossen, eine Woche in dem sich so günstig anlassenden Bair zu bleiben. Zu der dringenden Notwendigkeit, Nahrung herbeizuschaffen und Nachrichten einzuholen über die Stimmung der Stämme zwischen Maan und Akaba, kam jetzt noch eine dritte Aufgabe, nämlich die, den Zustand der Brunnen bei Djefer zu erkunden. Zu diesem Zweck wurde ein geeigneter Mann nach Djefer entsandt. Ferner wurde eine Karawane von Lastkamelen mit dem Brandstempel der Howeitat zusammengestellt und über die Eisenbahnlinie hinweg nach Tafileh entsandt, begleitet von drei bis vier gänzlich unbekannten Klanhäuptlingen, von denen niemand vermuten konnte, daß sie gemeinsame Sache mit uns machten. Sie sollten alles Mehl aufkaufen, das sie kriegen konnten, und in fünf bis sechs Tagen wieder zurück sein.

Was die Stämme längs der Straße nach Akaba betraf, so brauchten wir ihre tätige Mitwirkung gegen die Türken, um den in Wedjh in allgemeinen Zügen entworfenen Plan durchführen zu können. Unsere Absicht war, von El Djefer aus überraschend vorzustoßen, die Eisenbahnlinie zu überschreiten und den großen Paß Nagb el Schtar zu besetzen, über den die Straße vom Plateau von Maan in die rote Ebene von Guweira hinunterführte. Um den Paß zu halten, mußten wir Aba el Lissan nehmen, die beherrschende Wasserstelle auf der Paßhöhe; aber die Besatzung war nur schwach, und wir hofften, sie durch Handstreich zu überrumpeln. Dann waren wir Herren der Straße, konnten sie absperren, und die verschiedenen, längs des Weges stationierten Posten würden im Verlauf einer Woche entweder verhungern oder wahrscheinlich schon vorher durch die Bergstämme aufgehoben werden, die sich uns bei der Kunde von unserm erfolgreichen Vordringen anschließen würden.

Die Hauptschwierigkeit des Plans lag darin, Aba el Lissan einzunehmen, bevor die in Maan stehenden türkischen Kräfte Zeit hatten, zum Entsatz herbeizueilen, um uns vom Paß von Schtar wieder zu vertreiben. Blieb die dortige Besatzung, wie zur Zeit, nur ein Bataillon stark, so war anzunehmen, daß sie sich nicht herauswagen, sondern in Erwartung von Verstärkungen untätig zusehen würde, wie Aba el Lissan fiel. Alsdann mußte sich uns Akaba übergeben, und wir konnten uns auf einen Zugang zum Meer stützen und hatten den günstigen Engpaß von Ibm zwischen uns und dem Feind. Der Erfolg hing also davon ab, daß wir Maan in Unkenntnis hielten über unser gefahrdrohendes Anrücken, so daß die dortige Besatzung nicht vorzeitig verstärkt werden konnte.

Nun war es durchaus nicht leicht, unsere Bewegungen geheimzuhalten, da wir ja den lokalen Stämmen auf unserem Wege den Anschluß an den Aufstand predigen mußten und die Nichtbekehrten uns den Türken verraten konnten. Der Feind war natürlich von unserm langen Marsch durch den Sirhan unterrichtet, und selbst der Laie konnte unschwer erkennen, daß unser Operationsziel Akaba war. Die Zerstörung von Bair (ebenso wie die von Djefer, denn es wurde uns gemeldet, daß die sieben Brunnen von Djefer ebenfalls gesprengt waren) bewies, daß die Türken bereits weitgehend alarmiert waren.

Möglicherweise wurde Djefer für uns eine völlige Niete; aber es blieb immerhin die Hoffnung, daß auch bei den dortigen Zerstörungen die jämmerlichen Türken schlechte Arbeit gemacht hatten. Dhaif-Allah, einer der nach Wedjh zum Treuschwur gekommenen Führer der Djazi-Howeitat, war zugegen gewesen, als der Königsbrunnen bei Djefer durch rings um seinen Rand gelegte Dynamitladungen gesprengt worden war. Er schickte uns geheime Nachricht von Maan, daß, soviel er wüßte, die steinerne Umfassung in sich zusammengebrochen wäre und den Brunnenmund verstopft hätte; seiner Ansicht nach wäre der Schacht intakt und seine Öffnung erfordere nur eine Arbeit von wenigen Stunden. Wir konnten nur hoffen, daß dem so wäre, und marschierten programmäßig am 28. Juni von Bair ab.

Rasch durchritten wir die unheimlich öde Ebene von Djefer, und zu Mittag des nächsten Tages erreichten wir die Brunnen. Sie waren vollkommen unbrauchbar gemacht; und die Besorgnis wuchs, daß wir hier auf die erste Störung unseres Operationsplans stoßen würden, die bei einem so bis in alle Einzelheiten ausgearbeiteten Plan weitreichende Folgen haben konnte.

Indessen machten wir uns zu dem Brunnen – Audas Familienbesitz – auf, über den uns Dhaif-Allah Nachricht gegeben hatte, und begannen den Boden ringsum mit unsern hölzernen Schlegeln abzuklopfen. Es klang hohl unter den Schlägen, und wir riefen Freiwillige zum Graben auf. Einige der Ageyl meldeten sich unter der Führung des tüchtigen Mirzugi, eines von Nasirs Dienern. Mit den wenigen Werkzeugen, die wir hatten, machten sie sich an die Arbeit, während wir übrigen rings um die Brunnensenkung standen, die Schaffenden durch Gesang ermunterten und klingende Belohnung versprachen, wenn sie Wasser fänden.

Es war eine heiße Arbeit unter der vollen Glut der Sommersonne, denn die zwanzig Meilen breite Ebene von Djefer war wie eine flache Tenne aus hartem Lehm, mit grell blendenden Salzflächen überzogen. Doch die Zeit drängte, und fanden wir kein Wasser, so mußten wir noch in der gleichen Nacht fünfzig Meilen weiter bis zum nächsten Brunnen marschieren. So wurde in der Mittagshitze weiter geschafft und das Werk durch Ablösung und Einstellen frischer Kräfte – alle waren zum Mithelfen bereit – beschleunigt. Glücklicherweise ging das Ausgraben ziemlich leicht, denn durch die Explosion, die die Steine durcheinandergeworfen hatte, war auch der Boden gelockert.

Schließlich, nachdem man eine Weile gegraben und die Erde herausbefördert hatte, trat im Mittelpunkt der Grube der Kopf des Brunnens, ein hochgetürmter Haufen roter Steine, zutage. Mit aller Vorsicht wurde nun das obere zerstörte Mauerwerk beiseitegeschafft, ein schwieriges Werk, denn die Steine hingen infolge der Sprengung nur lose aneinander; aber das war ein gutes Zeichen, und unsere Zuversicht wuchs. Kurz vor Sonnenuntergang riefen die Arbeitenden herauf, daß die Blöcke von Schutt und Erde frei wären, und daß man hören könnte, wie die in den Lücken durch die Ritzen fallenden Lehmbrocken mehrere Fuß tief ins Wasser plantschten.

Eine halbe Stunde später gab es ein mächtiges Gepolter in die Tiefe stürzender Steine, gefolgt von dumpfem Aufklatschen und Freudenrufen. Wir eilten herbei, und im Lichte von Mirzugis Fackel blickten wir in die gähnende Öffnung des Brunnens. Der Schacht war zu einer tiefen, flaschenförmig erweiterten Grube geworden, auf dem Grunde etwa zwanzig Fuß breit. Die dunkle Wasserfläche spritzte in der Mitte weißschäumend auf von dem verzweifelten Umsichschlagen des Ageyli, der beim Nachgeben der Ummauerung mit in die Tiefe gerutscht war. Wir amüsierten uns über sein Gepaddel, bis ihm dann Abdulla eine Seilschlinge zuwarf und er daran heraufgezogen wurde, patschnaß und schimpfend, aber unverletzt.

Wer mitgeholfen hatte, wurde belohnt, und wir feierten das Ereignis durch Schlachtung eines mageren Kamels, das auf dem heutigen Marsch versagt hatte. Dann wurde die ganze Nacht hindurch getränkt, während eine Gruppe Ageyl, unter aufmunternden Gesängen im Chor, unten im Brunnen arbeitete und einen aus Lehm und Steinen festgefügten Schacht von acht Fuß Breite aufrichtete. Bei Morgengrauen wurde ringsum die Erde festgestampft, und nun stand der Brunnen fix und fertig, genau so schön wie vorher. Wir schöpften vierundzwanzig Stunden lang ununterbrochen bis auf den modrigen Grund, aber doch blieben einige der Kamele ungesättigt.

Von Djefer aus wurde das weitere Vorgehen eingeleitet. Reiter wurden zu den Zelten der Dhumaniyeh vorgeschickt zur Durchführung des von ihnen zugesagten Angriffs auf das Blockhaus bei Fuweilah, das den Paßübergang von Aba el Lissan sperrte. Der Angriff sollte gerade zwei Tage vor dem Eintreffen der türkischen Proviantkolonne stattfinden, die von Maan aus regelmäßig einmal in der Woche die verschiedenen Posten an der Straße versorgte. Sahen sich all die kleinen, weit auseinandergezogenen Abteilungen vollständig von ihren Verbindungen abgeschnitten, so mußte ihnen sehr bald der Hunger eindringlich zu Gemüte führen, daß jeder Widerstand nutzlos war.

Inzwischen mußten wir in Djefer den Ausgang des Unternehmens abwarten. Von seinem Erfolg oder Mißlingen hing die Richtung unseres weiteren Marsches ab. Die erzwungene Rast entbehrte nicht eines gewissen Reizes, denn unsere Lage hatte auch ihre komische Seite. Wir konnten von Maan aus gesehen werden, jedenfalls während der kurzen Zeit des Tages, in der die flimmernde Luftspiegelung jeden Gebrauch von Auge oder Glas nicht unmöglich machte; und dennoch streunten wir hier, unseres wiederhergestellten Brunnens froh, in voller Seelenruhe umher, da die türkische Besatzung jedes Wassernehmen hier oder in Bair für ausgeschlossen hielt und sich in dem angenehmen Glauben wiegte, wir lägen uns gerade mit ihrer Kavallerie im Sirhan hoffnungslos in den Haaren.

Ich lag stundenlang, träge vor Hitze, im Schatten eines Busches ausgestreckt, meinen weiten, seidenen Ärmel über das Gesicht gezogen als Schleier gegen die Fliegen, und tat, als ob ich schliefe. Auda saß daneben. Er redete wie ein Wasserfall und gab seine schönsten Geschichten in großer Form zum besten. Schließlich unterbrach ich ihn mit dem lächelnden Tadel, daß er zuviel rede und zuwenig tue. Er leckte sich zur Antwort nur vergnügt die Lippen im Vorgenuß der kommenden Taten.

In der Frühe des nächsten Morgens erschien ein erschöpfter Reiter in unserem Lager und brachte die Nachricht, daß die Dhumaniyeh am gestrigen Nachmittag gleich nach Eintreffen unserer Boten den Angriff auf das Blockhaus bei Fuweilah begonnen hatten. Doch war die Überrumpelung nicht ganz gelungen, die Türken hatten ihre steinernen

Brustwehren besetzt und den Angriff abgeschlagen. Die entmutigten Araber zogen sich in sicheren Schutz zurück; und der Feind, in dem Glauben, es handle sich hier um einen der gewöhnlichen Überfälle durch die Stämme, hatte eine Abteilung Berittener gegen das nächstgelegene Zeltlager ausgesandt.

Dort waren nur ein alter Mann, sechs Frauen und sieben Kinder zurückgeblieben. In ihrem Ärger darüber, daß sie keinen mannbaren Gegner antrafen, zerstörten sie das ganze Lager und schnitten den Wehrlosen die Kehle durch. Die in den Bergen versteckten Dhumaniyeh hörten erst davon, als es schon zu spät war; dann aber warfen sie sich wuterfüllt den Mördern auf ihrem Rückweg entgegen und machten sie bis fast auf den letzten Mann nieder. Um ihre Rache vollständig zu machen, griffen sie das nunmehr nur noch schwach besetzte Blockhaus an, eroberten es im ersten wilden Ansturm und machten keine Gefangenen.

Wir hatten sehr rasch gesattelt und aufgeladen, und zehn Minuten später waren wir auf dem Marsch nach Ghadir el Hadj, der ersten Eisenbahnstation südlich Maan, an unserm direkten Weg nach Abu el Lissan gelegen. Gleichzeitig entsandten wir eine schwache Abteilung nordwärts, die hart oberhalb Maan die Eisenbahn überschreiten und dadurch die Aufmerksamkeit des Feindes nach jener Seite ablenken sollte. Insbesondere sollte sie die starken Herden erholungsbedürftiger Kamele bedrohen, die von der türkischen Palästinafront auf die Weiden von Schobek gesandt waren, um wieder verwendungsfähig zu werden.

Wir rechneten damit, daß die Nachricht vom Fall des Postens bei Fuweilah erst am Morgen Maan erreicht haben konnte, und daß sie nicht vor Einbruch der Nacht diese Kamelherden (vorausgesetzt, daß unsere nördliche Abteilung sie nicht verfehlt hätte) in Sicherheit bringen und eine Entsatzexpedition in Marsch setzen konnten. Und wenn wir dann die Eisenbahn bei Ghadir el Hadj angriffen, so würden sie aller Voraussicht nach die Entsatzabteilung dahin abbiegen lassen, während wir ungehindert unsern Weg auf Akaba fortsetzen konnten.

In dieser Hoffnung ritten wir in stetigem Tempo durch die wogende Spiegelung der Wüste, und am Nachmittag erreichten wir die Eisenbahn. Hier wurde zunächst eine breite Strecke von feindlichen Posten und Patrouillen gesäubert, und dann machten wir uns an die wichtigsten Brücken innerhalb des gewonnenen Abschnittes. Die schwache Besatzung von Ghadir el Hadj machte mit dem Mut des Ahnungslosen einen Ausfall gegen uns; aber der Dunst der Hitze blendete sie, und wir trieben sie mit Verlusten zurück.

Sie verfügten über den Telegraphen, und es war anzunehmen, daß sie Maan benachrichtigen würden, wo man überdies die wiederholten Detonationen unserer Sprengungen hören mußte. Unsere Absicht war, in der Dunkelheit den Feind auf uns zu locken oder vielmehr hierher, wo er keinen Gegner, wohl aber viele zerstörte Brücken finden würde, denn wir arbeiteten rasch und mit gutem Erfolg. Jede der Wasserrinnen im Mauerwerk der Brücken wurde mit drei bis vier Pfund Sprengstoff geladen. Dann wurden die Minen durch Kurzzündung zur Explosion gebracht, und in weniger als sechs Minuten Arbeit hatten wir die Bogen durchschlagen, den Oberbau gesprengt und den Damm aufgerissen. Auf diese Weise zerstörten wir zehn Brücken und viele Geleise und verbrauchten dabei unsern ganzen Vorrat an Sprengmaterial.

Nach Einbruch der Dunkelheit, als unser Abmarsch nicht mehr gesehen werden konnte, zogen wir uns zehn Meilen nach Westen zu in sichere Deckung. Dort wurde Feuer angemacht und Brot gebacken. Doch war unser Mahl noch nicht bereitet, als drei Reiter in vollem Galopp herankamen und meldeten, daß eine lange Kolonne neuer feindlicher Truppen – Infanterie und Geschütze – soeben, von Maan herkommend, bei Aba el Lissan aufgetaucht sei. Die durch den Sieg desorganisierten Dhumaniyeh hatten das Gebiet kampflos räumen müssen. Sie waren jetzt in Batra und warteten auf uns. So hatten wir also Aba el Lissan, das Blockhaus, den Paß und den Besitz der Straße nach Akaba verloren, ohne einen Schuß abgegeben zu haben.

Später erfuhren wir, daß diese höchst unwillkommene und ungewohnte Kraftentfaltung der Türken mehr ein Zufall gewesen war. Gerade an jenem Tage war ein Ersatzbataillon in Maan ausgeladen worden. Zu gleicher Zeit war die Nachricht von einer Demonstration arabischer Stämme gegen Fuweilah eingetroffen; daraufhin war das Bataillon, das eben auf dem Bahnsteig zum Abmarsch nach den Baracken bereitstand, schleunigst durch eine Sektion Gebirgsartillerie und eine kleine Kavallerieabteilung verstärkt und zum Entsatz des vermeintlich belagerten Blockhauses abgesandt worden.

Sie hatten Maan am Vormittag verlassen und marschierten langsam auf der großen Straße vor; die Mannschaften, meist den schneebedeckten Bergen Kaukasiens entstammend, schwitzten in der Glut dieses südlichen Landes und taten sich an jeder Quelle gütlich. Von Aba el Lissan stiegen sie bergaufwärts bis zu dem alten Blockhaus, das still und verlassen dalag. Nur lautlose Geier zogen ihre langsamen, unheimlichen Kreise über den Mauern. Der Bataillonskommandeur fürchtete, daß der Anblick, der sich im Innern der Station bot, für seine jungen Truppen zuviel sein möchte, und führte sie zu der Quelle an der Straße von Aba el Lissan zurück, wo sie die ganze Nacht friedlich um das Wasser herum lagerten.

11. In weiteren Kämpfen bis zur Küste

Solche Nachrichten brachten uns geschwind auf die Beine. Im Nu waren die Kamele beladen, und schon marschierten wir über die weitgewellten Höhenzüge, die zum Tafelland von Syrien aufsteigen. Wir hatten das noch heiße Brot in den Händen, und indes wir aßen, mischte sich in seinen Geschmack der Staub unserer talwärts ziehenden

Heerschar und ein Hauch des eigentümlich strengen Geruchs der Wacholdersträucher, die die Hänge überwucherten. In der regungslosen Luft dieser Hochlandsabende, nach langem Sommertag, erregte jeder Eindruck die Sinne besonders stark; und wenn wir, wie es meist der Fall war, in tiefer Kolonne marschierten, so stiegen ganze Duftwolken aus den blütenbeladenen Zweigen, die die vordersten Kamele im Gehen streiften, empor und lagerten sich wie ein langer Schleier des Wohlgeruchs bis über die letzten Reihen hin.

Über den offenen Hängen herrschte der klare, herbe Hauch des Wacholders, in den Talgründen die beklemmende Schwüle üppigeren Wachstums. Wie durch einen einzigen großen Garten führte uns unser Nachtmarsch, Blumenbeet an Blumenbeet in unendlicher, unsichtbarer Mannigfaltigkeit. Auch alle Geräusche klangen sehr rein. Auda, weit voraus, hob an zu singen, und die Reihen stimmten von Zeit zu Zeit ein mit der herzergreifenden Inbrunst eines Heeres, das in die Schlacht zieht.

Wir ritten die ganze Nacht durch, und bei Morgengrauen hielten wir auf dem Höhenkamm zwischen Batra und Aba el Lissan, von dem aus man einen wundervollen Blick hatte über die grüngoldene Ebene von Guweira bis zu den rötlichen Bergketten, die Akaba und das Meer dem Auge verbargen. Gasim abu Dumeik, der Scheikh der Dumaniyeh, erwartete uns hier voller Unruhe, um ihn her seine hart mitgenommenen Stammesgenossen, die grauen abgehetzten Gesichter blutbefleckt vom gestrigen Kampf. Tiefe und ehrfurchtsvolle Verbeugungen vor Auda und Nasir; dann wurde schleunigst das Nötige besprochen, und wir schritten zur Tat. Solange das Bataillon den Paß besetzt hielt, war uns der Weg nach Akaba gesperrt; es mußte aus seiner Stellung vertrieben werden, oder Wagnis und Mühen zweier langer Monate waren gänzlich nutzlos vergeudet.

Zum Glück brachte uns die klägliche Führung des Feindes unverdienten Vorteil. Das Bataillon lagerte sorglos im Tal, indes wir unbemerkt die Höhen ringsum in weitem Umkreis besetzten. Wir begannen, sie in ihren Stellungen unter Hängen und Felsvorsprüngen bei der Wasserstelle beharrlich durch Schüsse zu beunruhigen, in der Hoffnung, sie aufzuscheuchen und zu einem Angriff gegen uns bergaufwärts zu verlocken. Mittlerweile hatte sich Zaal mit einer Abteilung Berittener nordwärts gewandt, um die Telegraphen- und Telephonleitung nach Maan zu durchschneiden.

Das Scharmützel ging so den ganzen Tag über weiter. Es war entsetzlich heiß – heißer, als ich es je in Arabien erlebt hatte –, und die gespannte Erregung und das ständige Hin und Her nahm uns arg mit. Selbst einzelne der zähen Eingeborenen brachen unter den grausamen Strahlen der Sonne zusammen und schleppten sich (oder man trug sie) unter den Schutz von Felsen, um sich in ihrem Schatten zu erholen. Fortwährend liefen wir hügelauf und hügelab, um unsere Minderzahl durch raschen Stellungswechsel auszugleichen, und kaum angekommen, spähten wir schon wieder über die langen Bergketten hin nach einem neuen geeigneten Punkt, um dem oder jenem Manöver des Feindes zu begegnen. Die Berghänge waren steil und pumpten uns den Atem aus; das zähe Gras wickelte sich beim Laufen hemmend um unsere Knöchel, wie wenn Hände nach uns griffen und uns zurückzerrten. Die harten Kalksteinriffe, die über die Bergrücken hinausragten, rissen die Haut an unseren Füßen auf, und bereits lange vor Abendwerden hinterließen die Eifrigen unter uns bei jedem Schritt eine rötliche Spur auf dem Boden.

Die Gewehrläufe wurden von Sonne und Schießen so heiß, daß sie uns die Hände versengten; und dabei mußten wir, bei der Notwendigkeit, Munition zu sparen, jeden Schuß reiflich überlegen und, um des Treffens sicher zu sein, lange und sorgsam zielen. Das glühende Felsgestein, auf dem wir ausgestreckt im Anschlag lagen, verbrannte uns Brust und Arme, so daß später die Haut in Fetzen herabhing. Anstrengung und Schmerzen machten uns heftigen Durst. Aber auch das Wasser war äußerst knapp, und wir konnten nicht viel Leute entbehren, um genügend von Batra heranzuholen; wenn aber nicht alle trinken konnten, war es besser, wenn keiner trank.

Wir trösteten uns mit dem Bewußtsein, daß der Feind da unten im eingeschlossenen Tal es ja noch heißer hatte als wir auf unsern freien Höhen, und daß wir es mit Türken zu tun hatten, Männern von heller Hautfarbe, nicht geschaffen zum Ertragen tropischer Hitze. So ließen wir nicht locker und sorgten dafür, daß der Gegner sich nicht rühren oder formieren oder leichterhand etwa ausbrechen konnte. Er selbst konnte nichts Ernsthaftes gegen uns unternehmen. Seiner Infanterie boten wir keine wirksamen Ziele, da wir stets nach außen hin wieder entwichen. Und seine kleinen Gebirgsgeschütze, die zu uns herauffeuerten, konnten uns höchstens zum Lachen reizen. Die Schrapnells flogen über unsere Köpfe hinweg und krepierten hinter uns in der Luft; aber in Anbetracht der schlechten Sicht, die sie aus dem tiefen Talgrund heraus hatten, waren ihre Schüsse ganz anständig gezielt und landeten immerhin ziemlich genau über den Berggipfeln, wo wir – der Feind – stehen mußten.

Kurz nach Mittag bekam ich eine Art Hitzschlag oder so etwas, denn ich fühlte mich hundeelend, und alles wurde mir gleichgültig. Ich schleppte mich zu einer überhängenden Felswand, wo das aus dem Gestein sickernde Wasser sich in einer kleinen Pfütze gesammelt hatte, um darüber ausgestreckt ein wenig Feuchtigkeit aus dem Schlamm durch den Filter meines Ärmels zu saugen. Nasir kam hinzu, keuchend wie ein gehetztes Wild, die geplatzten blutenden Lippen verzerrt vor Schmerz und Erschöpfung; und dann erschien auch der alte Auda, mächtig daherschreitend, mit blutunterlaufenen, wild starrenden Augen und das knorrige Gesicht zuckend vor Erregung.

Er grinste höhnisch, als er uns ausgestreckt und Kühlung suchend unter der Felswand liegen sah, und krächzte mich an: „Nun, wie ist das mit den Howeitat? Immer nur schwätzen und nichts tun?“ „Wahrhaftigen Gott, ja“, spie ich zurück, denn ich war erbost auf ihn und mich und alle, „sie schießen viel und treffen wenig.“ Auda, zitternd und bleich vor Wut, riß sein Kopftuch herunter und schleuderte es vor mir zu Boden. Dann lief er wie ein Besessener zurück den Berg hinan und rief mit seiner gewaltig tönenden und rasselnden Stimme seine Leute zusammen.

Sie sammelten sich um ihn, und wenige Sekunden später stoben sie bergabwärts auseinander. Ich fürchtete Unheil, raffte mich auf und erklomm den Gipfel, auf dem Auda, unverwandt nach dem Feind starrend, allein zurückgeblieben war; doch er rief mir nur zu: „Nimm dein Kamel, wenn du sehen willst, was der alte Mann tut." Nasir hieß die Kamele heranbringen, und wir saßen auf.

Die Araber vor uns zogen sich in eine flache Mulde, die zu einem niedrigen Höhenkamm anstieg; wir wußten, daß jenseits der Höhe ein flacher Hang zum Haupttal von Aba el Lissan, etwas unterhalb der Quelle, hinabführte. Unsre gesamten vierhundert Kameltreiber waren hier in der Mulde eng versammelt, gerade noch außer Sicht des Feindes. Wir ritten zu ihnen hin und fragten den Shimt, was das zu bedeuten hätte, und wo die zu Pferde Berittenen geblieben wären.

Er wies über den Höhenrücken hinweg nach dem nächsten Tal über uns und sagte: „Dort! Mit Auda!" Und während er noch sprach, erscholl plötzlich von jenseits des Kammes ein wilder Ausbruch von Geschrei und Schießen. Heftig trieben wir unsere Kamele auf den Höhenkamm hinauf, und nun sahen wir unsere fünfzig Reiter in vollem Galopp und vom Sattel aus feuernd den letzten Hang nach dem großen Tal zu gleich einem Sturmwind hinunterbrausen. Zwei oder drei gingen kopfüber, aber der Rest donnerte in bewunderungswürdiger Pace vorwärts, dem Feind in den Rücken. Die türkische Infanterie, schon nach dem felsigen Ausgang hin massiert, um bei Einbruch der Dunkelheit einen verzweifelten Durchbruch auf Maan hin zu wagen, schwenkte ein, schwankte und brach unter dem Anprall zusammen; und der Angriff Audas riß die Weichenden mit fort.

„Vorwärts jetzt!" schrie mir Nasir mit seinen blutigen Lippen zu. Und wie besessen jagten wir unsere Kamele über die Höhe und den Hang hinunter dem fliehenden Feind entgegen. Der Hang war nicht allzu steil für einen Kamelgalopp, aber doch steil genug, um bei dieser tollen Jagd jede Herrschaft über das Tier zu verlieren; und dennoch brachten es die Araber fertig, rechts und links herauszuschwenken und in die türkischen Massen zu feuern. Der Feind war noch wie gelähmt vor Schrecken von dem wilden Angriff Audas gegen seine Nachhut, und daher entging ihm unser Vorsturm über den östlichen Hang: so brachen wir überraschend und von der Flanke her in seine Reihen ein; und ein Angriff einer Kameltruppe, die mit einem Tempo von fast dreißig Meilen die Stunde heranbraust, ist unwiderstehlich.

Die Howeitat waren in rasender Wut, denn das Niedermetzeln ihrer Frauen am Tage vorher hatte ihnen plötzlich eine ganz neue und schreckliche Seite der Kriegführung enthüllt. Daher blieben nur etwa hundertsechzig Gefangene, viele darunter verwundet; an die dreihundert aber lagen tot oder sterbend über das offene Tal hin verstreut.

Nur wenige entkamen: die Geschützmannschaft auf den Gespannen, einige Berittene und Offiziere samt ihren Djaziführern. Mohammed el Dheilan jagte den Djazi drei Meilen weit bis Mreigha nach und schimpfte laut hinter ihnen drein, damit sie jetzt wüßten, wie sie mit ihm dran wären und sich in Zukunft vor ihm hüteten. Mohammed, ein kluger politischer Kopf, hatte sich, soweit es irgend anging, der Stammesfehde Audas mit seinen Vettern ferngehalten und lebte tunlichst in Freundschaft mit allen seines Stammes. Unter den Flüchtigen befand sich auch Dhaif-Allah, der uns damals den guten Wink über den Königsbrunnen von Djefer gegeben hatte.

Auda kam zu Fuß herbeigeeilt, seine Augen glühten vor Kampflust, und die Worte sprudelten überhastet und zusammenhanglos aus seinem Mund hervor: „Tun! . . . Tat! Wo sind Worte . . . Tat . . . Kugeln . . . Abu Tayi . . .“, und er zeigte uns sein zertrümmertes Fernglas, seinen durchlöcherten Pistolenhalfter und seine Säbelscheide, deren Leder in Fetzen herunterhing. Beim Angriff war auf ihn eine Salve abgefeuert worden, die seine Stute unter ihm getötet hatte, aber die sechs Kugeln durch seine Kleider hatten ihn selbst verschont.

Später erzählte er mir unter strengster Verschwiegenheit, daß er sich vor dreizehn Jahren einen kleinen gedruckten Amulett-Koran für hundertzwanzig Pfund gekauft hatte und seitdem nie wieder verwundet worden war. Und wirklich hatte der Tod sein Angesicht gemieden und dafür rings um ihn her unter seinen Brüdern, Söhnen und Gefolgsmännern gewütet. Das Buch war eine billige Glasgower Ausgabe, achtzehn Pence wert; aber keiner hätte je einem Auda gegenüber gewagt, solchen Aberglauben zu belächeln.

Er war gewaltig stolz auf den Sieg, vor allem, weil er mich beschämt und mir gezeigt hatte, was sein Stamm zu tun imstande war. Mohammed war wütend und schalt uns ein Paar von Narren, mich in erster Linie, weil ich Auda durch Worte gleich Steinwürfen beleidigt und ihn dadurch zu diesem Wahnsinn aufgestachelt hatte, der uns allen das Leben hätte kosten können. Indessen waren nur zwei der Unsrigen gefallen, ein Rualla und ein Scherari.

Es war gewiß höchst schmerzlich, auch nur einen unserer Leute verlieren zu müssen. Aber die Zeit drängte aufs äußerste, und für unsern Vormarsch auf Akaba war es von so ausschlaggebender Bedeutung, die Straße von Maan in Besitz zu bekommen und die kleinen türkischen Besatzungen zwischen uns und der Küste zu überrennen, daß ich um dessentwillen bereitwillig auch noch mehr als zwei darangegeben hätte. Unser Vorteil war dadurch nicht zu teuer erkauft.

Die Araber hatten mittlerweile die Türken, ihre Gepäckkolonnen und ihr Lager ausgeplündert; und bald nach Mondaufgang kam Auda und erklärte, daß wir aufbrechen müßten. Nasir und mir paßte das wenig. An diesem Abend wehte ein kühler West; und auf dem Aba el Lissan, viertausend Fuß hoch, nach der Hitze und Kampfglut des Tages, biß die feuchte Kälte höchst unangenehm in unsere Wunden und Brandblasen. Die Quelle aber, ein silberner Streifen über schmalem Kieselbett, war rings umgeben von herrlichem Rasen, grün und weich, auf dem wir in unsere Mäntel gehüllt lagerten.

Auda bestand auf sofortigem Aufbruch. Teils aus Aberglauben – er scheute die Nähe der Toten ringsumher – teils aus Besorgnis, die Türken könnten mit starken Kräften zurückkehren oder andere Klans der Howeitat möchten uns vielleicht im Schlaf überfallen. Einige von diesen waren seine Blutfeinde; sie konnten sich nachher darauf hinausreden, sie hätten uns zu Hilfe kommen wollen und uns in der Dunkelheit für Türken gehalten und blindlings auf uns gefeuert. Also erhob sich alles, und die bekümmerten Gefangenen wurden in Reihe und Glied gestoßen.

Die meisten mußten zu Fuß gehen. Wir hatten bei dem Gefecht einige zwanzig Kamele verloren, und von den übrigen waren viele zu schwach, um doppelte Last zu tragen. Was blieb, wurde mit je einem Araber und einem Türken beladen, doch einige der Schwerverwundeten konnten sich nicht im Sattel halten. Schließlich mußten wir doch noch etwa zwanzig Verwundete auf dem weichen Rasen zur Seite des Bachs zurücklassen, wo sie wenigstens nicht vor Durst umkommen konnten, wenngleich für ihr Leben oder ihre Errettung wenig Hoffnung bestand.

Nasir erbat Decken für die Zurückgelassenen, denn sie waren halbnackt. Während die Araber aufpackten, ging ich hinunter nach dem Kampfplatz, um nachzusehen, ob die Toten irgendwelche Kleider hatten, die sie entbehren konnten. Doch die Beduinen waren mir zuvorgekommen und hatten sie bis auf die Haut ausgezogen. Das galt bei ihnen als Ehrensache.

Für den Araber besteht der Hauptteil des Siegestriumphes darin, die Kleider des Feindes zu tragen; und am nächsten Tage zeigte sich unsere Truppe (wenigstens was die obere Hälfte betrifft) in eine türkische umgewandelt: jeder Mann trug einen braunen Waffenrock. Das feindliche Bataillon war direkt aus der Heimat gekommen und daher ganz mit neuen Uniformen ausgestattet gewesen.

Schließlich war denn unsere kleine Heerschar marschbereit und wand sich langsam die Höhe hinauf und jenseits bis zu einer windgeschützten Stelle, wo gerastet wurde. Während die ermüdete Mannschaft schlief, diktierten wir Briefe an die Küsten-Howeitat, schilderten ihnen unsern Sieg und trugen ihnen auf, alle Türken bei ihnen aufzugreifen und sie bis zu unserm Eintreffen festzusetzen. Einen der gefangenen Offiziere, von Beruf Polizist und von seinen aktiven Kameraden mißachtet, hatten wir freundlich behandelt und brachten ihn dazu, für uns die türkischen Schreiben an die Kommandanten von Guweira, Kethera und Hadra abzufassen, die drei noch vor uns auf dem Wege nach Akaba liegenden Posten. Wir eröffneten ihnen darin, daß wir, wenn wir kühlen Bluts waren, auch Gefangene machten und bei sofortiger Übergabe gute Behandlung und sichere Auslieferung nach Ägypten gewährleisten könnten.

Das dauerte bis zum Morgengrauen, und dann ordnete Auda uns zum Marsch und führte uns die letzte Meile durch sanftes, heidebewachsenes Tal zwischen weich gerundeten Bergen hinan. Und indes wir noch so in freundlich grüner Geborgenheit eine neue Schwellung erstiegen, sahen wir mit einemmal, daß es die letzte war und daß wir plötzlich am Rande der freien Tiefe standen. Der jähe herrliche Ausblick riß mich zu Entzücken hin; und auch später noch, sooft wir an diese Stelle kamen, befiel mich jedesmal ein gewisses Ungestüm und der Drang, das Kamel anzustacheln und mich im Sattel aufzurichten, um wieder über den Kamm hinweg in diese offene Weite zu schauen.

Nach Shtar hin stürzten die Hänge unter uns ab, Hunderte und aber Hunderte von Fuß, in gestuften Rundungen gleich Bastionen, an denen die Sommermorgenwolken sich stauten: und unten in der Tiefe dehnte sich weithin neues Land, die Ebene von Guweira. Aba el Lissans schwellende Kalksteinbrüste waren bedeckt mit Erdreich und Heidegestrüpp, grün und wassergetränkt. Guweira lag da wie eine Landkarte, rötlicher Sand, mit Wasserläufen gestreift, von Buschwerk bezogen; und daraus empor und es umsäumend ragten Inseln und Kliffs aus leuchtendem Sandstein, windzerschürft und regenzernarbt, morgenklar gefärbt von der frühen Sonne.

Nach tagelanger Heerfahrt durch rauhes Bergland im Kerker der Täler hier plötzlich am Gestade der Freiheit zu stehen, war eine wahre Augenweide der Seele, gleichsam ein Blick durch ein Fenster in der Festungsmauer des Lebens.

Den Serpentinenpfad nach Shtar zu gingen wir zu Fuß hinunter, um seine Schönheit voll zu genießen, denn auf dem wiegenden Rücken der Kamele wurde man zu leicht schläfrig. Unten im Grunde fanden die Tiere wirres Dorngesträuch, das ihren Mäulern sehr behagte; wir, weit vorn an der Spitze der Kolonne, machten halt, streckten uns auf das weiche Lager des Sandes und schliefen augenblicklich ein.

Auda kam. Wir rechtfertigten uns damit, daß wir aus Mitleid mit den Gefangenen gerastet hätten, die nahe am Zusammenbrechen waren. Er entgegnete, daß, wenn wir in Marsch blieben, sie allein an Erschöpfung sterben, doch wenn wir trödelten, beide Teile zugrunde gehen würden; denn wir hatten in der Tat nur wenig Wasser und nichts mehr zu essen. Daran war nun nichts zu ändern; und nach einem weiteren Marsch von fünfzehn Meilen standen wir am späten Abend vor den Toren Guweiras. In Guweira lag der Scheikh ibn Djad, der eine vorsichtige Pendelpolitik getrieben hatte, um sich im geeigneten Moment dem Stärkeren anzuschließen. Jetzt waren wir die Stärkeren, und der alte Fuchs war unser. Er empfing uns mit honigsüßen Reden. Die hundertzwanzig Türken der Besatzung waren seine Gefangenen; wir kamen überein, sie zu seiner Erleichterung und ihrer Sicherheit mit nach Akaba zu nehmen.

Der nächste Tag war der 4. Juli. Die Zeit drängte, denn wir waren hungrig, und Akaba lag noch weit vor uns, jenseits zweier feindlicher Stützpunkte. Der nächste Posten, Kuthera, weigerte sich hartnäckig, unseren Parlamentärflaggen Antwort zu geben. Es war ein stark befestigter Platz, auf steiler, das ganze Tal beherrschender Höhe gelegen, und seine Einnahme mußte einigermaßen kostspielig werden. Wir wiesen die Ehre der Eroberung nicht ohne Ironie dem Scheikh ibn Djad mit seiner noch frischen Mannschaft zu und rieten ihm, den Versuch bei Nacht zu unternehmen. Er suchte auszuweichen, machte Einwendungen und führte als Haupthinderungsgrund den Vollmond an; doch wurde ihm die Ausrede kurz abgeschnitten durch die Versicherung, daß heute nacht der Mond eine Weile nicht scheinen werde. In meinem Kalender stand für diese Nacht eine Mondfinsternis verzeichnet. Richtig traf sie auch ein; und die Araber bezwangen den Platz ohne Verlust, während drinnen die abergläubischen Soldaten die Gewehre in die Luft abfeuerten und mit Kupferkesseln einen Höllenlärm machten, um von dem bedrohten Nachtgestirn die Gefahr abzuwenden. Danach setzten wir den Marsch fort.

Die Schluchten des Wadi Itm wurden immer verworrener und wilder, indes wir tiefer vordrangen. Jenseits Kethera fanden wir einen türkischen Posten nach dem andern verlassen. Sie waren nach Khadra eingezogen worden, dem befestigten Platz (an der Mündung des Itm), der Akaba gegen eine Landung von See gut deckte. Doch hatte – zum Glück für uns – der Feind nie einen Angriff aus dem Innern vermutet und daher, bei all seinem sonstigen starken Ausbau, nach der Landseite zu keinerlei Stützpunkte oder Gräben angelegt. Unser Erscheinen aus dieser Richtung überraschte ihn völlig und verursachte eine Panik.

Am Nachmittag waren wir in Fühlung mit der Hauptstellung von Khadra und hörten von einheimischen Arabern, daß alle Außenposten um Akaba herum eingezogen oder verringert waren, so daß in Khadra nur dreihundert Mann lagen. Wir saßen ab, um zu beratschlagen, und erfuhren, daß der Feind zum Widerstand entschlossen sei und bombensichere Unterstände habe nebst einem neu angelegten artesischen Brunnen; nur, hieß es, fehle es sehr an Lebensmitteln.

Uns ging das genau so. Wir waren unschlüssig. Im Kriegsrat schwankte man hin und her. Gründe und Gegengründe prasselten zwischen den Vorsichtigen und den Wagemutigen. Die Gemüter waren erhitzt, und man fühlte sich auch körperlich ruhelos in dieser weißglühenden Schlucht, deren Granitwände die Sonne in Myriaden schimmernder Lichtpunkte zurückstrahlten und in deren enggewundene Tiefe kein Lüftchen dringen konnte, um ein wenig Kühlung in die steigende Hitze zu bringen.

Unsre Zahl hatte sich verdoppelt. Die Leute standen auf dem schmalen Raum so dichtgedrängt um uns her, daß wir die Versammlung zwei- oder dreimal abbrachen, teils damit man nicht hören sollte, wie wir uns zankten, teils weil in der glühenden Enge der Geruch der ungewaschenen Körper unerträglich war. In unseren Schläfen klopfte der schwere Puls wie Hammerschläge.

Wir forderten die Türken auf, sich zu ergeben, zunächst durch Schwenken einer weißen Flagge, dann durch Vorschicken türkischer Gefangener, aber es wurde auf beide geschossen.

Das brachte die Beduinen in Wut; und während wir noch berieten, stürzte eine Schar auf die Felsen hinauf und sandte einen Hagelschauer von Kugeln gegen den Feind. Nasir eilte, barfuß, wie er war, den Hang hinauf, um sie zurückzuholen; doch schon nach zehn Schritten auf dem glühenden Felsgestein schrie er nach Sandalen. Ich indessen verkroch mich in mein Fleckchen Schatten, zu müde dieser Menschen (die doch eigentlich alle meines Geistes Kinder waren), um mich noch weiter darum zu kümmern, wer ihre fiebrigen Impulse lenkte.

Mit Hilfe eines kleinen Rekruten, der erklärte, er wüßte, wie das zu machen wäre, unternahmen wir einen dritten Versuch, uns mit den Türken zu verständigen. Wir gingen mit ihm bis dicht an die Gräben heran und schickten hinein nach einem Offizier, um mit uns zu verhandeln. Nach einigem Zögern erschien auch einer, und wir setzten ihm die Lage auf der Straße hinter uns auseinander, sprachen von unseren immer noch wachsenden Kräften und daß wir leider wenig Macht besäßen über die Stimmung unserer Leute. Der Erfolg war, daß sie erklärten, bei Tagesanbruch kapitulieren zu wollen. So hatten wir, trotz allen Durstes, wieder einmal eine Nacht des Schlafs (ein höchst selten zu verzeichnendes Ereignis).

Bei Anbruch des nächsten Tages ging jedoch der Kampf auf allen Seiten los: während der Nacht waren weitere hundert Bergbewohner (unsere Zahl wiederum verdoppelnd) zu uns gestoßen und hatten, da sie nichts von unserer Abmachung wußten, auf die Türken zu feuern begonnen, die sich ihrerseits verteidigten. Nasir, mit Dgheithir und seinen Ageyl in Kolonne zu vieren, rückten im offenen Talbett vor. Unsre Leute hörten auf zu schießen. Darauf stellten auch die Türken das Feuer ein, denn in ihrer Truppe steckte keine Kampfkraft mehr, und ihre Mägen waren leer; uns dagegen glaubten sie gut versorgt. So ging denn die Übergabe ohne weiteren Zwischenfall vonstatten.

Als sich die Araber plündernd über den Ort ergossen, bemerkte ich einen Ingenieuroffizier in feldgrauer Uniform mit rötlichem Bart und verstörten blauen Augen; ich redete ihn deutsch an. Er war der Brunnenbohrer und verstand kein Türkisch. Die jüngsten Ereignisse waren ihm ein Rätsel, und er bat mich, ihm zu erklären, was das Ganze hier eigentlich bedeutete. Ich sagte, das wäre der Aufstand der Araber gegen die Türken. Es dauerte eine Weile, ehe ihm das einging. Dann wünschte er zu wissen, wer unser Führer sei. Ich sagte, der Scherif von Mekka. Er sprach die Vermutung aus, daß er nach Mekka geschickt werden würde. Eher nach Ägypten, sagte ich. Er erkundigte sich nach dem Preis von Zucker, und als ich erwiderte: „Billig und reichlich“, war er zufrieden.

Den Verlust seines Gepäcks trug er mit philosophischem Gleichmut; aber um seinen Brunnen tat es ihm leid, denn es fehlte nur noch wenig, so hätte er ihn fertiggestellt und sich ein bleibendes Denkmal damit geschaffen. Er führte mich zu der Anlage mit dem erst halbfertigen Pumpwerk. Mittels eines Zieheimers schöpften wir köstliches, klares Wasser, genug, um unser aller Durst zu löschen.

Dann jagten wir vier weitere Meilen durch treibenden Sandsturm nach Akaba hinab und am 6. Juli schnurstracks in die aufspritzende See hinein, genau zwei Monate nach dem Aufbruch von Wedjh.

12. Akaba, Suez, Allenby

Wir saßen ab, um den Strom unserer Leute vorüberziehen zu sehn: lange Reihen erhitzter, leerer Gesichter, in denen nichts zu uns sprach. Seit Monaten war Akaba das Ziel und der einzige Gegenstand unseres Wollens gewesen; wir hatten keinen andern Gedanken gehabt, keinen andern Gedanken haben wollen, als diesen einen. Nun, da das Ziel erreicht war, fühlten wir uns ein wenig enttäuscht über diese Menschen, die ihre äußerste Kraft an eine Aufgabe gesetzt hatten, deren Vollendung dennoch nichts Wesentliches in ihnen, weder in geistiger noch körperlicher Beziehung, veränderte.

Der Hunger riß uns aus unseren Betrachtungen. Zu unseren fünfhundert Mann waren jetzt noch siebenhundert Gefangene und an die zweitausend erwartungsvolle Verbündete gekommen. Wir hatten kein Geld (außerdem auch keine Möglichkeit, etwas zu kaufen) und vor zwei Tagen zum letztenmal etwas zu essen bekommen. Zwar besaßen wir in unseren Reitkamelen einen Fleischvorrat, ausreichend für sechs Wochen; aber es war eine armselige und dabei höchst kostspielige Nahrung: machten wir allzu ausgiebigen Gebrauch davon, so waren wir späterhin zur Unbeweglichkeit verurteilt.

Beim Abendessen wurden wir uns über die dringende Notwendigkeit klar, zu den Engländern nach Suez, hundertfünfzig Wüstenmeilen weit, Nachricht zu schicken und ein Entsatzschiff zu erbitten. Ich beschloß, die Reise selbst zu unternehmen, wählte acht Mann – meist Howeitat – als Begleitung auf den leistungsfähigsten Kamelen unserer Truppe, darunter die berühmte Djedhah, eine siebenjährige Stute, um derentwillen die Nowasera mit den Beni Sakhr gekämpft hatten. Während wir die Bucht umritten, überlegten wir, wie der Marsch einzurichten wäre. Machten wir nur kurze Tagesreisen, um die Tiere zu schonen, so konnte es geschehen, daß sie vor Hunger versagten; ritten wir dagegen mit möglichster Beschleunigung, so konnten sie uns mitten in der Wüste erschöpft und huflahm zusammenbrechen.

Schließlich kamen wir überein, Schritt zu reiten, auch über noch so verlockendes Gelände, und so viele von den vierundzwanzig Stunden des Tages im Sattel zu bleiben, als es unsere Kraft irgend zuließ. Eine solche Leistung bedeutet eine harte Probe für einen Mann, namentlich für einen Ausländer, dessen Kraft meist schon vor der seines Reittiers versagt; überdies hatte ich in den letzten vier Wochen täglich an die fünfzig

Meilen zurückgelegt und war nahezu am Ende meiner Leistungsfähigkeit. Hielt ich durch, so konnten wir Suez in fünfzigstündigem Ritt erreichen. Um unterwegs jeden unnötigen Aufenthalt zu vermeiden, lud sich jeder einen Sack mit gekochtem Kamelfleisch und gedörrten Datteln hinten auf den Sattel.

Gegen Mitternacht erreichten wir Themed, die einzigen Brunnen auf unserem Wege, die in einer freundlichen Talsenkung lagen hinter dem verlassenen Stationshaus der Sinai-Gendarmerie. Wir ließen die Kamele einen Augenblick verschnaufen, gaben ihnen Wasser und tranken selbst. Dann ging es weiter durch so tiefe Nachtstille, daß wir uns alle Augenblicke im Sattel umdrehten, nach eingebildeten Geräuschen fern unterm Sternhimmel. Aber es war nur unsre eigene Bewegung, das Rascheln unseres Rittes durch niederes Gesträuch, das uns gleich Geisterblumen umduftete.

Allmählich dämmerte der Morgen. Als die Sonne aufging, waren wir schon weit draußen in der Ebene, die von einigen trocknen Wasserrinnen, Zuflüssen des El Arisch, durchfurcht war. Wir machten einen kurzen Halt, um unseren Kamelen wenigstens so etwas wie Weidegelegenheit vorzutäuschen. Dann weiter bis zum Spätnachmittag, wo wir die einsamen Ruinen von Nekhl aus der Luftspiegelung auftauchen sahen. Wir ließen sie rechts liegen und machten dann bei Sonnenuntergang einen einstündigen Halt.

Die Kamele waren kaum mehr vorwärts zu bringen und wir selbst aufs äußerste erschöpft; aber der einäugige Motlog, Besitzer der berühmten Jedlah, trieb zur Eile an. Also wieder in den Sattel. Mechanisch klommen wir den Höhenzug von Mitla hinauf. Der Mond ging auf, und die Gipfel, in schroffen Kalksteinkonturen, erglänzten wie Schneefirne. Gegen Morgen kamen wir an einem Melonenfeld vorbei, das irgendein unternehmungslustiger Araber in diesem Niemandsland zwischen den feindlichen Armeen ausgesät hatte. Wieder opferten wir eine unserer kostbaren Stunden zu einer Rast, ließen die Kamele frei laufen, um in dem sandigen Tal nach Futter zu suchen, pflückten die unreifen Melonen und kühlten unsre ausgedörrten Lippen an ihrem markigen Fleisch. Dann wieder weiter durch die Glut eines neuen Tages, obwohl in dem schon zum Kanal sich senkenden Tal, das durch die ständige Brise vom Golf von Suez erfrischt wurde, die Hitze nicht mehr so bedrückend war.

Mittags gelangten wir an den Dünengürtel, und nach einem lustigen Berg-und-Tal-Ritt darüber hin erreichten wir den flachen Küstenstrich. Suez wurde sichtbar: ein Gewoge undeutlicher Punkte, die in der Spiegelung über dem Kanal flimmernd auf und ab tanzten.

Wir ritten, ohne anzuhalten, an ausgedehnten Schützengräben vorbei, mit Stützpunkten, Stacheldraht, Straßen und Feldbahngeleisen, alles in sichtlichem Verfall. Unser Ziel war der Schatt, ein auf dem asiatischen Kanalufer gelegener Posten, Suez gerade gegenüber; und um drei Uhr nachmittags erreichten wir ihn, neunundvierzig Stunden nach dem Aufbruch von Akaba. Selbst für einheimische Araber würde das eine ansehnliche Leistung gewesen sein, und dabei waren wir schon beim Abmarsch stark erschöpft.

In Schatt herrschte erstaunliche Unordnung, und nirgends war ein Posten, der uns anhielt. Vor zwei oder drei Tagen war hier die Pest aufgetreten. Das alte Lager war in Eile geräumt worden und stand verlassen, während die Truppen draußen in der freien Wüste biwakierten. Davon wußten wir natürlich nichts, und ich suchte in den leeren Büros umher, bis ich ein Telephon gefunden hatte. Ich klingelte die Kommandantur in Suez an und sagte, daß ich übergesetzt werden wollte.

Sie bedauerten sehr, aber dafür wären sie leider nicht zuständig. Den Verkehr über den Kanal besorgte das Binnenwasser-Transportamt nach höchsteigenen Methoden. Man ließ durchblicken, daß diese Methoden nicht die Billigung des Generalstabs fänden. Da ich nie ein Zuständigkeitsnarr war, rief ich kühn das Wasseramt an und setzte auseinander, daß ich von der Wüste her in Schatt angekommen sei und dem Hauptquartier wichtige Nachrichten zu überbringen hätte. Sie hätten zur Zeit leider keine Fahrzeuge zur Verfügung, war die Antwort, würden aber bestimmt morgen in aller Frühe ein Boot senden, um mich in die Quarantänestation zu bringen. Dann läuteten sie ab.

Nun war ich vier Monate in Arabien ständig in Bewegung gewesen. Ich hatte in den letzten vier Wochen Kamelritte von insgesamt vierzehnhundert Meilen zurückgelegt und mich nie und in keiner Weise geschont, um den Krieg vorwärtszutragen; aber ich hatte keine Lust, auch nur eine einzige Nacht länger als nötig in Gesellschaft des Ungeziefers zu verbringen, das sich bei mir schon recht gemütlich eingenistet hatte. Mich verlangte nach einem Bad, nach etwas zu trinken mit Eis darin; mich verlangte danach, meine Kleider, die voller Dreck an den wundgerittenen Stellen anklebten, zu wechseln und etwas Bekömmlicheres zu essen als grüne Datteln und Kamelsehnen. Ich ließ mich nochmals mit dem Wasseramt verbinden und redete wie der heilige Chrysostomus. Das hatte ebensowenig Erfolg, und ich wurde recht deutlich, worauf sie wieder einfach abhängten. Ich war nahe daran, fuchsteufelswild zu werden, als sich von der militärischen Umschaltstelle eine Stimme in vertrauten Heimattönen durch den Draht vernehmen ließ: „Es ist zum K . . ., hat gar keinen Zweck, Herr, mit dem besch . . . . . Wasseramt zu reden."

Damit war offenbar der Nagel auf den Kopf getroffen, und der freundliche Mittler verband mich nunmehr mit dem Büro des Schiffahrtsamts. Dies leitete Major Lyttleton, der Tüchtigsten einer, der es sich neben seinen sonstigen zahllosen Obliegenheiten auch noch zur Aufgabe gemacht hatte, jedes einzelne Kriegsschiff der Roten-Meer-Flotte, das die Suezstraße passierte, anzuhalten und ihm mit freundlicher Überredung so lange zuzusetzen, bis es sich, oft mit saurer Miene, bereit erklärte, seine Decks mit Material für Wedjh oder Janbo vollzustopfen.

Auf diese Art expedierte er mühelos und sozusagen im Nebenamt Tausende von Ballen und Mannschaften für uns und fand dabei noch Zeit, über die sonderbaren Methoden von uns sonderbaren Leuten zu lächeln.

Wir konnten stets auf seine Hilfe rechnen; und auch heute, sobald er hörte, wer und wo ich war und wie das Binnenwasseramt versagt hatte, war jede Schwierigkeit mit einem Schlage behoben. Seine Barkasse stände bereit, würde in einer halben Stunde im Schatt sein. Ich sollte direkt in sein Büro kommen und nichts davon verlauten lassen (außer etwa jetzt, nach dem Kriege), daß eine gewöhnliche Hafenbarkasse sich ohne ausdrückliche Genehmigung der zuständigen Behörde in die geheiligten Gewässer des Kanals gewagt hatte. Und so geschah es. Meine Begleiter sandte ich mit den Kamelen nordwärts nach Kubri, wo ich ihnen telephonisch von Suez aus Unterkunft und Verpflegung in dem dortigen Tierdepot an der asiatischen Küste verschaffte. Später kam dann natürlich ihre Belohnung in Gestalt herrlicher und aufregender Tage in Kairo.

Lyttleton sah meine Erschöpfung und sandte mich gleich in das Hotel. Vorzeiten war es mir höchst schäbig vorgekommen, erschien mir aber jetzt als ein Paradies; und nachdem der erste befremdende Eindruck meiner Person und meiner Kleidung überwunden war, bekam ich mein heißes Bad, eisgekühlte Getränke (gleich sechs hintereinander) und das Diner und das Bett meiner Träume. Ein Nachrichtenoffizier, den man von dem verdächtigen Aufenthalt eines verkleideten Europäers im Sinai-Hotel unterrichtet hatte, besuchte mich; bereitwillig übernahm er die Sorge für meine Leute und verschaffte mir Fahrkarte und Paß nach Kairo für den nächsten Tag. – –

Ismailia war die Umsteigestation für Kairo, und auf dem Bahnsteig warteten die Reisenden auf den Expreß von Port Said. Ein zweiter Zug lief ein mit einem üppigen Salonwagen, dem Admiral Wemyss, Burmester und Neville entstiegen, in Begleitung eines Generals von sehr hohem Rang und sehr umfangreicher Erscheinung. Der ganze Bahnsteig geriet in gewaltige Spannung, während die Vier in gewichtigem Gespräch auf und ab schritten. Offiziere grüßten einmal, ein zweites Mal: die Vier schritten immer noch auf und ab. Dreimal war zuviel. Einige zogen sich an die Schranke zurück und blieben dort in strammer Haltung stehen: das waren die unterwürfigen Seelen. Einige verdrückten sich: das waren die Stolzen. Einige wandten sich nach dem Bücherstand um und studierten eifrig die Titel: das waren die Schüchternen. Nur einer blieb dreist und gottesfürchtig stehen.

Burmesters Blick fiel auf mich, wie ich dastand und starrte. Er überlegte, wer das wohl sein könnte, denn ich war kupferrot gebrannt und knochenhager von den langen Ritten (später stellte ich fest, daß ich kaum sechsundvierzig Kilo wog). Schließlich redete er mich an, und ich erzählte ihm die Geschichte unseres noch nicht gemeldeten Vorstoßes auf Akaba. Er fing sogleich Feuer. Ich bat ihn, den Admiral zu veranlassen, sofort ein Schiff mit Proviant nach Akaba zu entsenden. Burmester sagte, daß die heute eintreffende „Dufferin“ in Suez Proviant laden und direkt nach Akaba fahren sollte, die dortigen Gefangenen könnte sie dann gleich zurücktransportieren (Großartig!). Er würde gleich selbst den Befehl geben, ohne erst den Admiral oder Allenby damit zu belästigen.

„Allenby!“ rief ich, „was macht er hier?“ „Er hat den Oberbefehl übernommen.“ „Und Murray?“ „Ist nach Hause gegangen.“ Das waren gewaltige Neuigkeiten von allergrößter Bedeutung für mich; ich stieg wieder in meinen Zug, und während der Weiterfahrt überdachte ich in meinem Herzen, ob dieser schwerfällige Mann mit dem geröteten Gesicht wohl ebenso wäre wie die meisten andern Generäle, und ob es uns wieder sechs Monate Arbeit kosten würde, ihn zu überzeugen. Murray und Belinda waren so zögernd an die Sache herangegangen, daß wir anfangs immer nur darauf bedacht sein mußten, nicht den Feind, sondern die Widerstände unserer eignen Führung zu besiegen. Erst ganz allmählich und mit glücklichem Fortschreiten des Aufstandes waren Sir Archibald Murray und sein Stabschef gewonnen worden, hatten sich dann aber während der letzten Monate beim Kriegsamt in London für das arabische Unternehmen und insbesondere für Faisal mit aller Entschiedenheit eingesetzt. Das war hochherzig und zugleich für uns ein stiller Triumph, denn die Zwei waren ein höchst ungleiches Gespann – Murray intuitiv, scharf zupackend, nervig, elastisch, unbeständig; Lynden Bell dagegen ganz und gar aus soliden Berufsanschauungen aufgebaut, gehalten vom Mörtel offizieller Meinung und Billigung und dann poliert und abgeschliffen zum vollendeten Normaltyp.

In Kairo schlappten meine Sandalen über die mittäglich stillen Gänge des Savoy-Hotels zu Claytons Zimmer, der seine Mahlzeiten tunlichst abzukürzen pflegte, um sich die stets dringliche Arbeit vom Halse zu schaffen. Als ich eintrat, blickte er kurz vom Schreibtisch auf und murmelte: „Musch fadi“ (englisch-ägyptisch für „beschäftigt“); doch dann erkannte er mich und hieß mich überrascht willkommen. Ich hatte am Abend vorher in Suez einen kurzen Bericht niedergeschrieben; so brauchten wir nur über das zu sprechen, was zunächst zu tun war. Während der Unterredung klingelte der Admiral an und teilte mit, daß die „Dufferin“ bereits in Suez war und Mehl für Akaba an Bord nahm.

Clayton ließ sechzehntausend Pfund in Gold anweisen und sorgte für Begleitmannschaft, die das Geld noch mit dem Drei-Uhr-Zug nach Suez bringen sollte. Vor allem mußte Nasir in die Lage gesetzt werden, seine Schulden zu bezahlen. Denn wir hatten in Bair, Djefer und Guweira nur auf Depeschenformulare geschriebene Anweisungen ausgegeben, zahlbar auf den Inhaber in Akaba. Ein großzügiges, aber etwas ungewohntes System; denn bis dahin hatte noch keiner gewagt, in Arabien mit Papiergeld zu bezahlen, weil die Beduinen weder Taschen in ihren Kleidern noch Geldschränke in ihren Zelten haben und Noten nicht gut zur sicheren Aufbewahrung vergraben werden können. Daher bestand ein unüberwindliches Vorurteil gegen Papiergeld, und im Interesse unseres Ansehens war es dringend notwendig, die Anweisungen sobald als möglich einzulösen.

Da ich in meiner arabischen Tracht überall Aufsehen erregte, mußte ich mir andere Kleidung beschaffen; aber meine alten Sachen waren von Motten zerfressen, und es dauerte drei Tage, bis ich wieder in der europäisch-fragwürdigen Weise angezogen erscheinen konnte.

Noch vor dieser Umwandlung war der Oberkommandierende auf mich aufmerksam geworden und wünschte mich zu sprechen. In meinem Bericht hatte ich die Bedeutung der östlichen Stämme Syriens besonders hervorgehoben, als ein wirksamer Faktor zur Bedrohung der rückwärtigen Verbindungen der Türken jenseits Jerusalem. Das paßte gut in seine Pläne, und er wollte sich ein Urteil über mich bilden.

Es war ein recht drolliges Interview; denn Allenby war bei sehr umfangreicher und selbstsicherer Physis auch geistig von so großem Format, daß er sich nur langsam auf uns kleine Leute einstellen konnte. Er saß in seinem Stuhl und beobachtete mich – nicht geraden Blickes, wie es sonst seine Gewohnheit war, sondern halb von der Seite und etwas verdutzt. Er war eben erst aus Frankreich gekommen, wo er jahrelang ein Rad gewesen war in der großen Maschinerie, die an der Zermürbung des Feindes arbeitete. Er war erfüllt von westlichen Ideen über die ausschlaggebende Bedeutung der Artillerie – für unsern Feldzug hier die wenigst geeignete Vorbereitung –, aber als alter Kavallerist doch schon halb und halb bereit, die neuen Kriegstheorien in dieser so ganz andersartigen Welt Asiens abzuwerfen und sich wieder zu Dawnay und Chetwode und ihren alten guten Lehren vom Bewegungskrieg zu bekehren. Immerhin war er kaum auf eine so fremdartige Erscheinung wie mich vorbereitet – einen kleinen, barfüßigen, in seidene Gewänder gekleideten Mann, der sich anheischig machte, den Apostel und Prediger dieses Aufstandes zu spielen, wenn man ihm Waffen, Material und einen Fonds von zweihunderttausend Pfund zur Verfügung stellte, um der Wirkung seiner Bekehrungskünste Nachdruck und Dauer zu verleihen.

Allenby konnte sich nicht recht klar darüber werden, wieweit er es hier mit einem ehrlich Überzeugten oder mit einem Scharlatan zu tun hatte. Ich merkte, wie diese Frage hinter seiner Stirn arbeitete, tat aber nichts, ihm auf die Sprünge zu helfen. Er redete nicht viel, stellte nur wenige Fragen, aber studierte die Karte und hörte aufmerksam meinem Vortrag über das östliche Syrien und seine Bewohner zu. Zum Schluß warf er das Kinn hoch und sagte kurz: „Gut, ich werde für Sie tun, was ich kann." Damit war ich entlassen.

Ich wußte nicht recht, wieweit ich ihn gewonnen hatte. Aber mit der Zeit sollten wir erfahren, daß er es vollkommen ernst damit meinte, und daß, was ein General Allenby „tun konnte", vollauf genügte, auch für seinen anspruchsvollsten Untergebenen.

13. Umgruppierung

Clayton gegenüber sprach ich mich ganz rückhaltlos aus. Akaba war nach meinen Plänen und auf meine Initiative hin erobert worden, und die ganze Verantwortung hatte allein auf meinen Schultern gelastet. Ich fühlte mich befähigt, weit mehr noch zu tun, und wollte noch mehr tun: – ob er nicht auch der Meinung wäre, daß ich mir nun ein Recht erworben hätte, mein eigner Herr zu sein? Bei den Arabern hieße es, jeder hält seine Läuse für Gazellen. Und das täte ich, weiß Gott.

Clayton gab zu, daß da recht beträchtliche und brauchbare Läuse vorhanden wären, wandte aber ein, daß man das Kommando nicht gut einem an Rang jüngeren Offizier geben könnte. Er schlug Joyce als Kommandant von Akaba vor, eine Lösung, die mir durchaus behagte. Auf Joyce konnte man Häuser bauen, ein heiterer, umgänglicher, zuverlässiger Charakter.

Das übrige machte keine Schwierigkeit. Als Nachschuboffizier sollten wir Goslett bekommen, einen Londoner Geschäftsmann, der bereits in dem Durcheinander in Wedjh gründliche Ordnung geschaffen hatte. Die Flugzeuge waren zur Zeit noch nicht verwendungsfähig, aber die Panzerwagen konnten sofort nach Akaba geschickt werden, und – falls der Admiral freigebig war – würden wir auch ein Wachtschiff bekommen. Wir riefen Sir Rosslyn Wemyss an, und seine Gefälligkeit übertraf unsere Erwartungen: sein eigenes Flaggschiff, der „Euryalus“, sollte für die ersten paar Wochen in Akaba stationiert werden.

Das war großartig, denn in Arabien bewertet man die Schiffe nach der Zahl der Schornsteine, und der „Euryalus“ besaß ganz ausnahmsweise deren vier. Ein so ansehnliches Schiff würde die Bergvölker unmittelbar davon überzeugen, daß wir wirklich die siegreiche Seite wären; und außerdem würde uns seine sehr starke Besatzung, dank des stets bereitwilligen Kommandanten, Everard Fielding, noch so ganz nebenbei einen nützlichen Landungskai bauen.

Bezüglich der arabischen Streitkräfte schlug ich vor, das ausgedehnte und wenig günstige Wedjh ganz aufzulassen und Faisal mit seiner Armee nach Akaba heranzuziehen. Dann wies ich darauf hin, daß Akaba die rechte Flanke Allenbys war, von seinem Zentrum nur hundert, von Mekka dagegen achthundert Meilen entfernt. Mit dem Fortschreiten des arabischen Aufstandes würde sein Schwergewicht sich mehr und mehr nach Palästina hin verschieben. Es war daher nur folgerichtig, Faisal aus dem Machtbereich König Husseins zu lösen und ihn als einen der Armeeführer Allenby, dem Oberkommandierenden des Vormarsches der Verbündeten von Ägypten, zu unterstellen.

Dieser Gedanke barg Schwierigkeiten. Würde Faisal dazu bereit sein? Ich hatte schon vor Monaten in Wedjh mit ihm darüber gesprochen. Und wie stellte sich der Generalresident von Ägypten zu dieser Frage? Faisals Armee war die stärkste und am besten geschulte im Hedjas und versprach auch in Zukunft noch eine bedeutende Rolle zu spielen. General Wingate hatte die volle Verantwortung für den arabischen Aufstand gerade in den kritischsten und trübsten Stunden auf sich genommen und dabei Ruf und Stellung riskiert: konnte man ihm zumuten, gerade jetzt an der Schwelle des Erfolges den Ruhm des Gelingens andern zu überlassen?

Clayton, der Wingate gut kannte, trug keine Scheu, ihm den Vorschlag zu unterbreiten. Wingate war sofort einverstanden und erwiderte, daß es ihm, wenn diese direkte Unterstellung dem guten Ausgang der Sache diente, nicht nur eine Pflicht, sondern auch eine Freude wäre, Faisal dem General Allenby zu überlassen.

Eine letzte Schwierigkeit für die Umgruppierung bildete König Hussein, ein eigensinniger, mißtrauischer Charakter und voraussichtlich kaum geneigt, seine sorglich gehätschelte Eitelkeit im Interesse einheitlicher Führung aufzugeben. Sein Widerstand konnte den ganzen Plan gefährden; daher bot ich mich an, selbst hinunterzugehen und auf ihn einzuwirken. Unterwegs wollte ich bei Faisal vorsprechen und von ihm die wärmsten Empfehlungen für die Umwandlung mitnehmen, um dadurch dem eindringlichen Brief Wingates an König Hussein den nötigen Nachdruck zu geben. Damit war man einverstanden, und die „Dufferin“, die eben von Akaba zurückkam, erhielt Befehl, mich nach Djidda zu bringen.

König Hussein traf von Mekka her ein, und es wurde über dies und jenes hin- und hergeredet. Wilson war gewissermaßen das königliche Versuchskarnickel, an dem er zweifelhafte Entschlüsse zunächst auf ihre Wirkung hin ausprobieren konnte. Dank Wilson wurde die Unterstellung Faisals unter Allenby angenommen; und König Hussein nahm die Gelegenheit wahr, seine ehrliche Anhängerschaft an unser Bündnis zu betonen. Dann wechselte er das Thema und kam – wie stets ohne jeden sichtlichen Zusammenhang – auf seine religiöse Stellung zu sprechen. Er war weder strenger Schiit noch strenger Sunnit und hielt es mehr mit einer schlichten, über dem Schisma stehenden Auslegung des Glaubens. So großzügig seine Stellung zu den überweltlichen Dingen war, ebenso beschränkt und engstirnig dachte er in Sachen der Politik und verriet dabei jene niedrige Einstellung des kleinen Mannes, die dem Gegner jede Ehrlichkeit der Gesinnung von vornherein abspricht. Ich spürte etwas von der unausrottbaren Eifersucht, die den modern denkenden Faisal am Hof seines Vaters verdächtig machte, und begriff, wie leicht es jedem Unheilstifter fallen mußte, das Mißtrauen des Königs aufzustacheln.

Während wir über derlei interessante Dinge in Djidda sprachen, wurde unser Friede jäh aufgestört durch zwei aus Ägypten eintreffende Telegramme. In dem ersten hieß es, daß die Howeitat in verräterischer Verbindung mit Maan ständen; das zweite brachte Auda mit dem Anschlag in Verbindung. Wir waren völlig bestürzt. Wilson war lange mit Auda gereist und konnte sich für seine absolute Ehrlichkeit verbürgen. Mohammed el Dheilan hingegen war wohl eines Doppelspiels fähig, und auch Ibn Djad mit seinen

Freunden waren unsichere Kantonisten. Wir beschlossen, sofort nach Akaba zu gehen. Verrat war bei dem Plan, den ich mit Nasir zur Verteidigung des Platzes aufgestellt hatte, ganz und gar nicht in Rechnung gesetzt.

Zum Glück lag die „Hardinge" im Hafen für uns bereit. Am dritten Tage nachmittags kamen wir in Akaba an, wo Nasir von nichts Verdächtigem wußte. Ich sagte ihm nur, daß ich Auda begrüßen möchte. Er gab mir ein flinkes Kamel nebst Führer, und bei Morgengrauen war ich in Guweira und fand Auda, Mohammed und Zaal alle in einem Zelt versammelt. Sie waren etwas verwirrt, als ich so plötzlich und unangemeldet unter ihnen erschien, versicherten aber, daß alles in Ordnung wäre. Als gute Freunde setzten wir uns zum Essen zusammen.

Noch andere Howeitat kamen hinzu, und es gab ein allgemeines Geschwätz über den Krieg. Ich verteilte die Geschenke des Königs und erzählte zu aller Belustigung, daß Nasir nun doch seine vier Wochen Urlaub nach Mekka bekommen hätte. Der König war so begeistert von seinem Aufstand, daß er meinte, auch seine Untergebenen müßten ebenso standhaft bei der Sache aushalten. Daher wollte er Beurlaubungen nach Mekka nicht gestatten; aber die Männer empfanden den ununterbrochenen Dienst bei der Fahne denn doch als eine etwas schwer zu ertragende Verbannung von ihren Frauen. Wir hatten oft genug mit Nasir darüber gescherzt, daß er sich nach der Einnahme von Akaba ausgiebige Festtage verdient habe; aber er glaubte im Ernst nicht an den Urlaub, bis ich ihm gestern abend den Brief des Königs überreichte. Zum Dank dafür verkaufte er mir die Ghasala, die herrliche Kamelstute, die er von den Howeitat erhalten hatte. Ihr Besitz verknüpfte mich noch enger mit den Abu Tayi.

Nach dem Essen wurde ich unter dem Vorwand, schlafen zu wollen, die Besucher los. Und dann forderte ich Auda und Mohammed unvermittelt auf, mit mir einen Spaziergang zu machen und das zerstörte Fort zu besichtigen. Sobald wir allein waren, kam ich auf ihren neuesten Briefwechsel mit den Türken zu sprechen. Auda lachte los, und Mohammed blickte mißmutig drein. Schließlich erzählten sie mir umständlich, daß Mohammed das Siegel Audas entwendet und an den Gouverneur von Maan einen Brief geschrieben hätte, worin sich beide erboten, von der Sache des Königs abzufallen. Die Türken hatten sehr erfreut geantwortet und große Belohnungen versprochen, worauf Mohammed um eine kleine Abschlagszahlung bat. Nun bekam Auda Wind davon, wartete ruhig, bis der Bote mit den Geschenken unterwegs war, fing ihn ab, raubte ihn bis aufs Hemd aus und verweigerte Mohammed seinen Anteil an der Beute. Soweit war das Ganze nur eine Farce, und wir lachten weidlich darüber; es steckte jedoch mehr dahinter.

Sie waren verstimmt, daß man bisher noch keine Truppen und Geschütze zu ihrer Verstärkung geschickt hatte und daß die erhofften Belohnungen für die Einnahme von Akaba ausgeblieben waren. Beide mühten sich, herauszubekommen, wer mich über ihre geheimen Verhandlungen unterrichtet hatte und wieviel ich davon wußte. Damit gerieten wir auf schlüpfrigen Boden. Ich ließ sie zappeln, als bemerkte ich nicht ihre sichtliche Furcht, und erwähnte ganz unbekümmert und so, als wären es meine Worte, einzelne von ihren eignen Sätzen, die in den Briefen gestanden hatten. Das hatte die gewünschte Wirkung.

Dann erwähnte ich so nebenbei, daß Faisal mit seiner ganzen Armee nach Akaba käme und was für Mengen an Gewehren, Geschütz, Sprengmaterial, Lebensmitteln und Geld Allenby herunterschicken würde. Zuletzt kam ich darauf zu sprechen, daß Auda durch seine Repräsentationspflichten in letzter Zeit sicher große Ausgaben gehabt hätte: ob ich ihm nicht aushelfen könnte mit einem kleinen Vorschuß auf die große Gabe, die ihm Faisal nach seiner Ankunft in Akaba persönlich überreichen werde? Auda mochte wohl erkennen, daß der gegenwärtige Augenblick nicht unergiebig, Faisal sogar sehr gewinnbringend war und daß ihm zuletzt immer noch die Türken blieben, wenn die andern Hilfsquellen versagten. So erklärte er sich denn, sichtlich hochbefriedigt, bereit, den Vorschuß anzunehmen und damit auch die Verpflichtung, seine Howeitat ausreichend zu ernähren und in guter Stimmung zu erhalten.

Gegen Sonnenuntergang waren wir wieder beim Zelt. Zaal hatte ein Schaf geschlachtet, und es wurde in aller Freundschaft gefestmahlt. Danach ritt ich zurück, begleitet von Mufaddhi (um den Vorschuß für Auda mitzunehmen) und von Abd el Rahman, einem Diener Mohammeds, der – wie er mir zuflüsterte – eine kleine Gabe mitnehmen sollte, die ich etwa Mohammed extra zu übersenden wünschte. Wir ritten die Nacht hindurch, und dann weckte ich Nasir aus dem Schlaf, um mit ihm die letzten Geschäfte zu erledigen. Darauf paddelte ich in einem herrenlosen Kanu von der „Euryalus-Landungsbrücke“ zur „Hardinge“, die ich beim ersten Morgengrauen erreichte.

Ich ging in meine Koje, badete und schlief bis gegen Mittag. Als ich auf Deck kam, dampfte das Schiff bereits in voller Fahrt durch den schmalen Golf Ägypten zu. Mein Erscheinen verursachte allgemeines Erstaunen, denn man hatte erwartet, daß ich gut sechs bis sieben Tage brauchen würde, um nach Guweira zu reiten, mich über den dortigen Stand der Dinge zu unterrichten und wieder zurückzukehren, und daß ich daher mit einem späteren Dampfer nachkommen würde.

Wir stellten die Verbindung mit Kairo her und meldeten, daß die Lage in Guweira durchaus zufriedenstellend wäre und keinerlei Verrat bestünde. Das entsprach kaum der Wahrheit; aber da uns Ägypten nur auf Kosten seiner eigenen Sicherheit am Dasein erhielt, mußten wir politisch gefährliche Wahrheiten unterdrücken, um sein Vertrauen und die Legende über uns aufrechtzuerhalten.

14. Der Feind wird aufgestachelt

Schiffe dampften den Golf von Akaba hinauf. Faisal landete und mit ihm Djaafar, sein Stabschef, und Joyce, der stets Bereite. Die Panzerwagen trafen ein, ferner Goslett, ägyptische Arbeiterbataillone und zahllose Truppen. Auch die Türken hatten die sechs Monate Ruhe nicht ungenützt verstreichen lassen. Falkenhayn war hinuntergekommen, um sie zu beraten, und seine feine Intelligenz machte sie jetzt zu sehr beachtenswerten Gegnern. Maan hatte einen besonders tüchtigen Kommandanten bekommen: Behdjet Pascha, den alten Führer im Sinai. Er verfügte über sechstausend Mann Infanterie und je ein Regiment Kavallerie und berittene Infanterie; er hatte Maan so stark ausgebaut, daß es auch mit modernen Hilfsmitteln für uneinnehmbar gelten konnte. Ein Geschwader von Flugzeugen manövrierte täglich über Maan. Große Vorräte an Feldbahnmaterial waren angesammelt worden.

Die Vorbereitungen der Türken waren nun beendet; sie begannen sich zu rühren und ließen bald erkennen, daß sie auf Guweira zielten, die günstigste Zugangsstraße nach Akaba. Zweitausend Mann Infanterie besetzten eilig den Aba el Lissan, der dann befestigt wurde. Kavallerie bezog vorgeschobene Stellungen am Rand des Plateaus, um einen möglichen arabischen Gegenstoß aus der Richtung vom Wadi Musa abzufangen.

Diese rührige Regsamkeit der Türken kam unsern Wünschen entgegen. Wir gedachten sie zunächst nur anzustacheln und sie zu verlocken, statt unser in den Wadi Musa einzudringen, dessen natürliche Hindernisse so gewaltig waren, daß der Ort auch bei denkbar schlechtester Besatzung jedem Angriff standhalten konnte.

Als Köder, um den Feind anzulocken, wurden die Nachbarn der Delagha in Tätigkeit gebracht. Die Türken, voll neugestärktem Eifer, ließen sich zu einem Gegenstoß verleiten und erlitten schwere Verluste. Mit der reichen Beute wurden die Bauern im Wadi Musa geschmiert, die sich nun mit ihren feindlichen Nachbarn, den Delagha, vertrugen. Maulud, der alte Kampfhahn, rückte mit seinem Maultier-Regiment vor und setzte sich bei den berühmten Ruinen von Petra fest. Die dadurch ermutigten Liathena begannen unter ihrem einäugigen Scheikh Khalil über das Plateau von Aba el Lissan zu schwärmen und türkische Posten aufzuheben oder kleinere Transporte abzufangen. Das ging so Wochen hindurch, während die gereizten Türken immer hitziger und hitziger wurden.

Um den Feind auch noch auf andere Art zu beunruhigen, ersuchten wir den General Salmond, den versprochenen Luftangriff auf Maan vorzunehmen. Zur Ausführung des ziemlich schwierigen Beginnens bestimmte er Stent nebst andern erprobten Piloten von Rabegh und Wedjh und befahl ihnen, ihr Möglichstes zu tun. Sie hatten bereits Erfahrungen in Notlandungen auf öder Wüste und waren auch darin geübt, unbekannte Bestimmungsziele in unübersichtlichem und auf Karten nicht verzeichnetem Gebirgsgelände herauszufinden. Stent sprach zudem fließend Arabisch. Der Angriff hätte sicherheitshalber aus großer Flughöhe ausgeführt werden können; aber Stent, der Führer, ein Nervenbündel voll Ehrgeiz und Tatendrang, liebte es, sich die Dinge so schwer wie möglich zu machen. In diesem Falle befahl er, um das Ziel nicht zu verfehlen, niedrig zu fliegen. Und es gelang ihnen auch, Maan zu erreichen und den überraschten Platz mit zweiunddreißig Bomben zu belegen. Zwei davon fielen in die vollbesetzten Baracken, wodurch fünfunddreißig Mann getötet und fünfzig verwundet wurden. Acht schlugen in den Lokomotivschuppen und beschädigten Maschinen und Material. Eine Bombe traf die Küche des Generals und erledigte seinen Koch mitsamt dem Frühstück. Vier fielen auf den Flugplatz. Trotz des Schrapnellabwehrfeuers kehrten Flieger und Flugzeuge unversehrt nach ihrem Hilfslandungsplatz bei Kuntilla oberhalb Akaba zurück.

Am Nachmittag überholten sie ihre Maschinen, und abends legten sie sich unter den Tragdecks schlafen. In der Morgendämmerung des nächsten Tages stiegen drei von neuem auf, diesmal in der Richtung auf Aba el Lissan, dessen ausgedehntes Lager Stent den Mund wäßrig gemacht hatte. Sie bombardierten die Reihen der angepflockten Pferde, von denen viele getötet wurden; dann statteten sie den Zelten einen Besuch ab und jagten die Türken auseinander. Wie am Vortage wurde tief und sehr gewagt geflogen; aber alles ging gut. Lange vor Mittag waren sie wieder in Kuntilla.

Stent musterte die Restbestände an Benzin und Bomben und stellte fest, daß es auch noch zu einem dritten Angriff reichte. Er gab daher Befehl, daß jedes Flugzeug für sich nach der feindlichen Batterie suchen sollte, die sie am Morgen so stark belästigt hatte. In der Mittagshitze stiegen sie auf. Da sie wegen der schweren Belastung nicht übermäßig hoch gehen konnten, kamen sie in nur dreihundert Fuß Höhe über den Kamm jenseits Aba el Lissan und dann über das Tal hinabgebraust. Die Türken, zur Mittagszeit stets sanft entschlafen, wurden völlig überrascht. Dreißig Bomben gingen nieder; eine brachte die Batterie zum Schweigen, die anderen töteten Dutzende von Menschen und Tieren. Dann stiegen die erleichterten Maschinen hoch in die Luft und kehrten heim nach El Arisch. Den Arabern wurde so der Rücken gesteift, die Türken waren schwer beunruhigt. Behdjet Pascha ließ überall Schutzdächer und Verblendungen aufführen; und als dann seine Flugzeuge instandgesetzt waren, verteilte er sie an geeigneten Stellen rings auf dem Plateau von Aba el Lissan zum Schutz des Lagers.

Durch Luftangriffe hatten wir die türkischen Vorbereitungen gestört; durch aufreizende Überfälle der Stämme sollten sie von ihrem eigentlichen Ziel abgelenkt und zu einem Vorstoß in ungünstiges Gelände verleitet werden. Ein drittes Mittel, um ihre beabsichtigte Offensive zu lähmen, bestand in der Störung ihres Bahnverkehrs, was sie veranlassen mußte, ihre Angriffstruppen zum Schutz der Eisenbahn längs der Linie zu zersplittern. Demgemäß wurden für Mitte September umfangreiche Zerstörungen der Bahnlinie angesetzt.

Ich kam auf meine alte Idee zurück, einen fahrenden Zug in die Luft zu sprengen. Es gab jetzt angeblich etwas, das zuverlässiger und wirksamer war als automatische Minen, und zwar, wie ich hörte, eine elektrische Zündung, mit der man die Ladung im gegebenen Augenblick unmittelbar zur Explosion bringen konnte. Die englischen Pioniere ermutigten mich zu dem Versuch, insbesondere General Weight, der Chef des Ingenieurkorps in Ägypten, der als Fachmann ein gewissermaßen sportliches Interesse an meinem etwas ausgefallenen Unternehmen hatte. Er sandte mir den empfohlenen Apparat: einen Zündkasten nebst isoliertem Kabel, mit dem bewaffnet ich mich dann an Bord von S.M.S. „Humber", unseres neuen Wachtschiffs, begab und mich dem Kommandanten, Kapitän Snagge, vorstellte.

Snagge war sehr beglückt über sein Schiff, das für Brasilien gebaut und daher weit bequemer und reichlicher ausgestattet war als die englischen Kreuzer; ich aber war zwiefach beglückt, von seinem Schiff und von ihm, denn er war die Gastfreundschaft in Person. Lebhaften und regen Geistes, war er auch voller Interesse für alles, was an Land vorging; und namentlich hatte er viel Sinn für die komische Seite unserer kleinen Mißgeschicke. Er amüsierte sich köstlich, wenn ich ihm von einem unserer Fehlschläge erzählte; und für eine gute Geschichte spendete er mir ein heißes Bad und Tee mit allem zivilisierten Zubehör, ohne den ewigen Zusatz von Wüstensand. Seine Freundlichkeit und stete Hilfsbereitschaft ersparte uns manche Fahrt nach Ägypten zu notwendigen Reparaturen und setzte uns in den Stand, Monat auf Monat hindurch die Türken durch stete Hammerschläge zu zermürben.

Der Zündapparat war in einem festverschlossenen, weißen und sehr schweren Kasten eingebaut. Wir brachen ihn auf, fanden einen Auslösungshebel und drückten ihn nieder, ohne dem Schiff Schaden zuzufügen. Der Leitungsdraht bestand aus schwerem, gummiisoliertem Kabel. Wir schnitten ihn durch, befestigten die Enden an Schraubenköpfen am Kasten und schickten uns dann gegenseitig recht überzeugende Schläge durch die Glieder: die Sache funktionierte.

Als Ort der Tat erschien mir Mudowwara am geeignetsten, eine leicht erreichbare Wasserstation acht Meilen südlich Maan. Ein zerstörter Zug gerade an dieser Stelle konnte den Bahnverkehr schwer schädigen. Als Begleitmannschaft hatte ich meine bewährten Howeitat; und außerdem sollten auf der Expedition drei Bauern aus dem Hauran erprobt werden, die ich meinem persönlichen Gefolge einverleibt hatte. In Hinsicht auf die künftige Bedeutung des Hauran war es für uns notwendig, ihren Dialekt zu erlernen und uns über ihre Stammeseinrichtungen und Feindschaften zu orientieren. In harmlosem Gespräch auf langen Märschen sollten mich die drei Burschen Rahail, Assaf und Hemeid in alle ihre Stammes- und Familienangelegenheiten einweihen.

Um einen zum Stehen gebrachten Zug auch zu erobern, brauchte man Geschütze und Maschinengewehre. Am geeignetsten erschienen mir Grabenmörser und Maschinengewehre vom leichten Lewis-Typ. Demgemäß sandte uns Ägypten zwei tüchtige Instruktionsunteroffiziere von der Heeresschule in Zeitun, die in Akaba den Araberhaufen beibringen sollten, wie man mit solchen Dingern umzugehen hatte. Snagge gab ihnen auf seinem Schiff Quartier, solange wir noch kein geeignetes englisches Lager an der Küste hatten.

Sie hießen, glaube ich, Yells und Brooke, wurden aber nur Lewis und Stokes genannt, nach dem eifersüchtig gehüteten Geschützmaterial eines jeden. Lewis war Australier, lang, dürr, krumm, seine schlaksige Figur stets in schlapper und wenig militärischer Haltung. Das knochige Gesicht mit geschwungenen Brauen und Adlernase zeigte so recht den den Australiern eigentümlichen Ausdruck unbedenklicher Bereitwilligkeit und rasch zugreifender Tatkraft. Stokes dagegen war ein stocksteifer englischer Freiwilliger, geschickt und schweigsam, aber immer erst eines Befehles gewärtig.

Lewis steckte voll selbständiger Anregungen und sprudelte jedesmal über vor Begeisterung, wenn etwas geglückt war. Stokes äußerte nie eine Meinung, außer nach vollbrachter Tat, wo er dann gedankenvoll seine Mütze in den Nacken schob und Punkt für Punkt alle Fehler aufzählte, die er beim nächsten Mal vermeiden müßte. Beide waren prächtige Kerle. Schon nach vier Wochen hatten sie sich – ohne Kenntnis der Sprache und ohne Dolmetscher – mit ihren Schülern verständigt und ihnen mit der erforderlichen Exaktheit beigebracht, wie sie mit ihren Waffen umzugehen hätten. Mehr brauchte es nicht, denn praktische Übung erschien für unsere Zufallskriegführung besser angebracht als alles noch so lückenlose theoretische Wissen.

Mit der fortschreitenden Organisation unseres Unternehmens wuchs auch unser Tatendrang. Die Station Mudowwara schien von geringer Verteidigungsfähigkeit. Mit dreihundert Mann konnte man sie vielleicht in überraschendem Vorstoß nehmen. Damit wäre viel gewonnen gewesen, denn auf dem ganzen Abschnitt jenseits Maan gab es nur den einen tiefen Brunnen von Mudowwara. Geriet er in unsere Hand, so war der Bahnbetrieb über die lange, wasserlose Strecke kaum noch aufrechtzuerhalten.

Lewis, der Australier, immer begierig, sich auszuzeichnen, kam zu mir und erklärte, daß er und Stokes sich mir gern anschließen möchten bei dem Unternehmen; ein mir nicht unwillkommener Vorschlag. Waren sie dabei, so konnte ich mich auf meine technische Abteilung, namentlich beim Angriff auf geschulte Truppen, unbedingt verlassen. Außerdem wünschten sie sehr dringend mitzugehen, und ihre bisherige Leistung verdiente Belohnung. Immerhin wurden sie darauf aufmerksam gemacht, daß ihre Erfahrungen dabei nicht immer erfreulicher Natur sein würden. Bei den Märschen und Kämpfen im Innern der Wüste ginge es, auch in puncto Verpflegung, nicht nach Vorschrift und Regel, und irgendwelche Erleichterungen könnten ihnen nicht gewährt werden. Sie müßten sich darauf gefaßt machen, alle gewohnte Bequemlichkeit und die bevorzugte Stellung des englischen Heeresangehörigen dranzugeben und alles, aber auch alles (ausgenommen die Beute!) mit den Arabern zu teilen und sich hinsichtlich

Verpflegung und Disziplin völlig auf gleich und gleich mit ihnen zu stellen. Ginge überdies mit mir selbst etwas schief, so würden sie, die nicht Arabisch sprachen, in eine sehr bedenkliche Lage kommen.

Lewis entgegnete, daß gerade etwas so Ungewohntes ganz nach seinem Geschmack wäre. Stokes äußerte nur, wenn wir es könnten, so könnte er es auch. Also wurden ihnen zwei meiner besten Kamele zugewiesen (die Satteltaschen mit kaltem Fleisch und Zwieback gefüllt), und am 7. September 1917 brachen wir auf, den Wadi Item aufwärts, um uns unsere Howeitat von Auda in Guweira zu holen.

Im Interesse der beiden Sergeanten und um sie erst allmählich an das Neue zu gewöhnen, wurde die Sache anfangs nicht so gefährlich gemacht, wie ich gesagt hatte. Am ersten Tage, solange wir noch Herren unserer Entschlüsse waren, wurde nur langsam vorgerückt. Keiner von ihnen hatte vorher auf einem Kamel gesessen, und es stand zu befürchten, daß die fürchterliche Glut der nackten Felsen von Item sie zur Strecke bringen würde, ehe der Marsch noch richtig begonnen hatte. September war für diese Gegend ein sehr ungünstiger Monat. Einige Tage zuvor war das Thermometer im Schatten eines Palmenhaines am Strand von Akaba auf einhundertzwanzig Grad gestiegen. Zu Mittag wurde daher unter einem Felsvorsprung haltgemacht, gegen Abend nur noch zehn Meilen weitermarschiert und dann zur Nacht gelagert.

In der frühen Hitze des nächsten Tages näherten wir uns Guweira. Wir ritten eben gemächlich über eine sandige Ebene, deren graugrüner Grund vom letzten Schimmer der Morgenröte überleuchtet wurde, als sich plötzlich ein Brummen hoch in der Luft vernehmen ließ. Wir bogen rasch von der offenen Straße seitlich ab auf die buschbesetzten Flächen, wo die Kamele mit ihrer unregelmäßigen Färbung von dem feindlichen Flieger nicht bemerkt werden konnten; denn die Lasten hochexplosiver Schießbaumwolle sowie der Vorrat an schweren Granaten für Stokes' Geschütze bedeuteten eine wenig angenehme Nachbarschaft bei Fliegerangriffen. Dort warteten wir ruhig, im Sattel bleibend, während die Kamele das bißchen Fressenswerte von den Büschen abknabberten, bis das Flugzeug zweimal über den Bergen von Guweira gekreist war und drei Bomben heruntergeknallt hatte.

Im Lager von Guweira war das Flugzeug nachgerade eine Art Regulator des täglichen Lebens geworden. Die Araber, wie stets schon vor dem ersten Morgengrauen auf den Beinen, hatten sich auf diesen regelmäßigen Gast schon genau eingerichtet. Mastur pflegte einen Sklaven auf einen Felsgipfel zu setzen, um sein Erscheinen anzumelden. Nahte dann die gewohnte Stunde seines Kommens, so schlenderten die Araber, schwatzend in absichtlich zur Schau getragener Sorglosigkeit, den Felsen zu. Dort angekommen, kletterte jeder auf seinen Lieblingsplatz in den Klippen. Hinter Mastur klomm der Schwarm seiner Sklaven hinauf, mit dem Teppich und dem Kaffee auf offenem Kohlenbecken. In einer schattigen Ecke saß er dann mit Auda zusammen und schwatzte, bis der kleine Schauer der Erregung über die dichtbesetzten Klippennester lief, wenn das erste leise Surren der Maschine vom Paß von Shtar herübertönte.

Alles drückte sich gegen die Wände und verhielt sich still, während der Feind, ohne ein sicheres Ziel zu finden, über dem seltsamen Schauspiel dieses roten Felsgeländes kreiste, das mit Tausenden von buntgekleideten Arabern gesäumt war, gleich Ibissen in jede Ritze des Gesteins eingenistet. Das Flugzeug warf je nach dem Wochentag drei, vier oder fünf Bomben ab. Der aufquellende Rauch lag eine Weile dicht wie Watteballen auf der blaßgrünen Ebene und wand und drehte sich dann in der windstillen Luft einige Minuten lang um sich selbst, ehe er sich langsam zerteilte und zerfloß. Wußten wir auch, daß keine Gefahr dabei war, so hielten wir doch den Atem an, wenn das Krachen der krepierenden Bomben das Geknatter der über uns kreisenden Maschine unterbrach.

Wir waren froh, das lärmende und glühende Lager von Guweira hinter uns zu lassen. Sobald wir die freundliche Begleitung dichter Fliegenschwärme los waren, machten wir halt; denn wir hatten in der Tat keine Eile, und meine beiden armen Sergeanten bekamen eine Hitze zu schmecken, wie sie sie nie zuvor gekannt hatten. Die stickige Luft legte sich wie eine Bleimaske über das Gesicht. Es war bewundernswert zu sehen, wie sie sich zusammennahmen, um kein Wort darüber zu verlieren und so, im Geist unserer Abmachung in Akaba, zu beweisen, daß sie es an Ausdauer mit den Arabern aufnehmen könnten. Dabei hätten sie sich den überflüssigen Heroismus solchen Stillschweigens mit Fug ersparen können; lediglich infolge ihrer Unkenntnis arabischer Sitte fühlten sie sich dazu verpflichtet. Denn die Araber selber machen sich in lauten Klagen Luft über die tyrannische Sonne und die Atemnot. Immerhin war diese Kraftprobe ganz lehrreich für sie, und aus erziehlichen Gründen spielte ich selber den Vergnügten und trieb meinen Spaß mit ihnen.

Am späten Nachmittag zogen wir weiter und rasteten zur Nacht unter dem dichten Blätterdach von Tamariskenbäumen. Die Lagerstelle war herrlich: hinter uns stieg, bis zu fast vierhundert Fuß Höhe, eine steile Felswand empor, tiefrot im Sonnenuntergang; zu unsern Füßen breitete sich, auf eine halbe Meile im Umkreis, bräunlich-gelber Lehmboden, harttönend wie Holzpflaster und glatt wie ein See; und zur Seite auf einem flachen Rücken stand der dichte Hain brauner Tamariskenstämme, umsäumt von spärlichem, bestaubtem Grün, so verblaßt von Licht und Hitze, daß ich an das Silbergrau denken mußte, das sich über die Olivenhaine von Les Baux legt, wenn der Wind von der Flußmündung her talauf rauscht und die bleiche Unterseite des Laubes nach oben kehrt.

Unser nächstes Ziel war die Rumm, wo der nördliche Brunnen der Beni Atiyeh lag, ein Tal, das schon jetzt meine Gedanken in Erregung versetzte, da selbst die nüchternen Howeitat mir seine phantastischen Wunder gerühmt hatten. Der kommende Morgen sollte uns durch seinen Anblick erfreuen. Doch schon sehr früh, als die Sterne noch glitzerten, weckte mich Aid, der ergebene Scherif der Harithi, der uns begleitete. Er kam zu mir herangekrochen und sagte mit trostloser Stimme: „Herr, ich bin erblindet.“ Ich hieß ihn sich niederlegen und fühlte, daß Frostschauer ihn durchschüttelten; doch konnte er mir nichts weiter sagen, als daß er in der Nacht aufgewacht und kein Licht mehr in seinen Augen gewesen sei, sondern nur noch Schmerzen. Der Sonnenglanz hatte sie ausgebrannt.

Der Tag war noch jung, als wir, zwischen zwei ragenden Sandsteinnadeln, an den Fuß eines weiten flachen Hangs kamen, der von den hochgewölbten Bergen vor uns sanft hinablief. Er war mit Tamariskengebüsch bestanden und – wie man mir sagte – der Anfang des Tals von Rumm. Zu unserer Linken erhob sich eine langgezogene Felswand, die sich gleich einer tausend Fuß hohen Woge gegen die Mitte des Tals vorwarf; längs der rechten Talwand lief eine gleich hohe Kette steiler, rotzerklüfteter Felsen. Wir ritten, uns den Weg durch das spröde Unterholz brechend, den Hang hinan.

Im Aufstieg schloß sich das lose Buschholz zu Dickichten zusammen mit massigem Laubwerk, dessen tieferes Grün sich doppelt leuchtend abhob gegen die offenen Sandflecken von entzückend zartem Rosa. Die Böschung verflachte allmählich, bis das Tal zu einer engumgrenzten, leicht geneigten Fläche wurde. Die Berge zur Rechten wuchsen höher und schroffer, ein würdiges Gegenstück zur Umgrenzung links, die sich zu einem massiven Wall roten Gesteins aufsteilte. Beide Seiten rückten bis auf nur zwei Meilen Zwischenraum zusammen; und dann, allmählich sich auftürmend bis zu tausend Fuß über uns, liefen diese beiden parallelen Felsmauern in meilenlanger Avenue dahin.

Sie waren keine geschlossenen Felswände, sondern in gewaltige Blöcke aufgeteilt, die gleich riesigen Bauwerken zu beiden Seiten der Straße standen. Tiefe, fünfzig Fuß breite Querschlünde trennten diese einzelnen Massive, in deren Wände die Verwitterung gewaltige Buchten und Apsiden ausgerundet hatte, überdeckt von feinen Rissen und Furchen wie mit Ornamenten. Manche Höhlungen hoch oben am Steilhang waren rundbogig wie Fenster; andere, näher dem Boden, gähnten wie offene Tore. Dunkle Flecken liefen über Hunderte von Fuß an der beschatteten Front hinab, gleichsam als wäre sie geschwärzt von vielem Gebrauch. Diese klippenartigen Blöcke, vertikal gefurcht nach ihrer körnigen Struktur, ruhten auf einem zweihundert Fuß hohen Sockel von einer härteren und dunkler gefärbten Gesteinsart, der nicht wie der obere Teil in Längsfalten herabhing, sondern tiefe, gleichsam wie eingehauene Horizontalfurchen zeigte, ähnlich einer Quader-Grundmauer.

Die einzelnen Massive waren gekrönt von hochgewölbten Gipfeln, gleich Gruppen von Domkuppeln, nicht so brennend rot wie das übrige Gestein, sondern nur leicht getönt und mehr ins Graue spielend. Damit vollendete sich der Eindruck einer byzantinischen Architektur um diesen unvergleichlichen Ort, diesen Prozessionsweg, gewaltiger, als ihn Phantasie sich vorzustellen vermöchte. Die ganze arabische Armee hätte sich der Länge und Breite darin verlieren können, und zwischen den Felswänden hätte ein Flugzeuggeschwader in Formation manövrieren können. Unsere kleine Karawane wurde nachdenklich, und keiner sprach mehr ein Wort; man fühlte sich beängstigt und beschämt, sich mit seiner Geringfügigkeit breitzumachen inmitten dieser riesenhaft ragenden Berge.

Das ging so Stunden hin, während die Fernsicht immer gewaltiger und herrlicher wurde in ihren wohlgegliederten Umrissen, bis sich eine Schlucht in der Felsenfront zur Rechten zu einem neuen Wunder öffnete. Die Schlucht, eine vielleicht dreihundert Fuß breite Spalte in einer der Bergwände, führte zu einem Amphitheater von ovaler Gestalt – schmal nach vorn zu und breit ausladend nach beiden Seiten. Die Wände ringsum fielen fast senkrecht ab, wie stets in der Rumm, erschienen aber höher, da der kleine Kessel unmittelbar im Herzen einer beherrschenden Berggruppe lag und seine Winzigkeit die umliegenden Höhen übermächtig erscheinen ließ.

Die Sonne war hinter den westlichen Bergen verschwunden; der kleine Kessel selbst lag bereits im Schatten, aber die Felskulissen zu beiden Seiten des Eingangs, wie auch der stolze Koloß jenseits des Tals, waren vom Abendschein rotglühend überleuchtet. Der Boden rings um den Kessel war sandig und feucht, von dunklen Flecken niedern Buschwerks durchsetzt, während am Fuße all der Steilhänge Geröllblöcke lagen, größer als Häuser, manchmal in der Tat sich ausnehmend wie Bruchstücke von Festungswerken, die von den steilen Höhen ringsum heruntergestürzt wären. Vor uns führte ein viel begangener Pfad über die Randberge hin und wandte sich in gefährlichem Abstieg südwärts, längs eines flachen, mit einzelnen Laubbäumen bestandenen Rückens. Zwischen diesen Bäumen hindurch erklangen aus verborgenen Felsspalten seltsame Rufe: das langgezogene, singende Echo der Stimmen der Araber, die bei den dreihundert Fuß überm Talgrund entspringenden Quellen die Kamele tränkten.

Mohammed wandte sich der linken Ausbuchtung des Amphitheaters zu. An seinem Ende hatten findige Araber einen freien Platz geschaffen unter einem überhängenden Fels; hier saßen wir ab und lagerten. Die Howeitat hatten mit aller Sorgfalt die Sprengstofflasten abgeladen und führten nun ihre Kamele, mit lauten Rufen sich am Echo ergötzend, den Saumpfad aufwärts zu den Quellen. Wir zündeten Feuer an und kochten Reis als Zugabe zu dem Fleisch aus den Satteltaschen der Sergeanten, indes mein Kaffeekoch die nötigen Vorbereitungen traf für die zu erwartenden Besucher.

Die Araber in den Zelten bei den Quellen hatten uns kommen sehen und waren natürlich begierig, Neues von uns zu hören. Innerhalb einer Stunde waren die Scheikhs der Darauscha, Zelebani, Zuweida und Togatga um uns versammelt, und es entspann sich ein eifriges, aber von unserer Seite nicht allzu ergiebiges Gespräch. Aid, der Scherif, war wegen seiner Erblindung zu niedergeschlagen, um mir die Last der Unterhaltung tragen zu helfen; und ich meinerseits konnte eine Besprechung so besonderer Art nicht gut auf eigne Faust führen.

15. Minenlegung

Bei Morgengrauen des 16. September 1917 verließen wir die Rumm. Aid, der blinde Scherif, hatte darauf bestanden, weiter mitzukommen, ungeachtet seines verlorenen Augenlichts. Er sagte mir, könnte er auch nicht mehr schießen, so könnte er doch reiten; und später, wenn Gott uns günstig, wolle er, im Hochgefühl des Erfolges, von Faisal Urlaub nehmen und, leidlich getröstet, heimkehren zu dem lichtlosen Leben, das ihm noch bliebe. Zaal führte seine fünfundzwanzig Nowasera, einen zu Audas Arabern gehörigen Klan, die sich selbst zu „meinen Leuten" zählten und weit und breit in der Wüste berühmt waren wegen ihrer Reitkamele. Mein scharfes und ausdauerndes Reiten hatte mir ihr Herz erobert.

In der Vorhut ritt der alte Motlog el Awar auf seiner El Djedha, der besten Kamelstute Nordarabiens. Wir blickten mit stolzen oder neiderfüllten Blicken zu ihr hin, je nachdem wir zu Motlog standen. Meine Ghazala war schlanker und höher gebaut, und ihr Schritt war freier, doch war sie zu alt, um Galopp zu gehen. Immerhin war die Ghazala das einzige Tier in unserer Schar oder eigentlich in der ganzen Wüste, das sich überhaupt mit der Djedha messen konnte, und ihr Wert kam wiederum meinem Ansehn zugute.

Der Rest der Abteilung war in einzelne Trupps zerstreut, gleich einem in Stücke gerissenen Halsband. Keine Gruppe wollte mit einer andern marschieren oder sprechen; und ich flitzte wie ein Weberschiffchen den ganzen Tag vor und zurück, um bald dem einen, bald dem andern mürrischen Scheikh gut zuzureden, und versuchte so, sie zusammenzubringen, damit, ehe es ans Werk ging, doch einigermaßen Geschlossenheit herrschte. Zunächst erreichte ich nur, daß sie sich bereit erklärten, wenigstens auf die Marschanordnungen Zaals zu hören – aber sonst auf kein Wort von ihm, obwohl er anerkanntermaßen der intelligenteste und erfahrenste Kriegsmann war. Er war, meiner persönlichen Ansicht nach, der einzige, dem man weiter trauen konnte, als der Blick reichte. Bei den übrigen schien mir weder auf ihre Worte noch auf ihre Ratschläge noch selbst vielleicht auf ihre Flinten Verlaß.

Zu Mittag rasteten wir auf einem grünbewachsenen Platz, einem sanften Hang, auf dessen sandigem Grunde der letzte Frühlingsregen dicke Büschel silbrigen Grases hervorgelockt hatte, das unsern Kamelen vortrefflich mundete. Das Wetter war mild, fast wie ein August in England, und wir ruhten behaglich ausgestreckt, endlich befreit von der gereizten Stimmung des Morgens vor dem Abmarsch und von jener leicht nervösen Aufregung, die jeder Aufbruch, sei's auch nur aus zeitweiligem Marschlager, unvermeidlich mit sich bringt.

Spät am Tage marschierten wir weiter; in Windungen ging es bergabwärts und dann durch ein enges, von mäßig hohen Sandsteinfelsen eingeschlossenes Tal. Noch vor Sonnenuntergang kamen wir wieder auf eine Fläche festen, bräunlichgelben Lehms, ähnlich jener, die uns als ein Vorspiel der Herrlichkeiten der Rumm erfreut hatte. Wir lagerten an ihrem Rande. Meine Bemühungen hatten Früchte gezeitigt, denn wir waren jetzt in nur drei Parteien um hellprasselnde Feuer aus Tamariskenzweigen gruppiert. An dem einen hatten sich meine Leute zum Essen zusammengesetzt, an dem zweiten die Zaals und an dem dritten die übrigen Howeitat; und spät am Abend, nachdem sich alle Scheikhs an Gazellenfleisch und frischgebackenem Brot gesättigt hatten, gelang es mir, sie sämtlich um mein neutrales Feuer zu versammeln, wo wir dann die Maßnahmen für den morgigen Tag einträchtig besprachen.

Es schien möglich, daß wir bis gegen Sonnenuntergang den Mudowwara-Brunnen, der zwei bis drei Meilen diesseits der Bahnstation in einem geschützten Tale lag, erreichen und dort tränken konnten. Dann, bei Einbruch der Nacht, wollten wir weiter gegen die Station vorgehen, um die Verhältnisse dort zu erkunden und namentlich festzustellen, ob wir mit unsern schwachen Kräften einen Angriff gegen sie versuchen konnten. Daran hielt ich mit aller Entschiedenheit fest (entgegen der allgemeinen Neigung), denn die Station Mudowwara bedeutete in vieler Beziehung den entscheidenden Punkt der Eisenbahnlinie. Die Araber konnten das nicht einsehen, da sie sich in ihrem Kopf keine Vorstellung zu machen vermochten von der Gesamtheit der türkischen Front mit ihren gegenseitigen Abhängigkeiten und schwierigen Versorgungsverhältnissen. Aber schließlich einigten wir uns doch, und voller Zuversicht legten wir uns zum Schlafen nieder.

Am nächsten Morgen wurde das Abkochen auf später verschoben, da wir nur einen sechsstündigen Marsch vor uns hatten. Wir überschritten die Lehmfläche und kamen auf eine Ebene mit hartem Kalksteinboden, bedeckt mit einer Schicht brauner, abgeschliffener Kiesel. Es folgten niedrige Berge mit einzelnen weichen Sandstrecken am Fuß der steileren Hänge, die dort von den Staubstürmen aufgeschichtet waren. Danach stiegen wir durch flache Täler auf einen Kamm und jenseits durch ähnliche Täler wieder bergab; und dann, beim Austritt aus dunklem, engem Felsgestein, sahen wir eine weite sonnenüberflutete Ebene vor uns, die eine einzelne niedrige Triebsanddüne in langer Linie durchquerte.

Die Mittagsrast hatten wir gleich beim Eintritt in das bewegte Gelände gehalten und erreichten nun, wie vorgesehen, am Spätnachmittag den Brunnen. Es war ein offenes Loch, wenige Yard im Geviert, und lag in einem engen, mit Sand, Kieseln und Steinplatten bedeckten Tal. Das stehende Wasser mutete wenig einladend an. Seine Oberfläche war mit einer dicken Schicht grünlichen Schlamms bedeckt, auf dem merkwürdige, fettige, rosa Blasen schwammen. Die Araber erklärten, das käme von toten Kamelen, die die Türken in den Brunnen geworfen hatten, um das Wasser ungenießbar zu machen; aber das sei schon eine ganze Weile her, und die Wirkung sei nur noch ganz schwach zu merken. Nach meinem Geschmack hätte sie noch schwächer sein können.

Indessen war es der einzige uns zur Verfügung stehende Brunnen, sofern wir nicht die Station Mudowwara einnahmen; daher saßen wir ab und füllten unsere

Wasserschläuche. Dabei glitt einer der Howeitat an dem schlüpfrigen Rande aus und fiel ins Wasser. Der grünliche Schlammteppich schloß sich ölig über seinem Kopf zusammen und verschlang ihn einen Augenblick; dann kam er grimmig schnaufend wieder hoch und krabbelte unter allgemeinem Gelächter heraus. Hinter ihm blieb ein schwarzes Loch in dem grünen Moder, aus dem, fast wie eine sichtbare Säule, ein fürchterlicher Gestank von verwestem Fleisch aufstieg, der – nicht eben erfreulich – an ihm und uns sich festhängte und sich über das ganze Tal verbreitete.

Zaal, ich, die beiden Sergeanten und andere schlichen uns bei Dunkelwerden vorsichtig vorwärts. Nach einer halben Stunde erreichten wir den letzten Höhenkamm, auf dem die Türken Schützengräben ausgehoben hatten, nebst einem aus Steinen ausgebauten, mit Schießscharten versehenen Außenposten. Er war unbesetzt in dieser finstern Neumondnacht. Vor uns in der Tiefe lagen die Stationsgebäude, deren Türen und Fenster von den gelben Wachtfeuern der Besatzung grell beleuchtet waren. Sie schien dicht zu unsern Füßen zu liegen, aber die Entfernung war doch weiter, und unsere Grabenmörser reichten nur auf dreihundert Yard. Also pirschten wir uns näher heran, bis wir die Geräusche beim Feinde hörten, stets ängstlich auf der Hut, nicht durch ein Anschlagen der Hunde drüben verraten zu werden. Sergeant Stokes hielt nach rechts und links Ausschau, um Geschützstellungen ausfindig zu machen, fand aber nichts Geeignetes.

Inzwischen waren Zaal und ich in der letzten Bodenfalte so nahe herangekrochen, daß wir die unbeleuchteten Zelte zählen und die Leute sprechen hören konnten. Einer kam heraus, ging einige Schritte auf uns zu und blieb dann stehen. Er strich ein Zündholz an, um sich eine Zigarette anzustecken; die Flamme überleuchtete sein Gesicht und einen Teil seiner Gestalt, und wir sahen, daß es ein junger, hohlwangiger und kränklich aussehender Offizier war. Er kauerte sich einen Augenblick nieder, um etwas zu untersuchen, und kehrte dann zu seinen Leuten zurück, die verstummten, als er an ihnen vorbeiging.

Wir krochen zu unserm Hügel zurück und beratschlagten flüsternd. Die Station war ziemlich ausgedehnt, mit sehr festen steinernen Gebäuden, die unseren nur mit Zeitzünder versehenen Granaten standzuhalten versprachen. Die Garnison schien etwa zweihundert Mann stark zu sein. Wir hatten nur hundertsechzehn Gewehre und waren überdies keine sehr einträchtige Familie. Nur völlige Überraschung konnte uns zugute kommen.

Daher entschied ich, die Station jetzt in Frieden zu lassen und den Angriff auf eine spätere, wahrscheinlich baldige Gelegenheit zu verschieben. Tatsächlich aber rettete eine Reihe von Zufällen Mudowwara; und erst im August 1918 wurde ihm durch Buxtons Kamelreiterkorps das so lang hinausgeschobene Schicksal bereitet.

Wir erreichten in aller Stille unsere Kamele und legten uns zum Schlafen nieder. Am nächsten Morgen gingen wir erst ein Stück unseres gestrigen Weges zurück, dabei einer Bodenfalte folgend, die uns gegen Sicht von der Eisenbahn aus deckte. Dann wandten wir uns südwärts über eine Sandfläche, auf der wir Fährten von Gazellen, Oryx und Straußen entdeckten, an einer Stelle auch schwache Fußspuren eines Leoparden. Wir beabsichtigten, einen Zug in die Luft zu sprengen, und wollten zu diesem Zweck die Höhen erreichen, die die Sandfläche jenseits begrenzten. Dort, so sagte Zaal, machte die Bahn eine Kurve, wie wir sie zur Minenlegung brauchten, und die sie beherrschenden Ausläufer der Berge würden uns Deckung und Schußfeld für die Maschinengewehre bieten.

Also wandten wir uns den südlichen Höhenrücken zu, bis wir auf eine halbe Meile an die Bahnlinie heran waren. Dort machte die Abteilung in einem dreißig Fuß breiten Tal halt, während einige von uns zur Bahn hinuntergingen, die hier einen schwachen Bogen nach Osten machte, um die Höhe zu umgehen, auf der wir standen. Die Höhe endete in einer tafelartigen Platte, die Bahn etwa fünfzig Fuß überhöhend und nordwärts hin das ganze Tal beherrschend.

Die Geleise durchquerten das Tal auf einem hohen Damm, der von einer zweibogigen Brücke als Wasserdurchlaß unterbrochen war. Dies schien eine ideale Stelle zur Anbringung der Ladung. Es war unser erster Versuch mit elektrisch gezündeten Minen, und wir hatten keine Ahnung, wie die Sache auslaufen würde. Aber es leuchtete unmittelbar ein, daß der Erfolg auf jeden Fall sicherer war, wenn man die Ladung über einem Brückenbogen anbrachte. Wie dann auch die Wirkung auf die Lokomotive sein mochte, die Brücke würde einstürzen und die folgenden Wagen sicher zur Entgleisung bringen.

Wir gingen zurück, entluden die Kamele und sandten sie nach einem gedeckten Weideplatz dicht bei überhängenden Felsen, von denen die Araber Salz abkratzten. Dann wurden der Stokes-Mörser nebst Munition, die Lewis-Maschinengewehre und der Sprengstoff mit Kabel, Magnet und sonstigem Werkzeug an die dafür bestimmten Plätze gebracht. Während die beiden Sergeanten ihre sieben Sachen auf einer Terrasse aufbauten, gingen wir zur Brücke hinunter, um in dem Raum zwischen zwei Stahlschwellen ein Loch auszubuddeln, in das die fünfzig Pfund Schießbaumwolle eingebettet werden sollten.

Das Ausgraben hatte seine Schwierigkeiten. Der Eisenbahndamm war sehr steil, und in der geschützten Stelle zwischen ihm und den Hügeln war eine Sandbank angeweht. Nur ich allein ging mit aller Vorsicht darüber, hinterließ aber natürlicherweise dennoch deutliche Spuren in dem weichen Sand. Die ausgegrabene Kiesschotterung zwischen den Schienen mußte ich in meinem Mantel in wiederholten Gängen bis hinunter nach dem Durchlaß tragen, wo sie auf dem kiesigen Bett des Wasserlaufs unauffällig verteilt werden konnte.

Es dauerte fast zwei Stunden, bis wir die Ladung richtig verstaut und wieder zugedeckt hatten. Dann kam die schwierige Aufgabe der Kabellegung von der Sprengstelle bis zu dem Ort in den Hügeln, von wo aus wir die Mine zur Entzündung bringen wollten. Die obere Sandlage war zu einer Kruste verhärtet, die durchbrochen werden mußte, um die Kabel einzubetten. Der Draht war sehr steif und schwer und kratzte in die vom Wind geriffelte Oberfläche lange Streifen, die aussahen wie die Bauchabdrücke unnatürlich dünner und schwerer Schlangen. Wenn man den Draht an der einen Stelle herunterdrückte, sprang er an der andern wieder hoch. Schließlich mußte er mit Felsstücken beschwert und niedergehalten werden, durch deren Herbeischaffung die Sandfläche natürlich noch mehr zerwühlt wurde.

Darauf galt es, mit einem gefüllten Sandsack alle Spuren und Eindrücke bis zu einer gleichmäßig gewellten Oberfläche aufzuschütten und schließlich mittels Blasen und weitausladenden Schwüngen meines Mantels den Eindruck zu erzeugen, als wäre der Wind darübergestrichen. Nach fünf Stunden war alles beendet, aber auch gut beendet: weder ich noch ein anderer konnten erkennen, wo die Ladung lag, noch daß von da aus eine doppelte Drahtleitung unter dem Boden zweihundert Yard aufwärts bis zu der Zündungsstelle lief, die hinter einem für unsere Schützen bestimmten Höhenrand lag.

Der Draht reichte gerade noch von dem Höhenrand bis zu der Bodensenke, wo wir den Zündapparat aufstellten und die beiden Enden des Drahts daran befestigten. Es war ein in jeder Beziehung günstiger Platz, ausgenommen, daß man von dort aus nicht die Brücke übersehen konnte.

Doch konnte diesem Nachteil sehr einfach dadurch abgeholfen werden, daß man von einem erhöhten Punkte, von dem aus zugleich die Brücke wie die Zündungsstelle übersehen werden konnte, dem Manne, der den Hebel bedienen sollte, im gegebenen Augenblick das Zeichen zum Einschalten gab. Salem, einer der besten Sklaven Faisals, bat um diesen Ehrenposten am Zünder und wurde unter allgemeiner Zustimmung dazu auserwählt. Der Rest des Nachmittags verging damit, ihm (an dem ausgeschalteten Zündapparat, versteht sich) klarzumachen, was zu tun sei; bis er dann alles begriffen hatte und genau auf mein gegebenes Zeichen, daß – angenommen natürlich – eine Lokomotive auf der Brücke war, den Hebel herunterdrückte.

Wir ließen einen Posten bei der Bahn und gingen nach dem Lager zurück. Die beim Gepäck gelassenen Leute waren verschwunden, wir spähten ratlos überall umher, und plötzlich entdeckten wir sie hoch oben auf einem Bergkamm sitzend, wo sie sich scharf gegen das goldene Licht der untergehenden Sonne abhoben. Wir schrien ihnen zu, sich schleunigst von dort zu verdrücken; aber sie bestanden darauf, da oben hocken zu bleiben gleich einem Pulk dunkler Krähen, weithin sichtbar von Norden wie von Süden her. Schließlich rannten wir hinauf und holten sie von ihrem Himmelssitz herunter, aber es war schon zu spät. Ein kleiner vorgeschobener türkischer Posten bei Hallat Ammar, der Station vier Meilen südlich, hatte sie entdeckt und eröffnete das Feuer auf die langen

Schatten, die von der untergehenden Sonne in stufenweisem Vorrücken über die Hänge nach dem Posten hin geworfen wurden. Die Beduinen waren an sich vollendete Meister in geschickter Ausnutzung des Geländes, aber ihre angeborene Geringschätzung des Türken machte sie diesem gegenüber völlig sorglos. Die Eisenbahnbrücke war sowohl von Mudowwara wie von Hallat Ammar sichtbar, und durch ihre plötzliche unselige Schaulust hatten sie beide Stationen aufmerksam gemacht.

Indessen war die Dunkelheit herabgesunken, und wir konnten nichts anderes tun, als die Nacht durch ruhig schlafen in der Hoffnung auf den kommenden Tag. Vielleicht, daß die Türken annahmen, wir wären abgezogen, wenn sich am Morgen hier nichts Verdächtiges mehr regte. So wurde in einer tiefen Schlucht Feuer gemacht und Brot gebacken; dann streckten wir uns ganz behaglich aus. Die gemeinsame Aufgabe hatte uns zusammengeschlossen; und beschämt über die Narren auf dem Berggipfel unterwarf sich jetzt alles der Führerschaft Zaals.

16. Sieg und Plünderung

Der Tag brach ruhig an; und während der ersten Stunden beobachteten wir die Eisenbahn und ihre friedliche Umgebung. Dank der ständigen Bemühung Zaals und seines lahmen Vetters Howeimil hielten sich die Truppen einigermaßen versteckt. Doch machte das einige Schwierigkeit, denn die Beduinen in ihrer rastlosen Unruhe können keine zehn Minuten stillsitzen, ohne herumzurutschen, irgendwas zu tun oder zu schwatzen. Daher kommt es auch, daß sie in der Verteidigung so wenig Ausdauer besitzen und ihr Eifer sehr rasch erlahmt. Heute machten sie uns wirklich ärgerlich.

Trotz allem hatten uns die Türken vielleicht doch bemerkt. Um neun Uhr kamen nämlich vierzig Mann aus den Zelten ihres vorgeschobenen Postens bei Hallat Ammar und gingen südwärts in aufgelöster Ordnung vor. Ließen wir sie laufen, so mußten sie uns innerhalb einer Stunde von unserer Minenstelle abgeschnitten haben; griffen wir sie mit unsern überlegenen Kräften an und warfen sie zurück, so würde die Eisenbahn alarmiert sein und stellte den Betrieb ein. Es war eine üble Zwickmühle, die wir schließlich dadurch zu lösen suchten, daß wir dreißig Mann entsandten mit der Aufgabe, die feindliche Erkundungsabteilung im hinhaltenden Gefecht zu beschäftigen und, wenn möglich, sie mehr seitwärts in das unübersichtliche Berggelände zu locken. Dadurch wurden sie von unserer Hauptstellung abgelenkt und blieben im unklaren über unsere geringe Stärke und unsere Absichten.

Das ging auch einige Stunden so, wie wir gehofft hatten; das Feuer wurde schwächer und entfernte sich mehr und mehr. Eine ständige Patrouille des Feindes kam ahnungslos von Süden heran, spazierte dicht unter unserm Berghang und über die Mine hinweg in Richtung auf Mudowwara, ohne uns zu bemerken. Es waren acht Mann und ein stämmiger Korporal, der vor der Sonnenglut die Augen verdrießlich zusammenkniff, denn es war jetzt elf Uhr vorbei und in der Tat sehr heiß. Als er ein bis zwei Meilen an uns vorüber war, wurde ihm die Anstrengung des Marschierens zuviel. Er führte seine Leute in den Schatten unter eine lange Überführung, durch deren Bogen ein sanftes, kühles Lüftchen von Osten wehte; und hier streckten sie sich behaglich in den weichen Sand, tranken Wasser aus ihren Feldflaschen, rauchten und schliefen zuletzt ein. Wir nahmen an, daß dies die übliche Mittagsrast war, die jeder ehrbare Türke in den heißen Sommern Arabiens als sein unveräußerliches Recht betrachtet. Und daß sie sich diese Ruhepause erlaubten, bewies uns, daß man uns als unwesentlich ansah oder gar nichts von uns wußte. Indessen war das ein Irrtum.

Denn der Mittag brachte eine neue Sorge. Durch mein gutes Fernglas sah ich, daß eine feindliche Abteilung, etwa hundert Mann stark, die Station Mudowwara verließ und über die Sandfläche hinweg direkt gegen unsern Standort vorging. Sie marschierten sehr langsam und zweifellos recht mißvergnügt, da sie auf diese Weise um ihren geliebten Mittagsschlaf gekommen waren; aber auch bei äußerst zögernder Vorwärtsbewegung konnten sie kaum länger als zwei Stunden brauchen, um uns zu erreichen.

Wir begannen aufzupacken, um nötigenfalls für den Abzug gerüstet zu sein. Mine und Leitung wollten wir ruhig liegenlassen in der Hoffnung, daß die Türken sie nicht finden würden, und daß wir vielleicht später zurückkehren könnten, um die Früchte des mühseligen Werks doch noch zu ernten. Zu unserer Deckungsabteilung im Süden wurde ein Bote abgesandt mit der Weisung, sie sollten tiefer in den Bergen zu uns stoßen, möglichst an schwer zugänglichen Stellen, die unseren Kamelen Schutz boten.

Gerade als der Bote abgeritten war, rief der Posten auf der Höhe, daß er in Richtung auf Hallat Ammar dicke Rauchwolken aufsteigen sehe. Zaal und ich eilten hinauf und erkannten an Art und Dichtigkeit des Rauches, daß in der Tat ein Zug in der dortigen Station halten mußte. Während wir noch von der Bergkuppe aus beobachteten, setzte sich der Zug plötzlich auf uns zu in Bewegung. Wir riefen den Arabern zu, so rasch als möglich ihre Stellungen einzunehmen, und es begann eine wilde Hatz die Hänge hinauf. Stokes und Lewis konnten in ihren schweren Stiefeln das Rennen natürlich nicht gewinnen, aber sie kamen doch rasch genug hinauf und hatten plötzlich ihre Ruhr und alle sonstigen Beschwerden vergessen.

Die Schützen postierten sich längs des Höhenrandes, der sich – die Zündungsstelle verdeckend – von der Artilleriestellung bis zu dem Talausgang hinzog. Sie konnten von da aus die entgleisten Wagen auf eine Entfernung von kaum hundertfünfzig Yard beschießen, während die Schußweite für den Mörser und die Maschinengewehre etwa dreihundert Yard betrug. Auf der Höhe hinter der Artillerie stand ein Posten und rief uns zu, was der Zug machte – eine durchaus notwendige Vorsichtsmaßnahme, denn wenn er Truppen heranbrachte und diese hinter unsern Höhen auslud, mußten wir mit blitzartiger Geschwindigkeit eine Drehung machen und uns – nur auf Erhaltung des Lebens bedacht – fechtend das Tal hinauf zurückziehen. Zum Glück fuhr er, von zwei mit Holz geheizten Lokomotiven gezogen, immer in der gleichen Geschwindigkeit weiter.

Er kam an die Stelle, wo man uns gestern gesehen hatte, und begann aufs Geratewohl in die Wüste hineinzufeuern. Ich hörte den Spektakel näher und näher kommen, während ich auf meinem Auslug oberhalb der Brücke hockte, um im geeigneten Moment das Zeichen an Salem zu geben, der in wilder Erregung auf den Knien um den Zündapparat herumrutschte und mit lauter Stimme Gott anflehte, ihm Gelingen zu gewähren. Das türkische Feuer klang stark; und ich überlegte besorgt, mit wieviel feindlichen Kräften wir's zu tun bekommen würden, und ob uns die Sprengung genügenden Schaden anrichten würde, um die zahlenmäßige Unterlegenheit unserer achtzig Mann wettzumachen. Ich hätte es lieber gesehen, wenn mein erster Versuch mit elektrischer Zündung unter weniger schwierigen Umständen erfolgt wäre.

In diesem Augenblick bogen die beiden, anscheinend sehr schweren Maschinen unter schrillem Pfeifen in die Kurve ein, und der Zug kam uns in Sicht. Er bestand aus zehn gedeckten Wagen; Fenster und Türen starrend von Gewehrmündungen, während auf den Dächern in kleinen Sandsacknestern türkische Schützen gespannt im Anschlag lagen, um auf uns zu feuern. Ich hatte nicht mit zwei Maschinen gerechnet, entschloß mich aber sofort, die Ladung unter der zweiten zur Explosion zu bringen, damit nicht, im Falle nur geringer Wirkung der Mine, die unbeschädigte Maschine abkuppeln und mit den Waggons zurückfahren könnte.

Demgemäß hob ich, als das vordere Triebrad der zweiten Maschine auf der Brücke war, die Hand zu Salem hin. Es erfolgte ein furchtbarer Knall, und die Bahn entschwand den Blicken hinter einer aufschießenden Säule schwarzen Staubs und Rauchs, hundert Fuß hoch und ebenso breit. Man hörte Krachen und Splittern und den schrillen Metallklang zerberstenden Stahls. Eisen- und Holzteile flogen hoch, und plötzlich wirbelte schwarz aus der Rauchwolke ein ganzes Lokomotivrad hoch in die Luft und segelte rauschend über unsere Köpfe hinweg, bis es mählich niedersank und schwer auf den Wüstenboden hinter uns aufschlug. Außer diesem singenden Flug herrschte Totenstille, kein Schreien oder Schießen, während der nun graue Dampf der Explosion von der Bahn zu uns herüberzog und sich über den Höhenrücken hinweg langsam in den Bergen verlor.

Während dieses lähmenden Schweigens eilte ich zur Artilleriestellung zurück. Salem hatte sein Gewehr ergriffen und schoß blindlings in den Rauch. Ehe ich noch unsere Geschütze erreicht hatte, war der ganze Hang nach der Eisenbahn zu lebendig geworden von Schüssen und den braunen Gestalten der Beduinen, die sich in großen Sätzen auf den Feind stürzten. Ich wandte mich um, um festzustellen, was sich inzwischen ereignet hatte, und sah jetzt auf dem Geleise den auseinandergerissenen Zug stehen. Die

Waggonwände zitterten unter dem Geprassel der einschlagenden Geschosse, während aus den offenen Türen Türken herausstolperten, um in den Schutz des Bahndamms zu gelangen.

Indes ich noch schaute, knatterten über meinem Kopf die Maschinengewehre los, und die langen Reihen der Türken oben auf den Waggons kugelten durcheinander und wurden gleich Wollflocken von den Dächern heruntergefegt durch den Geschoßhagel, der prasselnd die Waggons entlangstrich und ganze Wolken gelber Holzsplitter aufstieben ließ. Unsere überhöhende Geschützstellung war ein großer Vorteil für uns.

Als ich dann Stokes und Lewis erreichte, hatte der Kampf eine neue Wendung genommen. Der Rest der türkischen Truppen hatte sich hinter dem Bahndamm, der hier elf Fuß hoch war, gesammelt und eröffnete, gedeckt durch die Räder, ein wohlgezieltes Feuer auf die Beduinen, zwanzig Yard jenseits der sandgefüllten Senke. Der Feind lag hier an der erhöhten Kurve im toten Winkel für unsere Maschinengewehre. Doch nun feuerte Stokes seine erste Granate, die wenige Sekunden später jenseits des Zuges in der Wüste explodierte.

Stokes stellte die Richtschraube, und die zweite Granate schlug unmittelbar hinter den Geleisen in den toten Winkel unterhalb der Brücke ein, wo die Türken Schutz gesucht hatten. Sie machte die Stellung zur Schlachtbank. Die Überlebenden der Gruppe stürzten panikartig in die offene Wüste hinaus, im Laufen Gewehre und Ausrüstung von sich werfend. Jetzt kam die Gelegenheit für die Maschinengewehre; und Sergeant Lewis streute Garbe auf Garbe über die offene Fläche, bis der Boden mit Leibern besät war. Mushagraf, der junge Scherari, der das zweite Maschinengewehr bediente, sah, daß der Kampf vorbei war, warf mit einem Freudenschrei seinen Abzugshaken fort und eilte, sein Gewehr aufraffend, den andern nach, die gleich wilden Bestien über die Waggons herstürzten und zu plündern begannen. Das Ganze hatte nur etwa zehn Minuten gedauert.

Ich ging hinunter an die Sprengstelle, um die Wirkung der Mine zu sehen. Ein Brückenbogen war in die Luft geflogen, und der erste mit Kranken vollbesetzte Wagen war in den Abgrund gestürzt. Der Aufprall hatte alle, bis auf drei oder vier, getötet und Sterbende und Tote an das zersplitterte Ende des Waggons zu einem blutenden Haufen zusammengeschüttelt. Einer der noch Lebenden schrie im Delirium immer nur das eine Wort „Typhus“. Ich verschloß die noch offenstehende Tür und überließ sie dort ihrem Schicksal.

Die nachfolgenden Wagen waren entgleist und ineinander gefahren; einige der Untergestelle waren hoffnungslos verbogen. Die zweite Maschine war nur noch ein Trümmerhaufen rauchenden Eisens. Die Triebräder waren in die Luft geflogen und hatten die Seiten des Feuerungskessels aufgespalten; Führerstand und Tender lagen in Stücke gerissen zwischen dem Schuttgeröll der Brücke. Diese Maschine war für immer dahin. Die vordere Lokomotive war besser weggekommen; zwar lag sie, vollständig entgleist, halb auf der Seite, und der Führerstand war geborsten, aber der Dampf stand noch unter Druck, und das Gestänge war intakt. Das Tal war der reinste Hexenkessel. Die Araber, wie von Sinnen gekommen, rasten umher, barhäuptig, halbnackt, brüllend, blindlings schießend und sich gegenseitig mit Nägeln und Fäusten bearbeitend, während sie Waggons aufbrachen und mit riesigen Ballen hin und her stolperten, die sie dann dicht bei den Geleisen aufschnitten und durchwühlten, alles kaputt schlagend, was sie nicht brauchen konnten.

Da lagen weit umhergestreut Stapel von Teppichen; Dutzende von Matratzen und geblümten Polstern; Männer- und Frauenkleider in buntestem Durcheinander; Uhren, Kochtöpfe, Nahrungsmittel, Schmuckstücke, Waffen. Dort stand eine Gruppe von dreißig bis vierzig Frauen, unverschleiert, mit zerrissenen Kleidern, wie wahnsinnig schreiend und sich die Haare raufend. Die Araber, ohne einen Blick für sie, fuhren fort zu rauben und zu zerstören und sich nach Herzenslust satt zu plündern. Kamele waren Gemeingut geworden. Jeder packte in wahnsinniger Hast auf das nächste beste auf, was das Tier tragen konnte, und jagte es dann westwärts in die Weite, sofort wieder auf neuen Raub bedacht.

Lewis und Stokes waren heruntergeeilt, um mir behilflich zu sein. Ich war etwas besorgt um sie; denn die Araber, völlig von Sinnen, waren drauf und dran, Freund und Feind in gleicher Weise anzugreifen. Ich selbst hatte mich dreimal gegen sie wehren müssen, da sie taten, als kennten sie mich nicht, und nach meinen Sachen griffen. Immerhin mochten die abgenutzten Khakiuniformen meiner Sergeanten ihnen wenig begehrenswert erscheinen. Lewis ging nach der offenen Ebene jenseits der Eisenbahn, um die dreißig Toten zu zählen, die seine Maschinengewehre niedergemäht hatten und so beiläufig nach Gold und sonstigen Kriegstrophäen in den türkischen Tornistern zu suchen. Stokes schlenderte unter der zerstörten Brücke hindurch, traf dort auf die Leichen der zwanzig Türken, die sein zweiter Granatschuß in Stücke gerissen hatte, und machte schleunigst wieder kehrt.

Ahmed kam herbeigestürzt, die Arme voller Beute, und schrie (kein Araber kann im Siegestaumel normal sprechen), eine alte Frau im vorletzten Wagen möchte mich sprechen. Ich sandte ihn umgehend, natürlich mit leeren Händen, nach meinem Kamel und einigen Lasttieren, um die Geschütze fortzuschaffen. Denn das feindliche Feuer war jetzt deutlich hörbar, und die Araber, gesättigt von Raub, verschwanden einer nach dem andern, hochbeladene Kamele vor sich hertreibend, in die Sicherheit der Berge.

Ahmed kam nicht wieder zurück. Meine Leute, von der Beutegier angesteckt, hatten sich zusammen mit den Beduinen über das Land zerstreut. Schließlich blieben nur noch die Sergeanten und ich bei den Trümmern zurück, über die sich jetzt eine seltsame Stille lagerte. Ich begann schon zu fürchten, daß wir die Geschütze zurücklassen und uns selbst aus dem Staub machen müßten, als ich plötzlich zwei Kamele den Hang herabsteigen sah. Zaal und Howeimil hatten mich vermißt und waren zurückgekehrt, um mich zu suchen. Wir rollten gerade das Kabel auf, es war unser einziges. Zaal stieg von seinem Kamel und wollte, daß ich an seiner Stelle aufsäße; statt dessen wurden Kabel und Zündapparat auf das Tier geladen. Zaal fand noch Zeit, über meine sonderbare Beute zu lachen, angesichts all des Goldes und Silbers im Zuge. Howeimil war stocklahm von einer alten Wunde im Knie und konnte nicht gehen; aber wir ließen sein Kamel niedergehen und verstauten die Maschinengewehre, die Läufe kreuzweis zusammengebunden wie eine Schere, hinten auf seinem Sattel. Blieb nur noch der Grabenmörser; doch Stokes erschien wieder und brachte ein Lastkamel, es ungeschickt an der Nase führend, heran, das er irgendwo aufgegriffen hatte. Wir beluden es eiligst mit dem Mörser, setzten Stokes (der noch schwach war von seiner Ruhr) in Zaals Sattel und sandten die drei Kamele unter der Obhut Howeimils fort, was sie laufen konnten.

Inzwischen hatten Lewis und Zaal in einer geschützten und versteckten Senke hinter der alten Artilleriestellung einen Scheiterhaufen aus Geschoßkörben, Holztrümmern und Benzin gemacht, ringsherum wurden Patronenstreifen der Maschinengewehre und sonstige Infanteriemunition aufgeschichtet und das Ganze vorsichtig mit zurückgelassenen Mörsergranaten bekrönt. Dann wurde es angesteckt, und wir machten uns schleunigst davon. Sobald das Feuer die Munition erreicht hatte, begann ein gewaltiges und unausgesetztes Gekrache. Die Tausende von Patronen gingen los in Serien wie Maschinengewehrfeuer, und die Granaten explodierten mit hohen Staub- und Rauchsäulen. Auf die vorgehenden Türken machte diese tapfere Verteidigung starken Eindruck, und sie mußten meinen, daß wir sehr stark und in gut befestigter Stellung waren. Sie hielten im Angriff inne, gingen in Deckung und begannen die Stellung weitausholend zu umgehen und sich nach Kunst und Regel langsam heranzupirschen, während wir eiligst davonkeuchten, den Verstecken in den Bergen zu.

Die Sache schien damit einen glücklichen Abschluß gefunden zu haben; und wir waren froh, ohne schlimmeren Verlust davongekommen zu sein als den meiner Kamele und meines Gepäcks, obgleich die geliebten Zwiebäcke der Sergeanten mit dabei waren. Jedoch in der Rumm gab es ja voraussichtlich zu essen genug, und Zaal meinte, wir würden unser Eigentum bei den andern finden, die voraus auf uns warteten. Und so war es auch. Meine Leute waren mit Beute hochbeladen und hatten auch alle unsere Kamele bei sich, deren Sättel sehr rasch von dem geraubten Zeug frei gemacht wurden.

Wir fragten, ob jemand verwundet wäre, und eine Stimme antwortete, daß der junge Schimt – ein sehr verwegener Bursche – beim ersten Ansturm auf den Zug gefallen wäre. Dieser Angriff war ein Fehler gewesen und ohne Befehl unternommen, denn die Maschinengewehre und Mörser hätten die Sache schon allein erledigt, wenn die Mine richtig funktionierte. Also war ich für diesen Verlust nicht verantwortlich.

Drei Mann waren leicht verwundet. Zuletzt geruhte einer von Faisals Sklaven zu melden, daß Salem vermißt würde. Wir riefen alle zusammen und fragten sie aus.

Schließlich erklärte ein Araber, daß er ihn verwundet dicht hinter der Maschine hatte liegen sehen. Jetzt erinnerte sich auch Lewis, einen Neger, von dem er nicht wußte, daß er zu uns gehörte, dort schwer getroffen am Boden liegend gesehen zu haben. Man hatte mir nichts davon gemeldet, und ich war sehr ungehalten; denn die Hälfte der Howeitat mußte davon gewußt haben und auch, daß Salem in meinem Dienst stand. Durch ihre Schuld hatte ich nun schon zum zweitenmal einen Genossen im Stich gelassen.

Ich rief Freiwillige auf, mit mir zurückzukehren und ihn zu suchen. Nach einer Weile meldete sich Zaal und dann noch zwölf von den Novasera. In scharfem Trab ging es über die Ebene der Eisenbahn zu. Als wir den vorletzten Höhenrand erreicht hatten, sahen wir das Wrack des Zuges umschwärmt von einer großen Zahl Türken. Es mochten an die hundertfünfzig sein, und unser Versuch war hoffnungslos. Salem war sicherlich schon tot, denn die Türken machten bei den Arabern, die Rebellen waren, keine Gefangenen.

Wir mußten Salem aufgeben und rüsteten uns schweren Herzens zum Weitermarsch. Unter unsern neunzig Gefangenen waren auch zehn arabische Frauen aus Medina, die mit Faisals Vermittlung nach Mekka gehen wollten. Wir hatten noch zweiundzwanzig Kamele zur Verfügung. Auf die Packsättel von fünfen kletterten die Frauen, auf den übrigen wurden die Verwundeten je zu zweit untergebracht. Wir waren völlig erschöpft, und die Gefangenen hatten unser ganzes Wasser ausgetrunken. Um auf dem langen Wege bis zur Rumm durchzuhalten, mußten wir unsere Wasserschläuche an dem alten Brunnen bei Mudowwara füllen.

Da der Brunnen ziemlich nahe der Eisenbahnstation lag, war es höchst wünschenswert, unser Kommen und Gehen so einzurichten, daß uns die Türken nicht gewahr wurden und uns etwa in wehrloser Lage überraschten. Daher brachen wir in einzelnen Abteilungen auf und krebsten nordwärts. Ein Sieg pflegte eine arabische Truppe stets zu lähmen, und wir waren eigentlich kein kriegsmäßig marschierendes Streifkorps mehr, sondern eine humpelnde Lastkarawane, bis zum Umsinken bepackt mit Hausrat, genug, um einen ganzen arabischen Stamm auf Jahre zu versorgen.

Meine Sergeanten baten mich jeder um einen Säbel als Andenken an ihr erstes Gefecht. Als ich die Kolonne entlang ritt, um etwas Geeignetes herauszusuchen, bemerkte ich plötzlich Ferham, einen von Faisals Freigelassenen, und zu meiner größten Überraschung sah ich, hinter ihm auf der Kruppe seines Kamels festgeschnallt, bewußtlos und blutbedeckt, den vermißten Salem.

Ich ritt an Ferham heran und fragte ihn, wo er ihn gefunden hätte. Er erzählte, daß Salem nach dem ersten von Stokes abgefeuerten Granatschuß auf die Lokomotive losgestürzt wäre und ein Türke ihn in den Rücken geschossen hätte. Die Kugel war dicht am Rückgrat steckengeblieben, ohne ihn, nach ihrer Meinung, lebensgefährlich zu verletzen. Nach der Einnahme des Zuges hätten ihm die Howeitat Mantel, Dolch, Gewehr und Kopfputz geraubt. Midjbil, einer der Freigelassenen, hätte ihn dann gefunden, auf sein Kamel verladen und mit zurückgebracht, ohne uns etwas davon zu sagen; danach hatte ihn Ferham übernommen. Salem wurde später vollständig wiederhergestellt, trug mir aber stets einen leisen Groll nach, weil ich ihn, der in meinem Dienst stand, verwundet zurückgelassen hätte.

Wir erreichten in drei Stunden den Brunnen und nahmen ohne weiteren Zwischenfall Wasser. Dann marschierten wir noch etwa zehn Meilen landeinwärts, bis wir außerhalb jeder Verfolgungsmöglichkeit waren, und lagerten für die Nacht.

Am nächsten Tage erreichten wir gegen Abend die Felsallee der Rumm, die noch im Schein der untergehenden Sonne prangte: das Gestein so rot wie die Wolken im Westen, wie diese in Terrassen gestuft und dann in geschlossenem First aufragend zum Himmel. Wiederum fühlten wir, wie die erhabene Schönheit der Rumm alle Lebhaftigkeit lähmte. Solche übergewaltige Größe machte uns zwergenklein und streifte die Hülle von Geschwätz und Gelächter von uns ab, in der wir über die heitere Ebene gezogen waren.

Zwei Tage später zogen wir glorreich in Akaba ein, mit kostbarer Beute beladen und prahlend, die Eisenbahn sei nun auf Gnade und Ungnade in unserer Hand. Die Sergeanten nahmen schleunigst das nächste Schiff nach Ägypten. Kairo hatte sie zurückbeordert und war schon sehr ungehalten über ihr Nichterscheinen. Doch nahmen sie sich das zu erwartende Donnerwetter nicht sehr zu Herzen. Sie hatten eigenhändig eine Schlacht gewonnen, hatten die Ruhr gehabt, von Kamelmilch gelebt und gelernt, fünfzig Meilen am Tag ohne Beschwerden auf einem Kamel zu sitzen. Und so bekamen sie auch jeder von Allenby eine Medaille.

17. Neue Pläne

Der Oktober 1917 war für uns ein Monat des Abwartens, da wir wußten, daß Allenby, mit den Generalen Bols und Dawnay, einen Angriff gegen die Ghaza-Beerseba-Front plante.

Ghaza war nach europäischem Muster mit mehreren hintereinanderliegenden Verteidigungslinien und Reservestellungen ausgebaut worden. Es war so offensichtlich der stärkste Punkt des Feindes, daß die Engländer schon zweimal einen frontalen Angriff dagegen versucht hatten. Allenby, frisch aus Frankreich gekommen, bestand darauf, daß jeder fernere Angriff mit einer gewaltigen Übermacht an Mann und Geschützen durchgeführt und ihre Kampfkraft durch ungeheure Mengen von Nachschub aller Art sichergestellt werden mußte.

Wir auf der arabischen Front waren stets auf das genaueste über den Feind orientiert. Die arabischen Offiziere hatten zum größten Teil in türkischen Diensten gestanden und kannten jeden gegnerischen Führer persönlich. Wir standen in ständiger Beziehung mit der Gegenseite, denn die Zivilbevölkerung in den feindlichen Bezirken war uns, auch ohne Geld und Überredungskünste, ganz ergeben. Unser Nachrichtendienst war daher der denkbar vollständigste und zuverlässigste.

Wir kannten somit besser als Allenby die innere Unsicherheit des Feindes und den ganzen Umfang der englischen Möglichkeiten. Aber wir unterschätzten dabei, daß Allenby in seinen Bewegungen stark gehemmt war durch seine allzu zahlreiche Artillerie und die Schwerfälligkeit seiner Infanterie- und Kavalleriemassen, die nur mit gleichsam rheumatischer Langsamkeit vorwärts kamen. Wir hofften, daß Allenby ein Monat trockenen Wetters beschieden sein würde, und erwarteten in diesem Fall von ihm, daß er nicht nur Jerusalem, sondern auch Haifa nehmen und die Reste der türkischen Streitkräfte in die Berge hineintreiben würde.

Das würde für uns der Augenblick zum Handeln sein, und wir mußten dann an der Stelle bereitstehen, wo unser Eingreifen am wenigsten erwartet und am nachhaltigsten zur Geltung kam. Auf mich übte Deráa die stärkste Anziehungskraft aus, der Schnittpunkt der Eisenbahnen Jerusalem–Haifa–Damaskus– Medina, der Nabel der türkischen Armee in Syrien, der gemeinsame Versorgungspunkt aller ihrer Fronten. Und zufällig auch ein Gebiet, wo beträchtliche und noch ungenutzte Reserven arabischer Kämpfer lagen, durch Faisal von Akaba aus bewaffnet und ausgebildet.

So erwog ich denn eine Weile, ob wir alle diese Anhänger aufrufen und die türkischen Verbindungen mit Gewalt anpacken sollten. Wir konnten, bei einiger Geschicklichkeit, auf zwölftausend Mann rechnen: genügend, um Deráa zu überrennen, alle Eisenbahnlinien zu zerstören und vielleicht sogar Damaskus durch Handstreich zu nehmen. Schon jede einzelne dieser Unternehmungen würde die Beerseba-Armee in eine höchst kritische Lage gebracht haben: groß war daher die Versuchung für mich, unser ganzes Kapital auf diese eine Karte zu setzen.

Die eingesessene Bevölkerung beschwor uns zu kommen. Scheikh Talal el Hareidhin, der Führer in den Bezirken rings um Deráa, sandte wiederholt Botschaft, daß, wenn wir ihm einige wenige Reiter als Garantie der arabischen Unterstützung schickten, er uns Deráa überliefern könnte. Ein Vorhaben, das gewiß Allenby auf das wirksamste unterstützt hätte, dem aber Faisal nur dann zustimmen konnte, wenn er die sichere Hoffnung hatte, sich mit seiner ganzen Armee dort dauernd festzusetzen. Eine überraschende Einnahme von Deráa, der dann nachher ein Rückzug gefolgt wäre, würde die Niedermetzelung oder wenigstens den Ruin der prächtigen Landbevölkerung jener Gebiete bedeutet haben.

Einmal nur konnten sie den Aufstand wagen, und der Erfolg mußte dann schlechthin entscheidend sein. Sie jetzt aufzurufen, hieße den stärksten Trumpf Faisals für den Enderfolg aus der Hand spielen, auf die bloße Voraussetzung hin, daß Allenbys erster

Angriff den Feind werfen und daß der November regenlos sein und einen raschen Vormarsch ermöglichen würde.

Ich überprüfte in Gedanken die englische Armee und konnte nicht zur ehrlichen Überzeugung von ihrer unbedingten Zuverlässigkeit kommen. Die Mannschaften waren meist tapfer und ausdauernd; aber ihre Generale gaben in ihrer Unfähigkeit oft das wieder preis, was die Soldaten in ihrer Einfalt gewonnen hatten. Allenby war noch gänzlich unerfahren auf diesem Kriegsschauplatz, und seine Truppen hatten durch die Murray-Periode schwer gelitten. Gewiß, wir kämpften für den Sieg der Alliierten, und da England der führende Partner war, mußten, wenn es not tat, die Araber für sie geopfert werden. Aber tat es denn wirklich schon not? Mit dem Krieg ging es im allgemeinen weder gut noch allzu schlecht vorwärts, und allem Anschein nach war auch im nächsten Jahr noch Zeit für einen derartigen Versuch. Ich beschloß daher, das Wagestück im Interesse der Araber aufzuschieben.

Jedoch die arabische Bewegung lebte nur von Allenbys Gnaden, und daher mußte auf alle Fälle irgendein Unternehmen ins Werk gesetzt werden, wenn auch nicht gleich im Umfang eines allgemeinen Aufstandes im Feindesbereich; ein Unternehmen, das nur von einem Streifkorps ohne Einbeziehung der ansässigen Bevölkerung durchgeführt werden konnte, und das zugleich als wesentliche Unterstützung seiner Pläne Allenby willkommen sein würde. Alles dies in Betracht gezogen, erschien der Versuch, eine der Brücken im Tal von Yarmuk zu sprengen, am aussichtsreichsten.

Das Tal des Yarmukflusses war eine enge, steilwandige Schlucht, durch die die von Palästina kommende Eisenbahn auf ihrem Weg nach Damaskus zum Hauran hinanstieg. Der jähe Übergang aus der Tiefe des Jordantals zur Höhe des Plateaus von Hauran hatte bei dem Bau dieser Strecke große Schwierigkeiten bereitet. Die Ingenieure mußten die Spur hart an den zahlreichen Windungen des Flußtals entlang führen, und um die nötige Steigweite zu erhalten, mußte die Bahn in ständigem Hin und Her den Fluß auf zahllosen Brücken überkreuzen, von denen die beiden am West- und am Ostausgang gelegenen am schwierigsten wiederherzustellen waren.

Durch Zerstörung einer dieser Brücken wurde die türkische Armee in Palästina von ihrer Basis in Damaskus abgeschnitten und ihr die Möglichkeit genommen, dem Vordringen Allenbys nach rückwärts auszuweichen. Der Yarmuk war von Akaba aus auf dem Wege über Azrak in hundertzwanzig Meilen langem Ritt zu erreichen. Die Türken hielten eine Gefährdung dieser Brücken für so ausgeschlossen, daß ihre Bewachung nur ungenügend war.

Der Plan wurde also Allenby vorgeschlagen, der uns ersuchte, die Ausführung auf den 5. November oder einen der drei folgenden Tage zu verlegen.

Nasir, unser bewährter Wegbereiter, war abwesend, doch bei den Beni Sakhr befand sich ja Ali ibn el Hussein, der jugendliche und sympathische Harith Scherif, der sich einst während der Unglückstage Faisals bei Medina besonders hervorgetan und später bei El Ula selbst Newcombe noch übertroffen hatte.

Ali hatte sich als Gast Djemal Paschas in Damaskus aufgehalten und dabei einige Kenntnisse über Syrien erlangt; so bat ich Faisal, ihn mir zur Verfügung zu stellen. Alis Mut, Energie und Fähigkeiten waren erprobt: kein Abenteuer seit Beginn unseres Aufstandes, vor dem er zurückgeschreckt wäre; kein Fehlschlag, dem er nicht mit seinem hellauten Lachen die Stirn geboten hätte.

Körperlich war er von außerordentlicher Leistungsfähigkeit, nicht eben hochgewachsen oder schwer, aber ungemein stark. So konnte er beispielsweise niederknien, die Unterarme auf den Boden gelegt, Handflächen nach oben, und dann mit einem Mann auf jeder Hand sich wieder aufrichten. Mehr noch: er konnte barfüßig ein trabendes Kamel im Lauf einholen, eine halbe Meile neben ihm Schritt halten und dann in den Sattel springen. In seinem Wesen war er anmaßend, eitel und eigensinnig, gleich rücksichtslos in Worten wie in Taten; sehr gewinnend (wenn er wollte) bei öffentlichem Auftreten und leidlich wohlerzogen für einen Mann, der seinen ganzen Ehrgeiz dareinsetzte, es den Nomaden der Wüste im Krieg und Sport zuvorzutun.

Im einzelnen ging mein Plan dahin, von Azrak aus in ein bis zwei Gewaltmärschen mit nur etwa fünfzig Mann gegen Um Keis vorzustoßen. Um Keis ist das alte Gadara, die berühmte Geburtsstätte des Menippos und des Meleager, des unsterblichen griechischen Syriers, dessen Schriften den Höhepunkt der syrischen Philosophenschule bedeuten. Der Ort lag genau oberhalb der westlichsten der Yarmukbrücken, eines stählernen Meisterwerks, dessen Zerstörung meinen Namen rühmlichst in die der Schule von Gadara einreihen würde. Nur etwa ein halbes Dutzend Posten waren an den Bogen und Pfeilern stationiert; ihre Ablösung erfolgte aus einer etwa sechzig Mann starken Abteilung in der Station Hemme, wo noch heute die heißen Quellen von Gadara zum Heil der Kranken hervorsprudeln. Ich hoffte einige der Abu Tayi unter Zaals Führung zum Mitkommen zu bewegen. Mit diesen Werwölfen konnte ich schon einen Überfall auf die Brücke wagen. Um das Herankommen feindlicher Verstärkungen zu verhindern, sollten die Zugangswege mit Maschinengewehrfeuer bestrichen werden, bedient von Hauptmann Brays indischen Freiwilligen von der Kavalleriedivision in Frankreich, unter Führung von Djemadar Hassan Schah.

Die Zerstörung stark versteifter eiserner Bogenspannungen mit nur beschränkten Mengen Sprengmaterials war eine technisch schwierige Operation, namentlich wenn sie unter feindlichem Feuer erfolgen mußte. Als sachkundiger Berater wurde daher Wood, der Ingenieur vom Platz in Akaba, aufgefordert mitzukommen; er war auch sofort bereit, trotzdem ihm die Ärzte jede aktive Diensttätigkeit wegen eines in Frankreich erhaltenen Kopfschusses untersagt hatten. George Lloyd, der sich noch einige Tage in Akaba aufhielt vor seiner Abreise nach Versailles zu einer leidigen Interalliiertenkonferenz, erklärte, daß er uns bis Djefer begleiten wollte.

Wir waren bei unseren letzten Vorbereitungen, als noch ein unerwarteter Verbündeter eintraf in der Person des Emirs Abd el Kader el Djezeiri, Enkel des tapferen Verteidigers von Algier gegen die Franzosen.

Er stellte Faisal Leib und Leben seiner Dörfler zur Verfügung, ausgewiesener Algerier, kühner handfester Kerle, die in geschlossenen Siedelungen längs des Nordufers des Yarmuk lebten. Das war uns sehr willkommen, denn wir erlangten dadurch, wenigstens für eine Weile, die Herrschaft über den mittleren Teil der Yarmuk-Bahnlinie einschließlich mehrerer Hauptbrücken, ohne daß wir die eingesessene Bevölkerung in das Vorhaben hineinzuziehen brauchten. Denn die Algerier waren verhaßte Fremdlinge, und die arabische Bauernschaft hätte niemals mit ihnen gemeinsame Sache gemacht.

Kaum hatten wir uns das alles schön zurechtgelegt, da traf ein Telegramm ein von Oberst Brémond, in dem er uns vor Abd el Kader als einem Spion im türkischen Solde warnte. Das warf wieder alles über den Haufen.

Faisal sagte zu mir: „Ich weiß, er ist etwas verrückt. Ich glaube, er ist ehrlich. Hütet eure Köpfe und benutzt ihn." Wir zeigten ihm weiter unser rückhaltloses Vertrauen, indem wir uns sagten: ein Gauner traut unserer Ehrlichkeit sowieso nicht, und ein ehrlicher Mann wird durch Verdacht am schnellsten zum Gauner. In Wahrheit war er ein fanatischer Moslem, halb verrückt vor religiösem Wahn und unbändiger Selbstüberzeugtheit. Sein übersteigerter Mohammedanismus empörte sich gegen mein offen zur Schau getragenes Christentum. Seine Eitelkeit war tief verletzt durch unsere Gemeinschaft; denn die Stämme betrachteten Ali als größer und behandelten mich mit mehr Achtung als ihn. Seine dickköpfige Borniertheit brachte sogar Alis Selbstbeherrschung aus der Fassung, was zu mehreren höchst peinlichen Szenen führte. Und zum Schluß ließ er uns in einem verzweifelten Augenblick im Stich, nachdem er unsern Marsch unausgesetzt behindert und uns und unsere Pläne auf alle erdenkliche Weise durcheinandergebracht hatte.

18. Wieder über die Bahnlinie

Mit einem gewaltigen Abschiedsmahl trennten wir uns von der Üppigkeit des Lagerlebens und brachen am 24. Oktober 1917 auf. Vier Stunden lang kamen wir nur langsam voran, wie immer beim ersten Marsch, wo Kamele und Menschen noch mißmutig waren über den neuen Aufbruch ins Ungewisse. Lasten verrutschten, Sättel mußten nachgegurtet und Reittiere ausgetauscht werden. Zu meinen eigenen beiden Kamelen (Ghazala, der wieder einmal hochträchtigen Großmutter, und Rima, einer gängigen Scheraristute, die die Sukhur den Rualla gestohlen hatten) und meiner kleinen Leibgarde kamen jetzt noch die beritten gemachten Inder. Ferner hatte ich ein Kamel an Wood gegeben (der etwas schwierig im Sattel war und fast jeden Tag ein neues Tier probierte) und eins dem Kavalleriefreiwilligen Thorne, dem Begleiter Lloyds, der wie ein Araber im Sattel saß und auch ganz arabisch aussah mit dem Kopftuch und dem gestreiften Mantel über seiner Khakiuniform. Lloyd selbst ritt ein Vollblut-Dheraiyeh, das Faisal ihm geliehen hatte, ein schönes, zuverlässiges Tier, augenblicklich aber sehr heruntergekommen und von der Räude geschwächt.

Unsere Kolonne zog sich in die Länge. Wood blieb zurück, und meine Leute, die alle Hände voll zu tun hatten, um die Inder zusammenzuhalten, verloren ihn aus dem Gesicht. So sah er sich denn plötzlich allein mit Thorne und bemerkte nicht unser Abbiegen nach Osten in der schwarzen Finsternis, die stets bei Nacht in der tiefen Schlucht von Item lag, falls nicht der Mond gerade darüber stand. Sie folgten der Hauptstraße nach Guweira und ritten stundenlang weiter, bis sie sich endlich entschlossen, in einem Seitental den Morgen abzuwarten. Beide waren neu im Lande und der Araber nicht sicher; so hielten sie abwechselnd Wache. Wir bemerkten ihre Abwesenheit erst, als sie bei der Mitternachtsrast nicht erschienen, und sandten sofort Ahmed, Aziz und Abd el Raman zurück mit der Weisung, die drei oder vier gangbaren Wege abzusuchen und das vermißte Paar nach der Rumm zu bringen.

Ich blieb als Führer bei Lloyd und dem Haupttrupp und geleitete sie über gewölbte Hänge rötlichen Sandsteins und durch tamariskengrüne Täler der Rumm zu, in die wir endlich einritten, als bereits die tiefrote Abendsonne ihre gewaltigen Terrassen erglühen ließ und ganze Stufenleitern dunstigen Feuers die Felsenavenue hinabwarf. In dem sandsteinernen Amphitheater bei den Quellen warteten bereits Wood und Thorne auf uns.

Am nächsten Tag, als wir gerade zum Aufbruch rüsteten, trafen Ali und Abd el Kader bei uns ein. Lloyd und ich mußten uns zu einem zweiten Mittagsmahl bequemen, denn die beiden lagen im Streit miteinander, und nur die Gegenwart von Gästen hielt sie in Schach. Lloyd gehörte zu jener seltenen Art von Reisenden, die, ganz gleich was oder mit wem, überall und zu jeder Zeit essen können. Danach saßen wir auf, und die Kamele zu schärfster Gangart antreibend, sausten wir in toller Jagd über den flachen, samtweichen Boden bis zu dem vorausmarschierenden Haupttrupp, den wir mit dem wilden Schwung unseres Galopps durcheinanderbrachten. Die schlecht beladenen Kamele der Inder wetzten umher, als hätten sie Feuer unterm Schwanz, bis sie ihre Lasten abgeworfen hatten. Alles beruhigte sich bald wieder, und wir zogen gemächlich den Wadi Hafira hinauf, einen Einschnitt gleich einem Schwerthieb in das Plateau. An seinem Endpunkt vor uns lag der steile Paß zum Hochland von Batra; aber heute erreichten wir es nicht mehr, sondern blieben aus Faulheit und Bedürfnis nach Behagen in dem geschützten Talgrund. Wir steckten mächtige Feuer an, eine große Wohltat an dem kühlen Abend. Farradj bereitete mir wie gewöhnlich meinen Reis nach seiner Art; Lloyd, Wood und Thorne hatten ihr Büchsenfleisch nebst englischem Armeezwieback, und so setzten wir uns zusammen und ließen's uns gut sein.

Am nächsten Tage kletterten wir den steilen Zickzackweg zum Paß hinauf. Unter uns lag der schmale grüne Talboden des Hafira mit seinem kegelförmigen Hügel in der Mitte, und dahinter ragten die phantastischen grauen Dome und leuchtenden Pyramiden der Berge von Rumm, heute ins noch Phantastischere gesteigert durch die darüber lagernden Wolkenmassen. Wir warteten oben, bis Kamele, Araber, Inder und Gepäck ohne Zwischenfall die Höhe erklommen hatten. Dann rastete alles zufrieden im ersten grünen Tal jenseits des Kammes, geschützt vom Winde und erwärmt von der Sonne, deren fahler Schein die herbstliche Kühle dieses hohen Tafellandes milderte. Ein gewisser Jemand fing sogleich wieder vom Essen zu reden an.

Ich ging erkundend nach Norden vor, begleitet von Awad, einem Scherari, den ich in der Rumm ohne weitere Erkundigungen angeworben hatte. Wir hatten so zahlreiche Lastkamele in der Kolonne, und die Inder erwiesen sich als solche Neulinge im Beladen und Führen der Tiere, daß meine kleine Leibgarde ihrer eigentlichen Pflicht, mit mir zu reiten, entzogen wurde. Als mir daher Schowakh seinen Vetter brachte, einen Khayal-Scherari, der unter jedweder Bedingung bei mir dienen wollte, nahm ich anstandslos an und wollte nun sogleich in einer etwas schwierigeren Lage prüfen, was an ihm war.

Wir umritten den Aba el Lissan, um festzustellen, ob sich bei den Türken etwas rührte. Denn sie hatten die Gewohnheit, mit Reiterpatrouillen über die Batrahänge vorzustoßen, sobald sich etwas Verdächtiges zeigte, und ich hatte nicht die Absicht, meine Schar schon jetzt in unnötige Gefechte zu verwickeln. Awad war ein zerlumpter, dunkelhäutiger Bursche von vielleicht achtzehn Jahren, prachtvoll gewachsen, mit Muskeln und Sehnen eines Athleten, geschmeidig und lebendig wie eine Katze und im Sattel zu Hause (er ritt glänzend). Mir gegenüber zeigte er sich etwas verlegen und befangen, obgleich er mit seinen Kameraden sehr vergnügt und ausgelassen sein konnte. Daß er diese Stelle bei mir bekommen hatte, bedeutete ihm ein kaum erträumtes Glück, und er war rührend bemüht, mir alles recht zu machen. Für den Augenblick bestand seine Aufgabe darin, mit mir zusammen über die Hochstraße von Maan zu reiten zu dem Zweck, die Aufmerksamkeit der Türken auf uns zu ziehen. Als uns das gelungen war und eine ihrer Patrouillen vorgejagt kam, machten wir kehrt, bogen aus und lockten so ihre Maultierreiter weit nach Norden aus der Gefahrzone heraus. Awad war mit Begeisterung bei diesem Spiel und wußte auch seine eben erst erhaltene Flinte gut zu handhaben.

Danach stiegen wir auf eine Berghöhe, von der aus man Batra und die nach Aba el Lissan sich senkenden Täler überblicken konnte, und warteten dort, bis wir die Spitze von Alis Kavalkade über die Paßhöhe herabkommen sahen. Ich ritt Ali entgegen, und er berichtete mir, daß er auf dem Paß vier Kamele eingebüßt hatte. Auch war er wieder mit Abd el Kader aneinandergeraten und bat Gott flehentlich, ihn doch endlich von der Schwerhörigkeit, dem Dünkel und den bäurischen Manieren dieses Mannes zu befreien.

Wir ließen sie zurück mit der Weisung, uns erst nach Dunkelwerden zu folgen; und da sie keinen Führer hatten, lieh ich ihnen Awad. Wir wollten bei den Zelten Audas wieder zusammentreffen. Dann zogen wir weiter durch breite Täler und über flache Höhen, bis die Sonne hinter dem letzten, vor uns liegenden Rücken verschwand.

Lloyd und ich stellten die Richtung fest, in der die Station Schedia liegen mußte, in deren Nähe wir die Eisenbahn überqueren wollten. Es war sternenklar, und wir wählten daher den Orion als sicheren Richtpunkt. So zogen wir denn los, immer dem Orion zu, Stunde auf Stunde, mit dem Ergebnis, daß der Orion uns nicht näherkam und auch sonst zwischen ihm und uns sich nichts Bemerkenswertes zeigte. Wir waren aus dem Hügelland in die Ebene hinausgelangt; und diese Ebene schien kein Ende zu nehmen, gleichförmig durchzogen von flachen trockenen Flußläufen, deren erhöhte gerade Uferränder uns im ungewissen Licht der Sterne immer wieder den Damm der erwarteten Eisenbahn vortäuschten. Der Boden war fest, und die kühl entgegenwehende Luft ließ die Kamele frisch ausschreiten.

Lloyd und ich ritten voraus, um nach der Eisenbahnlinie auszuspähen, damit nicht etwa unser Haupttrupp überraschend auf ein türkisches Blockhaus oder eine ihrer Nachtpatrouillen stieße. Unsere leichten Reitkamele griffen flott aus, und ohne es zu merken, entfernten wir uns mehr und mehr von der langsamer marschierenden Kolonne. Hassan Schah, der Djemadar, schickte einen Mann vor, um Verbindung mit uns zu halten, dann einen zweiten und danach einen dritten. Schließlich ließ er nach vorn im Flüsterton (wegen der möglichen Nähe des Feindes) die Weisung weitergeben, langsamer zu reiten; aber als uns die Botschaft über drei verschiedene Sprachstationen erreichte, war sie unverständlich.

Wir hielten an, und in der Stille des Wartens hörten wir, daß die Nacht voller Geräusche war, indes der Duft welken Grases mit dem absterbenden Wind um uns flutete und ebbte. Dann ritten wir, etwas langsamer, wieder weiter, viele Stunden, wie es schien, immer wieder getäuscht durch trügerische Dämme, die uns unnütze Aufregung brachten. Wir merkten allmählich, daß sich der Sternhimmel verschob und wir in falscher Richtung waren. Lloyd hatte irgendwo einen Kompaß; wir hielten an und wühlten in seinen tiefen Satteltaschen. Thorne kam herzu und fand ihn. Wir standen rechnend über die leuchtende Magnetnadel gebeugt und gaben schließlich den Orion auf, um einen weiter nördlich gelegenen Stern als Richtpunkt zu wählen. Darauf ging es wieder endlos weiter, bis nach Ersteigung eines breiten Rückens plötzlich Lloyd mit einem leisen Ausruf die Zügel straffte und nach vorwärts wies. Gerade vor uns am Horizont standen zwei dunkle Würfel, schwärzer noch als der Himmel, und daneben ein spitzes Dach. Es war die Station Schedia, und wir wären also beinahe geradeswegs in sie hineingeritten.

Wir schwenkten hart rechts und überquerten in scharfem Trab ein offenes Feld, etwas besorgt, ob nicht die zurückgebliebene Karawane diesen schroffen Richtungswechsel etwa verfehlen würde. Doch alles ging gut; und ein wenig später, in der nächsten Senkung, wurden die erregenden Eindrücke dieses Abenteuers in Englisch und Türkisch,

Arabisch und Urdu ausgetauscht. Hinter uns in der Ferne hörten wir das dumpfe Anschlagen der Hunde im türkischen Lager.

Wir wußten nun, wo wir waren, und stellten jetzt genau fest, wie wir reiten mußten, um das erste Blockhaus unterhalb der Station Schedia zu vermeiden. Vertrauensvoll marschierten wir los in der sicheren Erwartung, binnen kurzem auf die Eisenbahn zu stoßen. Aber wieder verging die Zeit, und nichts zeigte sich. Es war Mitternacht, und wir waren schon sechs Stunden unterwegs. Lloyd meinte grimmig, am Morgen würden wir wohl in Bagdad sein. Eine Eisenbahn gäbe es hier offenbar nicht. Thorne sah eine Reihe von Bäumen und behauptete, sie bewegten sich; die Hähne unserer Flinten knackten, aber es waren eben nur Bäume.

Wir gaben schon alle Hoffnung auf, ritten achtlos dahin, ließen unsere ermüdeten Augen zufallen und nickten im Sattel ein. Wieder waren die Inder weit zurückgeblieben. Dann aber, nach einer Stunde, schien die jetzt vor uns liegende Bodenwelle ein anderes Aussehen zu haben. Sie zog sich in langer gerader Linie hin, und an ihrer Böschung gewahrte man dunklere Flecken, die man wohl als Löcher von Abzugskanälen ansprechen konnte. Beim Näherkommen gewahrte man oben längs des Randes etwas wie eine Reihe von dünnen Pfählen. Und jetzt sah man es deutlich: Telegraphenstangen!

Sofort wurde die Kolonne angehalten, und wir ritten zu näherer Erkundung gegen den schweigend daliegenden Damm vor, jeden Augenblick gewärtig, daß die Finsternis Feuer gegen uns speien und die Stille sich in Flintengeknatter verwandeln würde. Doch alles blieb ruhig. Wir kamen bis an den Damm und fanden ihn unbesetzt. Wir stiegen aus den Sätteln und suchten die Strecke nach beiden Seiten hin bis auf zweihundert Yard ab: kein Mensch weit und breit. Der Übergang war frei.

An den Trupp erging Befehl, sich augenblicklich in Marsch zu setzen, um die friedliche offene Wüste jenseits zu erreichen. Wir selbst setzten uns neben die Schienen unter die summenden Drähte, indes die lange Reihe schattenhafter Gebilde aus dem Dunkel heranschwankte, über den Damm hinwegwuchtete und hinter uns wieder in die Finsternis tauchte, mit jener fast geisterhaften Lautlosigkeit einer nächtlich marschierenden Kamelkarawane. Endlich war der letzte Mann hinüber. Eine weitere Stunde – dann wurde Rast befohlen bis zur Morgendämmerung.

Am nächsten Tage erreichten wir Djefer und fanden Audas kleines Lager, verborgen in dem durchschnittenen, buschbedeckten Gelände südwestlich der Brunnen. Er empfing uns mit einer gewissen Befangenheit. Seine großen Zelte nebst den Frauen waren fortgeschafft worden, aus der Gefahrzone der türkischen Flieger hinaus. Nur wenige der Howeitat waren anwesend, und diese lagen sich noch dazu gerade erbittert in den Haaren wegen der Verteilung des dem Stamm überwiesenen Soldes. Der alte Mann war ganz niedergedrückt darüber, daß wir ihn in solcher Ohnmacht sahen.

Ich tat, mit aller Vorsicht, mein möglichstes, um die Gemüter zu beruhigen, und suchte ihre Gedanken auf andere, interessantere Dinge abzulenken. Mit Erfolg, wie es schien, denn sie lächelten, was bei Arabern meist schon halben Sieg bedeutet. Das genügte für den Anfang, und wir verschoben das Weitere, um zunächst bei Mohammed el Dheilan zu speisen. Er war ein besserer Diplomat als Auda, denn er war verschlagener und weniger offenherzig. So wurde uns denn ein sehr herzlicher Empfang bereitet bei seiner gewaltigen Schüssel, gefüllt mit Reis, Fleisch und gerösteten Tomaten. Mohammed, im Grunde seines Herzens Dörfler, war gutem Essen etwas übermäßig zugetan.

Als wir nach dem Essen zurückgingen nach Audas Zelten, eröffnete ich Zaal meine Pläne betreffs der Unternehmung gegen die Yarmukbrücken. Er war mit dieser Idee ganz und gar nicht einverstanden. Der Zaal von jetzt, vom Oktober, war nicht mehr der Zaal vom August. Der Erfolg hatte aus dem reit- und streitlustigen Helden des Frühjahrs einen vorsichtig bedachtsamen Mann gemacht, dem sein neuerworbener Reichtum das Leben als ein kostbares Gut erscheinen ließ. Im Frühjahr würde er mich geführt haben, wohin immer es galt; aber der letzte Streifzug hatte seinen Schwung gelähmt, und er erklärte nun, er würde nur dann mitmachen, wenn ich persönlich unbedingt darauf bestände.

Ich fragte, was für Begleitmannschaft wir aufbringen könnten. Er nannte mir die Namen von drei Howeitat im Lager, die sich wohl für eine so verzweifelte Sache eignen möchten. Der Rest des Stammes hatte sich unzufrieden davongemacht. Nur drei Howeitat mitzunehmen, war schlimmer als gar keine, denn sie würden mir in ihrem dünkelhaften Hochmut nur meine Leute aufgereizt haben, und allein genügten sie nicht. Ich sagte daher, ich würde mich anderweitig umsehen. Zaal zeigte sich sichtlich erleichtert.

Lloyd mußte in Djefer umkehren, um rechtzeitig in Versailles zu sein. Das war sehr bedauerlich. Er hatte Verständnis für alles, half mit klugem Rat und war mit ganzem Herzen bei unserer Sache. Zudem war er der einzige wirklich gebildete Mensch, den wir hier in Arabien hatten; und in diesen paar Tagen gemeinsamen Ritts hatten wir unsere Gedanken auch endlich einmal wieder über unsere gegenwärtige Umgebung hinaus schweifen lassen und uns über jedes Buch und jedes Thema in Himmel und Erde unterhalten, das uns gerade in den Sinn kam. War er fort, so gab es für uns wiederum weiter nichts als Krieg und Stämme und Kamele.

Gleich die Nacht brachte ein Übermaß von Arbeit dieser Art. Die Sache mit den Howeitat mußte in Ordnung gebracht werden. Nach Dunkelwerden versammelten wir uns alle um Audas Herd; und stundenlang sprach ich auf diesen Kreis feuerbeschienener Gesichter ein, ließ alle meine diplomatischen Künste spielen, packte wohl auch den einen oder andern (man konnte es leicht am Aufleuchten der Augen erkennen, wenn ein Wort traf), um dann wieder, wenn ich auf falschem Wege war, nutzlose Minuten der kostbaren Zeit ohne jeden Widerhall zu verlieren. Die Abu Tayi waren ebenso hartköpfig, wie sie zähleibig waren, und das Feuer der Begeisterung war in der Mühsal der Wirklichkeit längst in ihnen ausgebrannt.

Allmählich gewann ich jedoch mehr und mehr an Boden, und es ging schon auf Mitternacht, als Auda plötzlich seinen Stab hob und Stille gebot. Wir lauschten, gespannt, was diese Warnung wohl zu bedeuten habe; und nach einer Weile fühlten wir ein leises Erzittern in der Luft, hörten eine Reihe dumpfer Schläge, kaum wahrnehmbar für unser Ohr. Es war wie das Grollen eines sehr weit entfernten Gewitters. Auda richtete seine weitstarrenden Augen nach Westen und sagte: „Die englischen Kanonen." Allenby leitete seinen Vormarsch ein, und willkommener Donner seiner Geschütze erledigte den Fall zu meinen Gunsten ohne jede weitere Diskussion.

19. Anwerbungen

Am nächsten Morgen herrschte im Lager eine heitere und versöhnliche Stimmung. Der alte Auda, der nun für einige Zeit wenigstens seine Zwistigkeiten mit dem Stamm los war, umarmte mich herzlich und flehte den Segen Gottes auf uns herab. Dann, als ich eben in den Sattel meines niedergegangenen Kamels steigen wollte, kam er nochmals aus dem Zelt geeilt, nahm mich wieder in seine Arme und drückte mich fest an sich; ich fühlte seinen struppigen Bart kratzend an meinem Ohr, während er mir hastig zuflüsterte: „Hüte dich vor Abd el Kader." Es standen allzu viele um uns her, um mehr zu sagen.

Wir hielten eine Rast zum Frühstück und danach wieder eine Mittagsrast – die Soldaten mußten ihre drei Mahlzeiten am Tag haben. Plötzlich gab es Alarm. Zwei Gruppen von Reitern auf Pferden und Kamelen jagten von Westen und Norden heran und hielten scharf auf uns zu. Wir machten die Gewehre schußfertig; und die Inder, geübt im raschen Manöver, brachten die leichten Vickers- und Lewis-Maschinengewehre in Stellung. In dreißig Sekunden stand unsere kleine Schar geschlossen zur Verteidigung bereit: ein militärisch schönes Bild.

Ich war noch dabei, uns selbst zu bewundern, und Scherif Ali ermahnte uns gerade, mit der Eröffnung des Feuers unbedingt abzuwarten, bis der Gegner nahe genug heran war, als Awad mit einem lustigen Lachen vorsprang, dem Feind entgegenlief und zum Zeichen freundlicher Gesinnung seinen weiten Ärmel über dem Kopf schwenkte. Man feuerte nach ihm oder auch über ihn hinweg, ohne Erfolg. Er warf sich nieder und schoß zurück, nur einen Schuß haarscharf über den Kopf des vordersten Reiters hinweg. Das und auch unsere schweigende Bereitschaft ließ sie stutzen. Sie schlossen auf, und nach einer Minute der Beratung schwenkten sie ihre Mäntel in etwas zögernder Erwiderung auf unsere Zeichen.

Ein Mann löste sich aus der Gruppe und ritt im Schritt auf uns zu. Awad ging ihm unter dem Schutz unserer Gewehre zweihundert Yard entgegen und sah nun, daß es ein Sukhurri war, der, als er unsere Namen hörte, sehr bestürzt tat. Es war eine Streifabteilung der Zebn Sakhr, die, wie wir erwartet hatten, vor uns bei Bair lagerten.

Ali in seiner Wut über ihren verräterischen Angriff drohte ihnen mit allen erdenklichen Bestrafungen. Sie ließen mürrischen Blickes den Redestrom über sich ergehen und sagten nur, es wäre bei den Beni Sakhr Sitte, auf Fremde zu schießen. Ali ließ das als ihre Gewohnheit gelten, sogar als eine gute Gewohnheit in der Wüste, rieb ihnen aber unter die Nase, daß ihr überraschender Ansturm von drei Seiten bedenklich nach vorbedachtem Überfall schmeckte. Die Beni Sakhr waren eine gefährliche Bande, einerseits nicht reine Nomaden genug, um den nomadischen Ehrenkodex einzuhalten und sich dem Gesetz der Wüste aus Überzeugung zu beugen, anderseits nicht ansässige Dörfler genug, um dem Raub- und Plünderungsgeschäft gänzlich zu entsagen.

Unsere Ex-Angreifer ritten voraus, um in Bair unsere Ankunft zu melden. Mifleh, der Häuptling des Klans, hielt es für das klügste, den üblen Empfang durch eine große Parade wieder gutzumachen. Alle seine Leute kamen uns entgegengestürmt und begrüßten uns mit wüstem Geschrei, verwegenen Reiterkunststückchen und vor allem ausgiebiger Schießerei in die Luft. Sie wirbelten in wilder Fahrt um uns herum, parierten ihre Pferde in vollem Galopp fast auf der Stelle, jagten steile Felsen hinan und stoben rücksichtslos kreuz und quer durch unsere Reihen, dabei auch noch fortwährend ihre Flinten dicht unter den Hälsen unserer Kamele abschießend. Dichte Wolken von Kreidestaub stiegen hoch, so daß alle Männerkehlen krächzten.

Schon näherte sich die Toberei ihrem Ende, als Abd el Kader, dem an der guten Meinung selbst von Narren gelegen war, auf den Gedanken verfiel, nun auch seine Künste vor ihnen zu zeigen. Die Beni Sakhr hatten eben Ali ibn el Hussein zugeschrien: „Gott gebe unserm Scherif Sieg!“ und dann, auf der Hinterhand kehrtmachend, sich mir zugewandt mit dem Ruf: „Willkommen, Aurans, Wegbereiter der Tat!“, da kletterte Abd el Kader in den hohen maurischen Sattel seiner Stute, und gefolgt von der strammen Reihe seiner sieben algerischen Diener, begann er im vorsichtigen Hoppelgalopp einherzustolzieren, dabei mit seiner kehligen Stimme fortwährend „Hup, Hup“ schreiend und aus einer höchst wackelig gehaltenen Pistole in die Luft feuernd.

Die Beduinen standen starr vor Staunen angesichts dieser Veranstaltung; bis dann schließlich Mifleh zu uns trat und in seiner aalglatten Art sagte: „Ihr Herren, wollet bitte euren Diener zurückrufen; er kann weder schießen noch reiten, und wenn er jemanden verletzt, ist es mit dem Glück unseres heutigen Tages vorbei.“

Wir schlugen unser Lager bei den Ruinen auf. Drüben waren die schwarzen Zelte der Beni Sakhr gleich einer Herde Ziegen in das Tal hineingefleckt. Ein Bote kam, um uns in

Miflehs Zelt zu laden. Meine Leute flüsterten aufgeregt, sie hätten gesehen, wie hinter dem Zelt, oben bei den Gräbern, Schafe abgestochen würden.

Die Schmäuse bei den Howeitat waren schon reichlich fettgetränkt gewesen, aber bei den Beni Sakhr flossen sie geradezu über. Unsere Kleider waren bespritzt von Fett, unsere Münder trieften von Fett, unsere Fingerspitzen waren verbrüht von Fett. Als der erste Hunger gestillt war, griffen die Hände gemächlicher zu; aber das Mahl war noch weit von seinem gehörigen Abschluß entfernt, als Abd el Kader plötzlich aufstöhnte, auf die Füße sprang, die Finger an einem Handtuch abwischte und sich auf die Teppiche hinten an der Zeltwand zurückzog. Wir hielten inne, aber Ali murmelte nur verächtlich: „Dieser Bauer"; also fuhren wir fort im löblichen Werke, bis alle in unserer Runde satt waren und die Mäßigeren unter uns schon begonnen hatten, das geronnene Fett von den schmerzenden Fingern abzulecken.

Ali räusperte sich; wir erhoben uns und kehrten zu unseren Teppichen an der Zeltwand zurück, indes sich die zweite und dritte Runde an der Schüssel sättigte. Ein kleiner Knirps von fünf oder sechs Jahren, in schmierigem Kittel, hatte die ganze Zeit über davorgesessen und sich mit beiden Händen andächtig vollgestopft, um sich dann zuletzt mit geschwollenem Bauch, das Gesicht glänzend von Fett, zu erheben und wortlos hinauszuschwanken, wobei er noch ein mächtiges, nicht bewältigtes Rippenstück triumphierend und zärtlich an seine Brust drückte.

Draußen vor dem Zelt zerknackten die Hunde lautkrachend die abgenagten Knochen; und in einer Ecke hockte Miflehs Sklave und lutschte aus dem aufgespaltenen Hammelschädel das Gehirn heraus, indes Abd el Kader in einem fort spuckte, rülpste und sich in den Zähnen stocherte. Schließlich ließ er sich von einem seiner Diener seinen Medizinkasten herbeiholen und braute sich irgendeinen Trank zurecht, wobei er vor sich hinbrummelte, daß so schwere Kost schlecht für seinen Magen sei. Er vermeinte sich mit solcher Unmanierlichkeit wer weiß was für ein Ansehen zu geben. Bei seinen Dörflern mochte er damit wahrscheinlich gewaltigen Eindruck machen; aber die Zebn Sakhr wohnten denn doch zu nahe der Wüste, um nach bloßem Bauernmaßstab gemessen zu werden. Zumal sie heute ein leuchtendes Gegenbeispiel vor Augen hatten in Gestalt von Ali ibn el Hussein, einem geborenen Herrn der Wüste. So blieb der arme Abd el Kader gänzlich unverstanden.

Er verschwand denn auch bald, und wir setzten uns zusammen vor den Eingang des Zeltes, unter uns das tiefe dunkle Tal, wo in verschiedensten Gruppierungen die Zeltfeuer leuchteten, fast wie ein Gegenspiel oder Widerschein des Sternenhimmels. Die Nacht war still, nur daß bisweilen die Hunde sich gegenseitig zu einem Heulchoral ermunterten; flaute der ab, so hörten wir wieder die regelmäßigen dumpfen Schläge der schweren Geschütze, die den großen Angriff in Palästina vorbereiteten. Unter dieser artilleristischen Begleitung eröffneten wir Mifleh, daß wir die Absicht hätten, in das Gebiet von Deráa einzufallen, und daß es uns sehr willkommen wäre, wenn er und etwa fünfzehn seiner Stammesleute, alle auf Kamelen beritten, mit uns kämen. Nach dem Fehlschlag mit den Howeitat hatten wir beschlossen, unsern wahren Plan zu verschweigen, um nicht durch seine Gewagtheit unsere Parteigänger wieder abzuschrecken. Mifleh indessen stimmte sofort zu, anscheinend mit freudigem Eifer, und versprach, die fünfzehn Besten des Stammes und seinen eigenen Sohn, Turki, zu stellen.

Es war längst dunkel geworden, als unsere Karawane, nach gehöriger Tränkung der Tiere, von Bair aufbrach. Wir Führer blieben noch zurück, bis die Zebn Sakhr mit ihren Vorbereitungen fertig waren. Mifleh beabsichtigte, unterwegs dem Grabmal des Essad, des angeblichen Ahnherrn ihres Stammes, einen Besuch abzustatten; es lag nahe bei Annads Grab. Die Gelegenheit erforderte, so meinte der Scheikh, daß er eine weitere Kopfschnur der dürftigen Sammlung hinzufügte, die sich um den Grabstein Essads schlang; und bezeichnenderweise bat er uns, ihm diese Weihgabe zu verschaffen. Ich überreichte ihm eine meiner reichen rotseidenen, silberdurchwirkten Mekka-Kopfschnüre und bemerkte dabei, ihren wahren Wert erhielte die Gabe erst durch den Geber. Der knickrige Mifleh nötigte mir dafür einen halben Penny auf, damit es so aussah wie ein Kauf. Und als ich dann wenige Wochen danach wieder an dem Grabmal vorbeikam und sah, daß das Weihegeschenk verschwunden war, schimpfte er laut, so daß ich es hören konnte, über die Heiligtumsschändung irgendeines gottlosen Scherari, der das Grab seines Ahnherrn beraubt habe. Turki hätte mir mehr darüber erzählen können.

Ein steiler alter Paßweg führte uns aus dem Wadi Bair hinaus. Dicht unterhalb eines Höhenkammes fanden wir unsern Trupp für die Nacht um ein Feuer gelagert, aber diesmal gab es weder Unterhaltung noch Kaffeekochen. Wir lagen still beisammen und lauschten angestrengt, um den fernen Donner von Allenbys Kanonen zu hören. Sie sprachen sehr beredt; und das Wetterleuchten im Westen mochte man für ihr Mündungsfeuer nehmen.

Am nächsten Tage marschierten wir links an den Thlaithukhwat vorbei, den „Drei Schwestern", deren strahlende weiße Gipfel ringsum die ganze Gegend beherrschten; und nach Überquerung der hohen luftigen Wasserscheide, zu der sie gehören, stiegen wir die sanft geschwungenen Hänge jenseits hinab. Der wundervolle Novembermorgen war lind und mild wie ein Sommertag in England, doch war keine Zeit, seine Schönheit zu genießen. Während der Märsche und auch bei den Rasten war ich stets mit den Beni Sakhr zusammen, gewöhnte mein Ohr an ihren Dialekt und merkte mir, was sie von den Verhältnissen innerhalb des Stammes verlauten ließen.

Bei Einbruch der Nacht lagerten wir in dem trockenen Bett eines Nebenflusses des Wadi Djescha; einiges Buschwerk mit zartem, graugrünem Laub gab unsern Kamelen willkommenes Futter und lieferte uns Feuerholz. In dieser Nacht hörte man den Kanonendonner sehr klar und laut, vielleicht weil die dazwischenliegende Senke des Toten Meeres das Echo auf das Hochplateau zu uns hinübertrug. Die Araber flüsterten: „Sie sind schon näher. Die Engländer gehen vor. Gott erbarme sich der Männer in diesem (Kugel-) Regen.“ Sie dachten voll Mitleid der weichenden Türken, ihrer schwächlichen Bedrücker seit so langer Zeit, aber ihnen um eben dieser Schwäche willen dennoch lieber als der starke Fremde mit seiner blinden, unterschiedlosen Gerechtigkeit.

Wir waren früh wieder auf den Beinen und hofften, die lange Strecke nach Ammari bis Sonnenuntergang geschafft zu haben. Gegen Mittag erschien auf dem Bergrücken vor uns eine Gruppe Kamelreiter, in flottem Trab offensichtlich auf uns zusteuernd. Der junge Turki galoppierte auf seiner Kamelstute vor, den schußbereiten Karabiner quer über den Schenkeln, um festzustellen, was sie wollten. „Ha“, rief mir Mifleh zu, als sie noch eine Meile entfernt waren, „das ist Fahad, da an der Spitze, auf seiner Schaara. Es sind unsere Blutsbrüder.“ Und so war es auch. Fahad und Adhub, die Hauptanführer der Zebn auf Kriegszügen, hatten bei Ziza westlich der Eisenbahn gelagert, als ihnen ein Gomani die Nachricht von unserm Vormarsch brachte. Sie hatten sofort gesattelt und uns nun in scharfem Ritt bereits auf halbem Wege abgefangen. Fahad machte mir in liebenswürdig scherzhafter Form Vorwürfe, wie ich mich erdreisten könnte, durch ihr Gebiet auf Abenteuer auszureiten, indes seines Vaters Söhne in ihren Zelten lägen.

Fahad war ein stiller, ernster Mann von etwa dreißig Jahren mit sanfter Stimme, bleichem Gesicht, kurz gestutztem Bart und schwermütigen Augen. Sein jüngerer Bruder Adhub war größer von Wuchs und kräftiger, wenn auch nicht über Mittelgröße. Im Gegensatz zu Fahad war er lebhaft, laut, grobschlächtig, mit einer Stupsnase, bartlosem Kindergesicht und grünlich schimmernden Augen, die begehrlich von Gegenstand zu Gegenstand flackerten. Die Armseligkeit seines Äußeren wurde noch betont durch sein ungekämmtes Haar und die schmutzigen Kleider. Fahad war sauberer, aber auch äußerst einfach gekleidet; und in diesem Paar auf ihren zottigen Kamelen einheimischer Zucht hätte man wahrhaftig nie zwei so hochangesehene Scheikhs und weitberühmte Krieger vermutet.

In Ammari blies ein heftiger kühler Nachtwind und wirbelte den aschenartigen Staub des salzhaltigen Bodens um die Brunnen in dichten Wolken hoch, daß er uns zwischen den Zähnen knirschte, wie bei einer vulkanischen Eruption. Auch das Wasser enttäuschte uns. Es lag, wie stets im Sirhan, offen zutage, aber die meisten Tümpel waren bitter und ungenießbar. Nur das Wasser eines einzigen Brunnens, genannt Bir el Emir, erschien uns, verglichen mit den andern, sehr wohlschmeckend. Er lag in einer kleinen nackten Kalksteinfläche zwischen Sandhügeln.

Sein Wasser, milchig-trüb und nach Salz und Ammoniak schmeckend, lag gerade unterhalb eines Felsvorsprunges in einer steinigen Höhlung mit zerklüfteten, überhängenden Rändern. Daud machte die Probe auf seine Tiefe, indem er Farradj völlig bekleidet hineinstieß. Er versank in der gelblichen Flut und tauchte dann wieder leise an der Oberfläche gerade unter dem Felsvorsprung auf, wo er im Finstern nicht gesehen werden konnte. Daud wartete eine angstvolle Minute, warf dann den Mantel ab und tauchte nach ihm – um ihn dann vergnügt lachend unter dem überhängenden Felsen zu entdecken.

Sie wurden herausgezogen und gerieten dann draußen auf dem Sand bei dem Wasserloch in eine wilde Rauferei. Sie richteten sich beide gehörig zu, und die sonst so zarten und anmutigen Gestalten erschienen dann bei meinem Feuer triefend vor Nässe, zerfetzt, blutig; Haare, Gesicht, Kleider über und über mit Schlamm und Dornen bedeckt, recht wie zwei wilde Teufel. Sie sagten, sie hätten getanzt und wären dabei über das Gestrüpp gestolpert, und es würde meiner Großmut angemessen sein, ihnen neue Kleider zu schenken. Ich enttäuschte ihre Hoffnung und schickte sie fort, die Schäden auszubessern.

Am nächsten Morgen hatte der Wind etwas nachgelassen, und wir setzten uns auf Azrak hin in Marsch, eine Tagereise vor uns. Kaum aber waren wir aus den Sanddünen bei den Wasserstellen heraus, als es Alarm gab. In dem Buschwerk vor uns waren Reiter gesehen worden. Das bedeckte Gelände hier war so recht der Tummelplatz für Räuberbanden. Die Kolonne machte sofort halt und marschierte an einer günstigen Stelle auf. Die Inder erwählten sich einen schmalen Bergrücken, dessen Vorgelände von zahlreichen, tief eingeschnittenen Wasserrinnen durchzogen war. Ihre Kamele ließen sie in einer gedeckten Mulde niedergehen, und in wenigen Augenblicken standen ihre Maschinengewehre schußbereit in Stellung. Ali und Abd el Kader entfalteten ihre tiefroten Banner und ließen sie im Winde flattern. Unsere Plänkler, geführt von Ahmed und Awad, zogen sich seitlich rechts und links heraus, und einzelne Schüsse wurden gewechselt. Plötzlich hatte alles ein Ende. Der Gegner kam aus seiner Deckung heraus und marschierte in breiter Front auf uns zu, Mäntel und Ärmel hoch in der Luft schwenkend und ihren Kriegsgesang zur Begrüßung anstimmend. Es waren die wehrfähigen Männer des Serahin-Stammes, gerade auf dem Wege zu Faisal, um ihm den Treueid zu schwören. Als sie erfuhren, daß wir von Faisal kamen, kehrten sie mit uns zusammen zu ihrem Lager zurück, sehr froh, sich den Weg erspart zu haben, denn der Stamm führte für gewöhnlich ein seßhaftes Hirtenleben. Es gab einiges Gepränge bei unserer gemeinsamen Ankunft vor ihren Zelten bei Ain el Beidha, wenige Meilen östlich von Azrak, wo der ganze Stamm versammelt war; und die Zurückgebliebenen begrüßten uns mit lautem Freudengeschrei, denn es hatte am Morgen großes Jammern und Klagen unter den Frauen gegeben, als sie ihre Männer davonreiten sahen.

Die Führer verteilten unsere Schar auf die einzelnen Zelte zur gastlichen Aufnahme. Ali, Abd el Kader und ich kamen in das Zelt von Mteir, dem obersten Scheikh des Stammes, einem alten, zahnlosen, freundlichen Wesen mit herabhängendem Unterkiefer, den er beim Sprechen mit der Hand stützte. Nach umständlicher und wortreicher Begrüßung ließ er uns ein sehr üppiges Mahl auftragen von gesottenem Hammelfleisch und Brot. Wood und Abd el Kader zeigten sich vielleicht etwas allzu heikel, aber in der Tat schien bei den Serahin die Tischdisziplin reichlich primitiv zu sein, und es gab um die gemeinsame Schüssel mehr Gespritze und Geschmatze, als es sich für ein besseres Zelt gehörte. Für die eine Nacht blieben wir, auf Mteirs eifriges Drängen hin, in seinem Zelt und lagerten uns auf seine Teppiche. Alles, was an Flöhen, Läusen und Wanzen vorhanden war, kam begierig herbeigeströmt, denn nach der mageren und ewig gleichen Kost an den Sirhan boten ihnen unsere Leiber eine hochwillkommene Abwechslung. Ihr Entzücken über diese ungewohnten Leckerbissen machte sie so gefräßig, daß ich beim besten Willen der Welt mich ihnen nicht länger als Festbraten zur Verfügung zu stellen vermochte. Ali schien es ähnlich zu gehen, denn er richtete sich ebenfalls auf und erklärte, nicht schläfrig zu sein. Also wurde Scheikh Mteir geweckt und nach Mifleh ibn Bani gesandt, einem jungen unternehmungslustigen Mann und erprobten Führer in den Kämpfen des Stammes. Ihnen setzten wir nun Faisals schwierige Lage auseinander und unsern Plan, ihm zu Hilfe zu kommen.

Sie hörten uns mit ernster Miene an. Mit der westlichen Brücke, sagten sie, wäre überhaupt nichts zu machen. In jene Gegend hätten die Türken gerade vor kurzem Hunderte von militärisch ausgebildeten Holzfällern zusammengezogen. Nicht der kleinste Trupp könnte dort ungesehen durchschlüpfen. Gegen die algerischen Dörfler und insbesondere gegen Abd el Kader äußerten sie das stärkste Mißtrauen. Nichts könnte sie bewegen, diese Ortschaften unter seiner Führung zu betreten. Bei einer Unternehmung gegen die nächstgelegene Brücke, bei Tell-el Schehab, fürchteten sie, von den dortigen Dorfbewohnern, ihren eingefleischten Feinden, von rückwärts her überfallen zu werden. Und wenn es dann regnete, könnten die Kamele nicht rasch genug über die schlammige Ebene von Remthe zurück, so daß der ganze Trupp abgeschnitten und niedergemacht werden würde.

Das brachte uns in die größte Verlegenheit. Die Serahin waren unsere letzte Hilfsquelle, und wenn sie sich weigerten mitzukommen, so waren wir außerstande, den mit Allenby abgemachten Plan zur vereinbarten Zeit auszuführen. Demgemäß versammelte Ali um unser kleines Feuer noch eine Anzahl der Tüchtigsten des Stammes und ließ, um die Partei der Mutigen zu stärken, auch Fahad und Mifleh und Adhub herbeiholen. Vor solchem Kreis begannen wir nun den Redekampf gegen diese unverhohlene Zimperlichkeit der Serahin, die uns nach dem langen Aufenthalt in der herzstärkenden Wildnis als etwas geradezu Beschämendes erschien.

Wir suchten ihnen, nicht abstrakt, sondern konkret, ganz nur im Hinblick auf ihren besonderen Fall, zu Gemüte zu führen, daß man ein Leben in Gemeinschaft nur wahrhaft leben und lieben könne, wenn man jederzeit zum Äußersten bereit sei. Ein Aufstand sei kein Asyl für Ruhebedürftige, keine Zahlstelle für Dividenden des Behagens. Aufstand, das bedeutet immer neues Wagnis und Abenteuer, immer härtere Entbehrung, immer schärfere Pein. Söhne der Wüste zu sein, das hieße, wie sie wohl wüßten, nie endenden Kampf zu wagen mit einem Gegner, der nicht von dieser Welt und diesem Leben wäre, sondern des Name Hoffnung sei. Keinerlei Ehre sei bei einem sicheren Erfolge, aber viel Ehre ließe sich einer sicheren Niederlage abringen.

Es waren stockende, halbzusammenhängende Worte, aus dem Augenblick geboren, die wir verzweifelt, in äußerster Bedrängnis, diesen naiven Gemütern rund um das ersterbende Feuer einhämmerten, und ich konnte mich ihrer späterhin kaum entsinnen. Ich fühlte nur, wie die Serahin langsam nachgaben und ihre Engherzigkeit sich löste in der Stille der Nacht und einem jähen Eifer wich, mit uns zu reiten, wohin es auch immer sei.

Kurz vor Tagesanbruch riefen wir den alten Abd el Kader herbei, nahmen ihn beiseite in das sandige Dickicht und schrien ihm in die tauben Ohren, daß die Serahin nach Sonnenaufgang mit uns und unter seiner Führung nach dem Wadi Khalid aufbrechen wollten. Er grunzte nur, es wäre gut. Und wir schworen uns zu, nie wieder im Leben, wenn die Gelegenheit sich böte, einen tauben Mann zum Verschwörer zu nehmen.

20. Vorstoß zur Brücke

Erschöpft legten wir uns einen Augenblick zum Schlafen nieder, waren aber sehr früh wieder auf den Beinen, um die Kamelreiter der Serahin zu besichtigen. Sie jagten mit viel Geschrei an uns vorbei und zeigten ihre Künste; doch hielten wir nicht viel von ihrer Reiterei, und sie machten allzuviel Wesens davon, um uns vom Gegenteil zu überzeugen. Aber es war nun mal die einzige Hilfstruppe, die wir hatten; so wurden denn die letzten Vorbereitungen getroffen, und um drei Uhr nachmittags brachen wir nach Azrak auf. Abd el Kader und seine Begleiter bestiegen ihre Stuten, ein Zeichen, daß wir uns der Kampfzone näherten. Sie ritten unmittelbar hinter uns.

Ali sollte zum erstenmal Azrak sehen, und während wir in hoher Erwartung den steinigen Hang hinaufeilten, sprachen wir von den Kriegszügen und Gesängen und den ungezügelten Leidenschaften der einstigen Hirtenkönige, deren Namen wie Musik klangen und die diesen Ort so geliebt hatten; und sprachen auch von den römischen Legionen, die in noch früheren Zeiten hier in Garnison geschmachtet hatten. Und dann tauchte jäh vor uns in schimmerndem Blau die Burg auf ihrem Felsgipfel auf, umrauscht von Palmen, mit frischgrünen Matten und weißschäumenden Quellen zu ihren Füßen; und wir standen festgebannt.

Nach einer Weile gab Ali die Zügel frei, und sein Kamel suchte sich behutsam seinen Weg das alte Lavabett entlang bis zu dem saftigen Grün hinter den Quellen. Unsere gequälten Augen öffneten sich weit in dieser Wohltat nach den vielen Wochen grausam harten Lichts. „Gras!" schrie Ali, sprang aus dem Sattel, warf sich auf den Boden und vergrub sein Gesicht in die harschen Halme, die uns Wüstengewohnten so weich erschienen.

Als wir uns wieder unseren Pflichten zuwandten, war kein Abd el Kader mehr zu finden. Vergebens suchten wir ihn in der Burg, im Palmgarten und oben bei der Quelle. Wir sandten Boten zur Kolonne, um nach ihm zu forschen, und sie kamen mit Arabern zurück, die sagten, er wäre gleich nach dem Aufbruch durch das buschbedeckte Hügelland nordwärts auf Djebel Druse zu davongeritten. Die Truppe kannte unsere Pläne nicht, alles haßte ihn und war froh, daß er weg war; für uns aber war es eine schlimme Nachricht.

Von den drei Möglichkeiten, die wir hatten, war Um Keis bereits aufgegeben; ohne Abd el Kader kam auch Wadi Khalid nicht in Frage. Folglich blieb uns nichts weiter übrig als ein Versuch gegen die Brücke bei Tell el Schehab. Um dahin zu gelangen, mußten wir das offene Land zwischen Remthe und Deráa überqueren. Abd el Kader war zum Feinde übergegangen mit genauer Kenntnis unserer Pläne und unserer Stärke. Wenn die Türken die geeigneten Vorsichtsmaßregeln trafen, mußten sie uns bei der Brücke abfangen. Wir berieten uns mit Fahad und kamen zu dem Entschluß, auch angesichts solcher Möglichkeit den Versuch zu wagen, und rechneten dabei mit der üblichen Unfähigkeit des Feindes. Aber ganz wohl war uns bei dieser Entscheidung nicht, und die stolze Trutzstimmung angesichts der sonnumzüngelten Burg Azraks verging uns ein wenig.

Am nächsten Morgen ritten wir über gut gangbaren Boden mit reichlichem Weidegrund für die Kamele, bis wir bei Abu Sawana auf eine prächtige Wasserstelle stießen, einen schmalen Kanal, zwei Fuß tief, etwa zehn Fuß breit, aber eine halbe Meile lang und bis zum Rand mit köstlichem, klarem Regenwasser gefüllt. Es war ein geeigneter Ausgangspunkt für unsern Vorstoß gegen die Brücke. Um ganz sicher zu sein, ritten wir einige Yard weiter bis auf eine steinige Höhe und gewahrten von da aus einen abziehenden Trupp zirkassischer Reiter, von den Türken ausgesandt, um festzustellen, ob diese Wasserstelle besetzt sei. Nur um fünf Minuten hatten sie uns verfehlt – zum Glück für beide Teile.

Bei Morgengrauen marschierten wir unbehelligt weiter, bis die Wüste ein Ende hatte, und hielten in einer flachen Mulde am Rande einer Ebene, die sich frei und deckungslos bis an den Eisenbahndamm einige Meilen vor uns erstreckte. Hier mußten wir bleiben und die Dunkelheit abwarten, um den Übergang zu ermöglichen. Unsere Absicht war, ungesehen die Bahn zu überschreiten und uns dann jenseits in den Bergrändern unterhalb Deráa zu verstecken.

Den langen Halt benutzten wir neuerdings zu einer ausgiebigen Mahlzeit, denn wir aßen bei jeder Gelegenheit drauflos, soviel wir nur konnten. Das erleichterte unsere Proviantlast und bewahrte uns vor unnützen Gedanken; aber auch so wurde der Tag endlos lang. Schließlich aber ging die Sonne unter. Ein einziger Schauer durchlief die Ebene, als die Dunkelheit, die sich schon eine Weile drüben in den Bergen gesammelt hatte, langsam herausfloß und sie zudeckte. Wir stiegen in den Sattel. Nach einem beschleunigten Marsch über Kiesboden erreichten wir zwei Stunden später die Eisenbahn und fanden bald eine zum Übergang geeignete steinige Stelle, auf der unsere Karawane keine Spuren hinterließ. Die türkischen Bahnwärter hockten offenbar ruhig in ihren Buden, für uns ein Zeichen, daß Abd el Kader den Feind noch nicht alarmiert hatte.

Wir ritten noch eine halbe Stunde auf der andern Seite der Bahn entlang, um dann in einer felsigen, aber ziemlich flachen Einbettung, bedeckt mit saftigem Pflanzenwuchs, haltzumachen. Es war Ghadir el Abyadh und als geeigneter Unterschlupf von Mifleh empfohlen. Im Vertrauen auf sein Wort, daß wir hier völlig in Deckung seien, legten wir uns zu kurzem Schlaf zwischen die beladenen Tiere. Der Morgen würde ja schon zeigen, wieweit wir hier gesichert und geborgen waren.

Als der Tag anbrach, führte mich Fahad auf den Rand unseres Schlupfwinkels, etwa fünfzehn Fuß hoch, und von da aus sahen wir gerade vor uns über einen sanften Wiesenhang hinweg die Eisenbahn auf ziemlich kurze Schußweite. Diese große Nähe war höchst bedenklich, aber die Sakhr wußten keinen besseren Platz. Hier mußten wir den ganzen Tag über bleiben. Alle Augenblicke wurde etwas gemeldet, und dann liefen die Leute auf die Höhe, um nachzuschauen, und der ganze Rand war mit einer langen Reihe von Köpfen garniert. Auch machte es große Mühe, die Kamele zusammenzuhalten, damit sie nicht etwa beim Herumweiden in Sicht kämen. Ging eine feindliche Patrouille unten an der Bahn vorüber, so mußten wir die Tiere beruhigen und festhalten, denn das geringste Geschrei oder Geräusch hätte uns verraten. Der gestrige Tag war schon lang, der heutige wurde uns aber noch weit länger. Nicht einmal essen konnten wir, da wir unser bißchen Wasser auf morgen aufsparen mußten. Dieses Bewußtsein machte uns erst recht durstig.

Ali und ich trafen die letzten Vorbereitungen für unsern Ritt nach der Brücke. Wir waren bis Sonnenuntergang hier festgehalten; dann mußten wir Tell el Schehab erreichen, die Brücke in die Luft sprengen und schon weit östlich der Bahn sein, ehe der Morgen dämmerte. Das bedeutete einen Ritt von mindestens achtzig Meilen innerhalb dreizehn Nachtstunden. Dazu waren die meisten unserer Inder nicht imstande. Sie waren keine guten Reiter und hatten auf dem Marsch von Akaba ihre Kamele ruiniert. Die Araber wissen ihre Tiere zu schonen und bringen sie, auch nach schwerer Leistung, in guter Verfassung nach Hause.

So wurden denn die sechs besten Reiter ausgewählt und auf die sechs besten Kamele gesetzt, unter Hassan Schah, ihrem Offizier und dem Beherztesten unter ihnen. Er erklärte, eine so kleine Schar könnte nicht mehr als höchstens ein Maschinengewehr mitnehmen. Das war eine bedenkliche Verminderung unserer Offensivkraft. Je mehr ich es bedachte, um so bedenklicher erschien mir dieses Yarmukunternehmen.

Die Beni Sakhr waren wackere Kämpfer, aber den Serahin trauten wir nicht recht. So beschlossen Ali und ich, die Beni Sakhr, unter Fahads Führung, als unsern Sturmtrupp zu verwenden. Von den Serahin sollte ein Teil die Kamele bewachen, ein anderer die Sprengmunition herantragen, wenn wir zu Fuß gegen die Brücke vorgingen.

Ali ibn el Hussein nahm sechs von seinen Dienern mit, und zwanzig Beni Sakhr nebst vierzig Serahin vervollständigten unsern Trupp. Der Rest wurde in Abyadh bei den lahmen und schwachen Kamelen zurückgelassen, mit der Weisung, noch vor Morgengrauen nach Abu Sawana zurückzugehen und dort weitere Befehle abzuwarten.

Gerade mit Sonnenuntergang sagten wir den Zurückbleibenden Lebewohl und stiegen aus unserm Tal heraus, herzlich wenig aufgelegt zu dieser ganzen Sache. Dunkelheit sank herab, während wir den ersten Höhenrücken überschritten und uns dann westwärts wandten, der alten Pilgerstraße zu, deren Spur unser bester Führer sein mußte. Eben ritten wir stolpernd einen steinigen Berghang hinab, als die Leute an der Spitze plötzlich vorstürzten. Wir folgten ihnen und fanden einen verängstigten Händler mit zwei Frauen und zwei Eseln, beladen mit Trauben, Mehl und Mänteln. Sie waren auf dem Wege nach Mafrah, der Station gerade hinter uns. Das konnte gefährlich für uns werden, und wir befahlen ihnen daher, die Nacht an Ort und Stelle zu bleiben und sich nicht zu rühren. Zur Bewachung wurde ein Serahin zurückgelassen, er sollte sie am Morgen freigeben und dann über die Bahn hinweg Abu Sawana erreichen.

In der nun völligen Finsternis trotteten wir über die Hänge hinweg, bis wir die weiße Spur der breiten Pilgerstraße vor uns auftauchen sahen. Es war die gleiche, später längs der Südküste sich hinziehende Straße, auf der ich in meiner ersten Nacht in Arabien zusammen mit Arabern von Rabegh aus geritten war. Und seitdem hatten wir uns zwölf Monate lang einige zwölfhundert Kilometer weit durch das Land geschlagen, vorbei an Medina und dem Hedjas, Dizad, Mudowwara und Maan.

Ein Schafhirt oder dergleichen riß mich aus meinen Betrachtungen; er hatte unsere lautlose Karawane undeutlich im Dunkeln herankommen sehen und auf sie gefeuert. Er hatte nicht getroffen, aber begann nun fürchterlich zu schreien und lief davon, dabei Schuß auf Schuß in den Dunst über uns hineinknallend.

Mifleh el Gomaan, der uns führte, bog scharf zur Seite ab, und alles stürzte hinter ihm drein, den Abhang hinab, über einen halsbrecherischen Grund hinweg und dann um einen vorspringenden Bergrücken herum. Hier waren wir wieder in ungestörter Stille der Nacht und trabten in wiederhergestellter Ordnung weiter unter dem Sternhimmel dahin. Der nächste Alarm kam von einem bellenden Hund, und dann stießen wir unverhofft auf ein Kamel. Doch war es reiterlos und anscheinend verirrt, und wir setzten unsern Weg fort.

Mifleh ließ mich neben sich reiten und nannte mich „Arab", damit mein bekannter Name mich nicht verriete, wenn uns ein Unberufener im Finstern hören sollte. Wir stiegen in eine Schlucht und spürten Brandgeruch; aus einem Busch zur Seite des Weges sprang die dunkle Gestalt einer Frau heraus und stürzte kreischend davon. Es mochte wohl eine Zigeunerin gewesen sein, da sich sonst niemand mehr zeigte. Wir kamen an einen Hügel; oben lag ein Dorf, dessen Lichtschimmer wir schon von weitem gesehen hatten. Mifleh bog nach rechts ab, auf einen breiten Streifen Ackerland, der sich einen Hang hinaufzog; wir stiegen mühsam hinan, unsere Sättel krachten. Oben auf der Höhe hielten wir an.

Unter uns, nach Norden zu, sahen wir helle Lichtgruppen. Es war die Station Deráa, alle ihre Lampen brannten, da Truppentransporte im Gange waren. Das beruhigte uns einigermaßen, doch gab es uns zugleich einen Stich, weil uns die Türken so gänzlich mißachteten. (Wir hatten wenigstens die Genugtuung, daß es die letzte Illumination von Deráa sein sollte; am Morgen schnitten wir die Drähte durch, und die Station lag ein Jahr lang – bis zu ihrer Einnahme – im Dunkeln.) Wir folgten – dicht geschlossen – nach links hin dem Höhenrücken, stiegen ein langes Tal hinab und erreichten die Ebene von Remthe; von einem Dorf in der Ferne leuchtete von Zeit zu Zeit ein rötliches Licht auf. Der Weg wurde eben, aber das Land war teilweise bebaut und der weiche Boden von einem Labyrinth von Kaninchenbauen unterhöhlt. Die Kamele versanken oft bis über die Fesseln und kamen nur mühsam voran. Trotzdem mußten wir uns sputen, denn der schlechte Weg und die verschiedenen Zwischenfälle hatten uns stark aufgehalten. Mifleh setzte sein Kamel mühsam in Trab.

Ich war besser beritten als die meisten, auf einer rotbraunen Kamelstute, die ich den Adham abgekauft hatte. Es war ein hohes, langbeiniges Tier mit gewaltig ausgreifendem, aber hartstoßendem Gang, besonders dann fühlbar, wenn es – wie stets – unruhig nach vorwärts drängte, um an die Spitze der Kolonne zu gelangen. Hatte es das erreicht, so war sein Ehrgeiz befriedigt, und es fiel in einen ruhigen stetigen Schritt, der einem das Gefühl von einer außerordentlichen Reserve an Kraft und Ausdauer gab. Ich ritt die Reihen zurück und spornte zur Eile an. Die meisten taten auch ihr Bestes, um rasch vorwärts zu kommen; aber der Boden war so schlecht, daß alle Mühe wenig fruchtete, und mit der Zeit blieb einer nach dem andern zurück. Ich setzte mich daher an das Ende der Kolonne, zusammen mit Ali ibn el Hussein, der ein sehr altes Vollblutkamel ritt. Es mochte seine vierzehn Jahre haben, strauchelte aber nie und zeigte während des ganzen Nachtrittes nicht die geringste Ermüdung. Den Kopf weit vorgestreckt, schob es sich in dem weiten, lockeren Nedjd-Schritt dahin, der so angenehm ist für den Reiter. Unser

Tempo und unsere Reitstöcke machten den Nachzüglern, Reitern wie Kamelen, das Leben sauer.

Kurz nach neun Uhr verließen wir das Ackerland. Der Weg war jetzt an sich besser, aber es begann zu regnen, und der schwere, fette Boden wurde schlüpfrig. Ein Serahinkamel stürzte; sein Reiter hatte es im Augenblick wieder hoch und trabte weiter. Einer der Beni Sakhr kam zu Fall; er blieb ebenfalls unverletzt und war rasch wieder im Sattel. Dann trafen wir auf einen der Diener Alis, er stand neben seinem Kamel und kam nicht hinauf. Ali pfiff ihn an, und als der Bursche eine Entschuldigung murmelte, hieb er ihm wütend mit dem Reitstock über den Kopf. Das erschreckte Kamel sank in die Knie, und der Sklave, rasch die hinteren Gurte fassend, konnte sich so wieder allein in den Sattel schwingen. Ali verfolgte ihn noch mit einem Hagel von Schlägen. Mustapha, einer meiner Diener, war ein ungeübter Reiter und stürzte zweimal. Aber Awad, sein Nebenmann, schnappte jedesmal seinen Halfter und half ihm wieder hoch, ehe wir heran waren.

Der Regen hörte auf, und wir kamen rascher voran. Es ging jetzt dauernd bergab. Plötzlich richtete sich Mifleh im Sattel hoch und schlug in die Luft über sich. Es gab einen scharfen metallischen Klang, der uns anzeigte, daß wir jetzt unter der nach Mezerib führenden Telegraphenleitung waren. Der graue Horizont vor uns wich zurück. Es schien, als ritten wir hoch oben auf der Wölbung eines Grats, vor uns und zur Seite unter uns nur schwarze Tiefe. Ein ganz schwaches Sausen drang an unser Ohr, wie wenn in der Ferne der Wind durch Bäume streicht, doch hielt es an und wurde stärker. Es mußte von dem großen Wasserfall unterhalb Tell el Schehab kommen, und voller Zuversicht eilten wir weiter.

Wenige Minuten später zügelte Mifleh sein Kamel und schlug es sanft auf den Nacken, bis es lautlos niederging. Er saß ab, und wir hielten ihm zur Seite an auf einer grasbewachsenen Fläche neben einem steingehäuften Grabhügel. Hart vor uns drang aus schwarzer Tiefe das laute Rauschen des Flusses herauf, das uns schon so lange in den Ohren gelegen hatte. Wir waren am Rand der Yarmukschlucht angelangt, und die Brücke lag hart rechts unter uns.

Wir halfen den Indern von den beladenen Kamelen, damit kein Laut uns etwa einem nahen Posten verriete; dann standen wir flüsternd auf dem feuchten Grasboden beisammen. Der Mond war noch nicht über Hermon aufgestiegen, aber die Nacht war nur halbdunkel, wie in Erwartung der nahenden Dämmerung, und Wolkenfetzen trieben über den fahlen Himmel. Ich verteilte das Sprengmaterial unter die fünfzehn Träger, und wir gingen los. Die Beni Sakhr, unter Führung Adhubs, verschwanden in den dunklen Abhängen vor uns, um den Weg zu sichern. Durch den Regen war der steile Abfall glatt und bröcklig, und nur, wenn wir die nackten Füße fest in den Boden stemmten, konnten wir Halt gewinnen. Zwei oder drei rutschten aus und stürzten schwer.

Weiter ging's, und schließlich sahen wir unter uns in der schwarzen Talschlucht etwas noch Schwärzeres, Längliches auftauchen, an dessen jenseitigem Ende ein kleines Licht flackerte. Es war die Brücke, die wir von oben her in ihrer ganzen Länge übersehen konnten. Auf dem andern Ufer, im Schatten des dorfgekrönten Hangs, stand das Zelt einer Wache. Alles war still, außer dem Rauschen des Flusses, alles regungslos, außer der zuckenden Flamme vor dem Zelt.

Wood, der nur herunterkommen sollte, wenn ich verwundet wurde, brachte oben mit den Indern das Maschinengewehr in Stellung, um im Notfall das Wachtzelt unter Feuer zu nehmen, während ich nebst Ali, Fahad, Mifleh, den Beni Sakhr und den Sprengstoffträgern weiter hinabstieg, bis wir den alten Baupfad zum Brückenanfang gefunden hatten. In langer Reihe stahlen wir uns auf ihm entlang; unsere braunen Mäntel und erdbeschmutzten Kleider verschmolzen mit dem Kalkstein über uns und der schwarzen Tiefe unten. Wir gelangten an die Schienen, genau da, wo sie zur Brücke einbogen. Hier blieben die übrigen, während ich mit Fahad weiterkroch.

Flach auf dem Boden und dicht an die Schienen geschmiegt, schlängelten wir uns auf die Brücke bis zur Mitte der ersten Bogenspannung, wo wir die eisernen Verstrebungen darunter fast mit der Hand erreichen konnten. Drüben der einzelne Posten, der bisher an dem Geländer am Brückenende – sechzig Yard über dem Abgrund – gestanden hatte, begann langsam vor dem Feuer auf und ab zu gehen, ohne einen Fuß auf die schwindelnd hohe Brücke zu setzen.

Ich kroch zurück, um die Sprengstoffträger heranzuholen. Doch ehe ich sie noch erreicht hatte, hörte man das laute Rasseln eines hinfallenden Gewehrs und ein Geklapper den Hang hinunter. Der Posten hielt an und starrte in die Richtung, aus der das Geräusch gekommen war. Der aufgehende Mond hatte eben die ganze Schlucht mit weichem Licht übergössen, und nun sah der Posten hoch oben unsere Maschinengewehrschützen, wie sie eben tiefer hinabkletterten, um im schützenden Schatten eine neue Stellung zu suchen. Ein lauter Anruf, dann hob er sein Gewehr und feuerte, zugleich die Wache herausrufend. Im Augenblick war alles ein wildes Durcheinander. Die Beni Sakhr, vom Feinde nicht gesehen, kletterten rasch den schmalen Pfad hinauf und schossen ins Blaue. Die türkische Wache eilte in den Graben und eröffnete Schnellfeuer in Richtung unserer aufblitzenden Schüsse. Die Inder, gerade im Aufbruch überrascht, konnten ihre Maschinengewehre nicht rasch genug in Stellung bringen, um das Zelt unter Feuer zu nehmen, ehe es geräumt war. Das Schießen wurde allgemein. Der Lärm des türkischen Schnellfeuers, weit im Tal widerhallend, wurde noch verdoppelt durch das Aufklatschen der Kugeln gegen die Felsen über uns. Die Serahin waren von meinen Leuten unterrichtet worden, daß der Sprengstoff bei heftigem Stoß explodierte. Als daher die Kugeln um sie herumprasselten, warfen sie die Lasten über den Rand in den Abgrund und entflohen. Ali kam zu Fahad und mir heruntergesprungen; wir standen noch gedeckt unten am Brückenende, aber mit leeren

Händen. Er rief uns zu, das Sprengmaterial läge irgendwo tief unten auf dem Grunde der Schlucht.

Es wieder heraufzuholen, daran war überhaupt nicht zu denken in dieser losgelassenen Hölle. So klommen wir im türkischen Feuer den schmalen Pfad bergauf und kamen unverletzt oben an. Dort trafen wir Wood mit den Indern und sagten ihm, daß alles aus wäre. Wir eilten zurück nach dem Grabhügel, wo die Serahin eben auf ihre Kamele kletterten. Wir konnten nichts anderes tun, als so rasch wie möglich ihrem Beispiel zu folgen, und trabten schleunigst davon, während die Türken immer weiter in den Talgrund hineinballerten. Turra, das nächstgelegene Dorf, hörte den Lärm und wurde lebendig. Auch die andern Dörfer erwachten, und bald blinkten ringsum in der Ebene Lichter auf.

In der Hast der Flucht überrannten wir eine Schar Bauern, die von Deráa zurückkehrten. Die Serahin, erbost über die Rolle, die sie gespielt hatten (und vielleicht auch über das, was sie von mir in der Hitze der Flucht zu hören bekommen hatten), mußten ihrer Wut irgendwie Luft machen und raubten die Bauern radikal aus. Die Opfer stürzten mit ihren Frauen, den ohrenzerreißenden arabischen Hilferuf ausstoßend, durch das Mondlicht davon. Remthe hörte sie. Ihre gellenden Schreie weckten jedes Dorf in der Nachbarschaft. Berittene wurden ausgesandt, um uns den Weg abzuschneiden, während überall in den Niederlassungen die Dächer besetzt und Salven abgefeuert wurden.

Wir verließen die Serahinsünder mit ihrer die Flucht hindernden Beute und eilten in grimmem Schweigen weiter; eng zusammengeschlossen, wie es gerade ging, und meine geübten Leute griffen großartig zu, wo es galt, einem Gestürzten aufzuhelfen oder ein durchgehendes Kamel einzuholen. Der Boden war feucht und schlüpfrig und das Überqueren der fettigen Ackerstreifen noch mühsamer als vorher. Aber hinter uns war der Aufruhr und jagte uns und unsere Kamele in wilder Hast vorwärts wie ein Rudel dem Schutz der Berge zu. Endlich erreichten wir sie, und ihre Geborgenheit gab uns etwas Ruhe; aber immer noch spornten wir unsere ermatteten Tiere zu schärfster Gangart an, denn die Morgendämmerung war nahe. Nach und nach verklang der Lärm hinter uns, die letzten Nachzügler schlossen sich in die Reihen, und wieder, wie beim Vormarsch, blieben Ali ibn Hussein und ich am Ende, um den Trupp zusammenzuhalten.

Eben graute der Tag, als wir zur Bahnlinie herabstiegen. Wood, Ali und die Führer, nun vorn an der Spitze, um den Weg zu erkunden, vergnügten sich damit, die Telegraphendrähte an vielen Stellen zu durchschneiden, während wir in langer Prozession vorübergingen. Die Nacht zuvor hatten wir die Bahn gekreuzt, in der Absicht, die Brücke von Tell el Schehab in die Luft zu sprengen und Palästina von seiner Verbindung mit Damaskus abzuschneiden; und nach all der Mühe und Gefahr schnitten wir jetzt die Leitung nach Medina durch! Allenbys Kanonen, die in weiter Entfernung rechts von uns donnerten, brachten uns unsern Mißerfolg doppelt bitter zu Gemüte.

Die Dämmerung stieg herauf mit weichem grauen Licht, Vorbote des feinen grauen Regens, der bald einsetzte, ein sanftes, hoffnungsloses Rieseln, wie zum Hohn auf unser klägliches Dahinkrauchen auf Abu Sawana zu. Erst bei Sonnenuntergang erreichten wir die Wasserstelle, und die Zurückgebliebenen erkundigten sich neugierig nach den Einzelheiten unseres Mißgeschicks.

Wir hatten uns zu Narren gemacht, allesamt, einer wie der andere, und wußten nicht, an wem unsere Wut auslassen. Ahmed und Awad kriegten sich wie üblich an den Haaren; der junge Mustafa weigerte sich, Reis zu kochen. Farradj und Daud hieben auf ihn ein, daß er laut schrie. Ali verprügelte zwei seiner Diener; aber das ließ sie und uns gänzlich kalt. Unsere Gemüter waren krank von Mißerfolg und unsere Körper ausgemergelt von dem fast hundert Meilen langen Dauerritt über schwierigen Boden und unter schwierigsten Verhältnissen, von Sonnenuntergang bis Sonnenuntergang, ohne Rast und Verpflegung.

21. Ein Zug wird abgefangen

Die Verpflegung war zunächst unsere Hauptsorge. Wir hielten unter kaltem strömenden Regen Rat, was zu tun sei. Um von Lasten unbehindert zu sein, hatten wir von Azrak nur für drei Tage Proviant mitgenommen und reichten damit noch bis zum Abend. Aber wir konnten doch nicht so ganz unverrichteter Dinge umkehren. Die Beni Sakhr verlangten nach Waffenruhm, und die Serahin wünschten ihre jüngste Schande wieder gutzumachen. Wir besaßen noch einen Reservesack mit dreißig Pfund Sprengmunition; und Ali ibn el Hussein, der von unserm gelungenen Werk bei Maan gehört hatte, sagte als echter Araber einfach: „Sprengen wir einen Zug in die Luft." Der Vorschlag wurde mit Freudenrufen begrüßt, und alles blickte erwartungsvoll auf mich; ich konnte jedoch so ohne weiteres ihre Hoffnungen nicht teilen.

Fahrende Züge in die Luft zu sprengen ist eine schwierige Kunst, erfordert umfangreiche Vorbereitungen, dazu eine ausreichend starke Truppenabteilung und vor allem Maschinengewehre. So aufs Geratewohl unternommen, konnte die Sache gefährlich werden. Die Hauptschwierigkeit war nun hier, daß die einzig verfügbaren Maschinengewehrschützen Inder waren; gut genährt waren es tüchtige Soldaten, aber bei Kälte und Hunger nur halb soviel wert. Ich mochte es nicht verantworten, sie ohne Verpflegungsvorrat auf ein gewagtes Abenteuer mitzunehmen, das eine Woche in Anspruch nehmen konnte. Mit den zähen Arabern war es etwas anderes, die starben nicht gleich an ein paar Hungertagen und würden sich mit leerem Magen genau so gut schlagen; äußerstenfalls blieb ihnen immer noch das Fleisch ihrer Kamele, während die Inder, obgleich Mohammedaner, Kamelfleisch grundsätzlich nicht aßen.

Ich setzte ihnen meine Bedenken besonders wegen der Verpflegung auseinander. Ali erklärte sofort, ich brauchte nur den Zug in die Luft zu sprengen und es dann ihm und seinen Arabern zu überlassen, mit dem Wrack fertig zu werden, auch ohne Hilfe von Maschinengewehren. Da in dieser Gegend zur Zeit keine großen Truppentransporte stattfanden, so stand zu erwarten, daß wir nur auf einen kleinen Zug mit Passagieren oder höchstens einen schwachen Ersatztransport treffen würden, und so erklärte ich mich denn bereit, die Sache zu unternehmen. Die Entscheidung wurde mit viel Beifall aufgenommen; dann setzten wir uns in dichtem Kreis zusammen und hielten mit den Resten unserer Vorräte ein sehr verspätetes und kaltes Abendessen (der Regen vereitelte jedes Feueranmachen), doch einigermaßen frohgemut bei dem Gedanken an ein neues Wagnis.

Bei Morgengrauen brachen wir, etwa sechzig Mann, auf und wandten uns wieder der Eisenbahn zu. Ich führte nach Minifir, wo eine nach rückwärts abgedachte Bergkuppe uns einen ausgezeichneten Beobachtungsstand, ferner Lagerstätte, Weidegrund und gedeckten Rückzugsweg bot. Dort oben blieben wir frierend bis zum Abend sitzen; unter uns die unendliche Ebene, die sich mit Um el Djemal und seinen Schwesterdörfern gleich einer Landkarte bis zu den wolkenverhangenen Gipfeln des Djebel Druse erstreckte.

Bei Dunkelwerden stiegen wir zur Bahn hinunter, um die Mine zu legen. Ein Wasserdurchlaß bei Kilometer 172 schien die geeignete Stelle. Während wir dort standen, ertönte ein Rattern, und plötzlich tauchte aus Dunkel und Nebel ein Zug auf, gerade um die nördliche Kurve biegend, dreihundert Yard von uns entfernt. Wir schlüpften unter den breiten Bogen und hörten ihn über uns dahinrollen. Das war ärgerlich, aber sobald die Luft wieder rein war, machten wir uns eiligst daran, die Ladung einzugraben. Der Abend war bitter kalt, und Regenschauer fegten talab.

Der Bogen bestand aus solidem Mauerwerk von vier Metern Spannweite und überbrückte ein kiesiges Flußbett, das oben bei unserer Bergkuppe seinen Ursprung nahm. Der Winterregen hatte es zu einer schmalen, vier Fuß tiefen Rinne ausgewaschen, die uns mit ihren starken Biegungen einen vortrefflichen Annäherungsweg bot, bis auf dreihundert Yard an die Bahn. Dann erweiterte sich das Bett und lief kanalartig gerade auf den Durchlaß zu, vom Eisenbahndamm frei einzusehen.

Wir vergruben den Sprengstoff sorgfältig auf dem Oberbau des Bogens, tiefer als sonst und unter einer Schwelle, damit nicht etwa darüberschreitende Patrouillen die weiche Masse unter ihren Füßen spürten. Die Drähte wurden über den Damm hinunter in das Kiesbett des Wasserlaufs gezogen, wo sie leicht zu verstecken waren, und dann das Bett entlang den Hang hinauf, soweit sie reichten. Unglücklicherweise war das nur auf sechzig Yard; die Drähte endigten indessen gerade bei einem kleinen Busch am Rande der Wasserrinne, und wir vergruben die Enden neben diesem leicht erkennbaren Zeichen. Doch war es unmöglich, sie an dieser Stelle gleich mit dem Zündapparat zu verbinden, denn der dunkle Fleck seines Kastens hätte von den regelmäßigen Patrouillen bei ihrer Runde gesehen werden können.

Infolge des schlammigen Bodens dauerte die Arbeit länger als gewöhnlich und war erst kurz vor Morgen beendet. Ich wartete unter dem zugigen Bogen, bis es Tag wurde, ein nasser und trüber Tag, und verwandte dann eine weitere halbe Stunde darauf, überall an der Arbeitsstelle die Spuren zu verwischen, streute Blätter und welkes Gras und überspülte den zertretenen Lehmboden mit Wasser aus einem nahen Regenloch. Dann winkten sie mir, daß die erste Patrouille käme, und ich stieg zu ihnen hinauf.

Ehe ich sie noch erreicht hatte, kamen sie schon heruntergelaufen und besetzten ihre vorher bestimmten Plätze am Wasserlauf und Hang. Ein Zug näherte sich von Norden. Hamud, einer von Faisals Sklaven, hatte den Zündkasten; doch bis er ihn mir herangebracht hatte, war der kurze Zug mit sechs Personenwagen schon vorübergebraust. Infolge der Regenböen in der Ebene und des nebligen Morgens hatte unser Ausguckposten den Zug zu spät gesehen. Dieser zweite Mißerfolg verstimmte uns noch mehr, und Ali äußerte schon, daß uns bei diesem Unternehmen überhaupt nichts glücken werde. Eine solche Feststellung konnte leicht die gefährliche Folge haben, daß man darauf verfiel, daß einer unter uns den bösen Blick habe; und um von derlei Gedanken abzulenken, schlug ich vor, noch zwei Beobachtungsposten weiter entfernt aufzustellen, einen bei den Ruinen im Norden und den andern bei dem Steinhügel auf dem südlichen Bergkamm.

Dem Rest der Mannschaft aber wurde der Befehl gegeben, auch ohne Frühstück keinen Hunger zu haben. Sie nahmen das denn auch mit Humor auf, und eine Zeitlang hockten wir ganz vergnügt im Regen, uns gegenseitig wärmend, eng aneinander hinter einer Brustwehr triefender Kamele. Durch die Feuchtigkeit kräuselte sich die Wolle ihres Fells hoch, so daß sie ganz wunderlich zerzaust aussahen. Wenn, wie es häufiger geschah, der Regen nachließ, fauchte ein eisiger Wind und lüftete die weniger Geschützten unter uns gehörig durch. Bald waren wir bis auf die Haut durchnäßt, und die feuchten Kleider klebten unbehaglich am Leibe. Wir hatten nichts zu essen, nichts zu tun, nichts, um darauf zu sitzen als Schlamm und nasses Gras. Ich mußte daran denken, daß dieses anhaltend schlechte Wetter Allenbys Vormarsch auf Jerusalem verzögern und ihm so möglicherweise seine große Gelegenheit verderben würde. Das große Mißgeschick des Löwen war für die Mäuse ein kleiner Trost. Unter solchen Umständen war anzunehmen, daß er und wir bis ins nächste Jahr hinein Partner bei diesem Spiel sein würden.

Auch im besten Fall ist untätiges Abwarten eine arge Sache. Heute war es schlechthin schauderhaft. Selbst die feindlichen Patrouillen stolperten nachlässig und achtlos durch den Regen. Gegen Mittag endlich, als sich der Himmel einen Augenblick aufgehellt hatte, schwenkte der Beobachtungsposten auf der Südspitze heftig den Mantel zum Zeichen, daß ein Zug nahte. Im Nu war alles in Stellung, da wir die letzten Stunden im Bett des Wasserlaufs nahe der Bahn gehockt hatten, um nicht wieder die Gelegenheit zu verpassen. Die Araber hatten sich gut gedeckt. Ich überblickte von meinem Zündungsstand aus ihre Stellung und sah nichts als graues Gestein.

Ich konnte das Kommen des Zuges nicht hören, verließ mich aber auf die Meldung und kniete tatbereit wohl eine halbe Stunde; die Ungewißheit wurde unerträglich, und ich signalisierte hinauf, was denn los wäre. Sie gaben zurück, daß der Zug sehr langsam herankäme und gewaltig lang wäre. Sehr schön; je länger der Zug, um so reicher die Beute. Dann hieß es, er habe angehalten; bald darauf wieder: er führe weiter.

Endlich, gegen ein Uhr, hörte ich ihn herankeuchen. Die Lokomotive war augenscheinlich defekt (Holzfeuerung taugt nie viel), und die schwere Last auf der Steigung ging über ihre Kraft. Ich versteckte mich hinter meinem Busch, indes der Zug bei der letzten Biegung auftauchte und auf dem hohen Damm über mir langsam auf den Durchlaß zu herankroch. Die ersten zehn Waggons waren Güterwagen, dicht mit Truppen besetzt. Lange zu überlegen war keine Zeit mehr, und als die Lokomotive gerade über der Mine war, drückte ich den Hebel am Zündapparat herunter. Nichts erfolgte. Wieder schaltete ich den Hebel ein, vier- oder fünfmal.

Nicht das geringste geschah. Der Apparat funktionierte nicht, und ich kniete hier an einer weithin sichtbaren Stelle, während auf fünfzig Yard von mir ein türkischer Truppenzug langsam vorüberfuhr. Der Busch, der mir mindestens einen Fuß hoch erschienen war, schrumpfte zu einem Feigenblatt ein. Hinter mir war auf zweihundert Yard hin offenes Feld bis zu der Deckung, wo meine Araber warteten, höchst erstaunt, was mit mir los wäre. Es war unmöglich, ungesehen zu ihnen hinzugelangen; die Türken würden sofort den Zug angehalten und mit ihrer starken Übermacht uns erledigt haben.

So hockte ich denn da, nur auf das nackte Leben bedacht, indes der lange Zug mit seinen vierundzwanzig Waggons vorüberrollte. Die Maschine keuchte immer schwerer und kam immer langsamer vorwärts; ich glaubte, im nächsten Augenblick würde ihr endgültig die Puste ausgehen, aber schließlich verschwand die rote Schlußscheibe in der nördlichen Kurve. Ich sprang auf, vergrub rasch die Drahtenden, nahm den durchnäßten Zündkasten unter den Arm und rannte wie ein gescheuchtes Kaninchen in Deckung.

Mifleh war den Tränen nahe, da er dachte, ich hätte den Zug absichtlich durchgelassen; als die Serahin die wahre Ursache erfuhren, sagten sie: „Unglück ist mit uns." Der Tatsache nach hatten sie ja recht, aber sie meinten es als eine Prophezeiung, worauf ich einige sarkastische Bemerkungen machte über ihren kühnen Mut bei der Brücke neulich, und daß Kamelehüten wohl ihrem Stamm am besten läge. Sofort gab es Aufruhr; die Serahin stürmten zornentbrannt auf mich ein, die Beni Sakhr verteidigten mich. Ali sah den Tumult und kam eiligst herbeigerannt.

Als wir die Sache dann beigelegt hatten, war die anfängliche Niedergeschlagenheit schon halb überwunden. Ali unterstützte mich großartig, trotzdem der Ärmste blau war vor Kälte und von Fieberanfällen geschüttelt wurde. Er rief den Arabern zu, daß ihr

Ahnherr, der Prophet, den Scherifs die Gabe des Hellsehens verliehen habe, und dadurch wisse er, daß sich jetzt unser Geschick wenden werde. Das gab ihnen wieder Mut und Vertrauen; und schon stellte sich auch gleichsam die erste Anzahlung auf kommenden Erfolg ein, indem es mir gelang, mit meinem Dolch als Werkzeug, den Zündkasten zu öffnen und das elektrische Triebwerk wieder richtig in Gang zu bringen.

Wir kehrten zu unserer Beobachtungsstelle an den Drähten zurück; aber nichts ereignete sich. Der Abend kam und brachte nur stärkere Regenschauer und heftigere Kälte. Alles war mißmutig und brummig. Ein Zug kam nicht, zum Feuermachen war es zu naß; zur Nahrung hatten wir nur die Kamele. Aber es verlangte niemanden, in dieser Nacht rohes Fleisch zu verzehren, so blieben unsere Tiere bis zum Morgen am Leben.

Ali lag auf dem Bauch – man spürt dann den Hunger weniger – und versuchte, sich sein Fieber wegzuschlafen. Khazen, Alis Diener, hatte ihm seinen Mantel als Extradecke geliehen. Ich stieg den Hang hinab, um den Zündapparat anzuschließen, und verbrachte dann die Nacht allein bei den singenden Telegraphendrähten, mit dem brennenden Wunsch, nur schlafen zu können, denn die Kälte war unerträglich. Alles blieb ruhig während der langen Stunden der Nacht, und die feuchtgraue Dämmerung des Morgens war noch bedrückender als zuvor. Als die türkische Frühpatrouille die Schienen entlang kam, kletterte ich zu meinem Trupp zurück. Der Tag hellte sich ein wenig auf. Ali erwachte und fühlte sich neu gestärkt. Seine gute Laune heiterte uns auf. Hamud, der Sklave, förderte etwas Brennholz zutage; er hatte es die ganze Nacht unter den Kleidern an seinem Körper geborgen, und es war daher ziemlich trocken. Wir schabten etwas Schießbaumwolle von einem Stück, und mit der heißen Flamme brachten wir ein leidliches Feuer zustande. Die Sakhr gingen hin und schlachteten ein Kamel, das magerste der Reittiere, und begannen, es mit ihren Messern in handgerechte Stücke zu zerlegen.

Just in diesem Augenblick meldete der nördliche Posten einen Zug. Wir ließen Feuer Feuer sein und rannten in atemloser Hast in die vorgesehenen Stellungen, sechshundert Yard bergabwärts. Der Zug bog laut pfeifend um die Kurve – ein prächtiges Exemplar mit zwei Maschinen und zwölf Personenwagen – und dampfte mit voller Kraft der entscheidenden Stelle entgegen. Ich schaltete den Hebel ein, als das vordere Triebrad der ersten Maschine über der Mine war, und die Explosion war fürchterlich. Eine Wolke von Erde und Steinen spritzte mir ins Gesicht, ich wurde wie ein Ball herumgewirbelt und verlor die Besinnung. Bald kam ich wieder zu mir und humpelte mühsam das Tal hinauf, indes die Araber bereits in die zusammengeprallten Wagen hineinschossen, was das Zeug hielt.

Als der Feind das Feuer zu erwidern begann, befand ich mich gerade zwischen beiden Parteien. Ali hatte mich fallen sehen, und in der Annahme, ich sei schwer verwundet, kam er mit Turki und zwanzig anderen den Hang heruntergestürmt, um mir zu helfen.

Der Zug war gründlich entgleist; die Waggons, zum Teil geborsten und schief ineinandergeschoben, standen kreuz und quer über dem Geleis. Einer war ein Salonwagen, mit Flaggen geschmückt: Mehmed Djemal Pascha, der Kommandierende General des achten türkischen Korps, war auf der Fahrt zur Front, um Jerusalem gegen Allenby zu verteidigen.

Wir sahen bald, daß wenig Aussicht war, an die zerstörten Waggons heranzukommen. Einige vierhundert Mann waren im Zuge gewesen, und die Überlebenden, vom ersten Schrecken erholt, lagen jetzt in Deckung und eröffneten scharfes Feuer.

Da die Türken uns untätig sahen, begannen sie gegen den Abhang vorzugehen. Wir ließen sie halbwegs herankommen und pfefferten dann mehrere Salven in ihre Reihen: zwanzig fielen, der Rest zog sich zurück. Der Boden rings um den Zug war mit Toten bedeckt; aber die Soldaten kämpften unter den Augen ihres Kommandierenden und begannen nun unverzagt, sich seitlich vorzuarbeiten, um unsere Stellung von der Flanke her zu fassen.

Wir waren unser nur noch vierzig und konnten offensichtlich nichts gegen sie ausrichten. So rannten wir in großen Sprüngen durch das schmale Flußbett bis zur Höhe hinauf. Dort angekommen, warf sich jeder auf das gerade zur Hand stehende Kamel, und dann ging's in wilder Fahrt eine Stunde weit ostwärts in die Wüste hinein. Sobald man hier einigermaßen in Sicherheit war, wurden wechselseitig die Reittiere ausgetauscht. Der vortreffliche Rahail hatte in der allgemeinen Aufregung noch Zeit gefunden, ein gewaltiges Stück des Kamels, das gerade bei Ankunft des Zuges geschlachtet worden war, auf seinen Sattel zu laden und mitzuschleppen. Das gab uns den Anlaß, fünf Meilen weiter am Wadi Dhuleil, unter einem kahlen Feigenbaum, Rast zu halten. Ich kaufte noch ein weiteres mageres Kamel zur Ergänzung des Mahls, spendete Belohnungen und Entschädigungen für die Angehörigen der Gefallenen und gab Geldpreise für die erbeuteten sechzig oder siebzig Gewehre, eine recht magere, aber doch nicht zu verachtende Beute. Mehrere der Serahin, die ohne Gewehr hatten in den Kampf ziehen müssen und daher nur mit Steinen werfen konnten, besaßen nun jeder sogar zwei Flinten. Am nächsten Tage zogen wir in Azrak ein, wurden sehr freudig begrüßt und verkündeten – Gott vergebe uns –, daß wir die Sieger seien.

Der Emir von Salkhad, ein Druse, der kurz vor uns in Azrak eingetroffen war, erzählte uns das Ende der Geschichte von Abd el Kader, dem Algerier. Nachdem er sich von uns weggestohlen hatte, war er schnurstracks nach dem drusischen Dorf el Salkhad geritten und dort feierlich im Triumph eingezogen, die arabische Fahne entrollt und umsprengt von seinen sieben Reitern, die Freudenschüsse abgaben. Die Bevölkerung war höchlich verwundert, und der türkische Gouverneur erhob Protest und erklärte solches Tun für eine Beleidigung gegen ihn. Er ließ sich bei Abd el Kader melden, und dieser empfing ihn, pomphaft auf einem Diwan sitzend, mit einer bombastischen Rede, in der er erklärte, daß er, der Scherif, nunmehr Djebel Druse unter seine Verwaltung nehme, und alle Beamten wären hiermit in Amt und Gehalt bestätigt.

Am nächsten Tag wiederholte sich der Triumphzug Abd el Kaders, und wieder kam der geduldige Gouverneur sich beschweren. Emir Abd el Kader zog seinen goldgezierten Mekkasäbel und schwur, er werde damit Djemal Pascha den Kopf abschlagen. Die Drusen verbaten sich das und erklärten, derartige Worte dürften nicht in ihrem Hause in Gegenwart Seiner Exzellenz des Gouverneurs gesprochen werden. Darauf nannte Abd el Kader sie Hurensöhne, Straßengrabenbankerte, Söhne einer Hündin, ausbeuterische Hahnreis und Kuppler und schrie ihnen diese Beschimpfungen vor allen Versammelten laut ins Gesicht. Die Drusen wurden zornig. Abd el Kader wallte zum Hause hinaus, stieg wutschnaubend auf sein Pferd und rief, er brauche nur mit dem Fuße zu stampfen, und ganz Djebel Druse würde sich erheben und ihm folgen.

Mit seinen sieben Dienern trabte er dann die Straße zur Station Deráa hinunter, um dort ebenso wie in Salkhad seinen Einzug zu halten. Die Türken kannten seinen Greisenwahnsinn und ließen ihn gewähren; sie glaubten nicht mal an seine Geschichte, daß Ali und ich diese Nacht die Brücke von Yarmuk sprengen wollten. Als dann der Versuch wirklich geschah, nahmen sie die Sache ernster und sandten ihn unter Bedeckung nach Damaskus. Djemal Pascha ließ seinen grobschlächtigen Humor an ihm aus und gab ihn als einen Narren frei.

22. Rückkehr zur Welt

Das Wetter war nachgerade fürchterlich – Hagelschauer, Schnee und Stürme ohne Ende; es lag auf der Hand, daß man auf Monate hinaus in Azrak nichts weiter würde tun können, als reden und predigen. Danach verlangte mich wenig. Wenn nötig, hatte ich jederzeit mein möglichstes getan mit Proselytenmacherei und Bekehrung; freilich immer meines Ausländertums bewußt und des Widersinns, der darin lag, daß ein Fremder einem Volk die nationale Freiheit predigt. Dieser Krieg bedeutete für mich eine beständige Anspannung, vor meinem eigenen besseren Wissen Verstecken zu spielen und mich zu der volkstümlichen Haltung natürlichen Vertrauens auf den Aufstand zu zwingen. Ich war genötigt, mir selber einzureden, daß die britische Regierung wirklich imstande sei, dem Geist ihrer Versprechungen treu zu bleiben. Das war besonders schwer, wenn ich müde und krank war, wenn die fieberhafte Tätigkeit meines Hirns meine Geduld in Fetzen riß. Dazu kam, daß mich – der ich an meine derben Beduinen gewöhnt war, die immer nur kurzerhand zu mir hereinstürmten, zum Gruß „Ya Auruns" riefen und ohne feierliche Umschweife ihr Begehren vorbrachten – dieses glatte Stadtvolk rasend machte mit seinem Geschwänzel um die Gnade einer Audienz bei ihrem „Fürsten" und „Bey" und „Herrn und Befreier".

So entfloh ich ihnen denn schließlich wutentbrannt, entschlossen, nach Süden zu gehen und zu sehen, ob es vielleicht während der kalten Jahreszeit am Toten Meer etwas für mich zu tun gäbe, wo der Feind in starker Stellung uns den Weg nach Palästina sperrte.

Was ich noch an Geld übrig hatte, wurde Scherif Ali ausgehändigt und die Inder seiner Obhut anvertraut. Wir nahmen auf das herzlichste Abschied voneinander. Ali schenkte mir die Hälfte seiner Garderobe: Hemden, Kopftücher, Gewänder, und ich vergalt es ihm mit der Hälfte der meinigen. Wir küßten uns wie David und Jonathan, jeder mit des andern Kleidern angetan. Und dann, nur von Rahail begleitet, auf meinen zwei besten Kamelen, schlug ich den Weg nach Süden ein.

Am Abend verließen wir Azrak und ritten dem rotglühenden Westen zu, indes uns zu Häupten Schwärme von Kranichen, wie breite Pfeilspitzen am Himmel, dem Sonnenuntergang zustrebten. Gleich von Anfang an war die Reise beschwerlich. Vom Wadi Butum an, über dem schon schwarze Nacht hing, wurde es noch ärger. Der Boden war aufgeweicht, die Kamele rutschten und stürzten oft. Wir fielen mit, aber schließlich waren wir, die wir zwischen den Stürzen wenigstens ruhig im Sattel saßen, immer noch besser dran als die ständig in Bewegung bleibenden Tiere. Gegen Mitternacht kreuzten wir den Ghadaf, aber nun wurde es mit dem Matsch doch zu arg, um weiterzukommen.

Wir schliefen, wo wir gerade waren, mitten im Lehmbrei; und über und über damit bedeckt, erhoben wir uns bei Morgengrauen. Der Wind blies, und der Boden begann zu trocknen. Bis Mittag war es ein mühseliges Vorwärtskommen, da die Kamele noch durch die dünne kiesige Kruste durchbrachen und in der roten Lehmschicht darunter versanken. Am Nachmittag, dem Hügelland zu, ging es besser; und rasch näherten wir uns den Gipfeln des Thlaithakhwat, die wie gewaltige weiße Zelte gen Himmel ragten.

Auf einem Höhenrücken, bei Sonnenuntergang, blickten wir noch einmal zurück auf die weite Ebene im Norden, die in gleichförmigem grauen Dunst hinter uns versank, unterbrochen nur hie und da von großen glühenden Flecken und Lachen rotlohenden Feuers: dem Widerschein der sterbenden Sonne auf den Flächen der kleinen Regenwassertümpel. Diese Augen gleichsam, rot wie von Blut tropfend, glühten so stark aus der Ebene heraus, daß sie noch meilenweit durch den Dunst her in Sicht blieben und gleichsam losgelöst, freischwebend wie eine Luftspiegelung, im fernen Himmel zu hängen schienen.

Lange nach Dunkelwerden kamen wir an Bair vorüber, nur wenige letzte Zeltfeuer leuchteten noch. Als wir weiterzogen, sahen wir in einem Talgrund den Widerschein der Sterne und konnten nun unsere ausgepumpten Kamele in einer Pfütze gestrigen Regenwassers tränken. Dieser Nachtmarsch war ein hartes Stück Arbeit für Mann und Tier. Bei Tage sahen die Kamele die Unebenheiten des Bodens und schritten darüber hinweg; und der Reiter konnte die Rucke bei längerem oder kürzerem Schritt durch

Nachgeben ausgleichen. Bei Nacht aber war alles blind, und man war der Folter der ewigen Stöße hilflos ausgeliefert. Ich litt an einem schweren Fieberanfall, was mich mißlaunig machte, und überhörte Rahails dringende Bitte nach einer Rast. Dieser junge Bursche hatte uns monatelang mit seiner überschüssigen Kraft und seinem Spott über unsere Schwäche geärgert. Nun wollte ich ihn endlich einmal mürbe reiten, ohne Erbarmen. Gegen Morgen flennte er vor Mitleid mit sich selbst, wenn auch nur leise, damit ich es nicht hören sollte.

In Djefer stieg der Morgen durch den Dunst auf, blaß, als wäre er nur sein eigener Geist, nur ein ferner flimmriger Schein von Sonne, der nicht bis zur Erde durchdrang. Unsere Schatten nahmen keine festen Umrisse an, waren nur wie ein schwacher Hauch am Boden unter uns, gar nicht wie von unsern Gestalten herrührend. Am Vormittag erreichten wir Audas Lager bei Djefer und hielten an, um ihn zu begrüßen und einige Djaufdatteln zu verzehren. Er konnte uns keine Ersatzkamele geben. Wir zogen weiter und kreuzten am späten Abend die Eisenbahn. Rahail war jetzt der verkörperte Protest. Er ritt neben mir, bleich, frostig und schweigend, aufrecht gehalten nur durch den Eifer, mich auszustechen, und nachgerade fast stolz auf seine Schmerzen.

Schließlich zeigte es sich doch, daß er mir an Kraft und Ausdauer überlegen war, und ich war nun so ziemlich am Ende. Schritt um Schritt gab ich immer mehr einem dumpfen Schmerz nach, der im Verein mit dem entkräftenden Fieber und der starr machenden Eintönigkeit des Rittes allgemach das Tor meiner Sinne schloß. Ich schien mich endlich jener Sinnenentrücktheit zu nähern, die mir bisher immer versagt geblieben war, die aber ein seltsam wohliges Zwischenreich darstellte für einen Menschen von so zählblütiger Natur, daß nichts, es sei denn gleich eine Ohnmacht, seinen Geist vom Körper freizumachen vermag. Ich fühlte mich jetzt wie in Teile zerspalten. Da war einer, der bedachtsam weiterritt und dem erschöpften Kamel bei jedem Schritte half. Ein anderer, rechts darüber schwebend, beugte sich neugierig herab und fragte, was denn der Körper da tue. Der Körper gab keine Antwort, denn er war sich in der Tat nur des einen, ihn ganz beherrschenden Triebes bewußt: nur immer weiter und weiter zu reiten. Aber ein Dritter, Geschwätziger, redete immerzu, konnte sich gar nicht darüber beruhigen, daß der Körper sich selber solche Mühsal auferlegte, und meinte geringschätzig, es sei doch gar kein vernünftiger Grund dazu vorhanden.

Mit solchen Wechselreden verging die Nacht. Meine Augen sahen, ohne zu sehen, das Tor des Morgens vor sich aufgetan: die Paßhöhe, hinter der jene Welt der Rumm sich dehnte als ein freundlich sonnenhelles Bild; und meine verschiedenen Ichs besprachen sich weiter darüber, daß die Mühsal wohl aller Ehren wert sei, aber das Ende doch wieder nur Narrheit und neue Plage. Der entkräftete Körper mühte sich verbissen weiter ab und kümmerte sich nicht darum; und mit Recht, denn die beiden andern sagten nichts, was ich nicht selber bei kaltem Blut zu denken fähig gewesen wäre; sie waren eben doch meines Geistes Kinder.

Aus diesem Dämmerschlaf wurde ich durch Rahail geweckt, der mein Kamel mit plötzlichem Zügelgriff anhielt und rief, wir wären aus der Richtung gekommen und näherten uns geradeswegs den türkischen Stellungen von Aba el Lissan. Er hatte recht, und wir mußten ein Stück zurück und weit ausbiegen, um ungefährdet Batra zu erreichen. Dieser kleine Zwischenfall löste die Spannung zwischen uns, und plaudernd ritten wir nach Gaa. Dort, unter Tamariskengebüsch, verschliefen wir die Mittagsstunden, da wir infolge unseres Abirrens bei Batra doch nicht mehr die Möglichkeit hatten, innerhalb drei Tagen von Azrak nach Akaba zu kommen.

Früh am Nachmittag zogen wir weiter, nun etwas gekräftigt und zum Scherzen aufgelegt, während der frühe Winterabend mählich herabsank. Als wir dem Khuzali aufwärts folgten, lag die späte Sonne im Westen hinter niedrigen Wolkenbänken verschleiert, und ich erfreute mich dieses fahlen Zwielichts zwischen Tag und Nacht, das mich an England erinnerte. In Item stiegen Nebelschwaden sanft vom Boden auf und sammelten sich zu wollig weißen Massen in jeder Senkung. Um Mitternacht erreichten wir Akaba; wir schliefen außerhalb des Lagers, und am Morgen, nach dem Frühstück, rief ich Joyce an.

Danach erhielt ich dringenden Befehl, sofort auf dem Luftweg nach Palästina zu kommen. Croil brachte mich nach Suez. Von da ging's zum Hauptquartier Allenbys jenseits Ghaza. Er war so voll Siegerlaune, daß meine kurze Meldung über den Fehlschlag der Yarmukbrückensprengung genügte und die kläglichen Einzelheiten verschwiegen bleiben konnten.

Während ich noch bei ihm war, kam von Chetwode Nachricht, daß Jerusalem gefallen war. Allenby traf Vorbereitungen, um seinen feierlichen Einzug in die Stadt zu halten. Er war so freundlich, anzuordnen, daß ich an diesem Tage im Stabe Claytons reiten sollte. Die Offiziere seines Stabes gaben aus ihren entbehrlichen Vorräten, was nötig war, um mich als Major der englischen Armee auszustatten. Dalmeny lieh mir rote Schnüre, Evans seinen Stahlhelm; und so, in den Abzeichen meines Ranges, nahm ich an der Einzugszeremonie am Jaffator teil, dem schönsten Augenblick des Krieges für mich.

Beschämt von der Fülle des Triumphs – im Grunde war es eigentlich mehr eine Huldigung Allenbys vor dem erhabenen Geist dieser Stadt – kehrten wir zum Hauptquartier von Schea zurück. Das war der gegebene Augenblick, Allenby nach seinen ferneren Plänen zu fragen. Er glaubte, daß er bis Mitte Februar stilleliegen müßte, um dann gegen Jericho vorzustoßen. Er hatte Nachricht, daß starke Verpflegungstransporte des Feindes auf dem Toten Meer im Gange waren, und bat mich, diesen Verkehr als ein zweites Ziel ins Auge zu fassen, wenn der Druck auf Tafileh Erfolg hätte.

In der Hoffnung, sogleich noch größeren Vorteil aus der Gelegenheit zu ziehen, erwiderte ich, daß, wenn man den Türken keine Ruhe ließ, es wohl möglich sein könnte, daß sich Faisals Kräfte mit den seinen am Nordufer des Toten Meeres vereinigten. Wenn er den täglichen Bedarf Faisals von fünfzig Tonnen Lebensmitteln, Material und Munition nach Jericho sicherstellen könnte, so würden wir Akaba verlassen und unser Hauptquartier ins Jordantal verlegen.

Diese Idee leuchtete Allenby und Dawnay unmittelbar ein. Und demgemäß wurde es vereinbart. Die arabischen Streitkräfte sollten so rasch wie möglich das Tote Meer zu erreichen suchen, noch vor Mitte Februar jeden feindlichen Nachschub vom Toten Meer nach Jericho unterbinden und dann vor Ende März am Jordan sein.

Nach meiner Rückkehr nach Akaba mußten die erübrigten freien Tage persönlichen Angelegenheiten gewidmet werden. Hauptsächlich wurde die Anwerbung einer Art Leibgarde zu persönlichem Schutz notwendig, denn Gerüchte hatten die Bedeutung meiner Person allmählich stark vergrößert. Anfangs, bei unsern ersten Taten um Rabegh und Janbo, hatten die Türken neugierig aufgemerkt, dann war es ihnen ungemütlich geworden, und sie konnten sich unsere Erfolge nur dadurch erklären, daß sie den Engländern die Leitung und treibende Kraft des arabischen Aufstandes zuschrieben, ganz ähnlich wie wir uns zu schmeicheln pflegten, die türkische Wirksamkeit sei auf deutschen Einfluß zurückzuführen.

Wie dem auch sei, die Türken wiederholten es so oft, bis es geglaubt wurde, und setzten eine Belohnung von vierhundert Pfund aus auf jeden britischen Offizier, lebendig oder tot. Mit dem Fortschreiten des Feldzuges erhöhten sie nicht nur die Prämie im allgemeinen, sondern machten sogar ein spezielles Angebot auf mich. Nach der Einnahme von Akaba wurde der Preis schon recht ansehnlich; nach dem Anschlag auf Mehmed Djemal Paschas Zug setzten sie Ali und mich an die Spitze ihrer Liste: Wert zwanzigtausend Pfund lebendig oder zehntausend Pfund tot.

Das Angebot stand natürlich nur auf dem Papier, und es blieb stark zweifelhaft, ob es überhaupt je ausbezahlt worden wäre. Immerhin war doch einige Vorsicht am Platz. So begann ich denn, meine Dienerschaft zu einer kleinen Truppe auszugestalten, und suchte möglichst verwegene Kerle anzuwerben, Geächtete, die durch irgendeine Gewalttat mit dem Gesetz in Konflikt gekommen waren. Ich brauchte zähe Reiter und anspruchslose Menschen, ohne Anhang und ganz auf sich selbst gestellt. Drei oder vier von dieser Sorte fanden sich denn auch glücklich bald, als Grundstock, zu mir.

Eines Nachmittags saß ich ruhig lesend in Marshalls Zelt in Akaba (ich wohnte im Lager stets mit Marshall, unserm schottischen Arzt, zusammen), als lautlos über den Sand plötzlich ein Ageyli eintrat, klein, schwarz, hager, aber prächtig gekleidet. Auf seiner Schulter trug er die schönsten Hasa-Satteltaschen, die ich je gesehen hatte. Das wollene Knüpfgewebe, grün und scharlachrot, weiß, orange und blau, war auf beiden Seiten mit fünf Reihen gewirkter Quasten besetzt, und von seiner Mitte und seinem unteren Rand hingen fünf Fuß lange Schnüre herab, geflochten in feinstem Arabeskenmuster und wiederum mit Quasten und Fransen besetzt.

Der junge Mann grüßte mich ehrerbietig, legte mit dem Wort: „Dein“ die Satteltaschen auf meinen Teppich nieder und verschwand ebenso plötzlich, wie er gekommen war. Am nächsten Tage kam er wieder mit ein Paar Kameltaschen von gleicher Schönheit, die messingnen Kanten an den Ecken geziert mit der auserlesensten Alt-Yemeni-Gravierarbeit. Am dritten Tage erschien er mit leeren Händen, in einem ärmlichen Baumwollhemd, kniete zusammengekrümmt vor mir nieder und sagte, er möchte gern in meine Dienste treten. Ohne seine seidenen Kleider machte er einen etwas befremdenden Eindruck: sein Gesicht, runzlig, von Pocken zerfressen und dazu bartlos, konnte jedes Alter haben, während sein schmiegsamer Körper der eines Jünglings war und auch in seiner Haltung etwas von der Unbefangenheit eines jungen Burschen lag.

Sein langes Haar hing in je drei dünne Zöpfe geflochten zu beiden Seiten des Gesichts herab. Seine Augen waren unsicher und zu schmalen Schlitzen zusammengekniffen. Der Mund war sinnlich, leicht geöffnet, feucht und gab ihm ein gutmütiges, aber zugleich etwas zynisches Aussehen. Ich fragte ihn nach seinem Namen; er antwortete Abdulla, genannt el Nahabi, der Räuber; den Beinamen, sagte er, habe er von seinem angesehenen Vater ererbt. Sein eigenes Leben war wenig glücklich gewesen. Er war in Boreida geboren und schon in seiner Jugend wegen Gottlosigkeit von der Behörde gestraft worden. Kaum erwachsen, trieb ihn ein Mißgeschick im Hause einer verheirateten Frau zu schleuniger Flucht aus seiner Heimat, worauf er bei Ibn Saud, Emir von Nedjd, Dienste nahm.

In diesem Dienst brachte ihm sein gottloses Fluchen Prügelstrafen und Gefängnis ein. Er entwich daher nach Kuweit, wo ihn sein Liebesbedürfnis wiederum in Ungelegenheiten brachte. Nach seiner Freilassung ging er nach Hail und ließ sich unter das Gefolge Ibn Raschids, des Emirs, anwerben. Unglücklicherweise erregte er das Mißfallen seines Offiziers, so daß dieser ihn öffentlich mit dem Kamelstock verprügelte. Er zahlte es ihm in gleicher Münze heim; und nach langsamer Genesung im Gefängnis fand er sich wiederum einsam in der Welt.

Die Hedjasbahn war gerade im Bau, und er meldete sich in der Hoffnung auf reichen Gelderwerb. Aber der Aufseher kürzte ihm seinen Lohn, weil er am hellen Mittag geschlafen hatte. Aus Rache dafür kürzte er den Aufseher um seinen Kopf. Die türkische Regierung schritt ein, und er fand es wenig erfreulich, sein Dasein im Gefängnis von Medina zu verbringen. Er entwischte durch ein Fenster, gelangte nach Mekka und wurde dort, auf Grund seiner erwiesenen Rechtschaffenheit und da er ein tüchtiger Kamelreiter war, als Postbeförderer zwischen Mekka und Djidda angestellt. Bei diesem Amt blieb er, entsagte seinen jugendlichen Streichen und ließ Vater und Mutter nach Mekka kommen; von dem Kapital, das er sich aus Kommissionsgeldern von Kaufleuten und Räubern zusammengebracht hatte, kaufte er ihnen einen Laden und ließ sie für sich arbeiten.

Nach einem Jahr des Wohlstandes wurde er unterwegs überfallen und verlor dabei sein Kamel und die ganze Dienstpost. Als Schadenersatz wurde sein Laden beschlagnahmt. Er rettete so viel aus dem Zusammenbruch, um sich als Soldat auszustatten und in die Kamelpolizei des Scherifs einzutreten. Dank seiner Tüchtigkeit brachte er es zum Unteroffizier; aber seine Abteilung machte allzuoft von sich reden durch die Gepflogenheit, bei jeder Gelegenheit mit Dolchen um sich zu stechen, und durch sein ruchloses Mundwerk – ein Maul, das den Unflat der Bordelle sämtlicher arabischer Städte ausspie. Allzuoft verzerrten sich seine Lippen in Hohn, bissigem Spott, Geilheit und Lüge; und als er degradiert wurde, schrieb er seinen Sturz dem Racheakt eines eifersüchtigen Ateibi zu, den er im Hof vor den Augen des empörten Scherifs Scharraf erstach.

Scharrafs strenger Sinn für öffentliche Moral verurteilte Abdulla zur allerschwersten der Züchtigungen, an der er wirklich fast gestorben wäre. Als er sich erholt hatte, trat er in Scharrafs Dienste. Beim Ausbruch des Krieges wurde er Ibn Dakhil zugeteilt, dem Hauptmann der Ageyli bei Faisal. Aber durch die Meuterei in Wedjh verlor Ibn Dakhil seinen Posten. Abdulla sehnte sich nach Kameradschaft in Reih und Glied, und Ibn Dakhil hatte ihm ein Empfehlungsschreiben für mich mitgegeben.

Der Brief besagte, daß er zwei Jahre lang treu, aber respektlos gewesen sei, bei Söhnen der Schande nicht verwunderlich. Er sei der erfahrenste der Ageyli, habe jedem arabischen Fürsten gedient und sei, nach Peitsche und Gefängnis, aus jedem Dienst wieder entlassen worden wegen Temperamentsäußerungen von allzu ausgesprochener Eigenart. Er sei – schrieb Ibn Dakhil – der beste Reiter nach ihm selbst und ein vorzüglicher Kamelkenner, tapfer wie nur irgendein Sohn Adams, kein Kunststück übrigens, da er wegen seiner schwachen Augen die Gefahr gar nicht sähe. – In der Tat, ein Gefolgsmann, wie ich ihn brauchte! Und ich warb ihn sofort an.

In meinem Dienst bekam er nur einmal das Loch zu schmecken. Es war im Hauptquartier Allenbys, als mich ein verzweifelter Kriegsgerichtsrat anrief und mir mitteilte, man habe einen wilden Mann, bewaffnet, vor der Tür des Oberkommandierenden sitzend gefunden; er sei ohne Aufhebens nach der Wache gebracht worden, wo er Orangen hinunterschlänge, als gelte es eine Wette, und erklärte, er wäre mein Sohn und einer von Faisals Hunden. Die Orangen würden schon knapp am Ort.

So erlebte Abdulla sein erstes Telephongespräch. Er sagte zu dem Armeekriegsgerichtsrat, daß es sehr zu begrüßen wäre, wenn es in jedem Gefängnis eine derartige Verpflegung gäbe, und nahm dann feierlich von ihm Abschied. Die Zumutung, im Bereich des Hauptquartiers von Ramleh unbewaffnet zu gehen, wies er mit Entrüstung zurück und bekam denn auch einen Schein, daß er Säbel, Dolch, Pistole und Gewehr tragen dürfe. Sofort nach seiner Entlassung ging er in die Wachtstube zurück und verteilte Zigaretten unter die Militärpolizei.

Abdulla prüfte alle, die in meinen Dienst treten wollten, und dank ihm und Zaagi, meinem anderen Kommandanten (einem steifen Mann von normalem Offiziertyp) versammelte ich eine prächtige Schar der gewiegtesten Burschen um mich. Die Engländer in Akaba nannten sie nur die Halsabschneider, aber sie schnitten nur auf meinen Befehl Hälse ab. Vielleicht mag es manchem als ein Fehler erschienen sein, daß sie keine andere Autorität anerkannten als die meine. Immerhin, war ich abwesend, so waren sie mit Major Marshall sehr freundlich und hielten ihm von der Früh bis zum Abend unverständliche Vorträge über Kamele, ihre Rassen, ihre Zucht und ihre Krankheit. Marshall war sehr geduldig; und zwei oder drei von ihnen pflegten schon vor Morgengrauen wartend neben seinem Lager zu sitzen, um dann, sobald er erwacht war, den Unterricht fortzusetzen.

Mehr als die Hälfte meiner Schar (fast fünfzig von den neunzig) waren Ageyli, die zähen geschmeidigen Dörfler aus dem Nedjd, der Schmuck und die Zierde von Faisals Armee, die mit ihren Reitkamelen wie zusammengewachsen waren. Sie riefen ihre Tiere mit Namen auf hundert Schritt Entfernung und ließen sie als Wache bei ihren Habseligkeiten zurück, wenn sie abstiegen. Die Ageyli waren gewinnsüchtig und leisteten nur Gutes, wenn sie gut bezahlt wurden; deshalb erfreuten sie sich keines guten Rufes. Und doch gebührt die Ehre, die kühnste Einzeltat des arabischen Krieges vollbracht zu haben, einem Ageyli, nämlich jenem, der zweimal durch die unterirdische Wasserleitung nach Medina hineinschwamm und genaue Nachrichten aus der belagerten Stadt brachte.

Ich bezahlte meinen Leuten sechs Pfund im Monat, den üblichen Armeesold für Mann und Kamel, machte sie aber auf meinen eigenen Tieren beritten, so daß der Sold reiner Verdienst war: das machte den Dienst bei mir sehr begehrt und führte mir die Tüchtigsten aus dem Lager zu. Die Art meiner Unternehmungen – und ich war beschäftigter als je – erforderte lange, schnelle und anstrengende Ritte, ohne Rücksicht auf Reiter oder Tier. Der gewöhnliche Araber, dem sein Kamel sein halbes Vermögen bedeutet, konnte nicht riskieren, sein Tier zuschanden zu reiten bei meinen Gewaltritten, und sie waren auch für den Mann selbst höchst anstrengend.

Also brauchte ich die ausgesuchtesten Reiter auf meinen eigenen Tieren. Die zuverlässigsten und kräftigsten Kamele wurden zu hohen Preisen angekauft. Wir wählten sie nach Schnelligkeit und Ausdauer, ohne Rücksicht darauf, ob ihr Gang für den Reiter unbequem und ermüdend war; und gerade die hartgehenden erwiesen sich oft als die besten. Waren die Kamele verbraucht, so wurden sie ausgetauscht oder kamen in unser Kamellazarett. Zaagi machte jeden Mann persönlich verantwortlich für den guten Zustand seines Tieres wie seines Sattelzeugs.

Die Burschen waren stolz darauf, meiner Leibgarde anzugehören, und entwickelten einen fast feurig zu nennenden Korpsgeist. Gekleidet waren sie wie ein Tulpenbeet: in allen erdenklichen Farben, ausgenommen weiß: denn das war mein ständiger Anzug, und sie wollten nicht den Anschein erwecken, als ob sie sich mir gegenüber etwas herausnähmen. In einer halben Stunde waren sie marschbereit für einen Ritt von sechs

Wochen, das Höchstmaß, bis zu dem Verpflegung im Sattel mitgenommen werden konnte. Gepäckkamele mitzuführen, hätten sie als Schande betrachtet. Sie ritten Tag und Nacht ununterbrochen ganz nach meinem Gutdünken und setzten eine Ehre darein, nie Ermüdung zu zeigen. Wenn etwa mal ein Neueingestellter murrte, so brachten ihn die andern rasch zum Schweigen oder gaben ihm rücksichtslos anderweitig Ursache zu jammern.

Sie fochten wie die Teufel, wenn ich es befahl, manchmal auch ohne meinen Befehl, aber nur gegen Türken oder nicht zum Korps Gehörige. Sich innerhalb der Leibgarde zu schlagen, galt als größte Beleidigung. Sie verlangten außergewöhnliche Belohnung und außergewöhnliche Züchtigung. Sie prahlten in der ganzen Armee mit ihren Strafen und ihren Gewinsten.

Aber nur mit grausamer Härte konnte man diese besessenen arabischen Kerls in Rand und Band halten. Außerdem waren meine Leute Blutfeinde aus dreißig verschiedenen Stämmen, und wenn ich nicht die Hand über sie gehalten hätte, würden sie täglich gemordet haben. Ihre Fehden verhinderten, daß sie sich gegen mich zusammenschlossen, während die Verschiedenheit ihrer Herkunft mir Bürgen und Spione an die Hand gab, wohin immer ich ging oder sie schickte zwischen Akaba und Damaskus, zwischen Beerseba und Bagdad. Fast sechzig von ihnen fielen in meinem Dienst.

23. Kampf um Tafileh

In Guweira warteten wir auf Nachrichten über die Eröffnung unserer Operation gegen Tafileh, eine Gruppe von Dörfern, mit deren Besitz man den Südrand des Toten Meeres beherrschte. Der Platz sollte von Westen, Süden und Osten zugleich angepackt werden; die Ostgruppe sollte den Tanz eröffnen durch den Angriff auf Djurf, die nächstgelegene Station der Hedjasbahn. Die Führung dieses Angriffes war Scherif Nasir, dem Glücklichen, anvertraut. Zu seiner Unterstützung hatte er Nuri Said, den Stabschef Djaafars; er befehligte eine kleine Abteilung regulärer Truppen mit einem Geschütz und einigen Maschinengewehren und sollte von Djefer aus vorgehen. Nach drei Tagen kam der erwartete Bericht. Wie stets hatte Nasir den Vorstoß mit Geschick und Umsicht geleitet. Djurf, das Angriffsziel, eine Station von drei Steingebäuden, war durch Schützengräben und Außenwerke gut befestigt. Jenseits der Station lag ein niedriger Erdwall, vom Feinde gut ausgebaut und mit zwei Maschinengewehren und einem Gebirgsgeschütz bestückt. Auf einige Entfernung vor dem Erdwall lag ein hoher steiler Bergrücken, letzter Ausläufer der Berge, die Djefer von Bair trennen.

In diesem Bergrücken lag die Schwäche der Verteidigung, denn die Türken waren nicht stark genug an Zahl, um ihn und die Station samt Erdwall zugleich zu besetzen, und sein Kamm überhöhte die Bahnlinie. Es gelang Nasir während der Nacht, vom Feinde unbemerkt die Höhe des Rückens zu besetzen, worauf er oberhalb und unterhalb der Station die Bahn unterbrach. Als es eben hell wurde, brachte Nuri Said sein Gebirgsgeschütz auf dem Kamm des Bergrückens in Stellung und mit dem dritten Schuß, einem Volltreffer, das feindliche Geschütz zum Schweigen.

Dieser erste Erfolg machte Nasir etwas allzu kühn: die Beni Sakhr saßen auf und schworen, sie würden unmittelbar die Stellung attackieren. Nuri erklärte das für eine Torheit, denn die türkischen Maschinengewehre waren noch in voller Tätigkeit; aber die Beduinen hörten nicht auf seine Mahnung. Verzweifelt eröffnete er mit allem, was er hatte, ein rasendes Schnellfeuer gegen die türkische Stellung, indes die Beduinen um den Fuß des Hauptrückens herumschwenkten und gegen den Erdwall vorstürmten. Als die Türken die wilde Kamelreiterhorde heranbrausen sahen, warfen sie die Gewehre fort und flüchteten in die Station. Nur zwei der Araber wurden schwer verwundet.

Nuri eilte vor zum Erdwall. Das türkische Geschütz war unbeschädigt. Er warf die Lafette herum und feuerte den noch im Rohr befindlichen Schuß mitten in den Fahrkartenraum hinein. Die Beni Sakhr jauchzten vor Freude, als sie Holz und Steine in die Luft fliegen sahen, sprangen wieder in die Sättel und jagten gegen die Station vor. In diesem Augenblick ergab sich die Besatzung. Fast zweihundert Türken, darunter sieben Offiziere, gerieten lebend in Gefangenschaft.

Nach der üblichen Plünderung zerstörten die Pioniere durch Sprengladungen die beiden Lokomotiven der Station, ferner Wasserturm, Pumpstation und Weichen. Die vorhandenen Waggons wurden in Brand gesteckt und eine Brücke gesprengt; freilich nur oberflächlich, denn nach solchem Siege ist jeder viel zu sehr mit sich selbst und mit Beutemachen beschäftigt, um an etwas zu denken, was andern zugute kommt.

Dann kam wieder schlechtes Wetter. Drei Tage lang schneite es fast ununterbrochen. Nasirs Streitkräfte konnten nur unter großen Schwierigkeiten wieder ihr Zeltlager bei Djefer erreichen. Die Hochfläche von Maan lag zwischen drei- und fünftausend Fuß über Seehöhe, nach Norden und Osten allen Stürmen offen. Von Innerasien und dem Kaukasus kamen sie über die große freie Wüste herangefegt. Hier an dem niedrigen Bergland der alten Edomiter brach sich ihre erste Gewalt; dann leckten sie über die Kammhöhe und brachten über die Ebenen von Judäa und Sinai einen für dortige Verhältnisse strengen Winter.

Dem verabredeten Plan gemäß wurden jetzt, nach dem glücklichen Erfolg bei Djurf, die Araber von Petra, unter ihrem Scherif Abd el Mayin, aus ihren Bergen in die Wälder bei Schobeck vorgeschickt. Es wurde ein beschwerlicher Marsch für dieses barfüßige und in Schaffelle gekleidete Bergvolk, durch steile Täler, zerrissene Schluchten und über gefährliche, schneeverwehte Hänge in eisigem Nebel. Mancher Mann und viele Tiere fielen dem Schnee und Frost zum Opfer. Aber die zähen Hochländer, gewöhnt an Kälte von ihren strengen Wintern her, kämpften sich beharrlich weiter.

Als die türkischen Wachen und Posten sie langsam immer näherkommen sahen, entflohen sie aus ihren Höhlen und Schutzhütten zwischen den Bäumen nach der Eisenbahn zu; die Wege ihrer Flucht waren mit weggeworfenem Gepäck und Ausrüstungsstücken besät.

Nasir blieb nicht untätig. Er brach mit seiner Schar von Djefer plötzlich auf, und im Morgengrauen, nach einer wilden Sturmnacht, erschien er auf dem Kamm der felsigen Schlucht, in deren Schutz Tafileh lag. Er forderte es zur sofortigen Übergabe auf, widrigenfalls der Ort zusammengeschossen würde; eine leere Drohung, da Nuri Said mit den Geschützen nach Guweira zurückgekehrt war. Im Dorf befanden sich nur fünfundachtzig Türken, doch hatten sich die Muhaisin, ein Klan ansässiger Beduinen, ihnen angeschlossen, nicht so sehr aus Freundschaft für die Türken, als weil Dhiab, der Häuptling eines andern Klans ihres Stammes, sich für Faisal erklärt hatte. Als Antwort erhielt daher Nasir einen Hagel schlechtgezielter Schüsse.

Die Howeitat schwärmten zwischen den Klippen aus, um das Feuer zu erwidern. Aber ein solches Verfahren mißfiel Auda, dem alten Löwen; er schäumte vor Wut, daß dieses schäbige Händlervolk es wagen konnte, ihren langjährigen Meistern und Herren der Wüste, den Abu Tayi, Widerstand zu leisten. Er griff in die Zügel, galoppierte mit seiner Stute den Pfad hinab und ritt allen sichtbar in die Ebene hinaus bis dicht unter die ersten Häuser des Dorfes. Dort hielt er, hob drohend die Faust gegen sie und rief mit seiner prachtvoll dröhnenden Stimme: „Ihr Hunde! Kennt ihr den Auda nicht?“ Als die Dörfler erkannten, daß sie den unerbittlichen Sohn des Krieges vor sich hatten, entsank ihnen der Mut; eine Stunde später saß Nasir mit dem türkischen Kommandeur als sein Gast im Gemeindehaus und suchte ihn bei einem Glase Tee über den jähen Glückswechsel zu trösten.

Als es dunkel wurde, zog Mastur in Tafileh ein. Seine Motalga blickten finster auf ihre Blutsfeinde, die Abu Tayi, die es sich in den schönsten Häusern bequem gemacht hatten. Die beiden Scherifs mußten den Ort aufteilen, um ihre ungebärdige Gefolgschaft getrennt zu halten.

Faisal hatte die Oberleitung des Vorstoßes gegen das Tote Meer seinem jungen Halbbruder Zeid übertragen. Es war Zeids erstes selbständiges Kommando im Norden, und er ging mit Feuereifer an die Sache heran. Als Ratgeber war ihm Djaafar Pascha, der frühere türkische General, beigegeben. Seine Infanterie, Artillerie und Maschinengewehre mußten, wegen Verpflegungsmangels, bei Petra halten bleiben. Zeid selbst aber kam mit Djaafar nach Tafileh geritten.

Dort standen die Dinge auf Biegen oder Brechen. Auda trug eine geringschätzige Großmut zur Schau gegenüber den beiden jungen Motalgas, Metaab und Annad, den

Söhnen Abtans, der von Audas Sohn getötet worden war. Die Beiden, geschmeidige, entschlossene und selbstbewußte Burschen, begannen von Rache zu sprechen – Tauben, die einem Falken drohten. Auda erklärte, er werde sie öffentlich auf dem Marktplatz auspeitschen lassen, wenn sie sich ungehörig aufführten. Gut und schön; aber ihre Anhängerschaft war der Audas an Zahl doppelt überlegen, und es bestand Gefahr, daß das ganze Dorf in Aufruhr geraten würde. Die beiden jungen Motalgas stolzierten bereits zusammen mit Rahail, meinem Raufbold, gespreizt durch alle Straßen.

Zeid machte dem ein Ende. Er sprach Auda seinen Dank aus, bezahlte ihn und schickte ihn heim in seine Wüste. Die hitzigsten Köpfe der Muhaisin wurden als Zwangsgäste in Faisals Lager gesandt. Dhiab, ihr Feind, war unser Freund; das brachte uns mit Bedauern den Satz in Erinnerung, daß die besten Bundesgenossen einer durch Gewalt zur Herrschaft kommenden Macht nicht ihre Anhänger, sondern stets ihre Gegner sind. Zeid brachte viel Geld mit, was unsere wirtschaftliche Lage verbesserte. Wir ernannten einen Offizier zum Gouverneur des Distrikts und bereiteten uns in den fünf eroberten Dörfern zu weiterem Angriff vor.

Aber alle diese Pläne wurden zu Wasser. Ehe wir uns noch über die Einzelheiten recht im klaren waren, überraschten uns die Türken durch einen Versuch, uns aus dem Gebiet von Tafileh wieder herauszuwerfen. Das hätten wir uns nie träumen lassen, denn es schien uns ganz außer aller Möglichkeit zu liegen, daß die Türken Tafileh zu halten hofften oder überhaupt nur die Absicht hätten, es zu halten. Allenby stand bereits in Jerusalem, und für die Türken hing doch der Ausgang des Krieges allein davon ab, den Jordanabschnitt gegen Allenby zu halten. Auch für uns war Tafileh als Besitz von keiner Bedeutung, sondern diente nur als Durchgangsstation für unseren weiteren Vormarsch gegen den Feind. In einer so kritischen Lage, wie die der Türken es war, auch nur einen Mann zur Rückeroberung von Tafileh einzusetzen, schien der nackte Wahnsinn.

Hamid Fakhri Pascha, Kommandeur der 48. türkischen Division, dachte anders oder hatte seine Befehle. Er sammelte etwa neunhundert Mann Infanterie, eingeteilt in drei Bataillone (Januar 1918 war ein türkisches Bataillon eine armselige Sache), hundert Mann Kavallerie, zwei Gebirgshaubitzen und siebenundzwanzig Maschinengewehre und sandte sie mit der Bahn und zu Fuß nach Kerak. Hier legte er auf alle verfügbaren Transportmittel Beschlag, versah sich mit den nötigen Beamten zur Einrichtung seiner neuen Verwaltung in Tafileh und rückte rasch südwärts vor, um uns zu überraschen.

Und das gelang ihm auch. Wir merkten überhaupt erst etwas von seinem Vormarsch, als seine Kavallerieführer auf unsere Feldwachen im Wadi Hesa stießen, jener breiten, tiefen und schwer passierbaren Schlucht, die Kerak von Tafileh, das alte Moab von Edom, trennt. Unsere Posten wurden in der Dunkelheit zurückgetrieben, und Fakhri stand vor uns.

Djaafar Pascha hatte oben auf dem südlichen Rand der großen Schlucht von Tafileh eine Verteidigungsstellung vorgesehen in der Absicht, bei einem türkischen Angriff das Dorf preiszugeben und dafür die den Ort beherrschenden Höhen zu halten. Das schien mir im doppelten Sinne unzweckmäßig. Die Hänge nach dem Feind zu lagen im toten Winkel, und die Stellung war daher ebenso schwierig zu verteidigen wie anzugreifen; außerdem konnte sie von Osten her umgangen werden. Verließen wir das Dorf, so gaben wir auch die Bevölkerung preis, die doch natürlich mit Hand und Herz auf seiten derer stehen mußte, die ihre Häuser in Besitz hielten und verteidigten.

Indessen, so war es nun einmal geplant – Zeid fiel auch nichts Besseres ein –, und er gab daher gegen Mitternacht den Befehl zum Besetzen der Stellung. Diener und Gefolge luden eiligst das Gepäck auf. Die Bewaffneten rückten zum südlichen Höhenrand, während die Bagagekolonnen auf der unteren gedeckten Straße das Dorf verließen. Diese Bewegungen verursachten eine Panik in der Ortschaft. Die Bauern glaubten, wir liefen davon (ich meine, wir taten's auch), und beeilten sich, ihre Habe und ihr Leben in Sicherheit zu bringen. Es herrschte starker Frost, und der Boden war mit einer harten Eiskruste überzogen. Lärm, Geschrei und ein unbeschreiblicher Wirrwarr erfüllten die engen, nächtlich dunklen Gassen.

Dhiab, der Scheikh, hatte große Töne geredet von feindlicher Gesinnung der Einwohner, um so den Glanz seiner Treue um so heller erstrahlen zu lassen; doch ich hatte den Eindruck, daß es handfeste Kerle waren, die man unter Umständen brauchen konnte. Um die Probe darauf zu machen, setzte ich mich auf das Dach meines Hauses oder ging, unkenntlich in meinen Mantel gehüllt, in den dunklen Straßen auf und ab, meine Wache unauffällig in Rufweite hinter mir. So konnte ich hören, was vorging. Die Bevölkerung war in einer nahezu bedrohlichen Panik, beschimpfte alles und jeden, aber weit und breit hörte ich keine Stimme, die für die Türken gewesen wäre. Ja, sie verrieten geradezu ein Grauen vor der Rückkehr der Türken und waren bereit, alles, was in ihren Kräften stand, zu tun, um einen kampfentschlossenen Führer gegen die Türken zu unterstützen. Sehr erfreulich; das harmonierte mit meinem Wunsch, den Platz bis zum äußersten zu verteidigen.

Dann traf ich auf die beiden jungen Djazi Scheikhs, Metaab und Annad, mit prächtiger Seide angetan und silberglitzernden Waffen, und sandte sie aus nach ihrem Onkel, Hamd el Arar. Diesen bat ich, durch den nördlichen Ausgang der Schlucht zur Landbevölkerung zu reiten, die, nach dem Lärm zu urteilen, mit den Türken schon in Kampf geraten war, und ihnen zu vermelden, daß wir schon auf dem Wege seien, um ihnen zu Hilfe zu kommen. Hamd, ein tapferer melancholischer Ritter, war sofort bereit und galoppierte mit zwanzig seiner Motalga – das war alles, was er in der Eile zusammenraffen konnte – davon.

Ihr hastiger Ritt durch die Straßen trieben Wirrnis und Schrecken vollends auf den Höhepunkt. Frauen warfen ihre Habe in eilig zusammengehäuften Bündeln aus Türen und Fenstern, obwohl keine Männer da waren, um die Sachen in Empfang zu nehmen. Kinder wurden überrannt und brüllten, während ihre Mütter ganz woanders nach ihnen jammerten. Im Davonstürmen feuerten die Motalga, zur eigenen Ermutigung, ihre Flinten in die Luft; und, gleichsam als Antwort, sah man jetzt, den nördlichen Klippenrand säumend, das Aufleuchten der feindlichen Schüsse in jener tiefen Schwärze des Himmels, die dem ersten Morgengrauen vorausgeht. Ich stieg zur Höhe außerhalb des Dorfes hinauf, um mich mit Scherif Zeid zu beratschlagen.

Zeid saß würdevoll auf einem Felsen und suchte durch sein Fernglas die Gegend nach dem Feinde ab. Je mehr die Krise sich verschärfte, desto gelassener und gleichgültiger wurde Zeid. Mich dagegen hatte eine wahre Wut gepackt. Nach den einfachsten Grundregeln vernünftiger Kriegführung hätten sich die Türken nie und nimmer auf diesen Vorstoß gegen das gänzlich belanglose Tafileh einlassen dürfen. Es war nichts als reine Gier, das Benehmen eines Hundes, der nach jedem mageren Knochen schnappt, und unwürdig eines ernst zu nehmenden Gegners, der ernst genommen sein wollte, aber just so die Art der Türken, gänzlich aussichtslose Dinge zu unternehmen. Wie konnten sie einen anständig geführten Krieg erwarten, wenn sie uns nie Gelegenheit gaben, uns in Ehren mit ihnen zu messen? Unsere Moral wurde fortgesetzt untergraben durch ihre törichte und klägliche Kriegführung; denn weder konnten unsere Soldaten ihren Mut achten, noch unsere Offiziere ihren Verstand. Zudem war es ein eisig kalter Morgen, und ich war die ganze Nacht auf den Beinen gewesen; und ich war denn doch Teutone genug, um mir vorzunehmen, daß sie mir für diese sinnlose Durchkreuzung meiner Pläne gründlich büßen sollten.

Als erstes schlug ich vor, daß Abdulla mit drei Hotchkissmaschinengewehren einen Vorstoß machen sollte zur gewaltsamen Erkundung von Stärke und Stellung des Feindes. Dann wurde besprochen, was weiterhin zu tun sei; mit gutem Ergebnis, da der kleine Zeid eine kaltblütige und beherzte Kampfnatur war, vom Geist eines Berufsoffiziers beseelt. Wir sahen, wie Abdulla mit seiner Abteilung die vor uns liegende Bodenwelle überschritt. Das Feuer wurde eine Weile lebhafter, um dann nach der Ferne hin zu verebben. Abdullas Vorgehen hatte den Motalga und den berittenen Landbewohnern Mut gemacht. Sie fielen die türkische Kavallerie an, trieben sie über einen ersten Rücken, dann über eine zwei Meilen breite Fläche und über einen weiteren Rücken bis an den Rand der großen Niederung bei Hesa.

Dort lagen die türkischen Hauptkräfte, die, durch eine eiskalte Nacht an ihrem Platz festgehalten, eben zu weiterem Vormarsch angetreten waren. Sehr bald griffen sie in den Kampf ein, und der Vorstoß Abdullas kam sofort zum Stehen. Man hörte in der Ferne das Knattern der Maschinengewehre, das zu einem gewaltigen ununterbrochenen Rollen anwuchs, begleitet vom berstenden Gekrach der Granaten. Man hörte genau, was vorging, so gut, als wenn man es hätte sehen können, und es klang sehr erfreulich. Ich drängte Zeid, auf diese guten Anzeichen hin sofort vorzugehen; aber seine Vorsicht hielt ihn zurück, und er bestand darauf, erst genaue Nachrichten von Abdulla, seinem Vortrupp, abzuwarten.

Das war, der Lehre der Taktik nach, durchaus nicht notwendig; aber man wußte, ich war nicht Berufssoldat, und nahm sich die Freiheit, nur sehr zögernd an meine Ratschläge heranzugehen, so dringlich ich sie auch vorbrachte. Aber ich hielt ja etwas in der Hand, was mehr wert war als Worte, und machte mich selber an die Front auf, um ihrer Entscheidung zuvorzukommen. Unterwegs traf ich auf meine Leibgarde, höchst eifrig bei den auf der Straße herumliegenden Habseligkeiten beschäftigt, aus denen sie sich schon allerhand Kram herausgesucht hatten. Ich befahl ihnen, ihre Kamele von dem Zeug wieder freizumachen und so schnell wie möglich unser Hotchkissmaschinengewehr nach dem Nordrand der Schlucht zu bringen.

Die Straße lief durch einen Hain kahler Feigenbäume und bog dann nach Osten, um in langen Windungen durch das Tal hindurch zum Rand aufzusteigen. Ich verließ die Straße und kletterte geradeswegs die steinernen Hänge hinauf. Barfuß geht man mit unglaublicher Sicherheit über zackiges Felsgestein, wenigstens wenn die Sohlen durch lange schmerzhafte Gewöhnung hart geworden sind oder die Füße so steif gefroren, daß man Zacken und Spitzen überhaupt nicht mehr spürt. Das Heraufklimmen hatte mich durchwärmt und zugleich meinen Weg beträchtlich abgekürzt.

Oben angekommen, fand ich einen breiten Höhenrücken – mit Resten byzantinischer Bauten –, der das vorliegende Plateau beherrschte und mir sehr geeignet schien zur Bereitstellung einer Reserve und zugleich als äußerste Verteidigungslinie. Die Wahrheit zu sagen, hatten wir gar keine Reserve – keiner hatte überhaupt eine Ahnung, was und wo wir etwas hatten –, aber falls sich herausstellen sollte, daß irgend etwas Verfügbares da war, so war entschieden hier der Platz dafür. Eben jetzt erblickte ich die Ageyli aus Zeids persönlichem Gefolge, höchst zimperlich in einen Hohlweg geduckt. Es bedurfte schon Worte von einer Deutlichkeit, daß ihre Zöpfe vor Schreck aufgingen, ehe ich sie bewegen konnte, zu mir heraufzukommen. Aber schließlich hatte ich sie ganz hübsch auf der Kammlinie des „Reserverückens“ aufgebaut. Es waren ihrer etwa zwanzig, und von weitem nahmen sie sich wirklich aus wie vorgeschobene Spitzen einer dahinter befindlichen starken Armee. Ich gab ihnen meinen Siegelring als Ausweis und befahl ihnen, alle des Wegs Kommenden hier festzuhalten, namentlich meine Leibburschen mit dem Maschinengewehr.

Als ich dann weiter auf das Gefechtsfeld zuging, traf ich auf Abdulla, auf dem Wege zu Zeid mit Nachrichten. Er hatte alle Munition verschossen, fünf Mann durch Schrapnellfeuer verloren, und eins seiner Maschinengewehre war zerstört. Zwei weitere, meinte er, hätten wohl die Türken. Er wollte Zeid veranlassen, mit allen verfügbaren Kräften den Kampf aufzunehmen; ich hatte dieser Botschaft nichts weiter zuzufügen.

Inzwischen blieb mir Zeit, das voraussichtliche Kampfgelände näher in Augenschein zu nehmen. Es war eine kleine Ebene, etwa zwei Meilen breit, von niedrigen grünen Höhenzügen umgrenzt, und hatte die Form eines unregelmäßigen Dreiecks, dessen Basis mein Reserverücken bildete. Die Straße nach Kerak lief darüber hinweg und verschwand drüben im Tal von Hesa. Die Türken kämpften sich längs dieser Straße vorwärts. Abdullas Vorstoß hatte den westlichen, zur Linken liegenden Höhenrücken in Besitz genommen, wo jetzt unsere Feuerlinie lag.

Als ich weiter über die Ebene ging, meine wunden Füße zerstochen von den harschen Stengeln des Wermuts, kamen Schrapnells geflogen. Der Feind hatte die Entfernung zu weit geschätzt, und die Geschosse strichen über den Rücken hinweg und krepierten weit dahinter. Ein Schrapnell fiel in meiner Nähe nieder, und ich konnte an dem noch heißen Zünder das Kaliber feststellen. Allmählich verkürzte der Feind die Schußweiten, und als ich dann zu dem Höhenrücken zurückkam, war er mit Schrapnellkugeln gesprenkelt. Anscheinend hatten die Türken irgendwo einen guten Beobachtungsstand. Während ich danach suchend um mich blickte, bemerkte ich, wie der Feind, gedeckt durch einen Einschnitt, über die Straße herüber sich nach Westen zog. Binnen kurzem mußte er uns dort auf dem westlichen Höhenrücken von der Flanke her umgangen haben.

„Uns“, das waren etwa sechzig Mann, zu zwei Haufen geballt hinter dem Rücken, der eine unten im Grunde, der andere nahe dem Kamm. Der untere Haufen waren die Bauern, zu Fuß, atemlos, völlig erschöpft, aber trotzdem die einzigen Draufgänger, denen ich an diesem Tage begegnet war. Sie riefen mir zu, sie hätten ihre ganze Munition verschossen, und alles wäre zu Ende. Ich erklärte, im Gegenteil, es finge gerade erst an, und wies nach meinem besetzten Reserverücken. Dort, sagte ich, ständen Truppen aller Waffen, und sie sollten nur schnell zurücklaufen, ihre Patronengürtel wieder füllen und nur weiter so durchhalten. Wir würden inzwischen ihren Rückzug decken und die Stellung hier oben halten, für die wenigen Minuten, die es noch möglich war.

Sie machten sich mit Freudenrufen davon, indes ich zu der oberen Gruppe hinaufstieg. Hier befehligte der junge Metaab seine Motalga, nackt bis auf die engen Reithosen, um besser schaffen zu können, seine schwarzen Liebeslocken zerzaust, das Gesicht beschmutzt und eingefallen. Er schlug in wilder Ratlosigkeit die Hände zusammen und schrie heiser, denn er hatte doch wer weiß was für uns zu leisten gemeint in diesem seinem ersten Kampf. Meine Anwesenheit im letzten Augenblick, gerade als uns die Türken fast schon abgeschnitten hatten, kam ihm bitter an, und er wurde noch ärgerlicher, als ich erklärte, ich wäre nur gekommen, um mir die Landschaft zu betrachten. Er glaubte, ich wollte ihn auch noch höhnen, und schrie etwas von einem Christen, der unbewaffnet in die Schlacht zöge. Ich erwiderte mit einem Zitat aus Clausewitz: daß eine Nachhut ihren Zweck erfülle mehr durch ihr bloßes Dasein als durch ihre Tätigkeit. Aber ihm war jetzt nicht mehr zum Lachen zumute, denn der schmale Kamm, hinter dem wir lagen, war von Feuer umknattert. Die Türken hatten zwanzig Maschinengewehre auf uns vereinigt, die Kugeln summten wie Bienenschwärme und pfiffen und klatschten um uns herum, daß es sicheren Tod bedeutet hätte, auch nur die Nasenspitze über den Kamm zu stecken. Wir mußten schleunigst zurück, das war klar, und da ich kein Pferd hatte, ging ich als erster. Metaab versprach, wenn es irgend ginge, mit seinen Leuten noch weitere zehn Minuten auszuhalten.

Der Lauf erwärmte mich. Ich zählte meine Schritte, um für später möglichst genaue Entfernungen zu haben; denn den Türken blieb nur noch diese eine Stellung, aus der sie uns jetzt vertrieben, und nach Süden zu war sie schlecht geschützt. Der Verlust des Motalgarückens konnte uns möglicherweise den Sieg bringen. Die Reiter hielten noch ihre zehn Minuten stand und galoppierten dann ohne Überstürzung davon. Ich faßte Metaabs Steigbügelriemen, um mich mitziehen zu lassen, und bald waren wir – etwas atemlos – auf dem Reserverücken bei den Ageyl angelangt. Es war inzwischen Mittag geworden, und wir hatten Muße und Ruhe, das Weitere zu bedenken.

Der Rücken lief in einen etwa vierzig Fuß hohen Kamm aus und war seiner ganzen Gestaltung nach vorzüglich zur Verteidigung geeignet. Achtzig Mann waren schon da, und immer neue trafen ein. Meine Garde war auch zur Stelle mit ihrem Maschinengewehr, und Lutfi schleppte noch zwei weitere herbei; dann kamen noch hundert Ageyl. Die Sache sah sich nachgerade wie eine Landpartie an. Wir gingen umher, machten hocherfreute Mienen und riefen ein ums andere Mal „Großartig! Ausgezeichnet!"; das kräftigte den Mut der Leute und ließ sie ihre Lage mit Ruhe betrachten. Die Maschinengewehre wurden auf die Kammlinie vorgeschoben und bekamen Befehl, von Zeit zu Zeit kurze Feuergarben abzugeben, um die Türken ständig zu beunruhigen, mehr aber nicht. Ansonsten trat Ruhe ein. Ich legte mich auf einer gedeckten windgeschützten Stelle in ein Fleckchen Sonne und schlief eine geschlagene Stunde. Die Türken besetzten inzwischen den von uns verlassenen Rücken.

Früh am Nachmittag trafen Zeid mit Mastur, Rasim und Abdulla ein. Sie brachten den Hauptteil unserer Kräfte mit: zwanzig Mann Infanterie, auf Maultieren beritten, dreißig Motalgareiter, zweihundert Mann Landbevölkerung, fünf leichte und vier schwere Maschinengewehre und das Gebirgsgeschütz der ägyptischen Armee, das schon bei Medina, Petra und Djurf mitgefochten hatte. Das war großartig, und ich stand auf, um sie zu begrüßen.

Die Türken sichteten unser Gewimmel und eröffneten Schrapnellfeuer auf uns, aber sie hatten nicht die richtigen Schußweiten und verschwendeten nur ihre Munition. Wir erinnerten uns an den alten strategischen Grundsatz: Angriff ist die Seele der Verteidigung; und danach wurde verfahren. Der Artillerist Rasim wurde zum Kavallerieführer gemacht und bekam unsere achtzig Kamelreiter. Damit sollte er östlich ausholend den linken Flügel des Feindes umgehen; und da man ja nach den Regeln der Taktik nicht eine Linie angreifen soll, sondern einen Punkt, so konnte bei genügend weitem Ausholen dieser Punkt gerade der äußerste linke Flügelmann des Feindes sein. Rasim gefiel diese meine Auffassung der ihm zufallenden Aufgabe.

Er versprach freundlich grinsend, mir diesen Flügelmann zu bringen. Hamd el Arar aber ging weiter. Bevor er abritt, weihte er sich selbst dem Tod für die arabische Sache; er zog feierlich seinen Säbel, und, ihn bei Namen anredend, hielt er ihm eine heldische Ansprache. Rasim nahm fünf Maschinengewehre mit, was entschieden noch besser war.

Wir im Zentrum eröffneten ein lebhaftes Feuer, damit der Feind, abgelenkt, den Abmarsch der Abteilung Rasims nicht bemerkte. Der Türke brachte in endloser Prozession seine Geschütze heran und baute sie deutlich sichtbar links auf einem Höhenrücken schön nebeneinander auf, ganz wie in einem Museum. Das war die Taktik von Mondsüchtigen. Der Rücken war aus hartem Gestein und so blank, daß keine Eidechse Deckung finden konnte. Wir hatten sehen können, wie bei dem Aufschlag unserer Geschosse auf den Boden ein ganzer Schauer tödlicher Splitter hochspritzte. Auch kannten wir die Schußweite. Wir gaben also unsern Vickersmaschinengewehren die genaue Erhöhung und segneten die altmodischen, nur auf direkten Schuß eingerichteten Visiere des Gegners. Unser Gebirgsgeschütz wurde schußfertig gemacht, um dann in dem Augenblick, wo Rasim in der Flanke zupackte, den Feind mit Schrapnellfeuer zu überschütten.

Während wir das Weitere abwarteten, kam unverhoffte Verstärkung durch hundert Mann von Aima. Sie hatten sich tags zuvor mit Zeid wegen der Kriegslöhnung entzweit, hatten sich aber nun, wo Not am Mann war, großmütig entschlossen, die alte Zeche zu streichen. Ihre Ankunft bewog uns, von Marschall Fochs Kriegskunst abzuweichen und, koste es, was es wolle, den Feind von drei Seiten gleichzeitig anzugreifen. Die Aimaleute, mit drei Maschinengewehren, wurden daher nach links ausgeschickt, um des Feindes rechten Flügel zu umgehen. Dann faßten wir im Zentrum fest zu und belegten seine exponierten Linien mit wohlgezieltem Feuer.

Der Feind fand, daß sich der Tag nicht mehr günstig für ihn anlasse. Der Abend war nicht mehr fern, und oft schon hat der Sonnenuntergang dem noch in der Defensive Ausharrenden den Sieg gebracht. Der alte General Hamid Fakhri ließ alle Offiziere und Mannschaften seines Stabes kommen und befahl ihnen, jeder sollte ein Gewehr nehmen. „Ich bin vierzig Jahre Soldat gewesen, aber ich habe noch nie Rebellen so kämpfen sehen wie diese . . . Vorwärts in die Schützenlinie." Aber es war zu spät. Rasim ging bereits zum Angriff vor mit seinen fünf Maschinengewehren, jedes mit doppelter Bedienung. Sie stürzten vor, erst bemerkt, als sie schon in Stellung waren, und zerkrümelten des Gegners linken Flügel.

Die Aimaleute, die jeden Grashalm hier auf ihren eigenen Weideplätzen kannten, schoben sich ungesehen bis auf dreihundert Yard an die türkische Artilleriestellung heran. Der Feind, beschäftigt durch unsere frontale Bedrohung, merkte überhaupt erst etwas von den Aima, als diese, in plötzlichem Feuerüberfall, die Geschützbedienung zusammenschossen und seinen rechten Flügel in Verwirrung brachten. Wir im Zentrum sahen es und riefen den Kamelreitern und Aufgeboten zu, jetzt vorzugehen.

Mohammed el Ghasib, der Oberste von Zeids Leibwache, führte auf seinem Kamel an, seine prächtigen weiten Kleider vom Winde gebläht, und über seinem Kopf flatternd das hochrote Banner der Ageyli. Alles, was noch im Zentrum war, unsere Diener, Geschütz- und Maschinengewehrmannschaft, stürzte ihm nach in breiter, reichbewegter Linie.

Für mich war der heutige Tag zu lang gewesen, und ich fühlte nur den einen Wunsch, daß er jetzt ein Ende haben möge. Zeid neben mir klatschte vor Freude in die Hände, als er sah, wie prächtig sich jetzt im roten Schein der untergehenden Sonne der letzte Akt des Schauspiels in wohlbedachter Regieführung vor seinen Augen abspielte. Rasims Kavallerie fegte des Gegners aufgelösten linken Flügel in die Tiefe jenseits des Rückens hinab, während drüben auf dem rechten Flügel die Aima die Flüchtenden grausam niederstachen. Das ganze feindliche Zentrum flutete in Unordnung durch die Schlucht zurück, ihnen nach unsere Mannschaft zu Fuß, zu Pferd, zu Kamel. Die Armenier, die sich den ganzen Tag scheu und angstvoll hinter unserer Front herumgedrückt hatten, zogen ihre Messer, riefen sich auf türkisch etwas zu und sprangen vor.

Ich dachte an die tiefen Klüfte zwischen hier und Kerak, die Schlucht von Hesa mit ihren bröckligen steilen Pfaden, dem dichten Unterholz, den Hohlwegen und Engpässen des Weges. Es mußte ein Massaker werden, und ich hätte hinreiten und für Schonung des geschlagenen Feindes sorgen sollen. Doch nach den Ärgernissen und Aufregungen des Tages war ich viel zu erschöpft, um mich noch in diese Hölle aufzumachen und die ganze Nacht dranzugeben zur Rettung der Flüchtigen. Durch meinen Entschluß, zu kämpfen, waren zwanzig bis dreißig der Unsrigen gefallen und vielleicht die dreifache Zahl verwundet. Der sechste Teil unserer Kräfte war vertan für einen Sieg ohne jeden Wert, denn die Hinopferung von tausend armen Türken konnte auf den Ausgang des Krieges nicht den geringsten Einfluß haben.

Erobert hatten wir zwei Gebirgshaubitzen (Konstruktion Skoda, sehr brauchbar für uns), siebenundzwanzig Maschinengewehre, zweihundert Pferde und Maultiere und hatten zweihundertfünfzig Gefangene gemacht. Nur fünfzig völlig erschöpfte Flüchtlinge, so hieß es, erreichten die Eisenbahn. Die Araber in den rückwärtigen Distrikten fielen über sie her und schossen unwürdigerweise viele auf der Flucht nieder. Die Unsern gaben die Verfolgung bald auf, sie waren zu erschöpft und hungrig, und es war bitter kalt.

Bald begann es auch zu schneien, und erst sehr spät und unter Anspannung der letzten Kräfte gelang es, unsere Verletzten zu bergen. Die türkischen Verwundeten blieben draußen liegen und waren am nächsten Tage tot.

24. Der Winter schließt uns ein

Am nächsten und übernächsten Tage schneite es noch stärker. Das Wetter lähmte uns, und als Tag um Tag in ewig gleichem Aussehen verging, entschwand uns die Hoffnung, noch etwas unternehmen zu können. Wir hätten, beflügelt vom Sieg, über Kerak hinaus vorstoßen und die Türken bei Amman durch die Kunde unseres Kommens in Schrecken setzen sollen; doch wie die Dinge lagen, blieben Mühen und Verlust umsonst vertan.

Des Winters Gewalt trieb Führer und Mann in den Schutz der Dörfer und lullte sie in eine lähmende Trägheit, gegen die alles Drängen zur Tat wenig vermochte. Ja, auch die Vernunft riet, in den Häusern zu bleiben. Zweimal wagte ich mich zur Probe auf die schneebedeckte Hochfläche hinaus, wo die toten Türken als armselige braune Haufen steifgefrorener Kleider umherlagen; aber da draußen war der Aufenthalt unerträglich. Tagsüber taute es ein wenig, und mit der Nacht kam wieder Frost. Der eisige Wind zerbiß die Haut; die Finger, steif gefroren, verloren jedes Gefühl; die Wangen zitterten wie totes Laub und krampften sich dann zusammen in starrem Schmerz.

Vorzudringen durch diesen Schnee auf Kamelen, die so ganz besonders ungeeignet sind für glatten Boden, hieß sich der Willkür jeder Handvoll Reiter aussetzen, die uns den Weg sperren wollten; und mit fortschreitender Zeit schwand auch diese Möglichkeit hin. Gerste wurde zum raren Artikel in Tafileh, und unsere Kamele, bereits jeder Weidemöglichkeit durch das Wetter beraubt, mußten nun auch das Trockenfutter entbehren. Es blieb nichts übrig, als sie eine Tagereise weit südlich von unserem Hauptstandort nach dem glücklicheren Ghor zu verschicken.

Meine persönliche Gefolgschaft traf es günstiger als die meisten andern, da Zaagi ein leerstehendes, noch unvollendetes Haus für uns gefunden hatte, mit zwei fertigen Räumen und einem Hof. Meine Barschaft ermöglichte es uns, Brennmaterial zu beschaffen und sogar etwas Getreide für unsere Kamele, die wir in einer geschützten Ecke des großen Hofs untergebracht hatten. Dort konnte Abdulla, der Tierfreund, sie striegeln und jedes einzelne bei Namen herbeirufen und es lehren, ein Stückchen Brot mit der Spitze der Lippen aus seinem Mund zu nehmen, vorsichtig und sanft wie in einem Kuß. Aber dennoch waren es unerquickliche Tage; denn machte man Feuer, um es ein wenig warm zu haben, so erstickte man fast von dem beißenden Rauch des grünen Holzes, und die leeren Fensterhöhlen waren nur notdürftig mit roh zusammengeschlagenen Holzklappen verschlossen, die wir uns selbst gemacht hatten. Durch das Lehmdach tropfte es unablässig den ganzen Tag; und des Nachts hopsten die Scharen der Flöhe auf dem Steinboden vergnügt durcheinander, aus Freude über die ihnen so reichlich zuteil werdenden Mahlzeiten. Wir hockten zu achtundzwanzig in den beiden winzigen Räumen, die von der säuerlichen Ausdünstung der Dichtgedrängten nur so dampften.

Ich hatte in meiner Satteltasche ein Exemplar des „Morte d'Arthur"; und das Lesen erleichterte ein wenig mein Unbehagen. Meinen Leuten gebrach es natürlich an geistiger Ablenkung, und in dieser erzwungenen Untätigkeit und kläglichen Enge verrohten ihre Gemüter. Ihre Wunderlichkeiten, sonst wohl erträglich, gleichsam wie ein aus der Entfernung gesehener Film, widerten mich jetzt an; dazu kam, daß eine Streifwunde an meiner Hüfte sich durch Frost entzündet hatte, und das ewige schmerzhafte Puckern peinigte mich und machte mich gereizt. Die Spannung wuchs zwischen uns von Tag zu Tag, je schmutziger und tierischer unser Zustand wurde.

Der Januar 1918 schleppte sich in den Februar; und diese nervöse Empfindlichkeit gegeneinander wurde zuletzt so unerträglich, daß ich beschloß, die Gesellschaft auseinanderzubringen und wenigstens mit einem Teil meiner Leute aufzubrechen, um das nötige Geld herbeizuschaffen, das wir später bei Eintritt besserer Witterung dringend brauchen würden. Zeid hatte die Hälfte der für Tafileh und das Tote Meer ausgesetzten Summe ausgegeben, teils für Besoldung, teils für Ankauf von Lebensmitteln und Belohnungen an die Sieger von Seil Hesa. Wohin immer wir später unsere Front verlegten, wir mußten in jedem Fall dort neue Mannschaft anwerben und bezahlen; denn nur die ortsansässige Bevölkerung hatte die genaue und sichere Kenntnis ihres heimatlichen Bodens und kämpfte zugleich für die Verteidigung von Haus und Hof.

Joyce mochte wohl Geldsendungen für mich in die Wege geleitet haben, aber das Schicken hatte seine Schwierigkeiten zu dieser Jahreszeit. Sicherer war es schon, selbst hinunterzugehen, und jedenfalls verlockender als dieser ewige Gestank und das untätige Umeinanderhocken in Tafileh. So brachen wir denn unserer fünf in der Frühe eines Tages auf, der etwas heller zu werden versprach als sonst. Wir kamen ziemlich rasch vorwärts bis Reschidiya, und als wir auf den Sattel jenseits hinaufstiegen, sahen wir uns plötzlich über den Wolken im matten Schein der Wintersonne.

Am Nachmittag wurde das Wetter wieder schlecht, und ein rauher Wind fegte von Nord und Ost über die kahle Ebene hin, die wir eben durchritten. Als wir die Furt des Schobeck durchwatet hatten, begann es zu regnen, erst mit heftigen Güssen, dann in gleichmäßigen schrägen Strömen, die sich wie ein rauschender Mantel um unsere linke Schulter legten, als wollten sie uns schützen gegen die erste Gewalt des anstürmenden Windes. Auf dem Boden zu unsern Füßen spritzte es weißlich wie in kleinen Springbrunnen auf vom niederprasselnden Regen. Ohne Aufenthalt ging es weiter, und noch lange nach Sonnenuntergang trieben wir unsere zitternden Kamele, die oft ausglitten und stürzten, durch die grasbewachsenen Täler. Wir schafften, trotz aller Schwierigkeiten, fast zwei Meilen die Stunde; und dieses unerwartet rasche Vorwärtskommen erfrischte uns den Geist und wärmte uns die Glieder.

Ich hatte eigentlich vor, die ganze Nacht durch weiter zu reiten. Aber nahe von Odroh lagerte sich Nebel wie ein dichter Vorhang rund um uns her, während über uns am stillen Nachthimmel Wolkenfetzen, dünn wie Schleier, durcheinanderwirbelten und tanzten.

Die Gegenstände veränderten ihr Aussehen: ferne Berge schrumpften ein, und nahe Hügel erschienen gewaltig groß. Wir merkten, daß wir zu weit rechts abgekommen waren.

Der Boden, obgleich anscheinend hart, brach morsch unter dem Gewicht der Kamele durch, so daß sie bei jedem Schritt vier bis fünf Zoll tief einsanken. Die armen Tiere, durchfroren von dem kalten Tag, waren so oft gestolpert und gestürzt, daß ihre zerschundenen Knochen ganz steif waren. Diese neue Schwierigkeit nun machte sie widerspenstig. Sie rannten ein Stück vor, standen plötzlich, schauten rundum und suchten seitlich auszubrechen.

Wir mußten ihnen ihre Wünsche leider versagen und trieben sie vorwärts, bis wir, unkundig des Wegs, in Felstäler gerieten mit zackiger Kammlinie; rechts und links Finsternis und vor uns Berge, wo eigentlich keine Berge sein sollten. Es fror von neuem, und der Steinboden im Tal überzog sich mit Glatteis. In dieser Nacht des Irrens noch weiter vorzudringen, wäre Wahnsinn gewesen. Wir fanden einen breiten Felsvorsprung. Hier mochte etwas Schutz sein, und dahinter lagerten wir unsere Kamele enggedrängt nebeneinander, Schwänze nach dem Wind, denn mit dem Kopf dem Wind entgegen konnten sie über Nacht vor Kälte eingehen. Wir verkrochen uns zwischen sie, in der Hoffnung auf etwas Wärme und Schlaf.

Warm wurde uns überhaupt nicht, und Schlaf bekam ich kaum. Einmal war ich eingeschlummert, um gleich wieder aufzufahren von dem Gefühl, als strichen sanfte Finger über mein Gesicht. Ich starrte in eine Nacht, fahl von großen, weichen Schneeflocken. Nach wenigen Minuten ging der Schnee in Regen über, und dann fror es wieder; ich rollte mich zu einer Kugel zusammen, von Schmerzen gepeinigt, aber zu elend, um mich noch zu rühren bis zum Morgengrauen. Nur zögernd kam die Dämmerung, doch man konnte nun wenigstens sehen. Ich drehte mich im nassen Schmutz herum zu meinen Leuten: in ihre Mäntel gewickelt, kauerten sie verloren an die Flanken ihrer Tiere geschmiegt. In ihren Gesichtern lag ein qualvoller Ausdruck stumpfer Hoffnungslosigkeit.

Mit Tageslicht öffnete sich ein wenig der Horizont, und wir stellten fest, daß unser richtiger Weg eine Viertelmeile links von uns lag. Auf diesem arbeiteten wir uns nun zu Fuß weiter. Die Kamele waren zu herunter, um noch unser Gewicht zu tragen (außer dem meinigen gingen fast alle auf dem Marsch ein); doch war der lehmige Boden so glitschrig, daß wir gleich den Tieren fortwährend rutschten und hinfielen.

Trotzdem es kalt genug schien, fror es nicht; denn der Wind hatte sich über Nacht gedreht und fegte uns nun von Westen in orkanartigen Stößen entgegen. Unsere Mäntel bauschten sich auf und drückten wie gestraffte Segel hindernd gegen uns. Schließlich zogen wir sie aus, und in dem losen, hemdartigen Kleid der Araber, das wir fest zusammenknüpften, damit die langen nassen Enden uns nicht um die Beine klatschten, ging es sich leichter. Die Richtung der Sturmwirbel erkannte man schon von weitem an den weißen Nebelfetzen, die sie über Berg und Tal fegten. Unsere Hände waren klamm bis zur völligen Gefühllosigkeit, und die Wunden und Risse darauf merkten wir nur an den roten Furchen in der Lehmkruste, mit der sie überzogen waren. Doch waren unsere Körper nicht so erstarrt, um nicht zusammenzuschauern unter dem Hagelgeprassel einer jeden Sturmbö. So gut es ging, drehten wir dann jedesmal dem Unwetter unsere weniger mitgenommene Seite zu und hielten das Kleid weit vom Leibe ab, wie einen Schild.

Am späten Nachmittag hatten wir die zehn Meilen nach Aba el Lissan hinter uns. Maulud war mit seinen Leuten talwärts gezogen, und niemand zeigte sich, uns zu begrüßen. Das war uns ganz lieb, denn wir waren verschmutzt und elend, hager wie geschorene Katzen. Die letzten zwei Meilen bis auf die Höhe von Shtar ging es besser, da der Boden steinhart gefroren war. Wir stiegen wieder auf die Kamele, die unwillig den Atem in weißen Dampfwolken aus den Nüstern stießen, und galoppierten zur Höhe hinauf, wo wir, durch Wolkenklüfte hindurch, das erste wunderbare Leuchten der Ebene von Guweira erspähten: warm, rot, verlockend. Die Wolken hatten die Tiefe seltsam überdacht, gleichsam wie mit einer flachen Schicht geronnener Milch, die quer durch den Himmel hin in Höhe unseres Gipfels lagerte. Minutenlang standen wir in den Anblick versunken. Zuweilen riß sich eine Flocke von diesem meerschaumartigen Wolkenvlies los und trieb auf uns zu. Wir auf der steilen Höhe fühlten sie an unsern Gesichtern vorbeistreifen; und uns umwendend sahen wir, wie sie sich über den rauhen Kamm zog als ein weißer Saum, der dann in Fetzen zerriß, um als ein Schauer von Hagelkörnern oder Regengeriesel in dem moorigen Grund zu verschwinden.

Nachdem wir dieses Himmelsschauspiel genügend bewundert hatten, glitten und rutschten wir munter den Paßweg hinab zu trockenem Sand und milder, stiller Luft. Doch war die Freude nicht so ungetrübt wie wir gehofft hatten. Der Schmerz des in unsere abgestorbenen Glieder und Gesichter zurückströmenden Blutes war weit heftiger als der Schmerz des allmählichen Erstarrens; und wir wurden jetzt erst gewahr, daß unsere Füße zum Teil bis auf die Knochen zerfetzt und zerschunden waren. In dem eisigen Schlamm hatten wir nichts gespürt; jetzt aber biß der warme, salzige Sand wie Pfeffer in den Wunden. In unserer Verzweiflung stiegen wir wieder auf die kranken Kamele und trieben sie mit Stockschlägen Guweira zu. Immerhin hatte die Wärme sie etwas aufgemuntert, und, wenn auch langsam, brachten sie uns schließlich an unser Ziel.

Aus Akaba trafen für mich dreißigtausend Pfund in Gold ein, und außerdem meine Wodheiha, eine Kamelstute gelblicher Färbung und das beste Tier, das noch in meinem Stall vorhanden war: reines Ateibablut, das ihrem früheren Besitzer manches Rennen gewonnen hatte. Zudem war es in vorzüglicher Verfassung, gut genährt, aber nicht zu fett, die Hufe gehärtet durch viele Ritte über den kiesigen Boden des Nordens, das Fell dicht und mattglänzend. Sie war nicht sehr groß und sah etwas schwerfällig aus, hatte aber einen weichen Gang und war bequem zu reiten: ein leichter Druck auf die vordere

Sattelbausche genügte, um sie nach rechts oder links zu wenden; ich ritt sie ohne Stock und las ruhig ein Buch im Sattel, wenn es der Marsch gestattete.

Da meine eigene Gefolgschaft in Azrak und Tafileh oder auch unterwegs war, bat ich Faisal um Begleitung für meine Rückkehr. Er stellte mir zwei Ateiba-Kamelreiter, Serdj und Rameid, zur Verfügung und außerdem zur Hilfe bei dem Goldtransport noch den Scheikh Motlog, dessen Qualitäten wir entdeckt hatten, als unsere Panzerwagen seinerzeit die Ebenen zwischen Mudowwara und Tebuk erkundet hatten.

Motlog war damals als Landeskundiger mitgefahren und hatte, hoch auf dem getürmten Gepäckstapel eines Fordwagens thronend, uns den Weg gewiesen. Die Wagen waren aus und ein zwischen den Sandhügeln hindurchgerast, schwankend wie Boote auf hoher See. An einer scharfen Kurve waren sie wie toll auf zwei Rädern herumgeschliddert, und Motlog war kopfüber herausgeschleudert worden. Marshall hatte sofort angehalten, war besorgt zurückgelaufen und wollte sich eben für diese Fahrerei entschuldigen. Aber der Scheikh, sich betrübt den schmerzenden Kopf reibend, sagte nur höflich: „Seien Sie mir, bitte, nicht böse; ich habe es nicht gelernt, auf diesen Dingern zu reiten."

Das Gold war in Säcken zu je tausend Pfund verstaut. Ich verteilte je zwei Säcke an vierzehn von Motlogs zwanzig Leuten, die beiden übrigbleibenden nahm ich selbst. Ein Sack wog zweiundzwanzig Pfund, und bei den schauderhaften Wegeverhältnissen waren zwei, rechts und links an den Satteltaschen baumelnd, für ein Kamel ein anständiges Gewicht. Wir brachen gegen Mittag auf und hofften einen langen ersten Marsch zu machen, bevor wir in die Ungunst der Berge kamen. Leider aber fing es schon nach einer halben Stunde zu gießen an, und ein veritabler Dauerregen durchnäßte uns gründlich; das Fell der Kamele kräuselte sich zusammen, daß sie aussahen wie nasse Hunde.

Motlog entdeckte ein Zelt im Schutz eines Sandsteinhügels, es war das des Scherif Fahad. Trotz meines Vorwärtsdrängens bestand er darauf, hier die Nacht zu bleiben, um abzuwarten, wie es morgen in den Bergen aussähe. Ich wußte im voraus, daß das ein bedenklicher Entschluß sei, und daß es dabei auf ein tagelanges, unentschlossenes Abwarten hinauskommen würde. Daher sagte ich ihm kurzentschlossen Lebewohl und ritt weiter, begleitet von meinen beiden Ateiba, Serdj und Rameid, und von sechs Howeitat aus der Gegend von Schobeck, die sich meiner Karawane angeschlossen hatten.

Die Auseinandersetzung hatte uns aufgehalten, und so erreichten wir erst bei Dunkelheit den Fuß der Paßhöhe. In dem beharrlichen trostlosen Regen bereuten wir fast schon unsere Tatkraft und beneideten Motlog, der jetzt wohlgeborgen im Zelt bei Fahad saß, als wir plötzlich links von uns rötlichen Feuerschein entdeckten. Wir ritten darauf zu und fanden Saleh ibn Schefia, der dort mit seinem Aufgebot von dreihundert Freiwilligen aus Janbo in einem Zelt und drei Höhlen lagerte.

Trotz meines völlig durchnäßten Zustandes führte er mich auf seinen Teppich im Zelt und versah mich mit einem neuen, eigens von seiner Mutter genähten Gewand, indes wir auf das Mahl warteten: heißdampfendes Fleisch mit Reis. Dann legten wir uns nieder und schliefen sehr zufrieden die ganze Nacht durch, während der Regen auf das doppelte Leinendach seines Mekkazeltes trommelte.

Früh am Morgen waren wir wieder auf und verzehrten rasch einige Handvoll von Salehs Brot. Als wir dann den Aufstieg begannen, blickte Serdj empor und sagte: „Der Berg trägt sein Hauskäppchen." Auf jedem Gipfel lag ein weißes Schneedach, und die Ateiba eilten rasch die Höhe zum Paß hinauf, um dieses neue Wunder mit Händen zu fühlen. Auch die Kamele kannten noch keinen Schnee und beugten zwei- oder dreimal ihre langen Hälse nieder, um diese blendende Weiße prüfend zu beschnuppern; dann aber streckten sie ihre Köpfe vor und blickten geradeaus, ohne des weiteren noch Interesse dafür zu zeigen.

Als wir dann später die Köpfe über den letzten Höhenrand steckten, fuhr uns ein Sturmwind aus Nordost in die Zähne, so schneidend und eisig, daß wir, nach Atem ringend, schleunigst wieder in sicheren Schutz zurückwichen. Es schien uns einfach unmöglich, diesem Sturm zu trotzen; aber wir wußten, das war Torheit, und so drängten wir uns dicht aneinander und arbeiteten uns vor, bis wir wenigstens vor der ersten Gewalt des Sturmes in einem Tal ein wenig Schutz fanden. Serdj und Rameid, erschrocken über den ihnen ungewohnten schneidenden Schmerz in den Lungen, glaubten, sie müßten ersticken. Um ihnen den inneren Kampf mit der Verlockung gastlich winkender Zelte zu ersparen, führte ich meine kleine Schar in weitem Bogen um den Hügel herum, hinter dem verborgen Maulud mit seiner vom Wetter hart mitgenommenen Truppe lagerte.

Maulud mit seinen Leuten hatte es hier, viertausend Fuß über Meereshöhe, schon zwei Monate ohne Ablösung ausgehalten. Sie hausten in niedrigen, in den Berghang gegrabenen Löchern. Sie hatten kein Brennholz außer dem spärlichen, feuchten Gestrüpp des Wermuts, das knapp dazu reichte, um sich jeden zweiten Tag das allernotwendigste Brot zu backen. Bekleidet waren sie nur mit dem Khakileinen der englischen Sommeruniform. Sie schliefen in den vom Regen durchweichten, von Würmern wimmelnden Löchern auf leeren oder halbleeren Mehlsäcken, zu sechs oder sieben eng zusammengeknäult, damit die wenigen zerschlissenen Lagerdecken allen wenigstens etwas Wärme spendeten.

Weit mehr als die Hälfte von ihnen starben oder trugen für ihr ganzes Leben einen Schaden davon durch die Kälte und Nässe. Und dennoch hielten sie die Wacht, wechselten täglich Schüsse mit den türkischen Außenposten, und nur die Ungunst des Wetters bewahrte sie vor einem vernichtenden feindlichen Angriff. Wir hatten ihnen viel zu verdanken, mehr noch Maulud, dessen mutiges Ausharren ihnen den Rücken stärkte.

Uns brachte freilich auch dieser eine Tag schon Mühsal genug. Zunächst, auf dem breiten Rücken oberhalb Aba el Lissan, war der Boden hart gefroren, und nur der scharfe Gegenwind hinderte unser rasches Vorwärtskommen. Aber dann begannen erst die eigentlichen Schwierigkeiten. Mitten im Schlamm am Fuß einer zwanzig Fuß hohen, steilen, und mit glitschrigem Lehm überzogenen Erhebung standen die Kamele still und äugten daraufhin, als wollten sie sagen, wir können euch unmöglich dahinauf tragen. Wir saßen ab, um sie zu führen, rutschten aber mit ihnen schon nach wenigen Schritten wieder hinunter. Schließlich zogen wir unsere neuen kostbaren Stiefel aus, die man uns zum Winter gegeben hatte, und barfuß vorauskletternd, hißten wir die Kamele den steilen Hang hinauf, so, wie wir es schon auf dem Hinmarsch getan hatten.

Damit war es mit der Annehmlichkeit des Reitens so ziemlich vorbei, und wir mußten bis Sonnenuntergang wohl an die zwanzig Mal absteigen. Manchmal war dieses Absitzen unfreiwillig, wenn nämlich die Kamele ausrutschten und hinstürzten, wobei dann zum Rumpeln ihrer Bäuche, die wie hohle Fässer klangen, die Goldstücke in den Säcken lustig klapperten. Solange sie noch bei Kräften waren, machte sie das ewige Hinstürzen so böse, wie nur Kamelstuten sein können; später begannen sie laut zu klagen und wurden scheu. Auch wir waren ziemlich kurz angebunden miteinander, denn der widerwärtige Wind ließ uns keine Ruhe. Nichts ist schlimmer in Arabien als ein Nordwind auf der Hochfläche von Maan, und gerade heute stürmte er in ungewohnter Heftigkeit und mit schneidender Kälte daher. Es blies durch unsere Kleider hindurch, daß man das Gefühl hatte, nackt zu sein, machte die Finger zu steifen Klumpen, daß man weder Reitstock noch Zügel halten konnte, und verkrampfte unsere Schenkel, daß wir keinen Halt mehr hatten im Sattel. Wenn wir daher von unsern stürzenden Tieren abgeworfen wurden, so flogen wir jedesmal im Reitsitz, steifgefroren mit gekreuzten Beinen, auf den Boden.

Immerhin aber regnete es nicht, der Wind trocknete den Boden, und standhaft setzten wir unsern Weg gen Norden fort. Am Abend hatten wir bereits das Flüßchen Basta erreicht. Demnach also waren wir mehr als eine Meile in der Stunde vorwärts gekommen; und da ich fürchten mußte, daß Mann und Kamele am nächsten Morgen zu erschöpft sein würden, um Ähnliches zu leisten, wollte ich den heutigen Tag ausnutzen und trieb meine Schar in der Dunkelheit weiter über den kleinen Fluß. Er war angeschwollen, und die Tiere scheuten; so mußten wir sie führen und zu Fuß durch drei Fuß tiefes, eisiges Wasser waten.

Als wir jenseits auf die Höhe kamen, stürzte sich der Wind wie ein wütender Feind auf uns. Gegen neun Uhr abends warfen sich meine Begleiter schreiend zu Boden und weigerten sich, auch nur einen Schritt weiterzugehen. Ich war selbst nahe am Heulen; nur aus Ärger über ihr lautes Gejammer hielt ich an mich und war daher schließlich wider Willen froh, ihrem Beispiel zu folgen. Die neun Kamele wurden rings in eine Phalanx gelagert, und wir legten uns in den engen Kreis leidlich geschützt zwischen sie, umbrandet vom heulenden Sturm wie ein Schiff auf hoher See. Die wenigen Sterne am nächtlichen Himmel leuchteten hell, und es schien, als wechselten sie launenhaft ihre Plätze und Gruppierungen zwischen den Wolken, die über unsere Köpfe dahinjagten. Jeder von uns war mit zwei Armeedecken versehen, und wir hatten auch noch einen kleinen Brotvorrat; so waren wir gegen das Schlimmste gefeit und konnten in Dreck und Kälte wohlbehütet schlafen.

Am nächsten Morgen marschierten wir erfrischt weiter: aber das Wetter war feucht und naß, und aus dem grauen Dunst ragten die mit vergilbtem Wermutkraut bewachsenen Höhen. An ihren Hängen standen die verwitterten Kalksteinrippen dieses uralten Bodens heraus. In den aufgeweichten Talgründen begannen unsere Schwierigkeiten von neuem. Jedes dieser nebelerfüllten Täler war ein einziger träger Strom schmelzenden Schnees; und schließlich begannen wieder neue dichte Schauer nasser Flocken zu fallen. Zu Mittag, es herrschte ein Zwielicht wie bei Anbruch des Abends, erreichten wir die trostlosen Ruinen von Odroh. Ein ab und zu Atem holender Wind blies, und träge dahinziehende Wolkenmassen und ein nebliger Sprühregen schlossen uns ringsum ein.

Ich wollte rechts abbiegen, um die Beduinen zwischen uns und Schobeck zu vermeiden, denn die uns begleitenden Howeitat führten uns geradeswegs auf ihr Lager zu. Wir waren sechs Meilen in sieben Stunden geritten, und sie waren erschöpft. Die beiden Ateiba waren nicht allein erschöpft, sondern demoralisiert und schwuren, sie würden sich um keinen Preis der Welt davon abhalten lassen, nach den Zelten zu reiten.

Ich meinerseits fühlte mich noch ziemlich frisch und nicht geneigt, durch die Gastfreundschaft der Stämme unnütz Zeit zu vergeuden. Die Geldnot Zeids gab vortrefflichen Vorwand, um es auf eine Kraftprobe mit dem edomitischen Winter ankommen zu lassen. Schobeck war nur noch zehn Meilen entfernt, und ich hatte noch fünf Stunden Tageslicht. Daher beschloß ich, allein meinen Weg fortzusetzen. Gefahr war dabei nicht, denn in solchem Wetter war kein Türke oder Araber draußen, und ich war freier Herr aller Wege. Also nahm ich Serdj und Rameid ihre vier Beutel Gold ab, und während sie durch das Tal hindurch noch an meiner Seite ritten, fluchte ich sie zur Hölle als erbärmliche Feiglinge, die sie wirklich nicht waren. Rameid rang in tiefen Schluchzern nach Atem, und Serdj, überreizt von Schmerz, brach bei jedem Stoß seines Kamels in ein langgezogenes Stöhnen aus. Sie tobten vor kläglicher Wut, als ich sie entließ und fortritt.

Die Wahrheit zu sagen: ich hatte das beste Kamel. Die treffliche Wodheiha kämpfte sich tapfer weiter, nun unter dem dreifachen Gewicht des Goldes. Auf ebenen Stellen blieb ich im Sattel; bei Steigungen und Hängen krochen oder rutschten wir beide Seite an Seite, oft unter komischen Zwischenfällen, an denen auch sie offenbar ihren Spaß hatte.

Bei Sonnenuntergang hörte der Schneefall auf. Ich stieg zum Schobeckfluß hinunter; drüben entdeckte ich eine bräunliche Spur, die, sich über die Hügel hinwegwindend, nach dem Dorfe hinführte. Ich gedachte den Weg abzukürzen; doch die hartgefrorene Kruste über dem schlammigen Ufer täuschte mich: ich brach durch die Eisdecke durch (sie war scharf wie Messer) und saß so fest im zähen Moder, daß ich schon fürchtete, ich müßte hier die ganze Nacht verbringen, halb im Schlamme steckend oder ganz darin versinkend, was den Tod wenigstens beschleunigt hätte.

Wodheiha, ein kluges Tier, hatte sich geweigert, in den Morast hineinzugehen; jetzt stand sie verlegen am festen Uferrand und blickte ernsthaft auf meine Scherze da im Schlamm. Doch mit Hilfe des langen Kopfhalfters, den ich noch in der Hand hatte, gelang es mir, sie zu einigem Näherkommen zu bewegen. Dann warf ich mich plötzlich mit meinem ganzen Körper rückwärts in den aufplatschenden Schlamm, und, mit der Hand rasch über den Kopf greifend, bekam ich ihr Fesselgelenk zu fassen. Sie scheute und drängte zurück und zog mich so heraus. Dann krochen wir flußabwärts bis zur sicheren Furt und gingen über; nachdem ich mich, freilich etwas zögernd, mitten in den Fluß gesetzt hatte, um den stinkenden Schlamm abzuspülen.

Am ganzen Körper vor Kälte zitternd, saß ich wieder auf. Über einen Bergrücken hinweg gelangten wir an den Fuß des symmetrischen Bergkegels, dessen Höhe gekrönt war von der Ringmauer des alten Kastells von Monreale, die sich in edlen Formen vom Nachthimmel abhob. Der Kreideboden war hart, und es fror; fußtiefe Schneewehen lagen zu beiden Seiten des gewundenen Pfades, der zur Höhe hinaufführte. Das weißschimmernde Eis krachte laut unter meinen nackten Füßen, als ich mich dem Tor näherte. Um würdigen Einzug zu halten, stieg ich über die geduldige Schulter Wodheihas in den Sattel. Doch bereute ich das bald: das Tier scheute, beängstigt von diesem seltsamen Ort, und hastete eilig unter den Kragsteinen der breiten niedrigen Toreinfahrt hindurch, so daß ich ihnen nur mit knapper Not ausweichen konnte, indem ich mich seitwärts am Nacken Wodheihas niederbeugte.

Ich wußte, daß Abd el Mayin noch in Schobeck war, und ritt unbesorgt die nachtstille Straße hinauf. Wodheiha stolperte unsicher über steinerne Stufen, die unter der dicken Schneedecke verborgen lagen; doch ich achtete nicht darauf, denn ich hatte mein Ziel für diese Nacht erreicht und brauchte überdies einen Sturz auf der pulvrigen Schneedecke nicht zu fürchten. An einer Straßenkreuzung rief ich laut den nächtlichen Segensgruß; eine Minute darauf hörte ich eine heisere Stimme im Namen Gottes erwidern; sie kam hinter der dicken Sackleinwand hervor, mit der das viereckige Guckloch an dem schäbigen Hause rechts von mir verstopft war. Ich fragte nach Abd el Mayin und bekam die Antwort: „im Regierungshaus“; es lag am andern Ende nahe der alten Ringmauer.

Dort angelangt, rief ich wiederum. Eine Tür wurde aufgestoßen, und eine Wolke Lichtes fiel heraus, wirbelnd von Staub und Rauch, durch die ich schwarze Gesichter spähend nach mir auslugen sah. Ich rief sie freundlich bei Namen an und sagte, daß ich gekommen sei, um mit ihrem Herrn ein Schaf zu essen; worauf drei Sklaven lärmend und erstaunt herausgeeilt kamen. Sie nahmen meine Wodheiha in Empfang, die sie in den dunstigen Stall einstellten, wo sie selbst hausten. Einer leuchtete mir mit einem flammenden Span die steinerne Außentreppe zur Haustür hinauf und, an andern Dienern vorbei, durch einen gewundenen Gang hin, dessen schadhaftes Dach von Wasser tropfte, bis zu einem winzigen Raum. Dort lag Abd el Mayin auf einem Teppich, mit dem Gesicht nach unten, um möglichst wenig von dem Rauch in der Luft einzuatmen.

Meine Beine zitterten vor Müdigkeit; ich warf mich neben ihm auf den Teppich in gleicher Stellung wie er, um den erstickenden Dünsten eines offenen Beckens mit flammendem Holzfeuer zu entgehen, das in einer tiefen Fensternische der mächtigen Außenwand stand. Mein Gastfreund brachte trockene Kleidung für mich herbei, während ich mein nasses Zeug auszog und es zum Trocknen neben das Feuer hing, das jetzt, nur noch rotglühend, weniger beißend war für Augen und Kehle. Abd el Mayin klatschte in die Hände, um das Abendessen zu beschleunigen und ließ „Fauzan" (Tee im Harithdialekt, so benannt nach seinem Vetter, dem Gouverneur ihres Dorfes) servieren, heiß, würzig und reichlich; dann wurde der in Fett und Rosinen gedämpfte Hammel hereingebracht.

Nachdem er das Mahl gesegnet hatte, erklärte er, daß sie morgen entweder Hungers sterben oder auf Raub ausgehen müßten, da er hier zweihundert Mann hätte und weder Nahrung noch Geld. Die zu Faisal entsandten Boten wären im Schnee steckengeblieben. Daraufhin klatschte ich nun meinerseits in die Hände, ließ meine Satteltaschen herbeibringen und übergab ihm fünfhundert Pfund als Anzahlung. Das war gute Bezahlung für das Essen, und wir waren recht vergnügt über meinen verrückten Einfall, zur Winterzeit ganz allein durch die Welt zu reiten mit sechs Säcken voll Gold als Gepäck. Ich wiederholte, daß auch Zeid, wie er, in schwieriger Lage wäre, und erzählte von Serdj und Rameid nebst den Howeitat. Des Scherifs Augen verdunkelten sich vor Zorn, und er hieb mit der Reitgerte durch die Luft. Ich erklärte ihm, um ihr Versagen in milderem Licht erscheinen zu lassen, daß mir die Kälte nichts anhaben könne, da das englische Klima fast das ganze Jahr so wäre wie jetzt hier. „Gott behüte!" sagte Abd el Mayin.

Nach einer Stunde entschuldigte er sich: er habe gerade eine Schobeckfrau geheiratet. Ich wickelte mich in die Decken und schlief warm und fest. Der Flöhe gab es zahllose, aber meine Nacktheit, der arabische Schutz gegen ein verseuchtes Lager, linderte die Plage; und von den Bissen und Beulen spürte ich infolge meiner großen Ermüdung nicht viel.

Am Morgen erwachte ich mit schauderhaftem Kopfschmerz und erklärte, daß ich weiterziehen müßte. Zwei Männer fanden sich bereit, mich zu begleiten, obgleich alle erklärten, wir könnten Tafileh nicht in dieser Nacht erreichen. Nun, ich dachte, schlimmer als gestern wird es auch nicht kommen, und so stiegen wir vorsichtig den steilen, glatten Pfad des Bergkegels zur Ebene hinab, durch die noch heute die alte Römerstraße läuft, begleitet von umgestürzten Meilensteinen mit Inschriften ruhmvoller Kaiser.

Hier in dieser Ebene liefen mir die beiden Hasenfüße davon, zurück zu ihren Gefährten im Dorf. Ich arbeitete mich allein weiter, bald auf meinem Kamel, bald danebenlaufend, denn der Weg war überall sehr glatt, ausgenommen auf der antiken Pflasterung, der letzten Spur des kaiserlichen Roms, das vorzeiten mit soviel mehr Erfolg die Rolle des Türken gegenüber dem Wüstenbewohner gespielt hatte. Solange ich auf dieser Straße war, konnte ich reiten; nur die Einbrüche mußte ich zu Fuß durchwaten, wo die Fluten von vierzehn Jahrhunderten den Unterbau fortgewaschen hatten. Regen kam und durchnäßte mich; dann, mit leichtem Wind, kam wieder Frost: ich knackte in meiner Rüstung aus weißer Seide wie ein Theaterritter oder wie ein steif gefrorener Hochzeitskuchen.

Nach drei Stunden hatten Wodheiha und ich in prachtvollem Ritt die Ebene hinter uns. Nun aber fing die Mühsal wieder an. Der Schnee lag sehr hoch, wie es meine Führer gesagt hatten, und kein Weg war mehr zu erkennen. Es ging jetzt in großen Windungen bergauf, zwischen Hügeln und wirren Steinhaufen hindurch. Es kostete mich schon ein Übermaß von Anstrengung, nur um die beiden ersten Biegungen herumzukommen. Wodheiha, erschöpft durch das ewige knietiefe Waten in diesem sinnlosen weißen Zeugs, begann sichtlich zu erschlaffen. Doch stapste sie weiter, um gleich darauf bei einer abschüssigen Stelle am Rand des Pfades fehlzutreten. Wir kollerten beide zusammen einige achtzehn Fuß tief den Hang hinunter und landeten in einer hohen, verharschten Schneewehe. Nach dem Sturz richtete sie sich wimmernd wieder hoch und stand zitternd still.

Wenn Kamelhengste nicht mehr vom Fleck wollen, gehen sie gewöhnlich auf der gleichen Stelle, nach Tagen, ein; und ich mußte fürchten, daß ich nun auch an der Grenze der Leistungsfähigkeit einer Kamelstute angelangt war. Ich stellte mich vor sie hin, stemmte mich gegen den Schnee und versuchte sie herauszuziehen, vergebens. Dann verbrachte ich viel Zeit mit dem Versuch, sie von hinten vorzuschieben. Dann stieg ich auf, sie ging nieder; ich sprang ab, half ihr wieder hoch und überlegte, daß ihr vielleicht die Schneewehe zu mächtig sein könnte. So höhlte ich ihr einen prächtigen, kleinen Weg aus, einen Fuß breit, drei tief und achtzehn Schritt lang, meine bloßen Füße und Hände als Werkzeuge benutzend. Der Schnee war auf der Oberfläche so hart gefroren, daß ich meine ganze Kraft brauchte, um ihn erst durchzubrechen und dann auszuhöhlen. Die Kruste war scharf und riß mir Handgelenk und Fußknöchel auf, so daß das Blut herunterlief und der Wegrand mit rosa Kristallen gesäumt war, die aussahen wie blasses, sehr blasses Fleisch von Wassermelonen.

Darauf ging ich zu Wodheiha zurück, die geduldig noch auf dem gleichen Fleck stand, und stieg in den Sattel. Sie ging leicht an. Ich setzte sie in Trab, und im Schwung des Anlaufes kamen wir gleich den Hang wieder hinauf bis zum Weg. Jetzt gingen wir sehr vorsichtig weiter; ich, zu Fuß voraus, tastete mit dem Stock vorsichtig den Boden ab oder grub schmale Pfade, wenn die Schneeverwehung zu tief war. In drei Stunden war ich auf dem Gipfel, seine westliche Seite war vom Winde freigefegt. Wir verließen daher den eigentlichen Weg und kletterten den zerklüfteten Grat entlang. Zur Linken sah ich über die schachbrettartigen Häuser des Dorfes Bana hinweg in das sonnige Arabah, grün und frisch, Tausende von Fuß unter mir.

Später mußten wir von dem Grat abbiegen, und schwere Arbeit begann von neuem. Zuletzt blieb Wodheiha aufs neue unbeweglich stehen. Jetzt wurde die Sache ernst, denn der Abend war nahe. Wir waren ganz allein hier oben auf der Höhe, und wenn uns die Nacht hier fand und keine Hilfe kam, so mußte Wodheiha, dieses edle Tier, sterben. Zudem hatten wir noch die schweren Goldsäcke, und ich war mir doch nicht ganz sicher, ob man, selbst in Arabien, sechstausend Sovereigns, nur mit dem Siegel des Eigentümers versehen, so einfach am Wege deponieren und eine Nacht liegenlassen könnte. So blieb mir nichts anderes übrig, als das Tier hundert Yard weit auf unserer eignen Spur wieder zurückzuführen. Ich stieg auf und trieb sie gegen den Hang zu. Sie ging willig an, und wir kamen in einem Zug bis auf den nördlichen Höhenrand, von dem aus man unten im Tal Rascheidiya, das Senussidorf, sehen konnte.

Auf dieser Seite des Berges, windgeschützt und von der Nachmittagssonne beschienen, war der Boden getaut. Unter dünner Schneeschicht war feuchter und schlammiger Grund, und als Wodheiha eilig darüber hintrabte, glitt sie aus und setzte sich auf den Boden, alle vier Füße vorgestreckt.

Auf ihrem Schwanz, mich noch im Sattel, schlidderte sie, sich ein paarmal umdrehend, an die hundert Fuß flott hinunter. Sie mochte sich vielleicht den Schwanz dabei verletzt haben (unter dem Schnee waren Steine), denn unten angekommen, sprang sie hastig auf die Beine, stöhnte und schlug mit dem Schwanz aus wie ein Skorpion. Dann begann sie loszulegen und rannte mit einer Stundengeschwindigkeit von zehn Meilen, gleitend und rutschend, auf dem lehmigen Pfad Rascheidiya zu, während ich, in ständiger Furcht vor Sturz und gebrochenen Knochen, am Sattelknauf festgeklammert hing.

Einige von Zeids Leuten, hier auf ihrem Weg zu Faisal durch das Wetter festgehalten, kamen, als sie das laute Getrampel hörten, herbeigelaufen und schrien vor Vergnügen über einen so feierlichen Einzug in das Dorf. Ich fragte, was es Neues gäbe, und sie sagten, alles stände gut. Dann ritt ich noch die letzten acht Meilen bis nach Tafileh, übergab Zeid seine Briefe und etwas Geld und legte mich erleichtert zu Bett ... flohgeplagt für eine weitere Nacht.

25. Vorstoß gegen Maan

Zeid ließ sich auch weiter durch die Ungunst des Wetters festhalten. Vergebens eiferte ich dagegen, wurde aber dann plötzlich nach Palästina gerufen zu einer dringenden Besprechung mit Allenby. Er sagte mir, daß das Kriegskabinett einen starken Druck auf ihn ausübe, um für den Stillstand im Westen Ausgleich zu schaffen. Er sollte, so rasch es ginge, wenigstens Damaskus nehmen, und wenn möglich auch Aleppo. Die Türkei sollte sofort und für immer aus dem Krieg ausgeschaltet werden. Die Schwierigkeit lag für ihn auf seinem östlichen, rechten Flügel, der am Jordan festgehalten war. Er habe mich gerufen, um zu erwägen, ob die Araber ihn auf diesem Flügel entlasten könnten.

Ich wandte ein, das hieße den Jordan-Feldzug lediglich vom englischen Gesichtspunkt aus betrachten. Allenby gab das zu und fragte, ob wir trotzdem in seinem Sinne eingreifen könnten. Ich sagte: Nicht unmittelbar, sondern erst dann, wenn gewisse andere Bedingungen zuvor erfüllt wären.

Die erste war der Besitz von Maan. Wir mußten es nehmen, ehe wir an die weiteren Aufgaben herangehen konnten. Falls durch Zuweisung weiterer Transportmittel die Reichweite der arabischen regulären Armee verlängert wurde, so konnte sie einige Meilen nördlich von Maan Stellung nehmen und den Eisenbahnverkehr dauernd unterbrechen. Die Garnison von Maan wurde dadurch gezwungen, aus dem festen Platz herauszukommen und diese Stellung anzugreifen; im offenen Felde aber würden vermutlich die Araber die Türken ohne Mühe schlagen. Zu dieser Operation bedurften wir weiterer siebenhundert Lastkamele sowie noch einer Anzahl Geschütze und Maschinengewehre; und ferner einer sicheren Deckung gegen einen Gegenangriff von Amman her, solange wir mit Maan beschäftigt waren.

Auf dieser Basis wurde der Plan im einzelnen ausgearbeitet. Allenby gab Befehl, zwei Einheiten des „Kamel-Transport-Korps“, einer in Ägypten aufgestellten Organisation, nach Akaba zu schicken, von englischen Offizieren geführt, die sich im Beerseba-Feldzug vorzüglich bewährt hatte. Eine sehr wertvolle Gabe, denn ihre Transportfähigkeit setzte uns instand, unsere viertausend Regulären bis auf achtzig Meilen von ihrer rückwärtigen Basis vorzuschieben. Auch Geschütze und Maschinengewehre wurden zugesagt. Was unsere Deckung gegen einen etwaigen Angriff von Amman betraf, so erklärte Allenby, das leicht bewerkstelligen zu können. Er beabsichtigte, schon zur Sicherung seiner eigenen Flanken, binnen kurzem Salt, jenseits des Jordan, zu nehmen und es mit einer indischen Brigade zu halten. Auf morgen wurde eine Besprechung der Korpsführer anberaumt, bei der ich zugegen sein sollte.

Bei dieser Besprechung wurde festgesetzt, daß die arabische Armee auf das Plateau von Maan vorrücken und den Ort selbst nehmen sollte. Ferner sollten die Engländer den Jordan überschreiten, Salt besetzen und soviel wie möglich von der Eisenbahn südlich Amman zerstören, insbesondere den großen Tunnel. Es kam auch zur Sprache, wieweit die Araber des Bezirks Amman an der englischen Operation teilnehmen sollten. Bols war dafür, sie gleich beim Vormarsch über Salt hinaus mitzuverwenden. Ich sprach dagegen, denn ein späteres Zurückziehen auf Salt konnte allerhand beunruhigende Gerüchte mit sich bringen, und es war vorteilhafter, abzuwarten, bis sie sich von selbst uns anschlössen.

Chetwode, der den Vormarsch leiten sollte, fragte, wie denn seine Leute die freundlich gesinnten Araber von den feindlichen unterscheiden sollten, zumal sie doch von vornherein eine ausgesprochene Abneigung hätten gegen alle Art Männer in langen Kleidern. Ich saß in ihrer Mitte, mit langem arabischen Rock angetan, und erwiderte, erklärlicherweise, daß wiederum alle, die lange Kleider trügen, Männer in Uniform nicht leiden könnten. Das allgemeine Gelächter erledigte diese Frage; und es wurde abgemacht, daß die einheimischen Stämme erst dann zur Mitwirkung aufgeboten werden sollten, wenn die Engländer Salt in dauerndem Besitz halten wollten.

Ich verbürgte mich für Faisals eifrigste Mitwirkung bei allen Einzelheiten dieses Operationsplans, und gleich nach Schluß der Besprechung eilte ich im Flugzeug nach Akaba, um Faisal für unsere Absichten zu gewinnen. Ich brachte ihm die gute Nachricht, daß Allenby als Dank für unsere Taten bei Aba el Lissan und am Toten Meer mir dreihunderttausend Pfund zur freien Verwendung zur Verfügung gestellt und uns Transportkolonnen in Stärke von siebenhundert Lastkamelen mit Personal und Ausrüstung überwiesen hätte.

Gerade das erregte große Freude in der Armee, denn nun, durch die Transportkolonnen beweglich geworden, konnten wir den Wert der regulären arabischen Truppen im Feld beweisen, an deren Ausbildung und Organisation Joyce, Djaafar und so manche arabischen und englischen Offiziere viele Monate lang gearbeitet hatten. Wir entwarfen Marschpläne und ein genaues Schema für die Kolonnenbewegung; dann fuhr ich eilig zu Schiff nach Ägypten.

In Kairo, wo ich vier Tage verbrachte, war unsere Sache nun nicht mehr von wechselnden Glücksfällen abhängig. Allenbys Geneigtheit verschaffte uns sogar einen vollständigen Stab: wir hatten jetzt Nachschuboffiziere, einen Marinesachverständigen, einen artilleristischen Berater und eine Nachrichtenabteilung, das ganze unter der Oberleitung von Alan Dawnay, einem Bruder des Eroberers von Beerseba, der jetzt nach Frankreich gegangen war. Dawnay war Allenbys größte Gabe an uns – wertvoller als tausend Lastkamele. Als Berufsoffizier hatte er die sichere Hand des Fachmanns, dessen methodische Überlegenheit auch unsere hitzigsten Draufgänger anerkennen mußten. Er war ein kluger, einsichtsvoller Kopf, der instinktiv die ganz besonderen Gegebenheiten und Erfordernisse eines Aufstandes herausfühlte; zugleich aber brachte seine Kriegserfahrung gänzlich neue Gesichtspunkte in die Durchführung einer so ganz anders gearteten Aufgabe. Regulärer Krieg und Aufstand waren gewissermaßen in seiner Person vereinigt, wie ich es mir, seit Janbo, für jeden bei uns tätigen Berufsoffizier gewünscht hatte. Aber in meiner dreijährigen Praxis war Dawnay der einzige, der diesem Ideal gerecht wurde.

Die arabische Bewegung hatte sich bisher gleichsam nur als eine Art Wild-West-Schau ausgewirkt, in ihren Mitteln ebenso beschränkt wie in ihren Möglichkeiten und Aufgaben. Von nun an jedoch rechnete Allenby mit ihr als einem wesentlichen Faktor seines Gesamtplans; und das Bewußtsein, jetzt als verantwortliche Mitträger der großen Entscheidung unser Bestes, womöglich noch über seine Erwartung hinaus, daransetzen zu müssen, zugleich mit der Erkenntnis, daß Fehler und Versagen von unserer Seite unfehlbar mit dem Leben seiner Soldaten bezahlt werden würden, entrückte für uns den Aufstand mit einemmal der Sphäre eines frisch-fröhlichen Kleinkrieges, so daß uns fast ein wenig bange wurde.

Zusammen mit Joyce arbeiteten wir unsern dreifachen Plan zur Unterstützung von Allenbys erstem Vorstoß aus. In unserm Zentrum sollten die arabischen Regulären, unter Djaafar, Maan angreifen. Inzwischen sollte Joyce mit den Panzerautos nach Mudowwara vorstoßen und die Eisenbahn zerstören – nun aber nachhaltig und für immer, da wir jetzt so weit waren, Medina abzuschneiden.

Mirzuk sollte mit mir nordwärts reiten, um den Anschluß an die englischen Streitkräfte bei Amman herzustellen. Nachdem Joyce und Dawnay aufgebrochen waren, machte ich mich am 3. April 1918 mit Mirzuk von Aba el Lissan aus auf den Weg. Unser Abmarsch ließ sich an, als solle er so recht zur Krönung der Frühlingsherrlichkeit dieses hohen Tafellandes werden. Noch eine Woche zuvor hatte ein heftiger Schneesturm geweht, und etwas von dem weißen Glanz des Schnees schien noch in der Luft zu liegen. Der Boden war belebt vom ersten jungen Grün, und das schräge Sonnenlicht, gelbleuchtend wie Stroh, sänftigte den flatternden Wind.

Mit uns marschierten zweitausend Sirhankamele, die unsere Munition und Lebensmittel trugen. In Rücksicht auf den Transport wurde langsam vorgerückt, um erst bei Dunkelheit an die Eisenbahn zu kommen. Eine kleine Abteilung ritt voraus, um die Bahnlinie bei Tageslicht zu erkunden und den stundenlangen Übergang unserer Kolonne zu sichern.

Gegen Sonnenuntergang kam die Bahnlinie in Sicht, die in weiten Kurven zwischen Grasbüscheln und Gesträuch das offene Land durchquerte. Da alles friedlich schien, eilte ich voraus in der Absicht, jenseits zu halten und unsern Übergang zu bewachen. Eine leichte Erregung befiel mich jedesmal wieder beim Überkreuzen der Bahn, die der Gegenstand so vieler unserer Mühen gewesen war.

Als ich den Damm hinaufritt, strauchelte mein Kamel in der lockeren Schotterung; und aus dem langen Schatten eines Abzugskanals links von mir erhob sich ein türkischer Soldat, der zweifellos dort den Tag über geschlafen hatte. Er blinzelte betroffen auf mich und den schußbereiten Revolver in meiner Hand und schielte dann betrübt auf sein

Gewehr, das einige Yard entfernt an der Mauer des Durchlasses lehnte. Er war ein junger, kräftiger Mann, sah aber recht unzufrieden aus. Ich sah ihn fest an und sagte leise: „Gott ist gnädig." Er kannte Klang und Sinn dieser arabischen Redewendung und hob seine Augen blitzschnell zu mir auf, indes sich über sein dumpfes, schlaftrunkenes Gesicht allmählich ein Glanz ungläubiger Freude breitete.

Doch er sagte nicht ein Wort. Ich drückte den Fuß in die wollige Schulter meines Kamels, es trat mit leichten, graziösen Schritten über die Schienen und stieg den Damm jenseits hinunter. Der kleine Türke war Ehrenmann genug, mir nicht in den Rücken zu schießen, während ich davonritt. Ich fühlte, wie stets für ein Leben, das man gerettet hat, warme Sympathie für ihn. Aus sicherer Entfernung schaute ich zurück. Er legte den Daumen an die Nase und blinkelte mit den Fingern nach mir zum Abschied.

Wir zündeten ein kleines Kaffeefeuer an als Wegweiser für die nachfolgende Kolonne und warteten, bis ihre dunkle Linie an uns vorüberzog. Am nächsten Tag marschierten wir nach Wadi el Djinz, zu den dortigen Wasserstellen, flachen Tümpeln in den Vertiefungen des tonigen Bodens, deren Ränder durch krüppeliges Unterholz gefestigt waren. Das Wasser war grau wie der mergelhaltige Talgrund, aber wohlschmeckend. Dort rasteten wir für die Nacht; Zaagi schoß eine Trappe, und Xenophon hat recht, wenn er berichtet, ihr weißes Fleisch liefere einen guten Braten. Während wir uns gütlich taten, machten es die Kamele ebenso; sie steckten knietief in saftigem Weidegrün von Frühlings Gnaden.

Ein vierter bequemer Marsch brachte uns zu den Atara, unserm vorläufigen Ziel, wo unsere Bundesgenossen Mifleh, Fahad und Adhub lagerten. Fahad war noch niedergedrückt, aber Mifleh begrüßte uns mit honigsüßen Worten, die Stimme heiser und das Gesicht verzerrt vor Gier.

Unsere Aufgabe war dank Allenbys Löwenanteil einfach durchzuführen. Sobald alles bereit war, wollten wir, die Bahn kreuzend, auf Themed vorrücken, die Hauptwasserstelle der Beni Sakhr. Von da wollten wir unter dem Schutz ihrer Kavallerie auf Madeba marschieren, das als unser Hauptquartier eingerichtet werden sollte, während Allenby die Straße zwischen Jericho und Salt instand setzen ließ. Also konnten wir, ohne einen Schuß abzufeuern, an die englische Armee Anschluß gewinnen.

Bis es soweit war, hatten wir im Tal von Atatir zu warten. Es war, zu unserer Freude, überall mit frischem Grün bewachsen; in jedem Loch stand reichlich Wasser, und der Talboden prangte in üppigem, durchblümtem Gras. Die kalkigen Höhenrücken, des salzigen Bodens wegen unfruchtbar, umrahmten mit ihrem leuchtenden Gelb die Wasserläufe. Vom obersten Punkt der Höhen hatte man freien Blick nach Norden und Süden und konnte sehen, wie die abfließenden Regenbäche breite Streifen von Grün quer über die weißen Talgründe hingemalt hatten, klar abgesetzt wie mit Pinselstrichen. Überall wuchs und sproßte es, täglich gewann das Bild an Farbenfülle, bis dann dieser

Wüstenstrich das Ansehen reichbewässerter Matten bekam. Spielerische Windstöße wehten und wirbelten durcheinander und fegten mit breiten kurzen Stößen über das hohe Gras dahin, das in Wogen dunkler und hellerer Schattierung schimmerte gleich halbwüchsiger Saat. Oben auf der Höhe saßen wir, erschauernd vor dem Dunkel heranfegender Schatten des Windes, der in kaltem, heftigem Stoß heranzukommen schien – und dann glitt ein warmer duftender Hauch ganz sanft über unser Gesicht und strich wie ein silbergraues Licht über das Grün der Ebene dahin. Die wählerischen Kamele grasten nur etwa eine Stunde, um sich dann zur Verdauung niederzulegen, wo sie Bollen auf Bollen des butterduftenden Grüns wieder hervorbrachten, um ihn gewichtig wiederzukäuen.

Dann kam die Nachricht, daß die Engländer Amman genommen hatten. Schon eine halbe Stunde darauf marschierten wir, die verlassene Bahnlinie kreuzend, auf Themed. Spätere Botschaften besagten, daß die Engländer wieder im Zurückgehen wären. Obgleich wir die Araber auf diese Möglichkeit vorbereitet hatten, waren sie doch sichtlich verstört. Ein weiterer Bote berichtete, daß die Engländer eben von Salt geflohen wären. Das stand in schroffem Widerspruch mit Allenbys Absichten, und ich schwor sofort, das könnte unmöglich wahr sein. Ein Reiter kam angaloppiert und meldete, daß die Engländer nach zweitägigem, vergeblichem Ansturm auf Amman nur ein Stück Geleise südlich der Stadt zerstört hätten. Nun wurde ich doch ernstlich beunruhigt durch die sich widersprechenden Nachrichten und entsandte Adhub, dem man wohl zutrauen konnte, daß er nicht gleich den Kopf verlieren würde, nach Salt mit einem Brief an Chetwode oder Shea, worin ich bat, mir eine kurze schriftliche Notiz über die wirkliche Lage zu geben. In den Stunden, bis er zurück sein konnte, marschierten wir ruhelos weiter, junge Gerstenfelder zertrampelnd, indes das Gehirn in fieberhafter Tätigkeit Plan auf Plan erwog.

Spät in der Nacht hörte man die raschen Hufschläge von Adhubs Rennpferd durch das Tal hallen. Er brachte die Nachricht, daß Djemal Pascha siegreich in Salt stände und alle Araber, die die Engländer willkommen geheißen hatten, aufknüpfen ließe. Die Türken seien noch immer im Vorgehen und trieben die Engländer weit ins Jordantal hinunter. Man glaubte, auch Jerusalem würde vom Feinde zurückerobert werden. Ich kannte meine Landsleute zur Genüge, um diese Möglichkeit für ausgeschlossen zu halten. Sicherlich aber stand es sehr schlecht. Wir machten kehrt und zogen niedergeschlagen ins Tal von Atatir zurück.

Dieser Rückschlag, so gänzlich unvorhergesehen, traf mich am allerschwersten. Allenbys Plan war mir maßvoll und wohlbedacht erschienen, und daß wir damit solches Fiasko erleben sollten vor den Arabern, war höchst beklagenswert. Sie hatten uns in Wahrheit nie diese großen Dinge zugetraut, die ich vorausgesagt hatte; und ihre freiheitsfrohen Gemüter ergingen sich nun sogleich in der Hoffnung, die schöne Frühlingszeit hier nach Herzenslust zu genießen.

Ich beschloß, die Inder in Azrak zu Faisal zurückzusenden und mich selbst zu ihm aufzumachen. Wir brachen auf an einem jener reinen klaren Morgen, wo alle Sinne mit der heraufsteigenden Sonne erwachen, indes der Geist, ermüdet von langen Nächten des Grübelns, dennoch stumpf und unempfänglich bleibt. An einem solchen Morgen berühren den Menschen Töne, Düfte und Farben der Welt ursprünglich und unmittelbar, ohne erst durch den Filter des Verstandes gesiebt und gesichtet zu sein. Die Dinge scheinen für sich, aus eigenem Recht, zu existieren, und die Zwecklosigkeit und Willkür der Schöpfung stört den sinnenden Geist nicht mehr.

Wir trafen die Inder nahe beim Wadi el Djinz, wo sie unter einem einsamen Baum lagerten. Es schien alles wie damals vor einem Jahr bei jenem hoffnungsvollen und denkwürdigen Marsch gegen die Yarmukbrücken; wie damals ritt ich jetzt neben Hassan Schah, hörte wie damals das Wuchten und Klappern der Vickers-Geschütze in ihren Traggestellen; und wie immer mußten wir den Indern helfen, Lasten neu aufzubinden und verrutschte Sättel zu richten; sie schienen ebenso ungeschickt im Umgang mit Kamelen wie früher. So kamen wir nur langsam weiter und überschritten erst bei Dunkelheit die Bahn.

Dort verließ ich die Inder; denn ich fühlte mich ruhelos, und vielleicht, daß lange Ritte bei Nacht mein Gemüt besänftigen mochten. Also ritten wir fürbaß durch die kühle Dunkelheit auf Odroh zu. Als wir auf die dortige Höhe kamen, sahen wir links von uns Feuerschein: beständiges helles Aufflammen, es konnte aus der Gegend von Jerdun kommen. Wir hielten an und hörten die dumpfen Schläge von Explosionen; eine breite Flamme erschien, wuchs immer höher und schlug dann in zwei Teile auseinander. Vielleicht, daß die Station brannte. Rasch ritten wir weiter, um uns bei Mastur zu erkundigen.

Doch die Stelle, wo er gestanden hatte, war verlassen, nur ein Schakal streifte über den alten Lagerplatz. Ich beschloß, geradeaus zu Faisal vorzudringen. Wir trabten im schärfsten Tempo, denn die Sonne stand schon hoch am Himmel. Der Weg war besät mit Heuschreckenschwärmen, was uns sehr hinderte – aus der Entfernung freilich sahen diese Tiere sehr hübsch aus, wie sie mit ihren silberschimmernden Flügeln durch die Luft schwirrten. Es war der 12. April: der Sommer war unerwartet über uns gekommen, mein siebenter bereits ohne Unterbrechung in diesem östlichen Lande.

Als wir uns dem Semna näherten, einem halbkreisförmigen Höhenrücken, der Maan beherrscht, hörten wir Gewehrfeuer vor uns. Einzelne Truppenabteilungen stiegen langsam den Hang zur Höhe hinan, um unterhalb des Kamms haltzumachen. Augenscheinlich hatten wir den Semna genommen, daher ritten wir dieser unserer neuen Stellung zu. Diesseits am Fuß der Höhe begegneten wir einem Kamel mit einer Krankentrage. Der Mann, der das Tier führte, sagte: „Maulud Pascha“ und wies auf seine Last. Ich stürzte hinzu und rief: „Maulud! ist er verwundet?“ Er war einer der besten Offiziere der Armee und auch uns gegenüber von einer untadeligen Ehrenhaftigkeit. Der alte Mann erwiderte aus seiner Trage heraus mit schwacher Stimme: „Ja, Lurens Bey, ich bin verwundet, aber Gott sei gelobt, nichts von Bedeutung. Wir haben den Semna genommen." Ich sagte, ich wäre auf dem Weg dorthin; Maulud beugte sich in fieberhafter Erregung über den Rand der Bahre, kaum fähig zu sehen oder zu sprechen (sein Oberschenkel war oberhalb des Knies zerschmettert), und zeigte mir Punkt für Punkt, wie die Verteidigung der Höhe einzurichten wäre.

Wir kamen oben an, als eben die Türken begannen, ein schwaches Schrapnellfeuer auf uns zu eröffnen. Nuri Said führte an Stelle von Maulud. Er stand ruhig und kaltblütig auf der Höhe.

Ich fragte, wo Djaafar wäre. Nuri sagte, daß er den Auftrag erhalten hätte, gegen Mitternacht Jerdun anzugreifen. Ich erzählte ihm von dem nächtlichen Feuerschein, den wir gesehen hatten, was sicher als ein Zeichen des Erfolges gedeutet werden konnte. Gleich darauf kamen auch die Boten Djaafars und meldeten, daß viele Gefangene gemacht und Maschinengewehre erbeutet wären; außerdem wäre die Station mit sämtlichen Geleisen zerstört. Durch diesen großen Erfolg war die nördliche Linie für viele Wochen lahmgelegt. Darauf erzählte mir Nuri, daß sie am vergangenen Morgen in der Dämmerung die Station Ghadir el Hadj überfallen und samt fünf Brücken und vielem Geleismaterial in die Luft gesprengt hatten. Auf diese Weise war also auch die südliche Linie zum Stillstand gebracht.

Am späten Nachmittag wurde es in der Feuerlinie still. Beide Seiten hörten mit der zwecklosen Artillerieschießerei auf. Man sagte mir, Faisal wäre zur Zeit in Uheida. Wir setzten über den kleinen angeschwollenen Strom nahe bei einem Feldlazarett, wo Maulud lag. Mahmud, der rotbärtige Arzt, glaubte, daß Maulud ohne Amputation des Beines davonkommen würde. Faisal stand oben gerade auf der Spitze des Hügels, schwarz gegen die Sonne, deren abendliches Licht seine schlanke Gestalt mit einem seltsam schimmernden Dunst umwob und seinen Kopf durch die dünne Seide seines Kopftuchs hindurch wie mit Gold umleuchtete. Ich ließ mein Kamel niedergehen. Faisal streckte mir seine beiden Hände entgegen und rief: „So Gott will, gesund?" Ich erwiderte: „Ehre und Sieg stehen bei Gott." Dann führte er mich in sein Zelt, um Neuigkeiten mit mir auszutauschen.

Faisal hatte durch Dawnay, mehr als ich selbst wußte, über das Mißgeschick der Engländer vor Amman gehört, von der Ungunst des Wetters und der allgemeinen Verwirrung und wie dann Allenby General Shea antelephoniert und eine seiner blitzartigen Entscheidungen getroffen hatte, um dem Unheil Einhalt zu tun; eine kluge und wohlüberlegte Entscheidung, obgleich sie uns schwere Sorgen bereitete. Joyce war im Lazarett, aber auf dem Wege der Besserung; und Dawney stand in Guweira bereit, um mit allen Panzerwagen gegen Mudowwara vorzustoßen.

Faisal fragte mich über Semna und Djaafar, und ich erzählte, was ich wußte, auch über Nuris Ansichten und die getroffenen Maßnahmen. Nuri hatte sich darüber beklagt, daß die Abu Tayi den ganzen Tag über so gut wie nichts getan hätten. Auda stritt das entschieden ab; und ich erinnerte ihn an die Geschichte unserer ersten Einnahme des Plateaus und an meine spöttische Bemerkung, durch die ich die Abu Tayi zu dem Angriff auf Aba el Lissan aufgestachelt hatte. Die Geschichte war neu für Faisal. Der alte Auda war tiefverletzt darüber, daß ich sie wieder aufwärmte. Er schwor mit allen Eiden, daß er heute sein Bestes getan habe, nur wären die Verhältnisse nicht günstig gewesen für eine Gefechtstätigkeit der Stämme; und als ich ihm auch weiterhin widersprach, stand er erbittert auf und verließ das Zielt.

Maynard und ich verbrachten die nächsten Tage damit, die vorgesehenen Unternehmungen zu überwachen. Die Abu Tayi eroberten zwei Außenposten östlich der Eisenbahnstation, während Saleh ibn Schefia eine kleine vorgeschobene Stellung nahm, zwanzig Gefangene machte und ein Maschinengewehr erbeutete. Diese Erfolge gaben uns völlige Bewegungsfreiheit rund um Maan. Und dann am dritten Tag zog Djaafar seine ganze Artillerie auf dem südlichen Rücken gegenüber Maan zusammen, indes Nuri Said eine Sturmabteilung zum Angriff gegen die Schuppen der Eisenbahnstation vorführte. Als er die letzte Deckung vor dem Sturm erreicht hatte, schwieg plötzlich unser Artilleriefeuer. Wir kamen gerade mit einem Fordwagen vorbei, in dem wir die verschiedenen Phasen des Angriffs verfolgten, als Nuri, in tadellosem Anzug und Handschuhen, seine Briarpfeife rauchend, an uns herantrat und uns bat, zurück zu Hauptmann Pisani, dem Artilleriekommandeur, zu fahren mit der dringenden Bitte um sofortige Unterstützung. Wir trafen Pisani händeringend und in Verzweiflung, da er alle zur Hand befindliche Munition verschossen hatte. Er sagte, er habe Nuri beschworen, nicht gerade in diesem Augenblick, wo es ihm gänzlich an Munition fehlte, anzugreifen. Da war nun nichts zu machen, und wir mußten zusehen, wie unsere Leute wieder aus dem Bereich der Station zurückgeworfen wurden. Die Straße war bedeckt mit zusammengekrümmten Gestalten in Khakiuniform, und die von Schmerz geweiteten Augen der Verwundeten starrten uns vorwurfsvoll an. Sie hatten die Herrschaft über ihre verstümmelten Leiber verloren, und ihre zerfetzten Glieder zuckten hilflos. Wir sahen das alles an, aber es ging uns nicht ein: denn unsere Sinne waren nur von dem einzigen Gedanken erfüllt, daß wir einen Fehlschlag erlitten hatten..

Später mußten wir uns eingestehen, daß wir unserer Infanterie nie eine so vorzügliche Haltung zugetraut hätten; sie hatte sich, auch unter Maschinengewehrfeuer, prachtvoll geschlagen und das Gelände geschickt ausgenutzt. In so geringem Maße hatten sie der Führung bedurft, daß wir nur drei Offiziere verloren hatten. Maan bewies uns, daß die Araber sich selbst genug waren und den englischen Rückhalt nicht brauchten. Das gab uns für später größere Handlungsfreiheit, und so war der Fehlschlag doch nicht ganz ergebnislos.

Am nächsten Morgen, dem 18. April, zog sich Djaafar, da er keine weiteren Verluste ertragen zu können meinte, in die Stellung auf dem Semna zurück, wo die Truppen blieben. Da er ein alter Schulfreund des türkischen Kommandanten war, sandte er ihm einen weißbeflaggten Brief mit der Aufforderung, sich zu ergeben. Der Kommandant antwortete, das würden sie sehr gern tun, hätten aber Befehl, bis zur letzten Patrone auszuhalten. Djaafar bot eine Frist an, innerhalb derer sie ihren Munitionsbestand verfeuern könnten. Aber die Türken zögerten, bis es Djemal Pascha gelang, von Amman Truppen heranzuziehen, Jerdun zurückzuerobern und eine Kolonne mit Lebensmitteln und Munition in die belagerte Stadt zu schicken. Die Eisenbahn blieb für Wochen unbenutzbar.

26. Oberst Dawnays Operationen

Gleich danach beschloß ich, zu Dawnay zu gehen. Ich war etwas in Sorge, wie sich dieser nur an reguläre Kämpfe Gewöhnte mit seinem ersten Versuch im Guerillakrieg abfinden würde, zumal dabei erstmalig eine so schwierig zu handhabende und empfindliche Waffe wie Tanks Verwendung finden sollte. Außerdem sprach Dawnay kein Arabisch, ebensowenig wie Peake, sein Kamelsachverständiger, oder Marshall, sein Arzt, darin sehr geübt waren. Seine Truppen waren eine bunte Mischung aus Engländern, Ägyptern und Beduinen, und die beiden letzteren waren sich durchaus nicht gewogen. Daher machte ich mich gegen Mitternacht nach seinem Lager oberhalb Teil Schahm auf und bot mich ihm in möglichst unaufdringlicher Weise als Dolmetscher an.

Zum Glück empfing er mich freundlich und zeigte mir gleich die Aufstellung seiner Truppen. Es war das schönste militärische Bild, das man sich denken konnte. Hier stand geometrisch ausgerichtet der ganze Wagenpark, drüben in gleich peinlicher Ordnung die Tanks, an den geeigneten Stellen vorgeschoben die Feldwachen und Doppelposten mit schußbereiten Maschinengewehren. Sogar die Araber standen an einem gefechtsmäßig gewählten Platz in Deckung hinter einem Hügel als Reserve, und man sah oder hörte nicht das geringste von ihnen. Durch irgendein Zauberkunststück hatten er und Scherif Hazaa es zuwege gebracht, diese unruhigen Geister regungslos an ihrem Platz zu halten. Ich mußte mir auf die Zunge beißen, um die Bemerkung zu unterdrücken, nur eins fehle an dieser Vollkommenheit, nämlich der Feind.

Als er mir dann seinen Operationsplan auseinandersetzte, stieg meine Bewunderung zu schwindelnder Höhe. Alle Gefechtsbefehle waren bis ins kleinste ausgearbeitet: ein vollständiges, streng auf die Minute festgesetztes Programm mit genau geregeltem Ablauf aller Bewegungen. Jede Einheit hatte ihre ganz bestimmte und fest umgrenzte Aufgabe: Mit Morgengrauen sollte von der Deckung des Hügels aus der „Talstützpunkt“

angegriffen werden (Tanks). Die Wagen, mit geschlossenen Blenden, sollten vor Anbruch des Tageslichts „Bereitstellung“ nehmen und überraschend in die feindlichen Gräben einbrechen. Dann sollten Gerätewagen 1 und 3 die Brücken A und B der Operationsskizze (Maßstab 1:250 000) um Punkt 1 Uhr 30 morgens zerstören, währenddessen sollten die Tanks gegen den „Berg-Stützpunkt“ vorfahren und ihn mit Unterstützung von Hazaa und seinen Arabern überrennen (Punkt 2 Uhr 15).

Hornby mit dem Sprengmaterial in Talbotwagen Nr. 40 531 und 41 226 sollte ihnen folgen und Brücken D, E und F zerstören, während die Truppen Frühstückspause machten. Nach dem Essen, wenn die tiefstehende Sonne freie Sicht durch die Luftspiegelung gestattete, um Punkt 8 Uhr auf die Sekunde, sollten die vereinigten Kräfte den „Südstützpunkt“ angreifen: die Ägypter von Osten, die Araber von Norden, unterstützt durch Maschinengewehrfeuer der Tanks und durch Brodies Zehnzöller, hinter dem „Beobachtungshügel“ aufgestellt. Der Stützpunkt würde fallen, und die Angriffstruppen hatten sich dann gegen die Station Teil Schahm zu wenden, die von Brodie mit Schrapnellfeuer belegt und durch die Flugzeuge (Aufstieg Punkt 10 Uhr von der Lehmfläche der Rumm) bombardiert werden sollte, die Tanks hatten von Westen her gegen sie vorzufahren. Die Araber sollten den Tanks folgen, Peake mit dem Kamelreiterkorps von dem genommenen „Südstützpunkt“ aus hangabwärts vorstoßen. „Um Punkt 11 Uhr 30 wird die Station genommen sein“, hieß es im Plan, der so mit Humor schloß. Doch hierin versagte er; denn die Türken, die doch von diesem Plan nichts wußten und es sehr eilig hatten, übergaben die Station zehn Minuten zu früh, der einzige Klecks auf dem blut- und fleckenlosen Programm dieses Tages.

Mit einer vor Bewunderung sanften Stimme fragte ich, ob denn Hazaa das auch begreifen würde. Ich wurde belehrt: da er keine Uhr habe, um die genaue Zeit festzustellen (dabei fiel mir schwer aufs Gewissen, daß ich doch endlich auch einmal meine Uhr richtig stellen müßte), so hätte er seine erste Bewegung zu machen, sobald die Tanks nordwärts schwenkten; seine spätere Tätigkeit würde durch direkten Befehl geregelt werden. Ich schlich hinweg und legte mich eine Stunde schlafen.

Bei Morgengrauen sahen wir die Tanks auf die sandigen Schützengräben zurollen, wo alles noch im Schlaf lag. Die verblüfften Türken kamen heraus und hoben die Hände hoch. Es war wie ein lustiges Kirschenpflücken. Darauf zog Hornby mit seinen beiden Rolls-Lastwagen los, legte ganze hundert Pfund Schießbaumwolle unter Brücke A und zerpulverte sie buchstäblich zu Staub. Der Luftdruck hätte uns beinahe aus unserm vierten Lastwagen herausgeschleudert, von dem aus wir das Gefecht großartig leiteten. Wir eilten hin, um Hornby das entschieden sparsamere Verfahren zu zeigen, nämlich unter Benutzung der Regenabzugslöcher als Minenkammern. Von da ab kamen die Brücken nur mit je zehnpfündiger Ladung herunter.

Als wir bei Brücke D waren, konzentrierten die Tanks ihr Maschinengewehrfeuer auf den „Bergstützpunkt“, einen Halbkreis hoher steinerner Brustwehren (deutlich sichtbar mit ihren langen Morgenschatten) auf einer Höhe, die zu steil war, um hinaufzufahren. Hazaa stand schon bereit, unruhig vor Eifer; und die Türken waren so verdonnert durch das Geknatter und Gespritze aus vier Maschinengewehren, daß die Araber fast im Marschieren die Stellung nahmen. Kirschenpflücken Nummer zwei.

Danach gab es für die Truppen die vorgesehene Pause, für Hornby aber und mich (nun als Hilfssprenger) reichliche Tätigkeit. In den beiden Rolls-Royces, beladen mit zwei Tonnen Schießbaumwolle, fuhren wir die Bahnlinie entlang, und wo es uns gerade gut schien, flogen Brücken und Geleise in die Luft. Die Besatzung der Tanks deckte uns und mußte sich manchmal selbst unter ihre Wagen decken, wenn Sprengstücke mit tönendem Gesang durch die raucherfüllte Luft gesegelt kamen. Ein zwanzig Pfund schwerer Feldstein fiel krachend auf das Panzerdeck eines der Wagen, machte aber nur eine harmlose Beule. In den Pausen wurden die gelungenen Zerstörungen photographiert. Das Ganze war schon mehr ein Jux, eine „bataille de luxe". Nach dem im Stehen eingenommenen „Lunch" machten wir uns auf, um bei der Einnahme des „Südstützpunktes" zuzuschauen. Er fiel genau auf die festgesetzte Minute, nur nicht ganz programmäßig. Hazaa und seine Amran sollten sich sprungweise fein säuberlich heranarbeiten, wie es Peake und die Ägypter machten. Statt dessen dachten sie, es handle sich hier um ein Hindernisrennen, und der ganze Haufe jagte im Galopp den Hang hinauf, über Brustwehren und Gräben hinweg. Die kriegsmüden Türken gaben die Sache als zwecklos auf.

Nun kam der Hauptpunkt des Programms: der Sturm auf die Station. Peake ging von Norden dagegen vor und setzte sich dabei oft dem Feuer aus, um seine Leute, die nicht eben allzu wild waren auf Schlachtenruhm, vorwärts zu treiben. Brodie eröffnete in seiner üblichen Bedachtsamkeit das Artilleriefeuer, und die Flugzeuge kreisten dicht über den feindlichen Gräben, um pfeifende Bomben abzuwerfen. Die Tanks rollten rauchspeiend vor, und in dem Pulvernebel säumte sich der obere Rand des Hauptgrabens mit Türken in bejammernswertem Zustand, weiße Fetzen in den Händen schwenkend.

Wir kurbelten unsern Rolls-Royce an; die Araber sprangen auf die Kamele; Peakes nun kühn gewordene Leute setzten sich in Lauf, und alles eilte aus Leibeskräften konzentrisch auf die Station los. Unser Rolls machte das Rennen; und ich gewann die Stationsglocke, ein schönes Stück damaszenischer Kupferarbeit. Der nächste bekam den Fahrkartenlocher und der dritte den Amtstempel. Die verdutzten Türken blickten mit steigender Entrüstung auf uns, weil wir sie so offensichtlich als Nebensache behandelten. Eine Minute später kamen die Beduinen mit Geheul herangestürzt, und nun ging die wildeste Plünderung los. In der Station befanden sich zweihundert Gewehre, achtzigtausend gefüllte Patronenrahmen, eine Anzahl Bomben, große Vorräte an Kleidern und Lebensmitteln; und jeder raffte und grapste, was er gerade kriegen konnte. In der allgemeinen Verwirrung trat ein unglückseliges Kamel nahe beim Eingang auf eine der vielen türkischen Flatterminen und brachte sie zur Auslösung. Die Explosion riß dem Tier den Hintern weg und verursachte eine Panik. Man dachte, Brodie habe das Feuer wieder eröffnet.

Während dieser kurzen Unterbrechung der Plünderung fand der ägyptische Offizier einen noch unerbrochenen Schuppen mit Lebensmitteln und stellte eine Wache aus seinen Leuten davor, da sie mit der Verpflegung knapp dran waren. Hazaas Wölfe, noch nicht gesättigt, wollten das Recht der Ägypter auf Teilung gleich und gleich nicht anerkennen. Eine Schießerei begann; aber schließlich erreichten wir durch Verhandlungen, daß sich die Ägypter zuerst von den Vorräten nehmen durften, was sie notwendig brauchten; dann erfolgte eine allgemeine Balgerei um den Rest, daß die Wände barsten.

Die Beute war so reichlich, daß von zehn Arabern immerhin acht sich als befriedigt erklärten. Am nächsten Morgen war von Hazaas Leuten nur noch eine kleine Schar übriggeblieben. Auf Dawnays Programm stand als nächstes die Station Ramleh; doch war sein Eroberungsplan dafür erst in den Anfängen, da die Stellung noch nicht erkundet war. Daher entsandte er Wade in einem Panzerwagen nach Ramleh, ein zweiter wurde ihm als Unterstützung beigegeben. Er fuhr bedachtsam los, näherte sich von Deckung zu Deckung, nichts regte sich. Zuletzt, ohne daß ein Schuß gefallen war, fuhr er – sehr vorsichtig, da überall Tretzündungen und Flatterminen lagen – in den Stationshof hinein.

Das Stationsgebäude war verschlossen. Er steckte sein Seitengewehr durch die Läden, und da sich nichts rührte, brach er das Gebäude auf und durchsuchte es. Er fand nicht eine Seele, dafür aber so viele und brauchbare Dinge, daß Hazaa und die, die bei ihm ausgeharrt hatten, für ihre Tugend reichlich belohnt werden konnten. Der Rest des Tages wurde mit Zerstörungen an der Bahn verbracht, bis wir so viel Schaden angerichtet hatten, daß die Wiederherstellung bei Anspannung aller Kräfte mindestens vierzehn Tage in Anspruch nehmen mußte.

Der dritte Tag war für Mudowwara bestimmt, aber wir setzten wenig Hoffnung darauf und hatten kaum genügend Kräfte. Die Araber waren fort, und auf Peakes Leute war kein rechter Verlaß. Immerhin konnte ja auch in Mudowwara eine Panik ausgebrochen sein wie in Ramleh, und so lagerten wir zur Nacht bei unserer letzten Eroberung. Der unermüdliche Dawnay stellte Posten aus, die ihrem so vortrefflichen Führer nacheifern wollten und einen wahren Buckingham-Paradeschritt auf und ab neben unsern schlafmüden Köpfen aufführten, bis ich dann aufstand und ihnen beibrachte, wie man in der Wüste Wache stünde.

Am Morgen brachen wir auf, um uns Mudowwara näher anzusehen, und fuhren prächtig wie Fürsten in unsern knatternden Wagen über den weichen kiesigen Sandboden, im Rücken den fahlen Schein der frühen Sonne. Dieses Licht hinter uns schützte uns vor Sicht, bis wir dicht heran waren und sahen, daß ein langer Zug in der Station stand. Verstärkung oder Räumung? Einen Augenblick später funkten sie mit vier Geschützen nach uns, von denen zwei vorzügliche kleine österreichische Gebirgshaubitzen waren. Sie schossen haarscharf auf siebentausend Yard, und wir verzogen uns schleunigst in wenig fürstlicher Hast in die nächste Deckung. Von da fuhren wir in weitem Bogen zu der Stelle, wo ich mit Zaal unsern ersten fahrenden Zug erledigt hatte. Die lange Brücke, unter der damals die türkische Patrouille in der brennenden Hitze ihren Mittagsschlaf gehalten hatte, wurde in die Luft gesprengt. Dann kehrten wir nach Ramleh zurück und vollendeten die Zerstörungen so gründlich, daß Fakhri an eine Wiederherstellung nicht mehr denken konnte.

Inzwischen hatte Faisal Mohammed el Dheilan gegen die noch im Betrieb befindlichen Stationen zwischen uns und Maan entsandt. Einen Tag später langte Dawnay mit seinen Zerstörungen bei denen Dheilans an: so fiel die ganze achtzig Meilen lange Strecke von Maan bis Mudowwara uns in die Hände. Durch diese Operationen war es mit einer aktiven Verteidigung von Medina endgültig vorbei.

27. Vorbereitungen

Zur Verstärkung unseres Stabes traf aus Mesopotamien ein neuer Offizier bei uns ein mit Namen Young, ein Berufssoldat von außergewöhnlichen Fähigkeiten, der fließend Arabisch sprach und eine lange und vielfältige Kriegserfahrung besaß. Seine Tätigkeit sollte hauptsächlich darin bestehen, mich bei den Stämmen zu unterstützen, um so ihre Mitwirkung auf eine breitere und noch besser fundierte Basis zu stellen. Um ihm Gelegenheit zu geben, sich in unsere andersgearteten Verhältnisse einzuarbeiten, übertrug ich ihm die Aufgabe, in Zusammenarbeit mit Zeid, Nasir und Mirzuk eine achtzig Meilen lange Bahnstrecke nördlich von Maan zu unterbrechen. Ich selbst ging währenddessen nach Akaba und nahm ein Schiff nach Suez, um mich mit Allenby über seine weiteren Absichten zu besprechen.

Ich traf mit Dawnay zusammen, und wir verabredeten vorher alles Erforderliche, ehe wir uns zu Allenbys Truppen aufmachten. Dort angekommen, empfing uns General Bols mit zufriedenem Lächeln und sagte: „Nun, Salt werden wir bald wieder haben." Zu unserem maßlosen Staunen erzählte er weiter, daß die Häuptlinge der Beni Sakhr eines Morgens nach Jericho gekommen wären und die sofortige Mitwirkung ihrer bei Themed stehenden zwanzigtausend Stammesbrüder angeboten hätten. Tags darauf hatte Bols im Bade einen Plan ausgearbeitet und alles abgemacht.

Ich fragte, wer denn der Führer der Beni Sakhr wäre. „Fahad", antwortete Bols triumphierend über seinen so glanzvollen Eingriff in mein Bereich. Das wurde ja immer schlimmer. Ich wußte, daß Fahad keine ganzen vierhundert Mann aufbringen konnte und daß zur Zeit in Themed keine Zeltspitze existierte; sie waren mit Fahad südwärts gegen Maan gezogen.

Eilig rief ich das Hauptquartier an und erfuhr leider, daß alles so war, wie Bols gesagt hatte. Die englische Kavallerie war Hals über Kopf in die Berge von Moab vorgerückt, lediglich auf die vagen Versprechungen einiger Zebn Scheikhs hin, habgieriger Burschen, die nach Jerusalem gekommen waren in der Hoffnung, den Engländern Geld aus der Tasche zu ziehen, und deren Großmäuligkeit man für ernst genommen hatte.

Natürlich mißglückte dieser Vorstoß gänzlich, während ich noch in Jerusalem war und mich über General Bols' Unzulänglichkeit mit Storrs tröstete, der jetzt (gewandt und verständnisvoll) Gouverneur des Platzes war. Was von den Beni Sakhr da war, blieb müßig in den Zelten, die andern waren unterwegs zu Young. General Chauvel, der Kavalleriekommandeur, ohne jede Hilfe auch nur eines dieser Stammesbrüder, bemerkte, wie die Türken bereits die Jordanfähren in seinem Rücken in Betrieb setzten, um ihn auf dem Weg, den er gekommen war, abzuschneiden. Wir entgingen einem schweren Unheil nur dank Allenbys sicherem Blick für jede Situation, der ihn die drohende Gefahr noch eben rechtzeitig erkennen ließ. Aber wir hatten ernste Verluste.

Die arabische Bewegung, eine einfache klare Sache, solange sie nur auf eigene Faust mit dem Feind zu tun hatte, war nun gebunden an das Waffenglück ihres großen Mitspielers. Wir mußten uns nach Allenby richten, und es stand nicht gut um ihn. Die deutsche Offensive in Frankreich hatte ihm einen großen Teil seiner Truppen entzogen. Er hielt zwar Jerusalem, konnte aber auf Monate hinaus nicht das geringste, geschweige denn einen ernsten Angriff unternehmen. Das Kriegsamt versprach ihm indische Divisionen aus Mesopotamien und indische Stammformationen. Mit diesen begann er seine Armee nach indischem Muster neu aufzubauen, um dann vielleicht im Herbst wieder aktionsbereit zu sein. Für die nächste Zeit blieb uns jedenfalls nichts anderes übrig, als stillzusitzen.

Beim Tee erwähnte Allenby die Kaiserliche Kamelreiterbrigade in Sinai, die er leider wegen Mannschaftsmangel auflösen müsse, um die Leute in seine Kavallerie einzustellen. Ich fragte: „Was gedenken Sie mit den Kamelen dieser Brigade zu tun?“ Er lachte und sagte: „Fragen Sie „OQ“!“

Gehorsam ging ich durch den staubigen Garten, drang beim Oberquartiermeister General Sir Walter Campbell - einem echten Schotten - ein und wiederholte meine Frage. Er antwortete sehr bestimmt, daß diese Kamele als Transportkolonne für die zweite der neueintreffenden indischen Divisionen vorgemerkt wären. Ich sagte, daß ich mir zweitausend von diesen Kamelen ausbäte. Seine erste Antwort war nichtssagend; die zweite gab mir zu verstehen, ich könne „ausbitten“, bis ich schwarz würde. Ich führte meine Beweggründe ins Feld, aber er schien außerstande, sich in meine Auffassung zu versetzen. Natürlich, es gehörte zum Wesen eines „OQ“, hartleibig zu sein.

Ich kehrte zu Allenby zurück und sagte laut vor allen Anwesenden, daß zweitausendzweihundert Reitkamele und dreizehnhundert Lastkamele zur Verfügung ständen. Sie sollten sämtlich zu Transporten verwendet werden, aber Reitkamele wären doch nun einmal Reitkamele. Im Stab erhob sich ein Flüstern, und alle schauten weise drein, als hätten auch sie ihre gewichtigen Zweifel, ob Reitkamele zum Gepäcktransport verwendet werden könnten. Sich auf die Sachkunde des Menschen zu berufen, auch wenn's in Wahrheit damit nicht stimmt, ist immer ein probates Mittel. Ein jeder britische Offizier ist Kenner in puncto Tiere, das ist Ehrensache. So war ich nicht weiter erstaunt, als General Campbell gebeten wurde, heute bei dem Oberkommandierenden zu speisen.

Sir Walter Campbell und ich saßen rechts und links von Allenby, und dieser begann bei der Suppe von Kamelen zu sprechen. Sir Walter eiferte los, daß die vorgesehene Verteilung der Kamele der Sinai-Brigade die Transportkolonnen der –ten Division auf ihre etatmäßige Stärke brächte, ein seltener Glücksfall, denn der ganze Orient wäre schon vergeblich nach Kamelen durchsucht worden. Das war starke Übertreibung. Allenby, ein eifriger Leser Miltons, hatte einen sehr ausgeprägten Sinn für Maß, und das Argument Sir Campbells war kein glückliches, denn „etatmäßige Stärke", das Steckenpferd aller Verwaltungsstellen, kümmerte Allenby wenig.

Er sah mich blinzelnd an und fragte: „Und wofür brauchten Sie diese Kamele?" Ich erwiderte kühn: „Um tausend Mann nach Deráa zu werfen an dem Tage, an dem Sie es wünschen." Er lächelte, wandte sich dann, betrübt den Kopf schüttelnd, an Sir Walter Campbell und sagte: „OQ, Sie verlieren." Sir Campbell schaute einigermaßen belämmert drein, und ich war wie beschwipst vor Vergnügen. Das war eine großartige, eine königliche Gabe; eine Gabe, die unbegrenzte Bewegungsfreiheit bedeutete.

Am nächsten Tage war ich schon unterwegs und traf Faisal in seinem Horst in den kühlen Bergen von Aba el Lissan. Wir unterhielten uns des langen und breiten über Familiengeschichten, Stämme, Wanderzüge, Frühjahrsregen, Weiden und dergleichen. Schließlich erwähnte ich so nebenbei, daß Allenby uns zweitausend Reitkamele zur Verfügung gestellt hätte. Faisal blieb der Mund offenstehen, und er faßte mich ans Knie. „Wie?" fragte er. Ich erzählte ihm die ganze Geschichte. Er sprang auf und umarmte mich. Dann klatschte er in die Hände. Hedjris' schwarzes Gesicht erschien in der Zelttür. „Schnell", rief Faisal, „rufe sie!" Hedjris fragte: „Wen?" „Nun, Fahad, Abdulla el Feir, Auda, Motlog, Zaal . . ." „Und Mirzuk nicht?" fragte Hedjris sanft. Faisal schalt ihn einen Esel, und der Schwarze eilte davon. Indessen sagte ich: „Nun ist unser Werk nahezu vollendet. Bald kannst du mich ziehen lassen." Davon wollte er nichts wissen und sagte, daß ich bei ihm bleiben müsse, immer, und nicht nur bis Damaskus, wie ich's in Um Ledjj versprochen hätte. Ich, der ich so dringend zu gehen wünschte!

Schritte tappten vor dem Zelteingang und hielten inne: die Oberhäupter setzten eine würdige Miene auf für den Empfang und rückten ihre Kopftücher zurecht. Dann kam einer nach dem andern hereingeschritten und setzte sich gelassen auf den Teppich; und jeder sprach gleichmütig den üblichen Gruß: „So Gott will, gesund?" Jedem antwortete Faisal: „Ehre sei Gott." Und sie blickten verwundert auf Faisals freudeleuchtende Augen.

Als der letzte hereingerauscht war, eröffnete ihnen Faisal, daß Gott ihnen die Werkzeuge des Sieges gesendet hätte – zweitausend Reitkamele. Nun ginge der Krieg ungehemmt seinem triumphierenden Ende entgegen: der Freiheit. Sie murmelten voller Erstaunen und gaben sich, als Große Arabiens, alle Mühe, gelassen zu erscheinen. Sie äugten nach mir hin, um meinen Anteil an dem Ereignis zu erforschen. Ich sagte: „Die Großmut Allenbys . . ." Zaal fiel rasch im Namen aller ein: „Gott erhalte sein Leben und deins." Ich fuhr fort: „. . . hat uns den Sieg in die Hand gegeben." Ich stand auf mit einem „Mit deiner Erlaubnis" zu Faisal und schlüpfte hinaus, um es Joyce mitzuteilen. Hinter mir brachen sie aus in wilde Worte über ihre noch wilderen Taten: kindlich, vielleicht, doch das wäre ein kläglicher Krieg, in dem nicht jeder die Überzeugung hätte, daß er der Sieger sein wird.

Auch Joyce war erfreut und gnädig gestimmt durch die Aussicht auf die zweitausend Kamele. Wir sprachen von den Taten, zu denen wir sie brauchen würden, von ihrem Marsch von Beerseba nach Akaba; und wo wir für eine solche Menge Tiere genügende Weideplätze finden würden; und daß sie erst der Gerste entwöhnt werden müßten, bevor sie für uns verwendbar wären.

Doch das waren Zukunftssorgen. Zunächst lag es uns ob, uns den ganzen Sommer auf dem Plateau zu behaupten, Maan in Schach zu halten und dafür zu sorgen, daß die Eisenbahn dauernd unterbrochen blieb.

Inzwischen gewann der Aufstand dauernd an Ausdehnung. Faisal schürte, in sein Zelt zurückgezogen, durch Wort und Lehre unermüdlich das Feuer der arabischen Bewegung. Akaba summte wie ein Bienenhaus, und auch draußen im Feld standen die Dinge gut. Die arabischen Regulären hatten soeben ihren dritten Erfolg gegen Djerdun errungen, jenen heißumstrittenen Platz, den zu nehmen und wiederaufzugeben sie schon eine gewisse Übung bekommen hatten. Unsern Panzerautos gelang es, einen türkischen Ausfall aus Maan abzufangen und so gründlich zurückzuschlagen, daß von da ab jeder weitere Versuch des Feindes unterblieb. Zeid, der die eine, nördlich von Uheida stehende Hälfte der Armee befehligte, zeigte große Umsicht und Tatkraft. Seine offene, sorglos heitere Art war anziehender für die Berufsoffiziere als Faisals romantischer und feierlicher Ernst; dank dieser glücklichen Ergänzung im Wesen der beiden Brüder war es jedermann freigestellt, sich je nach Geschmack für den einen oder den andern zu begeistern.

Sechs Wochen lang blieben wir in der gleichen Stellung. Zeid und Djaafar beschäftigten dauernd und mit Erfolg den Feind im Abschnitt von Maan. Scherif Nasir, begleitet von Peake und Hornby, stießen vierzig Meilen nördlich gegen Hesa vor und besetzten mit einem Schlag gleich achtzig Kilometer der Eisenbahnstrecke. Durch gründliche Zerstörung sogar des Unterbaues der Strecke wurde die geplante Offensive der Türken gegen Faisal bei Aba el Lissan vorderhand unmöglich gemacht. Dawnay und ich benutzten die Ruhepause, um wieder bei Allenby vorzusprechen.

Im Hauptquartier spürten wir sofort eine merklich veränderte Atmosphäre. Tatkraft und Zuversicht durchpulsten wie immer den Ort, jetzt aber regiert von einem zielbewußten Zusammenarbeiten ganz ungewöhnlichen Grades. Die neuen Truppen waren rechtzeitig aus Mesopotamien und Indien eingetroffen, und ihre Organisation und Ausbildung war schon weit gediehen. In einer internen Besprechung am 15. Juni kam man zu der wohlbegründeten Überzeugung, daß die Armee im September zu einer allgemeinen und weittragenden Offensive bereit sein werde.

In der Tat, der Himmel hatte sich sichtlich geklärt. Wir gingen zu Allenby, und er eröffnete uns, daß er gegen Ende September seinen Großangriff nach dem alten Plane von Smuts beginnen werde mit dem Ziel Damaskus und Aleppo. Die Mitwirkung der arabischen Armee würde die gleiche sein, wie es im Frühjahr bestimmt worden war: Vorstoß auf Deráa mittels der zweitausend neu zugewiesenen Reitkamele. Die Einzelheiten der Ausführung würden im Lauf der kommenden Wochen genauer festgesetzt werden.

Am 11. Juli 1918 hatten Dawnay und ich eine erneute Besprechung mit Allenby und Bartholomew, seinem neuen Stabschef; und wir konnten dabei unverhüllt Einblick gewinnen in die zweckmäßige und sachkundige Arbeit zweier Generäle. Für mich sehr wertvoll und lehrreich, da ich doch auch so etwas wie ein General war, freilich auf meine eigene sonderbare Art.

Allenbys Zuversicht war wie ein Fels. So ging er beispielsweise vor einem Angriff durch die Reihen seiner Truppen, die in Deckung massiert auf das Signal zum Sturm warteten, sprach sie an und sagte, er wäre gewiß, mit ihrer Hilfe dreißigtausend Gefangene zu machen; und das, wenn der Erfolg oft nur von einem bloßen Glücksfall abhing! Bartholomew war dagegen zur Vorsicht und Besorgnis geneigt. Er erklärte es für kaum durchführbar, die gesamte Armee bis September gefechtsbereit zu haben, und selbst wenn das gelänge, durfte man nicht damit rechnen, daß die Operationen so vonstatten gingen, wie es geplant war. Der Angriff konnte nur im Küstenabschnitt durchgeführt werden, in der Nähe von Ramleh, südöstlich Jaffa, dem Endpunkt unserer Eisenbahn, die allein einen ausreichenden Nachschub von Material und Verpflegung gewährleistete. Doch konnten so bedeutende Truppenvereinigungen kaum verborgen bleiben, und er könnte unmöglich annehmen, daß die Türken dauernd mit Blindheit geschlagen blieben, wenngleich ihre augenblicklichen Gruppierungen nicht daraufhindeuteten, daß sie die Gefahr bereits witterten.

Allenbys Plan war, die Hauptmasse seiner Infanterie und seine gesamte Kavallerie unmittelbar vor dem 19. September in den großen Oliven- und Orangenhainen bei

Ramleh zusammenzuziehen. Durch gleichzeitige Scheinangriffe gegen das Jordantal hoffte er die Türken in dem Glauben zu halten, daß die englischen Hauptkräfte sich dorthin zu konzentrieren im Begriff wären. Die beiden Vorstöße auf Salt hatten die Augen der Türken ausschließlich auf den Jordanabschnitt festgebannt. Jede Unternehmung dort, ob von Engländern oder Arabern ausgehend, hatte sofortige Gegenmaßnahmen der Türken zur Folge, was bewies, wie besorgt sie um diesen Abschnitt waren. Im Küstengebiet, wo die eigentliche Gefahr für den Feind lag, hatte er nur lächerlich wenig Truppen stehen. Der Erfolg unseres Angriffes hing also davon ab, die Türken in ihrer verhängnisvollen Unterschätzung des Küstenabschnitts zu erhalten.

Scheinmanöver, im allgemeinen für den Führer nur ein kleines Hors-d'oeuvre vor Beginn der eigentlichen Schlacht, waren für Allenby eins der Hauptmittel seiner Strategie geworden. Demgemäß sollte Bartholomew in der Gegend bei Jericho unbrauchbar gewordene Zelte aus Ägypten aufbauen, Tierlazarette und Sanitätsformationen dorthin verlegen und überall an geeigneten Plätzen zum Schein Lager errichten mit einigen Leuten und Pferden. In den Tagen kurz vor dem englischen Angriff gegen den Küstenabschnitt sollte er auf den staubigen Straßen bei Jericho Kolonnen von Nichtkämpfern in Bewegung setzen, um den Eindruck hervorzurufen, als vollziehe sich hier in elfter Stunde eine englische Truppenzusammenziehung für einen größeren Vorstoß. Gleichzeitig sollte die Königliche Luftflotte in zahlreichen geschlossenen Geschwadern neuester Kampfmaschinen die Gegend überfliegen. Ihre Überlegenheit würde gerade in den entscheidenden Tagen den Gegner des Vorteils der Luftaufklärung berauben.

Bartholomew wünschte, daß die arabischen Streitkräfte von der Seite von Amman her seine Maßnahmen mit aller erdenklichen Energie und Geschicklichkeit unterstützen. Doch machte er uns nachdrücklich darauf aufmerksam, daß der Erfolg an einem seidenen Faden hinge: denn die Türken könnten durch eine einfache Zurücknahme ihres Küstenabschnitts um acht Meilen sich und ihre Armee der Gefahr entziehen und unsere Konzentration zwecklos machen, so daß wir von vorn beginnen mußten. Die englische Armee wäre dann wie ein Fisch auf dem Trocknen, der ins Leere schnappt; ihre Eisenbahnen, schwere Artillerie, Munitionsdepots, Vorräte und Lager: alles am falschen Platz; und ohne Olivenhaine, die eine Neukonzentrierung der Sicht des Feindes entziehen könnten. Er, Bartholomew, könne sich dafür verbürgen, daß die Engländer ihr Äußerstes tun würden; doch bat er uns dringend, schon in seinem Interesse, die Araber nicht in eine Lage zu bringen, aus der ein etwa notwendig werdendes Entweichen unmöglich wäre.

Erfüllt von diesem großen Plan eilten Dawnay und ich geschäftig nach Kairo. Dort lagen Nachrichten aus Akaba vor, die zunächst die Frage der Verteidigung des Plateaus von Maan wieder in den Vordergrund rückten. Nasir war soeben aus Hesa herausgeworfen worden, und die Türken planten einen größeren Schlag gegen das

Plateau und Aba el Lissan für Ende August, wo doch gerade das Unternehmen gegen Deráa einsetzen sollte. Konnten wir die Türken nicht um weitere vierzehn Tage aufhalten, so mußte uns ihre Bedrohung lahmlegen. Irgendein neues Mittel mußte also unter allen Umständen zu diesem Zweck ersonnen werden.

Da verfiel nun Dawnay glücklicherweise darauf, sich des einen noch bestehenden Bataillons des Kaiserlichen Kamelreiterkorps zu erinnern. Vielleicht, daß das Hauptquartier uns das Bataillon auslieh, um den Türken einen Strich durch die Rechnung zu machen. Wir riefen Bartholomew an, der gleich Verständnis zeigte und unsern Wunsch an Bols in Alexandrien und an Allenby weitergab. Nach lebhaftem Depeschenwechsel war das Bataillon unser. Oberst Buxton wurde uns mit seinen dreihundert Mann für einen Monat zur Verfügung gestellt unter zwei Bedingungen, nämlich erstens, daß wir vorher den Verwendungsplan einreichen sollten, und zweitens, daß das Bataillon keine Verluste haben dürfte. Bartholomew glaubte sich wegen dieser letzteren doch wirklich herzerfreuenden Bedingung entschuldigen zu müssen, weil er sie für unsoldatisch hielt.

Dawnay und ich machten uns also über die Karte her und setzten fest, daß das Bataillon zunächst vom Kanal nach Akaba marschieren sollte, von da nach der Rumm, um Mudowwara in nächtlichem Überfall zu nehmen, von da nach Bair, um die Brücke und den Tunnel bei Amman zu zerstören; und dann konnte es am 30. August nach Palästina zurückkehren. Die Tätigkeit des Bataillons würde uns einen Monat Ruhe verschaffen.

Was nun den Hauptplan anbetraf, so gedachte Allenby am 19. September anzugreifen und wünschte, daß wir nicht mehr als vier, aber auch nicht weniger als zwei Tage vor ihm bei Deráa eintreffen sollten. Er sagte mir wörtlich, drei Mann und ein Junge mit einer Pistole, die genau am 16. September vor Deráa ständen, würden ihm für seine Zwecke vollkommen genügen, besser jedenfalls als tausend Mann eine Woche vorher oder nachher. Die Wahrheit war, daß er auf die Kampfkraft der arabischen Armee kein Gewicht legte und sie lediglich als taktisches Mittel in Rechnung setzte. Für ihn war unser Zweck rein moralischer Art, nämlich die Aufmerksamkeit der feindlichen Führung auf die Jordanfront festzunageln. Als Engländer pflichtete ich dieser Auffassung bei; als Sachwalter der arabischen Bewegung jedoch hielt ich beides: moralische Einwirkung und Kampf, für gleich wichtig, das erstere, um gemeinsamen Erfolg zu sichern, das andere, um das Selbstvertrauen der Araber zu festigen, ohne das ein Sieg letzten Endes keine gesunden Zustände schaffen konnte.

Demgemäß beabsichtigte ich, fünfhundert Mann reguläre berittene Infanterie, die Batterie französischer Gebirgs-Schnellfeuergeschütze Kaliber 6,5, eine entsprechende Anzahl Maschinengewehre, zwei Panzerautos, Pioniere, auf Kamelen berittene Aufklärer und zwei Flugzeuge nach Azrak vorzuschieben, woselbst ihre Versammlung am 13. September vollzogen sein mußte. Am 16. September wollten wir dann Deráa einschließen und die dortigen Eisenbahnen unterbrechen. Zwei Tage danach wollten wir uns östlich der Hedjas-Bahn zurückziehen und die weiteren Ereignisse bei Allenby abwarten. Zur Sicherheit für etwaige Zufälle sollten in Djebel Druse größere Mengen Gerste aufgekauft und in Azrak aufgespeichert werden.

Nuri Schaalan sollte uns mit seinem Kontingent Rualla begleiten, ebenso die Serdiyeh, die Serahin und die Haurani-Bauern aus dem „Heiligen Land" unter Tallal el Hareidhin. Dawnay half bei der Organisation und veranlaßte, daß uns das Hauptquartier Stirling zur Verfügung stellte, einen geschickten Generalstabsoffizier, klug und taktvoll. Stirlings Leidenschaft für Pferde war geeignet, ihm von vornherein das Vertrauen Faisals und seiner Großen zu gewinnen.

Unter den arabischen Offizieren wurden als Belohnung für ihr tapferes Verhalten in den Kämpfen um Maan einige englische Auszeichnungen verteilt. Djaafar Paschas wohlverdientes C.M.G. wurde von Allenby durch einen kleinen Scherz noch besonders unterstrichen. Djaafar kam nach Palästina, um die Auszeichnung in Empfang zu nehmen, und die Herren des Stabes nahmen die Gelegenheit wahr, zu Ehren ihres einstigen Kriegsgefangenen eine kleine Empfangsfeierlichkeit zu veranstalten. Die Ehrenwache wurde aus dem Dorset-Kavallerieregiment gestellt, eben jenem, das vor drei Jahren in der Senussi-Wüste den Pascha niederattackiert und ihm die Klingen seiner Säbel zu kosten gegeben hatte. Djaafar Pascha lachte vor Freude über diesen Einfall, der so recht nach seinem eignen tapferen Herzen war. Diese Gunstbezeigungen Allenbys kräftigten den guten Geist der arabischen Armee. Nuri Pascha Said wurde aufgefordert, das Kommando der Deráa-Expedition zu übernehmen; er war durch seinen Mut, sein Ansehen und seine kaltblütige Ruhe der ideale Führer für dieses Unternehmen. Er machte sich sogleich daran, die besten fünfhundert Mann aus der Armee auszuwählen.

Pisani, der französische Batteriechef, gestärkt durch ein Militärkreuz und eifrig bedacht auf Erwerbung eines D.S.O., übernahm die vier Schneider-Gebirgsgeschütze, die Cousse uns gesandt hatte. Zusammen mit Young verbrachte er qualvolle Stunden damit, die vorschriftsmäßigen Mengen von Munition und Maultierfourage nebst der Begleitmannschaft und seiner Privatküche auf die Kamele zu verstauen, deren er nur halb so viele erhalten hatte, als vorgesehen waren. Das ganze Lager summte von Eifer und Geschäftigkeit, und alles ließ sich gut an.

28. Buxton und das K.K.K.

Es war jetzt Ende Juli, und Ende August mußte die Deráa-Expedition in Marsch gesetzt sein. In der Zwischenzeit mußte Buxtons Kamelkorps sein gesamtes Programm erledigen, Nuri Schaalan war zu benachrichtigen, Landungsplätze für die Flugzeuge mußten gefunden werden, und die Panzerautos hatten die Straße nach Azrak auszuprobieren. Ein reichbesetzter Monat. Nuri Schaalan, als der am weitesten Entfernte, kam zuerst an die Reihe. Man sandte ihm einen Boten mit der Bitte, am 7. August in Djefer mit Faisal zusammenzutreffen. Als zweites kam die Abteilung Buxtons an die Reihe. Ich teilte Faisal, unter dem Siegel der Verschwiegenheit, ihre Ankunft mit. Um sie vor Verlusten zu bewahren, mußten sie Mudowwara durch überraschenden Handstreich nehmen. Ich selbst wollte sie bis zur Rumm führen, auf ihrem ersten schwierigen Marsch durch die Randgebiete der Howeitat um Akaba.

So machte ich mich denn nach Akaba auf zu Buxton. Ich gab ihm Aufklärung über den Marschplan jeder seiner Kompanien und über die leicht erregbare Natur unserer Verbündeten, zu denen er ja ungebeten komme, um ihnen zu helfen. Ich bat ihn und die Seinen, bei Streitigkeiten lieber auch die linke Backe hinzuhalten, weil sie besser erzogen wären als die Araber und deshalb weniger voreingenommen, und zudem wären sie ja auch in der Minderzahl. Nach dieser feierlichen Einleitung kam dann der Ritt durch die eindrucksvolle Schlucht von Itm, vorüber an den roten Felsklippen des Nedjd und über das wie in schwellenden Brüsten gewellte Hügelland von Imran – dieses sich steigernde Vorspiel zur Größe der Rumm. Bis wir dann bei dem zackigen Gipfel des Khuzail durch den Schlund hindurch das innere Heiligtum der Quellen betraten mit seiner ehrfurchtgebietenden Stille und Kühle. Hier war die Landschaft kein freundliches Beiwerk mehr, sondern rührte mit ihrer gewaltigen Erhabenheit an den Himmel, und wir schwatzenden Menschenkinder wurden wie Staub zu ihren Füßen.

In der Rumm machten die Mannschaften Buxtons an den Tränkstellen ihre erste Erfahrung in puncto Gleichheit und Brüderlichkeit mit Arabern und fanden das etwas unbequem. Aber sie zeigten sich von wunderbarer Sanftmut; Buxton war zudem ein alter Sudanbeamter, der arabisch sprach und sich auf Nomadenart verstand, geduldig, umgänglich und verständnisvoll. Hazaa half, den Arabern gut zuzureden, und Stirling und Marshall, die die Kolonne begleiteten, waren alte Bekannte der Beni Atiyeh. Dank ihrer Diplomatie und der englischen Disziplin kam es zu keinerlei Unzuträglichkeiten.

Ich ritt dann nach Akaba zurück, durch das felsgetürmte Itm, allein mit sechs stummen, teilnahmslosen Begleitern, die hinter mir wie Schatten folgten, harmonisch verwachsen mit Sand, Busch und Berg ihrer Heimat. Und Heimweh überkam mich, ein schmerzliches Bewußtwerden meines Lebens hier als Fremdling unter diesen Arabern, indes ich ihre höchsten Ideale ausbeutete und ihre Freiheitsliebe zu einem bloßen Werkzeug in Englands Diensten machte.

In Akaba fand ich den größten Teil meiner Leibgarde versammelt, des Sieges gewärtig; denn ich hatte den aus dem Hauran Stammenden versprochen, sie würden das große Fest in ihren befreiten Dörfern feiern; und der Zeitpunkt war nahe. So hielten wir zum letztenmal Musterung auf dem windgefegten Strand an der Küste des Meeres, auf dessen Wogen die Sonne glitzerte und gleißte wie in heiterem Wetteifer mit der buntschillernden Farbigkeit meiner Leute. Es waren ihrer sechzig. Noch selten hatte

Zaagi, ihr Führer, soviel zusammengebracht; und als wir dann zwischen braunen Bergen gen Guweira ritten, setzte er seinen Stolz darein, sie nach der Art der Ageyl zu formieren: eine Gruppe in der Mitte und je rechts und links eine Flügelabteilung mit Dichtern und Sängern. So zogen wir mit tönendem Gesang dahin. Aber es schmerzte Zaagi, daß ich nicht ein Banner führte wie ein Fürst.

Ich ritt meine Ghazala, die alte Großmama, jetzt wieder in prächtiger Form. Ihr Fohlen war vor kurzem eingegangen, und Abdulla, der nächste hinter mir, hatte das kleine tote Tier abgehäutet und trug nun das getrocknete Fell hinten über seinen Sattel gebreitet wie eine Schabracke. Zu Anfang, dank dem lullenden Gesang der Schar, ging Ghazala gut; nach einer Stunde aber warf sie witternd den Kopf hoch und begann unruhig zu treten, hob aufgeregt die Füße wie ein Schwerttänzer.

Ich wollte sie antreiben; aber Abdulla glitt an meine Seite, raffte seinen Mantel hoch und sprang, das Fohlenfell in der Hand, aus dem Sattel. Dann baute er sich vor Ghazala auf, die leise klagend nun wie festgewurzelt stand, breitete im Sand vor ihr das Fell aus und drückte ihren Kopf nieder. Das Tier hörte auf zu klagen, beschnupperte mehrmals mit vorgeschobenen Lippen die kleine getrocknete Haut, und mit einem Wimmern setzte sie sich wieder in Bewegung. Das wiederholte sich am Tage noch einige Male; dann aber schien sie vergessen zu haben.

In Guweira wartete Siddons mit einem Flugzeug auf mich. Nuri Schaalan und Faisal wünschten, daß ich sofort nach Djefer käme, wo ich sie beide im friedlichsten Einvernehmen antraf. Es schien fast ein Wunder, daß dieser Greis sich bereitwillig uns, der Jugend, zugesellt hatte. Denn er war sehr alt, fahl und verwittert, wie versteint in grauer Sorge und Gewissensbeschwer, und ein bitteres Lächeln war die einzige Regung seines Gesichts. Die Augenlider, mit struppigen Wimpern, hingen in müden Falten herabgesackt. Gerade jetzt durchglomm sie, von der zu Häupten stehenden Sonne her, ein rotes Licht, so daß es aussah, als käme es aus seinen Augenhöhlen gleichwie aus zwei Feuergruben, in denen die letzte Lebensglut dieses Mannes ausbrannte. Nur das tote Schwarz seines gefärbten Haares, nur die tote Haut des Gesichts mit ihrem Netz von Runzeln verrieten dennoch seine siebzig Jahre.

Rings um dieses wortkarge Oberhaupt saßen in feierlich zeremoniösem Gespräch die Großen seiner Stämme, die mit ihm gekommen waren, berühmte Scheikhs, so reich angetan mit seidnen Gewändern – teils aus eignem Bestand, teils Gaben Faisals –, daß sie raschelten wie Frauen, indes sie sich langsam und gelassen bewegten wie Stiere. Da waren, als die Vornehmsten unter ihnen, Faris, der – gleich Hamlet – niemals Nuri den Mord an seinem Vater vergaß; und Sottam, ein hagerer Mann mit herabhängendem Schnurrbart und weißem, etwas affektiertem Gesicht, der der etwa zu gewärtigenden Kritik der Welt mit einer betonten Sanftheit und einer ölig unterwürfigen Stimme zuvorkam. „Yifham“, quäkte er voller Erstaunen über mich, „er versteht unser Arabisch!“ Ferner waren Trad und Sultan da, rundäugig, würdevoll und ungezwungen, wahrhafte

Ehrenmänner und große Reiterführer. Auch Midjhem, der Rebell, war von Faisal gewonnen und mit seinem widerstrebenden Oheim versöhnt worden, der, trotz Midjhems eifriger Zuvorkommenheit, die Gegenwart des rauhen, unansehnlichen Mannes nur schwer zu ertragen schien.

Auch Midjhem war ein großer Führer, Trads Rivale bei allen Raubzügen, aber innerlich schwach und grausam. Er saß neben Khalid, Trads Bruder, ebenfalls einem gesunden frohen Reitersmann, im Gesicht Trad ähnlich, aber nicht so kräftig von Gestalt. Durzi ibn Dughmi rauschte herein und begrüßte mich: ein einäugiger, düsterer, hakennasiger Mann, schwerblütig, hinterhältig und niederträchtig, aber beherzt. Auch Khaffadji war da, Nuris verhätscheltes Alterskind, der zu erwarten schien, daß ich ihn, den noch Unerprobten, dennoch um seines Vaters willen als ebenbürtigen Freund annehmen würde. Er zeigte sich jugendlich begeistert über das bevorstehende Kriegsabenteuer und stolz auf seine funkelnden Waffen.

Bender, der allzeit Lachende, Alters- und Spielgefährte Khaffadjis, benutzte die Gelegenheit, um mich mit der Bitte um einen Platz in meiner Leibgarde zu überfallen. Er hatte von meinem Rahail, seinem Pflegebruder, wahre Wunderdinge von ihren Leiden und Freuden gehört, und der verderbliche Zauber der Gefolgschaft verlockte sein junges Herz. Ich wich aus, und als er immer noch weiter in mich drang, machte ich der Sache ein Ende mit der mürrischen Bemerkung, ich sei kein König, daß ich mir Diener aus dem Stamm der Schaalan leisten könnte. Nuris düsterer Blick traf für einen Augenblick den meinen.

Hinter mir saß Rahail, sein selbstvergnügtes Ich in grellfarbigen Kleidern spreizend. Im Schutz der lauten Unterhaltung flüsterte er mir den Namen jedes Großen zu. *Sie* brauchten nicht zu fragen, wer ich sei; denn meine Kleidung und ganze Erscheinung waren etwas Besonderes in der Wüste. Schon der Ruf, der einzige sauber Rasierte zu sein, verlieh eine gewisse Berühmtheit; und ich steigerte sie noch, indem ich immer nur reine Seide trug, und zwar von der allerweißesten (wenigsten außen), mit scharlachroter, golddurchwirkter Mekkakopfschnur und goldnem Dolch. Durch solche Kleidung betonte ich einen gewissen Anspruch, der durch die besondere Achtung, die Faisal mir öffentlich bezeugte, noch bekräftigt wurde.

Mehr als einmal hatte Faisal bei derlei Beratungen neue Stämme gewonnen und entflammt; mehr als einmal war diese Aufgabe mir zugefallen: aber noch nie bis heute hatten wir gemeinsam gewirkt, einer den andern unterstützend und ablösend und jeder von seinem besonderen Standpunkt aus. So ging denn diesmal alles wie ein Kinderspiel; die Rualla schmolzen nur so in unserm zwiefachen Feuer. Jeder Ton, jedes Wort tat seine Wirkung. In atemloser Spannung saßen sie um uns her, das Funkeln der Gläubigkeit in den schmal geöffneten Augen, die sie unentwegt auf uns gerichtet hielten.

Faisal rief ihnen zunächst die Idee der Nationalität in den Sinn, in einer Wendung, die ihre Gedanken auf die arabische Geschichte und Sprache als ein gemeinsames Gut lenkte. Dann fiel er einen Augenblick in Stillschweigen; denn für diese ungelehrten Meister der Zunge bedeuteten Worte etwas Lebendiges, und sie liebten es, jedes einzelne für sich gleichsam auf dem Gaumen auszukosten. Nun folgte eine zweite Wendung, die ihnen den Geist Faisals vor Augen führte, ihres Landsmanns und Führers, der alles für die Sache der nationalen Freiheit opferte. Dann wieder Schweigen, währenddessen sie sich ihn innerlich ausmalen konnten, wie er Tag und Nacht in seinem Zelte saß, lehrte, predigte, schaltete und warb: und sie fühlten etwas von der Idee, die hinter diesem Mannesbild stand, das da statuengleich vor ihrem Geiste saß, geläutert von Wünschen, Ehrgeiz, Schwächen und Fehlern – eine Persönlichkeit, in aller ihrer Fülle versklavt an einen Gedanken, einäugig und einarmig gleichsam gemacht durch das eine Ziel und Wollen: im Dienste dieser Idee zu leben oder zu sterben.

Unsere Worte waren mit Vorbedacht darauf gerichtet, die eignen unbewußten Gedankengänge unserer Zuhörer ans Licht zu heben, so daß sie meinen mußten, ihre Begeisterung käme aus ihnen selber und ihre Entscheidungen seien ihre eigenen und nicht von uns ihnen eingeimpft. Nicht lange, so fühlten wir, wie sie Feuer fingen: wir lehnten uns zurück und beobachteten, wie sie gestikulierten und redeten und sich gegenseitig in Hitze brachten, bis die Luft vor Erregung zitterte. In halbem Stottern und Stammeln drückte sich ihr dumpfes Gefühl von Vorstellungen aus, die über ihren Horizont gingen. Jetzt waren *sie* es, die sich antreibend und fordernd an uns, die zögernden Fremden, wandten. Sie eiferten, uns die ganze Inbrunst ihres Glaubens an die Sache begreiflich zu machen; vergaßen uns dann wieder ganz und ergingen sich untereinander in feurigen Plänen und Möglichkeiten, die eigentlich nur das waren, was wir selbst wünschten und wollten.

Ein neuer Stamm war gewonnen; und Nuris einfaches „Ja“ am Ende klang uns vollgewichtiger als alles, was sie geschwätzt hatten.

Am Abend flog mich Siddons nach Guweira zurück; und in der Nacht traf ich in Akaba mit dem dort eben eingetroffenen Dawnay zusammen und sagte ihm, daß alles im vollen Gange sei, aber noch in aller Stille verliefe. Am nächsten Morgen brachte uns ein Flieger Nachricht, daß Buxton Mudowwara genommen, die Station zerstört hätte und nach Bair weitermarschiert wäre, wo Joyce und ich, der Verabredung gemäß, mit ihm zusammentreffen wollten.

Am 15. August 1918 setzten wir uns dann in Bair zu einem Kriegsrat mit Buxton zusammen. Young hatte pflichtgemäß vierzehntägige Rationen für Mann und Tier abgesandt. Jedoch fanden wir in Bair nur achttägige Verpflegungsportionen für die Leute und Tierfutter für zehn Tage. Die Kameltreiber waren schon in Djefer aus Angst vor der Wüste aufsässig geworden, und nur der eiserne Wille Youngs hatte sie zum Abmarsch gezwungen. Auf dem Wege nach Bair hatten sie fast die Hälfte des für Buxton bestimmten Nachschubs verloren, gestohlen oder verkauft.

Die vorgesehenen Operationen mußten daher diesen veränderten Bedingungen angepaßt werden. Buxton säuberte seine Kolonne von allem irgendwie Entbehrlichen, beschränkte die Panzerautos auf eins und änderte die Marschrouten ab.

Er brach mit seiner Truppe am Nachmittag auf, ich selbst blieb noch bis zum Abend in Bair, indes meine Leute die sechstausend Pfund Schießbaumwolle auf die dreißig ägyptischen Lastkamele verluden. Meine Leibgarde war sehr wenig davon erbaut, nun als Kolonnenmannschaft Verwendung zu finden.

Wir hatten berechnet, daß Buxton kurz vor Abend am Fuß der Hadi-Höhen Nachtrast machen würde, und ritten daher dorthin, sahen aber kein Lagerfeuer und fanden nirgends Fußspuren. Als wir über einen Kamm hinweg Ausschau hielten, schlug uns ein kalter Nordwind vom Hermongebirge her in die erhitzten Gesichter. Die jenseitigen Hänge lagen schwarz und schweigend; und die Dorfsassen unter uns, geschult auf die verschiedenen Dünste von Rauch, Kochtöpfen und den herben Geruch frischaufgeworfenen Erdreichs, vermeinten etwas Beunruhigendes, Verdächtiges, ja Gefahrdrohendes in dem stetigen Nordwind zu spüren. So zogen wir uns ein Stück zurück und verbrachten windgeschützt am Fuße eines Hanges die Nacht.

Am nächsten Morgen hielten wir von der Höhe Ausschau und sahen im Umkreis von fünfzig Meilen nichts als freies Land. Wir überlegten schon, wo Buxton hingeraten sein könnte, als Dahir plötzlich nach Südosten wies, wo die Kolonne auftauchte und näher kam. Sie hatten sich am Tage vorher sehr bald verirrt und haltgemacht, um das Morgengrauen abzuwarten. Scheikh Saleh, ihr Führer, wurde von meinen Leuten nicht schlecht aufgezogen, wie er von Bair nach dem Thaithukhwat den Weg verfehlen konnte, so etwa, wie wenn sich einer in London nicht von Marble Arch nach Oxford Zirkus fände.

Es war ein schöner Morgen; die Sonne schien uns heiß auf den Rücken, und ein frischer Wind blies uns ins Gesicht. Leicht und rasch marschierte das Kamelkorps vorbei an den drei schneebedeckten Gipfeln des Thlaithukhwat nach den grünen Niederungen des Wadi Dhirwa. Das waren jetzt nicht mehr jene steifgedrillten Kompagnien, wie sie in Akaba angekommen waren. Buxton, ein Mann mit offenem Sinn und Anpassungsfähigkeit, hatte sich die Erfahrungen irregulärer Kampfesweise zunutze gemacht und seine Truppen auf die neuen Anforderungen eingestellt.

Er hatte die Kolonnenformation umgestaltet und mit der alten Unterteilung in zwei genau gesonderte Kompagnien gebrochen. Ebenso hatte er die Marschordnung abgeändert, und anstatt wie früher in streng geschlossenen Reihen zu bleiben, waren sie jetzt in bewegliche Gruppen gelöst, die je nach Bedürfnis aufschließen oder wieder nachgeben konnten, so daß es nicht mehr wie früher bei jedem Geländehindernis oder Steigungswechsel zu Stockungen kam.

Auf diese Weise war unser Kaiserliches Kamelreiterkorps zu einer leichter beweglichen, ausdauernden Truppe geworden, die sogar ziemlich geräuschlos marschieren konnte, außer wenn sie in einem großen geschlossenen Pulk ritt. Denn dann stimmten die Kamelhengste ein Brüllkonzert an, daß man uns auf Meilen hin durch die Nacht hören konnte. Mit jedem Tag gewöhnten sich die Leute mehr an die neuen Verhältnisse, fühlten sich mehr zu Hause auf ihren Tieren, wurden zäher, magerer, gewandter und frischer. Das enge Zusammenleben von Offizier und Mann schuf eine heitere zufriedene Atmosphäre.

Meine Reitkamele waren auf arabische Gangart dressiert, jenen freien, weitausgreifenden Schritt mit lose gebogenem Knie und starkfederndem Sprunggelenk, der ein wenig länger und rascher war als der normale Schritt. Buxtons Kamele schlenderten in ihrem natürlichen Gang dahin; und der Reiter hatte infolge seiner steifschäftigen Stiefel mit dem hohen Gerüst des Manchester-Bocksattels nicht die geringste Einwirkung auf das Tier.

Wenn ich daher auch beim Aufbruch anfangs an Buxtons Seite in der Vorhut war, so prellte ich mit meinen fünf Begleitern ständig weit vor, namentlich wenn ich meine Baha ritt, ein riesiges, starkknochiges, hochbeiniges Tier, benannt nach ihrer merkwürdigen Blökstimme, der Folge einer Geschoßverwundung am Unterkiefer. Sie war reines Vollblut, aber hitzig und schwierig, halbwild noch, und konnte sich nie zu ruhiger, gleichmäßiger Gangart bequemen. Statt dessen zog sie mit hocherhobener Nase und windgesträubtem Haar los in einem unbequemen tänzelnden und hart stoßenden Schritt, den meine Ageyli verabscheuten, weil er ihrem empfindlichen Kreuz wehe tat, der mir jedoch ganz unterhaltsam war.

Meist waren wir so den Engländern um drei Meilen voraus, suchten uns dann ein Fleckchen Gras oder etwas saftiges Dorngesträuch und ließen unsere Tiere weiden, indes wir uns im Schatten ausstreckten und warteten, bis uns die Kolonne eingeholt hatte. Ihr Herankommen bot immer ein prächtiges Bild. In dem spiegelnden Geflimmer der erhitzten Luft über dem glänzenden Kalksteinrücken sah man sie zuerst auftauchen als eine geballte braune Masse, wie freischwebend in dem vibrierenden Dunst. Dann, im Näherkommen, löste sich der Klumpen in einzelne Gruppen, die hin und her glitten, sich voneinander trennten und wieder zusammenflossen. Zuletzt, als sie dicht heran waren, konnte man die einzelnen Reiter unterscheiden, gleichsam wie große schwimmende Wasservögel in dem silbrigen Dunst über dem Boden; und dann erkannte man die athletische Gestalt Buxtons, herrlich im Sattel, an der Spitze seiner fröhlichen, sonnenverbrannten Khakischar.

Zu Mittag machten wir bei Ras Muheiwer eine zweistündige Rast; die Hitze war heute zwar nicht so groß wie etwa im August in Ägypten, aber Buxton wollte seine Truppe nicht unnötig abhetzen. Man ließ die Kamele frei laufen; wir lagerten uns, aßen und versuchten etwas zu schlafen, ewig gestört von den Fliegenschwärmen, die den Marsch von Bair her, zu dichten Kolonnen auf unsern durchschwitzten Rücken geballt, mitgemacht hatten. Mittlerweile zog meine gesamte Leibgarde vorüber; sie murrten über ihre Herabwürdigung zu Troßknechten, riefen den Himmel zum Zeugen an, daß ihnen noch nie solche Schande zugefügt worden wäre, und beteten ungeniert zu Gott, die Welt möge nie erfahren, was für eine Tyrannei ich über sie ausübte.

Doppelt schwer lastete auf ihnen der Kummer, weil die Kolonne aus Somali-Lastkamelen bestand, deren Höchstgeschwindigkeit nur drei Meilen die Stunde betrug. Buxtons Truppe marschierte nahezu vier, ich selbst machte über fünf; so wurden die Märsche für Zaagi und seine vierzig Spitzbuben eine Qual langsamen monotonen Dahinwanderns, belebt höchstens von bockenden Kamelen oder verrutschten Lasten.

Wir verhöhnten sie noch ob ihrer Schwerfälligkeit, nannten sie Viehtreiber und Kulis und boten uns als Käufer an für ihre Waren, wenn sie damit zu Markt kämen; bis sie zu guter Letzt notgedrungen selbst lachen mußten über ihre Rolle. Nach dem ersten Tag gelang es ihnen auch, mit uns Schritt zu halten, indem sie die Märsche bis in den Abend ausdehnten (nicht zu spät, denn ihre augenkranken Tiere waren blind in der Dunkelheit) und die Rasten abkürzten. Sie brachten schließlich auch ihre Karawane durch, ohne auch nur eine der Lasten einzubüßen; eine schöne Leistung für solche vergoldeten Gentlemen und nur möglich, weil sie unter ihrer Vergoldung die besten Kamelführer waren, die man in Arabien auftreiben konnte.

Zur Nacht lagerten wir bei Ghadaf. Während der Rast holte uns das Panzerauto ein; oben auf dem Beobachtungstürmchen saß der begeisterte Scherari-Wegführer mit triumphierendem Grinsen. Ein bis zwei Stunden danach traf Zaagi ein und meldete, bei der Kolonne wäre alles in Ordnung. Nur bat er Buxton, die auf dem Marsch niedergebrochenen Kamele nicht unmittelbar neben der Straße töten zu lassen, denn jede der Tierleichen am Wege gab seinen Leuten Vorwand zu einer Festerei, was ständig Verzögerungen verursachte.

Abdulla konnte nicht begreifen, warum die Engländer die Tiere erschössen, die sie marschunfähig zurücklassen mußten. Ich wies darauf hin, daß wir Araber uns ja auch gegenseitig erschössen, wenn wir im Kampf schwer verwundet würden. Abdulla entgegnete, das geschähe doch nur, um zu verhindern, daß wir so gemartert würden, daß wir uns vor uns selbst schämen müßten. Sicher, so meinte er, gäbe es kaum einen lebenden Menschen, der nicht ein allmähliches Versiegen des Lebens in der Wüste dem raschen Einendemachen vorzöge. Seiner Anschauung nach war wirklich der langsamste Tod der mildeste von allen, denn ein Zustand, in dem man nichts mehr zu hoffen habe, bewahre einen vor der Bitternis aussichtslosen Widerstandes und ermögliche es der Menschenseele, sich ungehemmt auf die Gnade Gottes zu bereiten. Unsere englische Auffassung, daß es menschenfreundlicher wäre, jede Kreatur, außer den Menschen selbst, rasch zu töten, vermochte er nicht ernst zu nehmen.

Der nächste Tag war wie die früheren: ein ständiges Abhaspeln von vierzig Kilometern. Der darauf folgende dann war der letzte vor der geplanten Unternehmung gegen die Brücke. Da wir uns der Gefahrzone näherten, bildete ich aus der Hälfte meiner Leute bei der Gepäckkolonne eine Patrouille und schickte sie als Aufklärer voraus, um von jeder Höhe aus Umschau zu halten. Das taten sie auch sehr schön, aber es nutzte uns gar nichts: als wir am Vormittag stramm und hoffnungsvoll auf das schon in Sicht vor uns liegende Muaggar, unser Versteck für den Überfall, zumarschierten, kam von Süden her ein türkischer Flieger, flog längs über unsere Kolonne hinweg und verschwand in der Richtung auf Amman vor uns.

Wir eilten so schnell es ging nach Muaggar, das wir mittags erreichten, und verbargen uns zwischen den Ruinen eines alten römischen Tempels. Unsere Beobachter stellten sich auf dem Höhenkamm auf, von dem aus man die Ebene mit abgeernteten Feldern bis zur Hedjasbahn überblicken konnte. Durch das Fernglas nahmen sich die grauen Blöcke und Steine an den Berghängen drüben wie Herden weidender Schafe aus.

Meine Bauern wurden in die unter uns liegenden Dörfer entsandt, um zu erkunden und die Dorfbewohner zu ermahnen, in ihren Häusern zu bleiben. Sie kamen zurück und sagten, das Glück wäre gegen uns. Bei den Dreschtennen, rings um das geschwenkte Korn, ständen türkische Soldaten, denn die Steuereinnehmer schätzten die Ernte unter Bedeckung von Abteilungen berittener Infanterie. Drei solcher Abteilungen, je vierzig Mann, lägen für diese Nacht in den drei Dörfern zunächst der großen Brücke – und das waren ausgerechnet die Dörfer, die wir notwendigerweise passieren mußten.

Eilig wurde Kriegsrat gehalten. Hatte uns nun der Flieger gesehen oder nicht, schlimmstenfalls konnten seine Meldungen Anlaß geben, die Brückenwache zu verstärken. Im Grunde aber war ich wenig besorgt um die Folgen. Die Türken würden vielleicht annehmen, wir wären die Avantgarde eines dritten größeren Vorstoßes gegen Amman, und daher eher ihre Kräfte zusammenziehen, als sich durch Abzweigungen schwächen. Buxton verfügte über eine kampfbewährte Truppe, seine Pläne waren wohldurchdacht. Der Erfolg war sicher.

Zweifel bestanden nur hinsichtlich des Kostenpunkts der Brücke, genauer gesagt, was sie an britischem Leben wert war, in Anbetracht der Weisung Bartholomews, Verluste unbedingt zu vermeiden. Die Anwesenheit dieser Maultierreiter in den Dörfern bedeutete, daß unser Rückzug nicht ungehindert vonstatten gehen konnte. Das Kamelkorps mußte annähernd eine Meile von der Brücke von Kissir entfernt absitzen (ihre ewig brüllenden Kamele!) und zu Fuß weiter vorgehen. Der Lärm ihres Angriffs, ganz zu schweigen vom Abfeuern von drei Tonnen Schießbaumwolle an den Brückenpfeilern, mußte den ganzen Distrikt in Aufruhr bringen. Die türkischen Patrouillen in den Dörfern konnten dann möglicherweise auf unsere in Deckung zurückgelassenen Kamele stoßen – für uns das schlimmste Unglück – oder uns auf dem Rückweg durch das bewegte Gelände teilweise abschneiden.

Buxtons Leute konnten sich nicht nach der Zerstörung der Brücke wie ein Schwarm Vögel in alle Winde zerstreuen, um jeder für sich den Weg nach Muaggar zurückzufinden. Bei jedem Nachtgefecht mußten immer einzelne abkommen und sich verlieren. Wir hätten auf sie warten müssen und dabei womöglich noch mehr Verluste erlitten. Das Ganze konnte uns an die fünfzig Mann kosten, und ich schätzte den Wert der Brücke für uns auf keine fünf. Ihre Zerstörung sollte den Zweck haben, die Türken so stark in Unruhe und Besorgnis zu versetzen, daß sie uns bis zum 13. August, wenn unsere langen Kolonnen nach Azrak aufbrachen, in Ruhe ließen. Heute war der 20. Juli. Die Hauptgefahr bestand während des Monats Juli, und der war fast vorbei.

Buxton stimmte mir zu, und wir beschlossen, die Zerstörung der Brücke aufzugeben und sofort abzuziehen. In diesem Augenblick erschienen von Amman her türkische Flieger und suchten, nach uns ausspähend, das rauhe Berggelände nördlich von Muaggar ab.

Die Leute Buxtons murrten enttäuscht über diese Abänderung. Sie waren sehr stolz auf ihren großen Streifzug und brannten darauf, dem ungläubigen Ägypten zu erzählen, daß sie ihr Programm Punkt für Punkt durchgehalten hatten.

Wir warteten, bis es völlig dunkel war, und machten uns dann auf den Weg nach Azrak, fünfzig Meilen entfernt. Unterwegs taten wir so, als wäre dieser ganze Streifzug nur eine Landpartie, und unterhielten uns über römische Baureste und Jagdschlösser der Ghassaniden. Es war herrlicher Mondschein, und wir rückten weiter, bis er gegen Morgen verblaßte. Um Mitternacht kamen wir an der einsamen Burg von Kharaneh vorüber, waren aber zu gleichgültig, um uns dieses seltsame Bauwerk anzusehen. Mitschuld an dieser Unterlassung hatte wohl auch der Mond, dessen schattenlose Weiße sich wie erstarrend auf unsere Gemüter legte, so daß wir still – ganz still im Sattel saßen.

Am Nachmittag darauf langten wir ermüdet in Kusair el Amra an, dem kleinen Jagdschloß Hariths, des Hirtenkönigs und Beschützers der Dichter; prachtvoll stand sein Mauerwerk gegen den dunklen Hintergrund rauschender Baumgruppen. Buxton bestimmte zum Stabsquartier das kühle Dämmer der großen Halle, und dort lagen wir herum und suchten die verwitterten Wandfresken zu deuten, mit mehr Gelächter als moralischem Gewinn.

Am nächsten Tage bewegten wir uns gemächlich Azrak zu. Als wir den letzten Lavarücken hinter uns hatten und den Kreis der Medjabergräber, eines der schönst gelegenen Friedhöfe, vor uns sahen, ritt ich mit meinen Leuten voraus, um uns vor etwaigen Überraschungen dort zu sichern, und zugleich, um die Abgeschiedenheit dieser schönen Ruhestätte zu genießen, ehe die andern heran waren.

Wir blieben dort zwei Tage; das köstliche Wasser der kleinen Teiche war eine nur allzu selten genossene Erfrischung. Buxton ritt mit mir zum alten Kastell hinauf, um die den Kaisern Diokletian und Maximian geweihten Altäre zu beaugenscheinigen, in der

Absicht, eine Inschrift zu Ehren König Georgs V. hinzuzufügen; doch wurde uns der Aufenthalt vergällt durch die grauen Stechfliegen und nahm schließlich durch einen Unfall ein tragisches Ende. Ein Araber, der in einem der Teiche Fische schoß, ließ dabei sein Gewehr fallen, das sich entlud und den Leutnant Rowan von den schottischen Reitern auf der Stelle tötete. Wir begruben ihn auf dem kleinen Medjaberfriedhof, dessen unberührte Ruhe schon längst meinen Neid erweckt hatte.

Am dritten Tag marschierten wir über Ammari und Djescha dem Thlaithukhwat zu, dem alten einförmigen Gelände, das ich nachgerade kannte. Vom Hadi ab fühlten wir uns schon wie zu Hause; wir machten einen Nachtmarsch, und die gellenden Stimmen der Leute, die sangen: „Kriegen wir viel zu essen? Nein! – Kriegen wir viel zu sehen? Ja!" donnerten hinter mir die langen Berghänge hinauf.

Ich war so verschlungen in der dunklen Masse der Kolonne um mich und hinter mir, daß auch ich nun den Weg zwischen dem Hadi und Bair verlor. Indes bis zur Morgendämmerung richteten wir uns nach den Sternen (die nächste Verpflegung der Leute mußte in Bair sein, da sie gestern ihre eiserne Portion verzehrt hatten); und der helle Tag fand uns in einem bewaldeten Tal; es war sicher der Wadi Bair. Doch um mein Leben hätte ich nicht sagen können, ob wir oberhalb oder unterhalb der Brunnen waren. Ich gestand Buxton und Marshall mein Versehen, und eine Weile suchten wir umher, bis zufälligerweise Sagr ibn Schaalan, einer unserer Bundesgenossen aus den fernen Tagen von Wedjh, des Wegs kam und uns auf die richtige Straße brachte. Eine Stunde später hatte das Kamelkorps seine neuen Rationen und seine alten Zelte bei den Brunnen; und es stellte sich heraus, daß Salama, der vorsorgliche ägyptische Arzt, der mit unserer Ankunft heute gerechnet hatte, die Zisternen bereits mit ausreichendem Wasser hatte füllen lassen, so daß gleich die Hälfte der Tiere sich sattrinken konnte.

Ich beschloß, mit den Panzerautos nach Aba el Lissan zu fahren, denn Buxton war jetzt unter Freunden und brauchte meine Hilfe nicht mehr. Joyce, Dawnay und Young berichteten, daß alles im besten Gang sei. In der Tat, die Vorbereitungen waren beendet, und sie gingen auseinander: Joyce nach Kairo, um einen Zahnarzt aufzusuchen; Dawnay ins Hauptquartier, um Allenby zu berichten, daß alles seinen Befehlen gemäß geschehen sei.

29. Im Vortrab

Endlich waren alle Vorbereitungen beendet und unsere Nachfolger hier in Aba el Lissan in ihre Geschäfte und Pflichten eingeführt. Ich nahm Abschied. Joyce war eben aus Ägypten zu uns zurückgekehrt, und Faisal versprach, mit ihm und Marshall nach Azrak zu kommen, um dort spätestens am 12. September mit mir zusammenzutreffen. Das ganze Lager war in glücklicher Stimmung, als ich mich in ein Rolls-Lastauto setzte und nordwärts fuhr. War es auch schon der 4. September, so hoffte ich doch die Rualla unter Nuri Schaalan noch rechtzeitig für unsern Angriff auf Deráa zusammenzubringen.

Es war ein unaussprechliches Wohlgefühl, alle Nebel und Dünste des Lagers hinter sich zu haben. Während der Fahrt fanden wir: Winterton, Nasir und ich, uns in dankbarer Erleichterung vereint. Lord Winterton war unsere neueste Erwerbung, ein erfahrener Offizier aus Buxtons Kamelreiterkorps. Scherif Nasir, die Speerspitze des arabischen Heeres seit den Tagen bei Medina, war auserwählt worden, auch den letzten Zug des großen Spiels zu tun. Ihm gebührte die Ehre von Damaskus, wie ihm schon die Ehre von Medina, von Wedjh, von Akaba, von Tafileh und manchen Tagen harter Not zugefallen war.

Überall am Wege trafen wir auf kleine Kamelkolonnen: Truppen, Stämme, Nachschub, die langsam über die unendliche Ebene von Djefer nordwärts zogen. An diesem geschäftigen Leben (ein gutes Omen für unsern rechtzeitigen Aufmarsch in Azrak) brauste unser Wagen vorbei; mein trefflicher Green, der Lenker, brachte es einmal sogar auf siebenundsechzig Meilen in der Stunde. Der halberstickte Nasir auf dem Führersitz konnte seinen zahlreichen Freunden, die wir überholten, immer nur im Vorbeisausen zuwinken.

In Bair fanden wir die Beni Sakhr in heller Aufregung auf die Meldung hin, daß die Türken am Tage vorher plötzlich mit starken Kräften vom Hesa gegen Tafileh vorgestoßen wären. Mifleh glaubte, ich wäre übergeschnappt oder zu unzeitgemäßen Scherzen aufgelegt, als ich über diese Nachricht nur hell auflachte. Vier Tage vorher hätte dieser Vorstoß die Azrak-Expedition bedenklich aufgehalten. Nun aber waren wir unterwegs, mochte der Feind ruhig Aba el Lissan, Guweira, meinetwegen auch Akaba nehmen – gesegnete Mahlzeit! Unsere Schauergeschichte von dem großen Vormarsch auf Amman hatte ihm nicht schlecht Beine gemacht, und jetzt lief sich der Ahnungslose die Stiefelsohlen ab, um unsere Finte zu parieren. Jeder Mann, den sie nach Süden schickten, bedeutete für sie einen – nein, zehn Mann Verlust.

In Azrak fanden wir einige Diener Nuri Schaalans, ferner das Crossley-Lastauto mit einem Fliegeroffizier, einem Mechaniker und dem Zeltschuppen für die beiden Flugzeuge, die unsern Aufmarsch decken sollten. Unsere erste Nacht verbrachten wir auf ihrem Flugplatz und mußten dafür büßen. Bis Sonnenuntergang beschäftigte sich eine Kamelfliege – ein gepanzertes Insekt, das wie eine Hornisse sticht – mit unsern ungeschützten Körperteilen. Dann brachte die Abendkühle etwas Erleichterung, und das Jucken ließ nach – dafür schlug der Wind um, und drei Stunden lang fegte er dicke Wolken heißen, beißend salzigen Sandstaubs über uns hinweg. Wir legten uns flach auf den Boden und zogen Decken über die Köpfe, aber an Schlaf war nicht zu denken. Alle halben Stunden mußten wir den angewehten Sand von uns schütteln, um nicht darunter begraben zu werden. Gegen Mitternacht ebbte der Wind ab. Wir krochen aus unsern schwitzigen Nestern und freuten uns, nun die langersehnte Nachtruhe zu genießen – als mit lautem Gesumm eine Wolke von Moskitos über uns herfiel; mit ihnen kämpften wir, bis der Morgen anbrach.

Andern Tags verlegten wir daher das Lager auf die Höhe des Medjaberrückens, eine Meile westlich vom Wasser und hundert Fuß über den Salzsümpfen, allen Winden frei geöffnet. Wir holten erst ein wenig den versäumten Schlaf nach, richteten dann den Schuppen auf und gingen dann später in dem silbrigen Wasser baden. Wir entkleideten uns neben den kleinen Teichen, schimmernden Flächen, deren heller perlgrauer Untergrund den Himmel wie in Mondscheinglanz widerspiegelte. „Köstlich", rief ich, sprang hinein und schwamm umher. „Aber warum tauchen Sie denn fortwährend unter Wasser?" fragte Winterton. Im nächsten Augenblick stach ihn eine Kamelfliege hinterwärts, jetzt verstand er und sprang mir nach. Wir schwammen umher und versuchten verzweifelt unsere Körper naß zu halten, um die grauen Schwärmer abzuwehren; aber sie waren so hungerwütig, daß sie auch das Wasser nicht scheuten; nach fünf Minuten kämpften wir uns heraus und wie der Blitz in unsere Kleider, aus zwanzig dieser dolchartigen Stiche blutend.

Nasir stand dabei und lachte uns aus. Später wanderten wir zum alten Kastell hinauf, um dort den Mittag zu verbringen. In Ali ibn el Husseins altem Eckturm, dem einzigen Dach weit und breit in der Wüste, war es kühl und friedevoll. Draußen strich der Wind mit einem starren Rasseln durch die Dattelpalmen: ungepflegte Bäume, denn in dieser nördlichen Gegend lohnte die Ernte ihrer rötlichen Früchte nicht, aber mit dicht und tief bezweigten Stämmen, die freundlichen Schatten spendeten. Unter ihnen saß Nasir ruhevoll auf seinem Teppich. Der Rauch seiner weggeworfenen Zigarette stieg kräuselnd in die warme Luft, zerfloß und verblaßte in den Sonnenflecken zwischen den Blättern. „Ich bin glücklich", sagte er. Wir waren alle glücklich.

Am Nachmittag traf ein Panzerwagen zu unserem weiteren Schutz ein, wenn auch die Gefahr vom Feinde denkbar gering war. Drei Stämme deckten das Land zwischen uns und der Eisenbahn. In Deráa standen vom Gegner nur vierzig Berittene, in Amman nichts mehr: also hatten bis jetzt wenigstens die Türken noch keine Kunde von uns. Am Morgen des neunten flog ein feindliches Flugzeug über uns hin, schlug flüchtig einen Kreis und verschwand wieder, offenbar ohne uns zu sehen. Von der luftigen Höhe unseres Lagers aus konnten wir die Straßen nach Deráa und Amman weithin überblicken. Wir zwölf Engländer, samt Nasir und seinen Sklaven, faulenzten tagsüber, schweiften umher, badeten bei Sonnenuntergang, saßen auf der Höhe und betrachteten die Aussicht oder hingen unsern Gedanken nach. Nachts schliefen wir friedlich und sorglos, oder ich wenigstens tat es, im Vollgenuß der köstlichen Ruhepause zwischen den glücklich behobenen Widrigkeiten von Aba el Lissan und den Kämpfen des nächsten Monats.

Die Hauptquelle dieser heiteren Stimmung schien wohl aus mir selbst zu kommen, denn dieser Marsch auf Damaskus (und als solcher stellte er sich schon unserer

Phantasie dar) hatte mein gewohntes Gleichgewicht erschüttert. Ich fühlte hinter mir das Vibrieren der gespannten Erregung des arabischen Volks. Die Frucht jahrelangen Predigens war dem Reifen, das Werk seiner Krönung nahe: eine geeinte Nation drängte mit Allgewalt seiner historischen Hauptstadt zu. In dem Vertrauen, daß diese Waffe, das erwachte arabische Volk – geformt durch mich – allein genügen würde, um das kühnste meiner Ziele zu verwirklichen, kamen mir meine englischen Gefährten kaum noch in den Sinn, die meinen Ideen fernstanden und hier nichts sahen als einen Krieg wie jeden andern. Ich unterließ es, sie zu Mitgläubigen meiner Zuversicht zu machen.

Lange danach erfuhr ich, daß Winterton jeden Morgen in der Dämmerung aufgestanden war und den ganzen Horizont sorgsam abgesucht hatte, damit wir nicht etwa dank meiner Sorglosigkeit Überraschungen erlebten; und in Umtaiye und Scheik-Saad hatten uns die Engländer tagelang schon als verloren aufgegeben. Tatsächlich wußte ich und habe es gewiß auch ausgesprochen, daß wir so sicher waren, wie man es im Kriege überhaupt nur sein kann. Ihr Stolz hielt sie zurück, auch nur den geringsten Zweifel an meinen Plänen zu verraten.

Diese Pläne waren erstens eine Scheinbedrohung von Amman und zweitens, im Ernst, die Zerstörung der Eisenbahnlinien im Knotenpunkt von Deráa. Weiter gedachte ich zunächst kaum zu gehen, denn ich hielt mir grundsätzlich bei der Wahl zwischen verschiedenen Möglichkeiten die ferneren Ziele offen.

Durch unsere Besetzung von Azrak war die erste Hälfte des Plans, Scheinbedrohung von Amman, bereits durchgeführt. Wir hatten an tausend Goldsovereigns an die Beni Sakhr gesandt, um alle Gerste von ihren Tennen aufzukaufen, die wir in etwa vierzehn Tagen für unsere Tiere und die englischen Verbündeten anfordern würden, hatten sie aber gebeten, nichts davon verlauten zu lassen. Djiab von Tafileh – dieser geschwätzige Bauerntölpel – hatte natürlich, ganz unserem Wunsch gemäß, die Nachricht schleunigst durch ganz Kerak verbreitet.

Gleichzeitig rief Faisal die Zebn in Bair zum Kriegsdienst auf, und Hornby, der jetzt (vielleicht etwas verfrüht) arabische Kleidung trug, bereitete einen größeren Vorstoß gegen Madeba vor. Seine Absicht war, etwa am 19., wenn er die Nachricht von Allenbys Vorgehen bekam, zu marschieren. Er hoffte, bei Jericho mit den Engländern in Fühlung zu kommen, so daß, falls unser Unternehmen gegen Deráa scheiterte, wir uns zurückziehen und seinen Vorstoß verstärken konnten, was dann nicht mehr nur ein Scheinangriff, sondern der alte zweite Pfeil in unserm Köcher gewesen wäre. Jedoch machten hier die Türken mit ihrem Vormarsch auf Tafileh einen Strich durch die Rechnung, und Hornby mußte Schobeck gegen sie verteidigen.

Was nun den zweiten Teil unsers Plans betraf, das Deráa-Unternehmen, so mußte hier ein wirklicher Angriff eingeleitet werden. Als Vorspiel dazu beschlossen wir, die Bahn nahe Amman zu unterbrechen, wodurch eine etwaige Verstärkung Deráas von Amman her verhindert und zugleich der Feind in der Überzeugung bestärkt wurde, daß unser Scheinmanöver ernst gemeint sei. Es schien mir am besten, zu diesem Vorspiel die Ghurkas zu verwenden (mit ägyptischen Pionieren zur Ausführung der Zerstörung), denn durch ihre Entsendung wurde die Hauptabteilung nicht von ihrem Hauptziel abgelenkt.

Dieses Hauptziel bestand darin, die Eisenbahnen im Hauran zu unterbrechen und ihre Wiederherstellung mindestens für eine Woche zu verhindern. Dazu standen drei Wege offen. Erstens konnte man nördlich von Deráa bis zur Damaskusbahn vorstoßen, wie auf meinem Ritt mit Tallal im letzten Winter, und die Linie zerstören, um dann zur Yarmukbahn hinüberzuwechseln. Zweitens konnte man südlich von Deráa direkt auf den Yarmuk losmarschieren, wie mit Ali ibn Hussein im November 1917. Die dritte Möglichkeit war ein unmittelbarer Angriff auf die Stadt Deráa.

Dieser dritte Weg konnte nur dann eingeschlagen werden, wenn uns die Luftstreitkräfte zusichern konnten, die Station Deráa so nachdrücklich mit schweren Bomben zu belegen, daß es einer Artilleriebeschießung gleichkam, wodurch wir dann mit unsern wenigen Kräften einen Sturm wagen konnten. Salmond hoffte dazu imstande zu sein; doch hing das davon ab, wieviel schwere Maschinen ihm zugewiesen oder rechtzeitig eintreffen würden. Dawnay wollte am 11. September mit dem endgültigen Bescheid zu uns herüberfliegen. Bis dahin hielten wir uns alle drei Möglichkeiten offen.

Von den Nachschubkolonnen traf meine Leibgarde als erste ein und kam am 9. September von Wadi Sirhan daherstolziert, strahlend, fetter als ihre fetten Kamele, ausgeruht und beglückt von ihrem Festmonat bei den Rualla. Sie berichteten, daß Nuri Schaalan nahezu bereit und entschlossen wäre, zu uns zu stoßen.

Am 10. kamen die beiden Flugzeuge von Akaba. Murphy und Junor, die beiden Piloten, richteten sich auf dem von Kamelfliegen heimgesuchten Platz häuslich ein, die förmliche Freudentänze aufführten angesichts dieser saftigen Saugobjekte. Am 11. traf der zweite Panzerwagen ein, dann auch Joyce mit Stirling, aber ohne Faisal. Marshall hatte darauf bestanden, ihn am nächsten Tag selbst herzubegleiten, und wenn Marshall, diese brave Seele mit der immer guten Laune, eine Sache in die Hand nahm, ging sie sicher gut. Young, Peake, Scott-Higgins und die Gepäckkolonnen trafen ein. Azrak bevölkerte sich immer mehr, und um seine Teiche hallte es laut vom Gelärm und Geplantsch schlankkräftiger brauner, kupferroter und weißer Körper im durchsichtig klaren Wasser.

Am 11. kam das Flugzeug aus Palästina an. Leider war Dawnay wieder krank geworden, und der ihn vertretende Stabsoffizier, neu im Lande, hatte unter der rauhen Kälte oben in der Luft schwer gelitten.

So kam es, daß er seine wichtigste Nachricht vergaß. Am 6. September nämlich hatte Allenby in einem plötzlichen Einfall zu Bartholomew gesagt: „Was sollen wir uns erst um

Messudieh plagen? Lassen Sie die gesamte Kavallerie direkt auf Afuleh und Nazareth vorgehen.“ So war der ganze Plan umgeworfen worden, und statt gegen ein bestimmtes, fest umgrenztes Objekt stieß der Angriff jetzt weit ins Unbestimmte vor. Davon erfuhren wir also kein Wort. Aber durch ein Kreuzverhör der Piloten, die Salmond informiert hatte, bekamen wir ein klares Bild von dem Bestand an Bombenflugzeugen. Er blieb hinter dem Minimum dessen zurück, was wir für Deráa brauchten. Wir entschlossen uns daher, die Stadt nördlich zu umgehen, um sicher die Bahn nach Damaskus zu zerstören, und die Flieger sollten währenddessen die Stadt nur zur Ablenkung mit einigen Bomben belegen.

Am nächsten Tage traf Faisal ein; und mit ihm Nuri Said, aus dem Ei gepellt wie stets, Jemil der Artillerist, Pisani mit seinen Algeriern und unsere ganze Truppenmacht. Jedenfalls etwas mehr als Allenbys „drei Mann und 'n Junge“. Die grauen Fliegen hatten nun Tausende von Kamelen, um sich zu mästen, und angesichts dieser reichen Mahlzeit gaben sie Junor und seinen halbausgesogenen Mechaniker auf.

Am gleichen Nachmittag erschien Nuri Schaalan, mit Trad und Khalid, Faris, Durzi und den Khaffadji. Auch Auda abu Tayi kam, mit Mohammed el Dheilan; ebenso Fahad und Adhub, die Führer der Zebn, mit Ibn Bani, dem Oberhaupt der Serahin, und Ibn Gendj von den Serdiyeh. Madjid ibn Sultan, von den Adwan bei Salt, kam herübergeritten, um zu hören, was Wahres sei an unserm Angriff auf Amman. Später am Abend ertönten von Norden her knatternde Flintenschüsse, und Tallal el Hareidhin, mein alter Weggenosse, kam rauschend angaloppiert, gefolgt von vierzig bis fünfzig berittenen Hauran-Bauern. Sein lebenslustiges Gesicht strahlte vor Freude über unsere lang erhoffte Ankunft. Drusen und städtische Syrier, Isawiyeh und Hawarneh ließen unsere Schar noch weiter anschwellen. Auch die Gerstenvorräte, bestimmt für unsern Rückmarsch, falls das Unternehmen mißlang (eine Möglichkeit, an die kaum jemand dachte), trafen nach und nach ein. Alles war gesund und wohlgemut.

Ausgenommen ich selbst. Das Menschengewimmel hatte mir die Freude an Azrak vergällt; und ich ging fort, das Tal hinunter zum einsamen Ain el Essad, und lag ganze Tage lang in meinem alten Versteck unter den Tamariskenbäumen, wo der Wind in den staubig grünen Zweigen rauschte wie in den Bäumen Englands. Er raunte mir zu, wie sterbensmüde ich dieser Araber sei, dieser hochgezüchteten Semiten, in deren Wesen Höhen und Tiefen lagen, unerreichbar für unsere Fassungskraft, wenn auch nicht verborgen unserm Blick. Sie waren gewissermaßen die Verkörperung des Absoluten in uns Menschen mit ihrer schrankenlosen ungehemmten Fähigkeit sowohl zum Guten wie zum Bösen. Und zwei Jahre lang hatte ich, nur um sie auszunutzen, fälschlich ihren Gefährten gespielt.

Joyce übernahm inzwischen Pflicht und Verantwortung, die ich in meinem Einsamkeitsbedürfnis vernachlässigte. Auf seinen Befehl wurden Peake mit dem ägyptischen Kamelreiterkorps, jetzt nur noch eine Pionierabteilung, und Scott-Higgins mit seinen Ghurkas, nebst zwei Panzerautos als Sicherung, in Marsch gesetzt, um die Bahn bei Ifdein nördlich Amman zu unterbrechen.

Zu diesem Zweck sollte Scott-Higgins mit seinen flinken Indern – das heißt: flink zu Fuß, auf den Kamelen hingen sie wie nasse Säcke – nach Dunkelwerden ein Blockhaus stürmen. Dann sollte Peake die Nacht durch die Zerstörungen ausführen. Die Panzerautos sollten dann am Morgen ihren Rückzug nach der großen Ebene hin decken, über die wir, die Hauptarmee, nordwärts von Azrak nach Umtaiye marschieren wollten, einer großen Regenwassersenke fünfzehn Meilen unterhalb Deráa und unserm Ausgangspunkt für das weitere Vorgehen. Wir gaben ihnen einige Rualla als Führer mit und sahen sie hoffnungsvoll abziehen zu diesem ersten wichtigen Vorspiel.

Bei Morgengrauen brach auch die Hauptkolonne auf. Tausend davon gehörten zum Kontingent von Aba el Lissan, dreihundert waren Nuri Schaalans Nomaden zu Pferd. Er hatte auch zweitausend Rualla-Kamelreiter zur Verfügung, und wir baten ihn, diese vorläufig im Wadi Sirhan zusammenzuhalten. Es wäre unklug gewesen, vor dem entscheidenden Tage eine so große Zahl unruhiger Beduinen auf die Dörfer im Hauran loszulassen. Die Nomaden zu Pferde dagegen waren Scheikhs oder Diener von Scheikhs, Männer von Wert und Selbstbeherrschung.

Besprechungen mit Nuri und Faisal hielten mich den ganzen Tag über noch in Azrak fest. Doch Joyce hatte mir ein Lastauto zurückgelassen, mit dem ich am nächsten Morgen die Armee einholte. Ich fand sie bei der Frühstücksrast im grasbewachsenen Hügelland von Giaan el Khuma. Die Kamele, froh, dem engen, abgegrasten Bezirk von Azrak entronnen zu sein, stopften sich hastig ihre Mägen voll mit dem saftigen Futter.

Joyce hatte schlechte Nachrichten. Peake war mit seiner Truppe zurückgekommen und hatte die Bahn gar nicht erreicht, infolge von Zusammenstößen mit arabischen Lagern ganz in der Nähe der vorgesehenen Sprengstelle. Wir hatten auf die Unterbrechung der Ammanlinie den größten Wert gelegt, und dieses Mißlingen war für uns eine arge Enttäuschung. Ich nahm eine Packung Schießbaumwolle, bestieg mein Kamel und ritt der Truppe voraus. Diese selbst machte einen Umweg, um die zerklüfteten Lavarücken zu vermeiden, die westwärts zur Eisenbahn abfielen. Aber wir, meine Ageyli und andere gut Berittene, kletterten geradeswegs einen steilen Schleichpfad zur offenen Ebene hinab bei den Ruinen von Um el Djemal.

Diese Reste römischer Grenzstädte – Um el Djemal, Um el Surab, Umtaiye – verrieten, zumal in diesem Teil der Erde, der damals wie jetzt nichts als ein Wüstenwinkel war, noch immer etwas von dem Geist blinder, nicht anpassungsfähiger Herrschsucht. Gewalttätig und frech schaute dieses Um el Djemal drein.

Jenseits der Ebene lag die Ammanbahn vor mir in einer geradezu beleidigenden Unberührtheit. Und ich war so vertieft in den Anblick der Ruinen und in meine Überlegungen, auf welche Weise die Bahn am raschesten und sichersten unterbrochen werden könnte, daß mir ein Luftkampf ganz entging zwischen Murphy in unserm Bristolkampfflugzeug und einem feindlichen Doppeldecker. Der Bristol war arg durchlöchert, ehe der Türke schließlich brennend abstürzte. Unsere ganze Armee schaute begeistert zu; Murphy aber fand den Schaden an seinem Flugzeug zu erheblich für unsere geringen Hilfsmittel in Azrak und flog daher zur Ausbesserung nach Palästina. Von unsern geringen Luftstreitkräften blieb uns infolgedessen nur B.E. 12, ein so veralteter Typ, daß er für den Kampf überhaupt nicht und für Aufklärungszwecke nur wenig brauchbar war. Aber wir freuten uns doch mit der ganzen Truppe über den Sieg unseres Fliegers.

Umtaiye erreichten wir kurz vor Sonnenuntergang. Die Truppe war noch fünf bis sechs Meilen zurück; und sobald unsere Tiere getränkt waren, machten wir uns zur Bahnlinie auf, vier Meilen hangabwärts nach Westen zu, in der Absicht, eine flüchtige Zerstörung zu versuchen. Dank der Dunkelheit kamen wir ungesehen bis dicht heran; gerade vor uns lagen zwei feste Brücken, und zu unserer Freude stellten wir fest, daß der Boden bis an die Bahn heran für Panzerautos fahrbar war.

Diese beiden Umstände bewogen mich, am nächsten Morgen mit Panzerautos und einer größeren Ladung Schießbaumwolle wieder hierher zurückzukehren, um die größere, vierbogige Brücke zu sprengen. Durch ihre Zerstörung, die den Türken viele Tage harter Arbeit kosten mußte, waren wir vor etwaigen Überraschungen von Amman her während der ganzen Zeit unseres ersten Vorstoßes gegen Deráa vollkommen gesichert. Damit wäre Peakes fehlgeschlagene Unternehmung ihrer beabsichtigten Wirkung nach voll ausgeglichen. Froh über diese Entdeckung ritten wir zurück und suchten in der zunehmenden Dunkelheit den Boden ab, um den besten Weg für die Wagen zu erkunden.

Als wir den letzten Höhenrücken erklommen, einen hohen und gleichmäßigen Kamm, der Umtaiye vollkommen gegen Sicht von der Eisenbahn und ihren etwaigen Wachposten deckte, blies uns der frische Nordost den warmen Dunst und Staub von zehntausend Füßen ins Gesicht; und die römischen Ruinen oben auf dem Kamm erschienen uns so seltsam anders als noch vor drei Stunden, daß wir verblüfft anhielten. Der ganze sanft gebuchtete Grund prangte wie in Festbeleuchtung mit langen Reihen kleiner abendlicher Feuer, deren eben erst entzündete Flammen noch in den Rauch flackerten und leckten – rings um sie geschart die Gruppen dunkler Gestalten, geschäftig mit der Zubereitung von Brot oder Kaffee, während andere wiederum die dumpf brüllenden Kamele hin und her zur Tränke führten.

Am Morgen, als die Mannschaft beim Morgenimbiß lagerte und sich die vom kalten Tau der Frühe erstarrten Glieder wärmte, beriefen wir die arabischen Führer zusammen und sprachen mit ihnen von dem geplanten Panzerwagenüberfall auf die Eisenbahn. Es wurde beschlossen, daß zwei Wagen zur Brücke hinabfahren und sie angreifen sollten, indes die Hauptarmee ihren Marsch auf Teil Arar an der Damaskusbahn, vier Meilen nördlich von Deráa, fortsetzte. In der Dämmerung des morgigen Tages, des 17. September, sollte sie dort Posten fassen und die Bahnlinie besetzen; noch vor diesem Zeitpunkt würden wir mit den Panzerautos die Brücke erledigt und sie wieder eingeholt haben.

Um zwei Uhr nachmittags, als wir der Eisenbahn zufuhren, sahen wir oben in der Luft den surrenden Schwarm unserer Bombenflieger, die zum Überfall auf Deráa flogen. Der Ort war bis dahin mit Vorbedacht von Luftangriffen verschont geblieben, daher war die Wirkung auf die überraschte und dagegen nicht gewappnete Garnison außerordentlich schwer. Die Moral der Leute litt ebenso stark wie der Eisenbahnverkehr; und bis dann später unser Vorstoß von Norden her sie überraschte, war die Garnison ausschließlich damit beschäftigt, bombensichere Fliegerdeckungen herzustellen.

Die beiden Panzerwagen nebst zwei Lastautos schlängelten sich etwas mühsam zwischen Blöcken und Steinfeldern und über weiche Grasflächen dahin, kamen aber sämtlich wohlbehalten hinter den letzten kleinen Höhenrücken just gegenüber unserm Ziel. Am südlichen Aufgang zur Brücke lag ein steinernes Blockhaus.

Wir beschlossen, die Lastautos hier in Deckung zurückzulassen. Ich bestieg mit hundertfünfzig Pfund Schießbaumwolle, zündungsfertig, den einen Panzerwagen in der Absicht, mit diesem das Tal hinab bis zur Brücke zu fahren und, wenn ich dann durch die Brückenbogen gegen das Feuer des Postens im Blockhaus gedeckt war, die Ladung anzulegen und in Brand zu stecken. Inzwischen sollte das zweite Panzerauto auf kurze Schußweite das Blockhaus unter Feuer nehmen und es so lange beschäftigen, bis ich mit allem fertig war.

Die beiden Wagen fuhren gleichzeitig los. Als die Besatzung der kleinen Schanze am Blockhaus, sieben oder acht Türken, uns kommen sah, gingen sie – entweder infolge eines Mißverständnisses oder einer Panik, oder auch aus einem geradezu übernatürlichen Mut – aus dem Graben heraus und in Schützenlinie gegen uns vor.

In wenigen Minuten trat der zweite Panzerwagen gegen sie in Tätigkeit, indes vier weitere Türken seitlich der Brücke erschienen und auf uns schossen. Unsere Maschinengewehrschützen richteten und gaben dann eine kurze Feuergarbe ab. Ein Mann fiel, ein zweiter wurde verwundet, der Rest lief ein Stück zurück, besann sich dann aber eines Besseren und kehrte, freundschaftliche Zeichen machend, wieder um. Wir nahmen ihnen die Gewehre ab und sandten sie das Tal hinauf zu den Lastwagen, deren Führer uns von der Höhe aus scharf überwachten. Kurz darauf ergab sich das Blockhaus. Wir waren sehr zufrieden, die Brücke und ihren Bahnabschnitt innerhalb fünf Minuten ohne Verluste in Besitz genommen zu haben.

Joyce kam im zweiten Lastauto mit noch mehr Schießbaumwolle heran, und in aller Eile wurden die Ladungen über die ganze Brücke verteilt. Es war ein hübsches kleines Bauwerk, geziert mit einer schimmernd weißen Marmorplatte, die den Namen und die

Hoheitstitel Sultan Abdul Hamids trug. In den Abzugslöchern des Oberbaus wurden im Zickzack sechs kleine Ladungen eingebaut; und durch ihre Explosion wurden die Brückenbogen kunstgerecht angesplittert. Es war ein schönes Beispiel von Zerstörungen der feinsten Art: das Gerüst der Brücke blieb intakt, hatte aber keine Widerlager mehr, so daß es stark schwankte; und der Feind mußte erst das ganze Werk abbrechen, ehe er an den Wiederaufbau denken konnte.

Als alles fertig war, gaben uns nahende feindliche Patrouillen anständige Entschuldigung, schleunigst Reißaus zu nehmen. Die wenigen Gefangenen, wertvoll für uns zur Erlangung von Nachrichten, wurden auf die Lastautos gesetzt, und wir ratterten los. In unserer Freude aber waren wir allzu unbedacht darauf losgerattert; und beim ersten Wasserlauf gab es einen Krach unter meinem Wagen. Eine Seite des Wagenkastens senkte sich nach unten und legte sich auf den Reifen des Hinterrads: wir saßen fest.

Eine der hinteren Federn war nahe am Gelenk glatt durchgebrochen, die Reparatur konnte nur in einer Werkstatt vorgenommen werden. Wir standen und blickten voller Verzweiflung; wir waren nur dreihundert Yard von der Eisenbahn entfernt, der Feind konnte in zehn Minuten heran sein, und dann mußten wir den Wagen im Stich lassen.

Rolls, der Führer, unser erfahrenster und nie um Aushilfe verlegener Mechaniker, dessen Geschick und Rat unsere Wagen stets in bester Fahrbereitschaft gehalten hatte, war über den Unfall den Tränen nahe. Wir alle, Offiziere und Mannschaften, Engländer, Araber, Türken, standen dichtgedrängt um ihn herum und blickten ihm voll ängstlicher Spannung ins Gesicht. Als er erfaßte, daß er, der Zivilist, in dieser Notlage zu befehlen habe, schienen sich sogar die Bartstoppeln an seinem Kinn in düsterer Entschlossenheit zu sträuben. Nach genauer Untersuchung erklärte er, daß es gerade noch eine Möglichkeit gäbe. Man konnte das herabgefallene Ende der Feder hochwinden und es durch Balken auf dem Chassisrahmen ungefähr in seiner alten Lage verkeilen. Mit Hilfe von festangezogenen Stricken konnte die stählerne Eckschiene das vermehrte Gewicht vielleicht zur Not tragen.

Auf jedem unserer Wagen führten wir eine Lage Planken mit, die, im Fall der Wagen im tiefen Sand oder Morast steckenblieb, unter die Doppelbereifung geschoben wurden. Drei solcher Hölzer mochten wohl die benötigte Höhe ergeben. Sägen hatten wir nicht, also wurde die Planke an der gewünschten Stelle hin und her so lange mit Kugeln beschossen, bis sie durchgebrochen werden konnte. Die Türken hörten das Schießen und hielten sich wohlweislich fern. Auch Joyce hörte uns und kam zurück, um uns zu helfen. Die Lasten wurden in seinen Wagen geladen, dann die Feder und das Chassis hochgewunden und die hölzernen Blöcke festgebunden; dann wurde der Wagen heruntergelassen (die Versteifung trug herrlich), angekurbelt und losgefahren. Rolls fuhr mit größter Langsamkeit über jeden Stein oder Graben, während wir andern samt den

Gefangenen mit Ermunterungsrufen nebenher oder vorneweg liefen und die Bahn freimachten.

Im Lager wurden die Balken neuerdings mit erobertem Telegraphendraht versteift und mit Chassis und Feder fest zusammengebunden, bis es denkbar sicher aussah, und dann die Lasten wieder aufgeladen. Die Eckschiene erwies sich als so widerstandsfähig, daß der Wagen die ganzen nächsten Wochen seine gewöhnliche Arbeit tat und schließlich noch mit in Damaskus einzog.

Das Ausbessern des Wagens hielt uns mehrere Stunden auf, und wir übernachteten in Umtaiye. Brachen wir früh genug auf, so konnten wir morgen rechtzeitig Nuri Said an der Damaskuslinie treffen und ihm berichten, daß die Ammanlinie durch den Verlust einer ihrer Hauptbrücken mindestens für eine Woche lahmgelegt war. Deráa konnte so nicht verstärkt werden und wir waren vor ihm sicher. Sogar dem armen Zeid unten in Aba el Lissan war dadurch geholfen worden, denn die schon in Tafileh versammelten türkischen Kräfte mußten den Angriff aufschieben, bis ihre rückwärtigen Verbindungen wieder offen waren. Unser letzter Feldzug ließ sich recht verheißungsvoll an.

30. Unterbrechung der Hauptbahnen

Wie abgemacht, brachen wir vor Morgengrauen auf und folgten der Spur von Stirlings Wagen, bestrebt, so rasch wie möglich bei der vielleicht schon fechtenden Truppe zu sein. Doch der Weg war leider miserabel. Erst kam ein unangenehmer Abstieg, dann folgten einzelne mit Kalksteingeröll bedeckte Flächen, über die wir nur mit Schwierigkeiten hinwegkamen. Dann ging's über Hänge mit Ackerboden; durch die Sommerdürre hatte die Erde Risse und Spalten bekommen, oft ein Yard tief und zwei bis drei Zoll breit. Die Wagen liefen mit erstem Gang, kamen aber kaum vorwärts.

Gegen acht Uhr morgens erreichten wir die arabische Armee auf dem Kamm eines breiten, nach der Bahn hin abfallenden Hanges. Teile von ihr entwickelten sich gerade zum Angriff gegen einen Stützpunkt der Brückenwache, zwischen uns und dem Berge Tell Arar, dessen Gipfel das ganze Land bis nach Deráa hin überragte. Ruallareiter, geführt von Trad, strömten den langen Hang hinab und über das mit Süßholzgesträuch bewachsene Bett des Wasserlaufs gegen die Bahnlinie. Young knatterte in seinem Ford hinterdrein. Von der Höhe aus vermeinten wir bereits, die Bahn sei ohne einen Schuß genommen. Da aber wurde plötzlich von dem außer acht gelassenen türkischen Stützpunkt her ein unangenehmes Sprühfeuer eröffnet, und unsere tapferen Rualla, die sich bereits auf dem Bahndamm in heroischer Positur aufgestellt hatten (heimlich sehr im unklaren darüber, was in aller Welt wohl jetzt zu tun wäre), verschwanden schleunigst.

Nuri ließ die Batterie Pisani vorgehen, die einige Schüsse abgab. Dann wurde von den Rualla und anderen Truppen der Stützpunkt ohne Schwierigkeit genommen; wir hatten nur einen Toten. Damit waren um neun Uhr morgens die südlichen zehn Meilen der Damaskusbahn in unserer Hand. Es war die einzige Eisenbahn nach Palästina und dem Hedjas; ich konnte unser Glück kaum begreifen, konnte kaum glauben, daß unser Allenby gegebenes Wort so bald und so einfach eingelöst war.

Die Araber strömten in hellen Haufen zum runden Gipfel des Tell Arar hinan, um die Ebene zu überschauen, deren zerfurchtes Relief die Morgensonne mit ihren lang hingeworfenen Schatten deutlich hervorhob. Die Soldaten konnten mit bloßem Auge bis nach Deráa, Mezerib und Ghazala, den drei Bahnknotenpunkten, sehen.

Ich aber sah in Gedanken noch weiter: nordwärts nach Damaskus, der türkischen Operationsbasis, ihrer einzigen Verbindung nach Konstantinopel und Deutschland – nun abgeschnitten; südwärts nach Amman und Maan und Medina: ebenfalls abgeschnitten; westwärts zu Liman von Sanders, isoliert in Nazareth; dann weiter nach Nablus und dem Jordantal, der türkischen Hauptstellung. Heute war der 17. September, der verabredete Tag, achtundvierzig Stunden bevor Allenby mit voller Kraft nordwärts stoßen würde. In achtundvierzig Stunden hätten die Türken an sich Zeit genug gehabt, ihre Dispositionen zu ändern, um der neuen von uns drohenden Gefahr zu begegnen; aber da sie Allenbys Schlag nicht vorauswußten, konnten sie sie gar nicht ändern.

Meine Absicht war, unverzüglich die ganze Linie zu zerstören; doch schienen die Dinge zum Stillstand gekommen. Die Armee hatte ihr Teil getan. Nuri Said stellte rings um den Teil Arar Maschinengewehrposten auf, um etwaige Ausfälle von Deráa abzuwehren. Wieso aber war nirgendwo die Zerstörung im Gang? Ich eilte hinunter und fand Peakes Ägypter beim Frühstück. Ich war stumm vor Bewunderung.

Immerhin, eine Stunde später waren sie in die nötigen Gruppen eingeteilt und zu dem Vernichtungswerk bereit. Schon waren auch die französischen Kanoniere, die ebenfalls Sprengmaterial mitführten, heruntergekommen und machten sich an die nächstgelegene Brücke. Sie waren nicht sehr geschickt, aber beim zweiten Versuch brachten sie ihr doch einigen Schaden bei.

Von der Höhe des Tell Arar aus, ehe noch die vibrierende Luftspiegelung der steigenden Sonne die Sicht verschleierte, wurde durch ein scharfes Fernglas Deráa genau abgesucht, um herauszufinden, was die Türken dort heute auf der Pfanne hätten. Was man zunächst beobachten konnte, sah einigermaßen beunruhigend aus. Auf ihrem Flugplatz wimmelte es von kleinen Gruppen, die eine Maschine nach der andern aus dem Schuppen zogen. Man konnte bereits sieben oder acht in Linie gereiht erkennen. Was man sonst sah, entsprach den Erwartungen. Kleinere Infanterieabteilungen verstärkten die Besatzung der Verteidigungsstellung; ihre Geschütze feuerten gegen uns, aber wir waren vier Meilen weit entfernt. Lokomotiven standen unter Dampf, aber die

Züge waren nicht gepanzert. Hinter uns, nach Damaskus zu, lag das Land still wie eine Karte. Auch von Mezerib her, zu unserer Rechten, war keinerlei Bewegung zu entdecken. Die Initiative lag in unserer Hand.

Wir hofften sechshundert Sprengladungen nach der Tulpenmethode abfeuern zu können, um dadurch sechs Kilometer der Bahn außer Betrieb zu setzen. Diese „Tulpen“ waren von Peake und mir eigens für diese Gelegenheit erfunden worden. Bei jedem der zehn Meter weit liegenden Schienenstöße wurde unter der Mitte der Hauptschwelle eine Ladung von dreißig Unzen Schießbaumwolle angebracht. Die Schwellen waren aus Stahl, nach unten gekantet, wodurch ein Hohlraum frei blieb, so daß sich darin Gase ausbreiten und die Mitte der Schwelle hochtreiben konnten. War die Mine richtig gelegt, so zerbarst der Stahl nicht, sondern wölbte sich, gleichsam wie eine Tulpe, zwei Fuß hoch. Die Aufwölbung trieb die Schienen drei Zoll auf, zog sie gegeneinander und verkrümmte sie zugleich stark nach innen. Diese dreifache Verzerrung machte eine unmittelbare Ausbesserung unmöglich. Durch eine einzige solche Mine wurden meist drei bis fünf Schwellen verbogen oder aus ihrer Lage geschoben und außerdem ein tiefes Loch in die Bettung geschlagen.

Sechshundert derartiger Ladungen mußten die Türken eine gute Woche Wiederherstellungsarbeiten kosten. Als ich mich eben umwandte, um wieder zu den Truppen zurückzukehren, ereignete sich zweierlei. Peake feuerte die erste Sprengladung ab: eine schmale Rauchsäule stieg wie eine Pappel hoch, und ein dumpf hallender Klang folgte. Und zweitens stieg das erste türkische Flugzeug hoch und steuerte gerade auf uns zu. Nuri Said und ich hockten uns unter einen überhängenden Felsen auf dem zerklüfteten Südhang des Berges. Dort warteten wir in Gemütsruhe auf die Bombe; aber es war nur ein Beobachter, der uns auskundschaftete und dann nach Deráa zur Meldung zurückflog.

Die Nachrichten mußten ziemlich beunruhigend gewesen sein. Denn gleich darauf gingen drei Doppeldecker, vier Jagdflieger und ein alter gelbbäuchiger Albatros in rascher Folge hoch, überkreisten uns und warfen Bomben ab oder tauchten mit Maschinengewehrfeuer auf und nieder. Nuri ließ die Hotchkiss-Maschinengewehre in den Felsspalten in Stellung gehen, die dann auch gegen den Feind losratterten. Pisani steilte seine vier Gebirgsgeschütze und ließ einige gutgemeinte Schrapnells los. Der Feind, beunruhigt, schlug einen Bogen und kam in größerer Höhe zurück. Doch inzwischen hatten wir unsere Maßnahmen getroffen.

Truppen und Kamele wurden über das ganze Gelände verteilt; die Irregulären machten das schon von selbst. Möglichst kleine und weithin zerstreute Ziele zu bieten, war unsere einzige Rettung. Denn das flache Gelände gab von oben her nicht mal Deckung für ein Kaninchen, und uns schwante nichts Gutes, als wir da unten die Ebene mit Tausenden von unsern Leuten befleckt sahen. Es war ein seltsamer Anblick, vom Berggipfel aus die zwei offenen Meilen im Geviert zu überschauen: förmlich bestreut mit Menschen und

Tieren, während hie und da von aufschlagenden Bomben dicke, träge Rauchballen aufstiegen (scheinbar ganz gesondert vom Knall) oder der Staub in breiten Garben aufspritzte, wo Maschinengewehre herunterknatterten.

Das Ganze sah und hörte sich recht bedenklich an. Währenddessen fuhren die Ägypter mit ihrer Arbeit an der Eisenbahn ebenso ruhig und methodisch fort, wie sie vorhin gefrühstückt hatten. Vier Gruppen gruben die „Tulpen" ein, während Peake und ein zweiter Offizier die Minen, sobald sie gelegt waren, in Brand setzten. Die Explosionen waren nicht stark genug, um weithin sichtbar zu sein, und die feindlichen Flugzeuge schienen nicht zu bemerken, was vor sich ging; jedenfalls warfen sie keine Bomben dorthin. Mit dem Fortschreiten der Zerstörung zog sich die Abteilung Peakes nach und nach aus der Gefahrzone in das stille Gelände nach Norden zu. Wir konnten den Fortschritt der Arbeit an dem Hinschwinden der Telegraphenleitung verfolgen. An der noch unberührten Strecke standen die Reihen der Stangen mit straff gespannten Drähten; hinter Peake jedoch hingen sie schwankend mit zerrissenem Draht oder lagen am Boden.

Nuri Said, Joyce und ich hielten Rat und überlegten, auf welche Weise wir zum Yarmuk-Abschnitt der Palästina-Bahn gelangen könnten, um die Unterbrechung der Damaskus- und Hedjaslinie zu vollenden. In Rücksicht auf die dort gemeldete starke Besatzung mußten wir unsere gesamten Truppen mitnehmen, was aber unter dieser ständigen Fliegerbeobachtung kaum ratsam erschien. Denn erstens konnten uns auf dem Marsch über die offene Ebene die Bomben schweren Schaden zufügen; und zweitens war dann die Zerstörungsabteilung Peakes schutzlos Deráa preisgegeben, falls die Türken von dort einen Ausfall wagten. Bis jetzt schienen sie ja noch wenig Mut dazu zu haben, aber das konnte mit der Zeit schon kommen.

Während wir noch zögernd überlegten, löste sich die Sachlage aufs herrlichste. Junor, der Pilot von B.E. 12, hatte Nachricht erhalten, daß Murphys Maschine bei Deráa kampfunfähig geworden war, und sich selbständig entschlossen, die Stelle des Bristol-Kampfflugzeuges zu übernehmen und dessen Aufgaben auszuführen. Und gerade als es bei uns am schlimmsten stand, kam er in den Zirkus hineingesegelt.

Wir beobachteten das mit gemischten Gefühlen; denn mit seiner hoffnungslos veralteten Maschine war er ein leichtes Fressen für die feindlichen Jagdflieger und Doppeldecker. Doch zunächst verblüffte er sie, indem er mit Maschinengewehrgeknatter zwischen sie fuhr. Sie glitten auseinander, um zunächst einmal nach dem jäh aufgetauchten Gegner genauer Ausschau zu halten. Junor flog nach Westen davon die Bahn entlang, und die feindlichen Maschinen nahmen die Verfolgung auf; wie denn nun einmal jeder Flieger die liebenswürdige Schwäche hat, sich sofort auf einen Gegner in der Luft zu stürzen, ungeachtet noch so wichtiger Erdziele.

Wir blieben in tiefem Frieden zurück. Nuri benutzte die kurze Zwischenpause, um rasch dreihundertfünfzig Reguläre mit zwei von Pisanis Geschützen zusammenzuraffen und sie über den Sattel hinter dem Tell Arar hinweg auf Mezerib am Yarmuk in Marsch zu setzen. Ließen uns die feindlichen Flugzeuge nur eine halbe Stunde Vorsprung, so war anzunehmen, daß sie weder die Verminderung unserer Kräfte am Tell Arar noch die Kolonne selbst bemerken würden, die in Gruppen zerstreut und sich jeder Bodenfalte anschmiegend westwärts zog. Das leichthügelige Land hier war bebaut und nahm sich von hoch oben aus wie eine bunte Steppdecke; der Boden war zudem mit hohen Maiskulturen bedeckt, und Distelfelder, bis zum Sattel reichend, breiteten sich dazwischen.

Die arabischen Bauern wurden den Soldaten nachgesandt. Und eben war ich dabei, meine Leibgarde zu sammeln, um mit ihr noch vor den Truppen Mezerib zu erreichen, als wir – es war gerade eine halbe Stunde später – von neuem das Rattern von Motoren hörten. Zu unserem Erstaunen erschien Junor wieder, noch lebendig, indessen auf drei Seiten von kugelspuckenden Flugzeugen begleitet. Er flog geschickte Kurven, feuerte zurück und entwich immer wieder; aber gegenüber dieser überlegenen Zahl des Feindes war der Ausgang natürlich nicht zweifelhaft.

In der schwachen Hoffnung, Junor könnte vielleicht noch unversehrt niedergehen, eilten wir der Eisenbahn zu, wo ein Streifen Boden, nicht allzusehr mit Geröll bedeckt, zum Landen sich eignen mochte. Alle halfen mit, um den Grund noch rasch von Steinen ein wenig zu säubern, indes Junor tiefer und tiefer getrieben wurde. Er warf uns eine Botschaft ab, um mitzuteilen, daß er mit seinem Benzin zu Ende sei. Wir arbeiteten fünf Minuten fieberhaft und gaben ihm dann das Signal zum Landen. Er kam nieder, aber im gleichen Augenblick setzte spitz von der Seite her ein scharfer Wind ein. Der Landungsstreifen war in jedem Fall zu klein. Er kam gut auf den Boden, doch ein neuer Windstoß trieb ihn weiter, und, gegen Steingeröll anprallend, überschlug sich die Maschine.

Wir eilten zur Hilfe herbei, aber Junor war schon aus den Trümmern hervorgekrabbelt, unverletzt bis auf einen Schnitt am Kinn. Er montierte die Maschinengewehre ab; wir warfen sie samt der Munition in Youngs Fordwagen und fuhren rasch davon. Ein feindliches Flugzeug kam tieffliegend heran und warf eine Bombe auf das Wrack.

Fünf Minuten darauf bat Junor um eine neue Aufgabe. Joyce gab ihm einen Ford, in dem er längs der Bahn bis nahe an Deráa heranfuhr. Ehe ihn die Türken noch bemerkten, hatte er schon ein Stück der Geleise weggesprengt. Solchen Eifer fanden sie denn doch etwas übertrieben und eröffneten Maschinengewehrfeuer gegen ihn. Doch er ratterte mit seinem Ford davon, zum dritten Male unverletzt.

Ich brach mit meiner Leibgarde auf, um sobald wie möglich Mezerib zu erreichen, während Joyce mit hundert von Nuri Saids Berittenen, den Rualla, den Ghurkas und den

Panzerautos am Tell Arar als Deckungstruppe verblieb. Meine Leute sahen wie Beduinen aus, so konnten wir uns offen zeigen und den kürzesten Weg nehmen. Aber der Feind bemerkte unsern Abmarsch. Ein Flugzeug strich über uns hin und warf Bomben: eine, zwei, drei – daneben; die vierte schlug mitten zwischen uns. Zwei Mann stürzten. Ihre Kamele, eine blutige Masse, wanden sich am Boden. Sie selbst hatten keine Schramme abbekommen und sprangen hinten bei Freunden auf.

Wir zogen uns auseinander und legten ein scharfes Tempo an; den jungen Bauern, die wir unterwegs trafen, riefen wir zu, daß es jetzt in Mezerib Arbeit gäbe. Auf allen Feldwegen strömten sie aus den Dörfern herbei, um uns zu helfen. Sie waren voll guten Willens; aber unsere Augen waren allzusehr an die braune Schlankheit der Wüstensöhne gewöhnt, so daß uns diese vergnügten Dorfburschen mit ihren geröteten Gesichtern, dem wuschligen Haar und den fleischigen, weißlichen Gliedern wie Mädchen vorkamen. Um besser voranzukommen, hatten sie ihre langen Kleider bis über die Knie geschürzt; und die Eifrigsten trabten neben uns her durch die Felder und gaben die Neckereien meiner Veteranen mundfertig zurück.

In Mezerib angekommen, berichtete uns Durzi ibn Dughmi, daß Nuri Saids Truppen nur noch zwei Meilen zurück wären. Wir gaben den Kamelen Wasser und tranken selbst reichlich, denn der Tag war lang und heiß gewesen, und noch war kein Ende. Hinter dem alten Kastell gedeckt, hielten wir dann Ausschau über den See hinweg und bemerkten Bewegung in der kleinen Station der einst von den Franzosen gebauten Zweigbahn.

Einige der weißbeinigen Burschen berichteten uns, daß die Station von Türken stark besetzt sei. Aber wir konnten gedeckt herankommen, und die Verlockung war zu groß. Abdulla führte den Angriff; für mich waren die Tage der Abenteuer vorbei, ich gebrauchte die faule Ausrede, daß ich mein Fell für den dringendsten Notfall schonen müßte. In Wahrheit wollte ich unbedingt den Einzug in Damaskus miterleben. Das Geschäft ging glatt vonstatten. Abdulla fand Korn, auch Mehl und eine kleine Beute an Waffen, Pferden und Kriegsdekorationen. Das vermehrte den Schwanz unserer Anhänger. Von allen Seiten kamen sie, quer durch das Gras laufend, herbeigeströmt wie Fliegen zum Honig. Tallal erschien, wie stets in vollem Galopp. Wir setzten zusammen über den Fluß, stiegen den breiten Uferhang hinan, knietief in Unkraut, bis wir die türkische Station der Bahnlinie, dreihundert Yard vor uns, sehen konnten. Wir mußten sie nehmen, ehe wir uns an die große Brücke unterhalb Tell el Schehab machen konnten. Unbekümmert ging Tallal vor. Rechts und links zeigten sich Türken. „Alles in Ordnung", rief er, „ich kenne den Stationsvorsteher." Doch als wir auf zweihundert Yard heran waren, prasselte uns eine Salve aus zwanzig Gewehren entgegen. Unverletzt drückten wir uns in das Unkraut (fast lauter Disteln) und krochen behutsam zurück. Tallal fluchte laut.

Meine Leute hörten ihn oder die Schüsse und kamen vom Fluß heraufgeströmt. Aber wir schickten sie zurück in der Besorgnis, auf der Station könnte ein Maschinengewehr sein. Nuri Said traf ein, ebenso Nasir, und wir überlegten die Sache. Nuri wies darauf hin, daß ein Aufenthalt bei Mezerib uns die Brücke kosten könnte, das wertvollere Objekt. Ich stimmte dem zu, meinte aber, der Spatz in der Hand genüge mir vorläufig, zumal Peakes Zerstörung der Hauptlinie für eine Woche langen und wir dann sowieso vor einer neuen Lage stehen würden.

Also ging die Batterie Pisani in Stellung und funkte einige Runden Volltreffer in die Station. Unsere zwanzig Maschinengewehre machten noch obendrein eine Feuerglocke, und unter solchem Schutz spazierte Nuri, in Handschuhen und mit umgegürtetem Säbel, vor, um dann die sich ergebenden Türken – vierzig waren noch am Leben – in Empfang zu nehmen.

Darauf stürzten Hunderte von Hauran-Bauern mit fanatischem Geheul über die reich ausgestattete Station her und begannen die Plünderung. Männer, Frauen, Kinder kämpften wie die Hunde um jeden Brocken. Türen und Fenster, Tür- und Fensterrahmen, ja selbst Treppenstufen wurden davongetragen. Ein ganz Schlauer knackte den Geldschrank auf und fand Briefmarken darin. Andere brachen die lange Reihe der Waggons auf dem Rangiergleis auf, um darin allerlei Begehrenswertes zu finden. Tonnenweise wurde fortgeschleppt. Mehr noch lag zertrümmert und zertrampelt über den Boden verstreut.

Young und ich durchschnitten den Telegraph, hier ein weitverzweigtes Netz von Haupt- und Nebenlinien, in der Tat die Hauptverbindung der Palästina-Armee mit ihrem Heimatland. Es bereitete ein gewisses Vergnügen, sich bei jeder neu durchschnittenen Linie die Flüche Liman von Sanders' in Nazareth vorzustellen. Wir machten es langsam und mit Feierlichkeit, um die Entrüstung recht in die Länge zu ziehen. Danach zerstörten wir die Weichenzungen und pflanzten „Tulpen", nicht viele, doch genug, um die Neuaufnahme des Betriebs zu verhindern. Während wir an der Arbeit waren, kam auf der Linie von Deráa eine leichte Lokomotive heran zur Erkundung. Die Schläge und Rauchwolken unserer Tulpen beunruhigten sie; sie zog sich diskret zurück. Später besuchte uns ein Flugzeug.

Einer der Güterwagen aus dem Betriebsmaterial enthielt allerlei leckere Dinge für eine deutsche Kantine. Die Araber, die Konservenbüchsen und Flaschen grundsätzlich mißtrauen, hatten fast alles kaputt geschlagen. Doch ergatterten wir noch etwas Suppe und Fleisch, später brachte uns Nuri Said noch Büchsenspargel. Nuri hatte gesehen, wie ein Araber eine der Dosen mit Stangenspargel prüfend öffnete, und hatte, als der Inhalt zutage kam, ihm entsetzt zugerufen: „Schweineknochen!" Der Bauer spuckte aus und warf die Dose weg. Nuri stopfte rasch, was an Büchsen noch da war, in seine Satteltaschen.

Auf der Station standen auch Waggons mit Benzintanks und dicht daneben einige mit Holz beladene Wagen. Als dann die Plünderung beendet war und Truppen wie Stämme sich in das weiche Gras beim Ausfluß des Sees gelagert hatten, wurde das Ganze in Brand gesteckt.

Der längs der Wagenreihe lodernde Schein erleuchtete unsere Abendmahlzeit. Das Holz brannte in stetig hellen Flammen, dazwischen stiegen die gewaltigen Feuerzungen der explodierenden Tanks hoch auf, höher als der Wasserturm. Wir gaben den Leuten Zeit zum Brotbacken, Suppekochen und Ausruhen, bevor wir den nächtlichen Versuch gegen die Schehab-Brücke unternahmen, die drei Meilen nach Westen zu lag. Eigentlich hatten wir schon mit Dunkelwerden aufbrechen wollen; aber die Eßbegier hielt uns auf, und zudem schwärmte es in unserm Lager von Besuchern aus der Umgegend. Unser helloderndes Signalfeuer in der Station verriet unsere Anwesenheit über den halben Hauran hin.

Einwohner zu Fuß, zu Pferde und auf Kamelen kamen von Norden herabgeströmt. Hunderte und aber Hunderte trafen ein in beängstigender Begeisterung, denn sie glaubten, nun bliebe ihr Land endgültig besetzt und Nuri werde seinen Sieg durch die Einnahme von Deráa noch diese Nacht krönen. Sogar der Magistrat von Deráa erschien, bereit, uns die Tore seiner Stadt zu öffnen. Nahmen wir es an, so konnten wir fraglos der wichtigen Eisenbahnstation dort die Wasserzufuhr abschneiden, und sie mußte sich unweigerlich ergeben. Doch wir konnten genötigt sein, falls der Zusammenbruch der türkischen Armee sich nur langsam vollzog, die Stadt wieder zu räumen, und mußten dann die Bewohner der Ebene zwischen Deráa und Damaskus, in deren Händen doch letzthin unser Sieg lag, im Stich lassen. So verlockend es war, sprachen dennoch gewichtige Gründe auch jetzt noch gegen eine Besetzung von Deráa. Und wiederum mußten wir unsere Freunde vertrösten unter Vorwänden, die ihrem Vorstellungsbereich zugänglich waren.

Langwierige Arbeit; und als wir dann endlich zum Aufbruch bereit waren, erschien ein neuer Besucher: das jugendliche Oberhaupt von Tell el Schehab. Sein Dorf war der Schlüsselpunkt zur Brücke. Er beschrieb uns ihre Lage, berichtete von der starken Besatzung und wie sie verteilt war. Offenbar lag der Fall doch schwieriger, als wir geglaubt hatten, falls seine Erzählungen der Wahrheit entsprachen. Wir hegten darüber unsere Zweifel, denn sein jüngst verstorbener Vater war uns feindlich gewesen, und der Junge zeigte sich denn doch zu schnell bei der Hand mit seiner Ergebenheit für unsere Sache, als daß wir ihm ganz trauen konnten. Jedoch schlug er zuletzt vor, er wollte in einer Stunde mit dem Kommandanten der Besatzung, einem Freund von ihm, wieder zu uns zurückkehren. Wir schickten ihn fort, seinen Türken zu holen, und wiesen unsere wartenden Leute an, sich nochmals zu kurzer Rast niederzulegen.

Bald erschien auch wieder der junge Bursche in Begleitung eines Hauptmanns, eines aufgeregten kleinen Armeniers, voll Eifer, seine Regierung, wo er nur konnte, zu schädigen. Die ihm unterstellten Offiziere, so erklärte er, und auch ein Teil der Unteroffiziere, wären treue Türken. Er machte uns nun den Vorschlag, wir sollten mit den Truppen bis dicht an das Dorf rücken und uns dort verborgen halten, indes er drei oder vier unserer kräftigsten Leute in seinem Zimmer verstecken würde. Dann wollte er seine Untergebenen einzeln zu sich bestellen, und jeder, der bei ihm eintrat, sollte von unseren im Hinterhalt liegenden Leuten überwältigt und gefesselt werden.

Das klang ja schlechthin wie aus einem Abenteurerroman, und wir stimmten begeistert zu. Es war jetzt neun Uhr abends; Punkt elf Uhr wollten wir mit den Truppen das Dorf umzingeln und den jungen Scheikh abwarten, der unsere Goliaths zum Hause des Kommandanten geleiten sollte. Die beiden Verschwörer zogen hochbefriedigt von dannen; wir indessen weckten unsere Truppen, die neben den beladenen Kamelen den Schlaf der Erschöpfung schliefen. Die Nacht war pechrabenschwarz.

Meine Leibgarde machte Sprengladungen für Brücken fertig; ich stopfte mir Zündkapseln in die Taschen. Nasir sandte Offiziere zu jeder Abteilung des Kamelreiterkorps, um die Leute von dem bevorstehenden Abenteuer zu unterrichten und sie zu ermahnen, sich der Höhe der Aufgabe gewachsen zu zeigen: größte Stille müßte herrschen und namentlich das unglückselige Brüllen der Kamele vermieden werden. Alles war mit Feuereifer bei der Sache. In zwei langen Reihen schlich sich unsere Truppe einen gewundenen Pfad hinab, hart zu Seiten eines Bewässerungskanals. Der Weg war schmal, stark geschlängelt, schlüpfrig vom durchsickernden Kanalwasser, ohne Entwicklungsmöglichkeit nach rechts oder links; und war etwa Verrat im Spiel, so saßen wir rettungslos in der Falle. Nasir und ich gingen voraus mit unseren Leuten, ihre geübten Ohren gespitzt auf jeden Laut, ihre Augen wachsam die Dunkelheit durchdringend. Vor uns lag der Wasserfall, dessen schweres Dröhnen schon die Begleitung abgegeben hatte zur wilden Musik jener unvergleichlichen Nacht mit Ali ibn el Hussein, damals, als wir eben diese Brücke von der andern Seite der Schlucht aus zu überfallen versucht hatten. Nur waren wir ihm heute näher, und sein Getöse schlug ohrenbetäubend über uns zusammen.

Sehr langsam und vorsichtig schlichen wir weiter, geräuschlos auf nackten Füßen. Hinter uns schlängelte sich, mit angehaltenem Atem, die schwerfälligere Masse der Truppe; auch sie nahezu geräuschlos, da Kamele meist schweigsam wandern bei Nacht und man Vorsorge getroffen hatte, daß kein Sattel knarrte, kein Ausrüstungsstück klapperte. Die Stille ließ die Dunkelheit noch dunkler, die Drohung der raunenden Täler rechts und links noch drohender erscheinen. Schon strichen uns Wogen feuchter Luft vom Flußtal her kühl übers Gesicht; da glitt Rahail von links an mich heran, faßte mich am Arm und wies stumm auf eine weiße Rauchsäule, die langsam aus dem Tal aufstieg.

Wir ritten vor zum Rande des Abhangs und blickten aufmerksam hinunter; doch in der Tiefe brauten die vom Fluß aufsteigenden Nebel, und in der grauen Trübe war nichts zu sehen als der fahle Dampf, der sich wirbelnd aus der Nebelbank löste. Irgendwo da unten lag die Eisenbahn. Wir hielten die Truppe an, in der Besorgnis, dies könnte die befürchtete Falle sein. Unserer drei kletterten wir Schritt für Schritt den schlüpfrigen

Hang hinunter, bis wir Stimmen hörten. Dann plötzlich quoll der Dampf stärker auf und schob sich vor, zugleich keuchte eine Lokomotive. Gleich darauf hörte man das Quietschen von Bremsen, wie von einer anhaltenden Maschine. Dort mußte ein langer Zug auf die Einfahrt warten. Etwas beruhigt setzten wir den Marsch zur verabredeten Stelle jenseits des Dorfes fort.

Dort wurde die Truppe gedeckt bereitgestellt, die Ortschaft von der einen Seite umzingelnd, und wir warteten – fünf Minuten, zehn Minuten. Sie vergingen sehr langsam. Man hörte das warnende Anschlagen von Hunden und von der Brücke her von Zeit zu Zeit den hallenden Anruf der Posten. Schließlich ließen wir die Truppe möglichst geräuschlos absitzen; und dann hockten wir wartend beieinander, einigermaßen beunruhigt durch die Verzögerung und die ungewohnte Wachsamkeit der Türken und den schweigsamen Zug dort unten im Tal. Unsere wollnen Mäntel wurden steif und schwer vom feuchten Nebel, und Frösteln überkam uns.

Endlich nach einer langen Zeit des Harrens zeigte sich in der schwarzen Nacht vor uns ein hellerer Flecken, der sich rasch näherte. Es war der junge Scheikh; er hielt den braunen Mantel weit ausgebreitet, uns die weiße Unterkleidung wie eine Flagge weisend. Er flüsterte, der Plan wäre mißlungen. Vor kurzem wäre ein Zug (eben jener unten in der Schlucht) angekommen mit einem deutschen Obersten und deutschen wie türkischen Reserven aus Afuleh, von Liman von Sanders heraufgesandt zur Verstärkung des bedrohten Deráa.

Die Deutschen hätten den kleinen Armenier in Arrest gesetzt wegen Pflichtversäumnis. Überall wären Maschinengewehre aufgestellt, und mit rastloser Energie wären sofort alle Zugangswege mit Wachen besetzt worden und würden ständig abpatrouilliert. Gerade vor uns auf dem Wege, keine hundert Yard von der Stelle entfernt, wo wir saßen, stünde eine starke Feldwache.

Nuri Said schlug sofort vor, den Platz mit Gewalt zu nehmen. Wir hätten genügend Handgranaten und Leuchtpistolen, wir wären an Zahl überlegen und hätten den Vorteil der Überraschung auf unserer Seite. Gewiß, die Gelegenheit war günstig; aber ich berechnete im stillen den Wert des Objektes im Verhältnis zu den Menschenleben, die es uns kosten würde, und wie meist, fand ich den Preis zu hoch. Gewiß, im Kriege ist das meiste zu teuer erkauft, und wir hätten, gutem Beispiel folgend, einfach drauflosgehen und die Sache zu Ende führen sollen. Doch ich war im geheimen und ohne es recht wahr haben zu wollen sehr stolz darauf, daß ich stets der Planer und Leiter unserer Unternehmungen war. Also erklärte ich mich gegen Nuris Vorschlag: wir hätten heute die Damaskus-Palästinabahn an zwei Stellen unterbrochen; und daß wir durch unser Erscheinen hier die Besatzung von Afuleh hergezogen hätten, bedeutete eine dritte Gabe an Allenby. Unser Vorstoß hätte auf diese Weise reiche Früchte getragen.

Nach kurzer Überlegung stimmte Nuri zu. Wir verabschiedeten den Burschen, der uns so wacker zu helfen versucht hatte. Dann gingen wir durch die Reihen der Truppen und flüsterten den Leuten zu, sich in aller Stille zurückzuziehen. Währenddessen saßen wir in Gruppen beieinander, die Flinten im Arm (die meinige war eine Lee-Enfield, eine englische Trophäe der Türken aus den Dardanellenkämpfen, die Enver mit einer goldenen Inschrift versehen und vor Jahren Faisal zum Geschenk gemacht hatte), und warteten, bis die Truppen außerhalb der Gefahrzone waren.

Das waren sonderbarerweise die schwersten Augenblicke dieser Nacht. Nun alles vorüber war, konnten wir kaum der Versuchung widerstehen, diesen deutschen Spielverderbern einen kleinen Schabernack anzutun und sie in ihrem Lager aufzustöbern. Es wäre so leicht gewesen, ein paar Leuchtraketen in ihr Biwak abzufeuern und dann zuzusehen, wie diese ernsthaften Männer in drolliger Hast herausgelaufen wären und ein gewichtiges Feuer eröffnet hätten gegen die leeren, nebligen Hänge vor ihnen. Wir alle, Nasir, Nuri Said und ich hatten unabhängig voneinander die gleichen Gedanken. Wir platzten auch gleichzeitig damit heraus, und jeder schämte sich prompt darüber, daß die andern ebenso kindisch gewesen waren. Durch wechselseitige Ermahnungen stellten wir unsere Würde wieder her.

31. Scharmützel und Rückzug

Von Tell Arar kommend, trafen noch vor Morgengrauen der zweite Teil der Batterie Pisani und der Rest von Nuri Saids Truppen bei uns ein. Joyce hatten wir schriftlich Nachricht gegeben, daß wir am heutigen Tage südwärts auf Nisib rücken würden, um dort den Kreis der Unterbrechungen rund um Deráa zu schließen. Ich schlug vor, daß er mit den Panzerautos unmittelbar nach Umtaiye zurückgehen und dort auf uns warten sollte. Umtaiye mit seinem Überfluß an Wasser und den prächtigen Weiden, gleich weit entfernt von Deráa wie vom Djebel Druse und der Rualla-Wüste, schien mir der geeignetste Ort, um unsere gesamten Kräfte dort wieder zu sammeln und das glückliche Fortschreiten Allenbys abzuwarten. Setzten wir uns in Umtaiye fest, so war die türkische vierte Armee östlich des Jordans von Damaskus so gut wie abgeschnitten; auch waren wir dort rasch bei der Hand zu erneuten Unterbrechungen der Hauptbahnen, sobald sie der Feind leidlich wiederhergestellt haben sollte.

Widerstrebenden Herzens lösten wir uns daher vom Gegner in der Hoffnung auf einen baldigen späteren Schlag, setzten die Armee rückwärts in Marsch und kamen in langgezogener Kolonne durch die Station Mezerib. Unsere Feuer waren heruntergebrannt, und der Platz lag verödet. Young und ich setzten für alle Fälle noch einige „Tulpen", währenddes die Truppen in dem durchschnittenen Gelände gegen Remthe zu verschwanden, um außer Sicht von Deráa wie von Schehab zu kommen.

Türkische Beobachtungsflugzeuge surrten über unsern Köpfen; wir schickten daher unsere Bauernschwärme durch Mezerib hindurch in ihre Dörfer zurück. Demgemäß meldeten die feindlichen Flieger, daß unsere Armee sehr stark wäre, möglicherweise acht- bis neuntausend Mann, daß man aber aus unsern divergierenden Bewegungen auf keine bestimmte Richtung schließen könne.

Um den Feind noch mehr in die Irre zu führen, wurde von den französischen Artilleristen eine starke Sprengladung mit Spätzündung an den Wasserturm der Station Mezerib gelegt, der dann Stunden nach unserm Abrücken mit gewaltigem Gekrach in die Luft flog. Die Deutschen traten in dem Augenblick gerade aus Schehab heraus, um auf Deráa zu marschieren; dieser unerklärliche Knall zog sie in die Gegend von Mezerib, und sie verharrten dort bis zum späten Nachmittag in Bereitschaft.

Wir waren inzwischen schon weit weg, auf dem Marsch nach Nisib, dessen begrenzende Höhen wir um vier Uhr nachmittags erreichten. Der berittenen Infanterie wurde eine kurze Rast gegönnt, während die Batterie und die Maschinengewehrabteilung bis zum vordersten Höhenrand vorgingen, von dem der Hang tief zur Eisenbahnstation abfiel.

Hier gingen die Geschütze in gedeckte Stellung und erhielten Befehl, wohlgezieltes Einzelfeuer auf das zweitausend Yard entfernte Stationsgebäude zu eröffnen. Pisanis Kanoniere wetteiferten, ihr Bestes zu tun, und bald sah man denn auch in Dächer und Schuppen breite Löcher gerissen. Zu gleicher Zeit wurde die Maschinengewehrabteilung auf unserm linken Flügel vorgeschickt zum Feuerüberfall gegen die Gräben, die mit hartnäckigem Schnellfeuer erwiderten. Unsere Truppen hatten jedoch natürliche Deckungen und zudem die Nachmittagssonne im Rücken. So erlitten sie keine Verluste, aber der Feind ebensowenig. Das Ganze war eigentlich mehr eine Spielerei, und die Einnahme der Station lag nicht in unserer Absicht. Unser eigentliches Objekt war die große Brücke dicht nördlich des Dorfes. Die Türken hatten an der Brücke selbst ein kleines Verteidigungswerk und hielten durch einzelne, im Schutz des Dorfes postierte Schützen Verbindung mit ihm.

Zwei Geschütze und sechs Maschinengewehre nahmen jetzt den kleinen, aber stark befestigten Brückenstützpunkt unter Feuer, in der Hoffnung, die Verteidiger herauszutreiben. Fünf weitere Maschinengewehre schossen auf die Ortschaft. Fünfzehn Minuten später erschienen die Dorfältesten sehr verstört, um mit uns zu verhandeln. Nuri erklärte sich bereit, das Feuer einzustellen unter der Bedingung, daß sie sofort die in den Häusern postierten türkischen Schützen hinauswürfen. Das versprachen sie auch, und damit war die Verbindung zwischen Station und Brücke abgeschnitten.

Nun wurde das Feuer unserer fünfundzwanzig Maschinengewehre und der vier Geschütze Pisanis auf den Brückenstützpunkt gerichtet, und nach wenigen Salven glaubten wir zu sehen, wie die Besatzung aus den zerschossenen Gräben unter der Brücke hindurch in den Schutz des Eisenbahndamms entwich.

Dieser Damm war zwanzig Fuß hoch. Falls sich die Besatzung hier eingenistet hatte, um die Brücke zu verteidigen, so war sie in einer schwer zu nehmenden Stellung. Doch rechneten wir damit, daß ihre Kameraden in der Station eine so starke Anziehungskraft ausgeübt haben würden, daß sie gleich bis dorthin geflüchtet waren. Ich rief die Hälfte meiner Leibgarde heran, verteilte die Sprengstoffladungen unter sie und ging mit ihr längs des Rückens vor und bis auf Steinwurfweite an die Schanze heran.

Es war ein herrlicher Abend, mild und goldgelb und unbeschreiblich friedlich, ein schroffer Gegensatz zu unserer ununterbrochenen Kanonade. Die Sonne sank mählich tiefer, über die flachen Hänge breiteten sich dunkle Schatten, aus denen die zahlreich verstreuten Kiesel, von den letzten Strahlen getroffen, für einen Augenblick aufleuchteten wie schwarze, flammende Diamanten.

Die Verschanzung war in der Tat verlassen. Wir saßen ab und signalisierten Nuri, das Feuer einzustellen. In dem eintretenden Schweigen schlichen wir uns leise an die Brückenpfeiler heran und fanden sie ebenfalls geräumt.

Eiligst wurden die Sprengladungen rings um die Pfeiler aufgehäuft, die etwa fünf Fuß dick und fünfundzwanzig Fuß hoch waren: eine prächtige Brücke, diese meine neunundsiebzigste, und strategisch für uns eine große Gefahr, da wir ja ihr gegenüber in Umtaiye bleiben wollten, bis Allenbys Vordringen uns entsetzte. Ich hatte daher beschlossen, keinen Stein auf dem andern zu lassen.

Nuri hatte inzwischen dem Kamelkorps, der Batterie und der Maschinengewehrabteilung Befehl gegeben, im Schutz der sinkenden Nacht die Bahn eiligst zu überschreiten, dann etwa eine Meile in der Wüste vorzurücken, dort zusammenzuschließen und auf uns zu warten.

Doch der Übergang einer so großen Zahl von Kamelen über die Bahn mußte eine erheblich lange Zeit in Anspruch nehmen. Wir saßen und warteten unter der Brücke, Streichhölzer in der Hand, um im Fall eines Alarms (ungeachtet unserer übergehenden Truppen) die Zündschnur sofort in Brand zu stecken. Doch alles verlief glatt, und nach einer Stunde gab mir Nasir das verabredete Zeichen. Eine halbe Minute danach, ich konnte noch eben die Türkenschanze erreichen, kamen die achthundert Pfund Sprengmaterial mit einem Schlag zur Entzündung; die Luft wurde schwarz und Steine pfiffen mir um die Ohren. Die Explosion, geradezu betäubend auf meine zwanzig Yard, mußte halbwegs bis nach Damaskus gehört worden sein.

Nuri suchte verzweifelt nach mir. Er hatte mir das Zeichen "Alles fertig" gegeben, ohne zu wissen, daß noch eine Kompanie der berittenen Infanterie fehlte. Zum Glück war meine Leibgarde zur Stelle. Tallal el Hareidhin führte sie den Hang hinauf, um die Kompanie zu suchen. Nuri und ich warteten derweil in dem gähnenden Loch, wo eben noch eine Brücke gestanden hatte, und entflammten eine elektrische Fackel als Wegweiser.

Nach einer Stunde kam Mahmud und brachte die vermißte Kompanie im Triumph herangeführt. Schüsse wurden abgefeuert, um die übrigen Sucher herbeizurufen. Dann ritten wir drei Meilen auf Umtaiye zu. Der Weg wurde schlecht, man kam über Moränen aus schlüpfrigem Basaltgeröll. Wir waren froh, bei unsern Truppen haltzumachen, und legten uns zu wohlverdientem Schlaf nieder.

Es schien jedoch, als sollten Nasir und ich der freundlichen Gewohnheit des Schlafs dauernd entsagen müssen. Die große Explosion bei Nisib hatte unsere Anwesenheit ebenso weithin kundgetan wie der Brand in Mezerib. Kaum waren wir zur Ruhe gekommen, als auch schon von drei Seiten die Bevölkerung der Umgegend herbeiströmte, um mit uns über die jüngsten Ereignisse zu sprechen. Gerüchte waren verbreitet worden, daß wir nur als Räuber, nicht als Eroberer gekommen wären, und daß wir bald wieder, wie die Engländer bei Salt, davonlaufen und unsere Anhänger im Lande die Zeche bezahlen lassen würden.

Stunde auf Stunde in der Nacht kamen immer neue Schwärme der Bevölkerung, umstanden unser Lager, klagten ihre Not wie verlorene Seelen, beugten sich nach Art solcher Dorfsassen über unsere Hände und sabberten Beteuerungen, wir wären ihre allmächtigen Herren und sie unsere niedrigsten Diener. Vielleicht empfingen wir sie nicht so, wie es sonst unsere Gewohnheit war, aber wir litten allzusehr unter der Folter, ständig von ihnen wachgehalten zu werden. Drei Tage und drei Nächte lang waren wir fast ununterbrochen angespannt gewesen, planend, befehlend, ausführend. Und nun, da uns eben ein wenig Ruhe gewinkt hatte, kam es uns bitter an, auch diese vierte Nacht noch zu vergeuden mit dem alten schalen und zweifelhaften Geschäft, uns lieb Kind zu machen.

Immer bedenklicher stimmte uns der offensichtlich schwer erschütterte Glaube der Bevölkerung an uns. Schließlich nahm Nasir mich beiseite und flüsterte mir zu, allem Anschein nach müßte es irgendwo in der Nähe einen Herd der Unzufriedenheit geben. Ich suchte aus meiner Leibgarde die aus der Gegend Stammenden heraus und beauftragte sie, sich unter die Dörfler zu mischen und die Wahrheit herauszufinden. Nach ihren Wahrnehmungen schien die Seuche des Mißtrauens von Taiyibe auszugehen, der uns zunächst gelegenen Ortschaft. Die eilige Durchfahrt der Panzerautos von Joyce gestern auf dem Rückzug und einige unglückliche Zufälligkeiten hatten sie wankend gemacht, und sie fürchteten – nicht ohne Grund –, daß sie durch unsern Abmarsch am stärksten in Mitleidenschaft gezogen werden würden.

Ich ließ Asis kommen und ritt mit ihm direkt nach Taiyibe. Dort fand ich in der Hütte des Dorfältesten das Konklave beisammen, von dem aus das Gift unter die Bevölkerung verbreitet wurde. Sie berieten eben, wen von ihnen sie zu den Türken schicken sollten, um Gnade zu erflehen, als wir unangemeldet bei ihnen eintraten. Die bloße Tatsache unseres Kommens, die ihnen bewies, wie vollkommen sicher wir uns fühlten, fuhr ihnen gewaltig in die Glieder. Wir blieben etwa eine Stunde, unterhielten uns über gleichgültige Dinge, wie Ernte und Viehpreise, und tranken mit ihnen Kaffee; dann erhoben wir uns und gingen. Hinter uns ging das Getuschel von neuem los, doch nun hatte sich das flatternde Segel ihrer Gemüter in den von uns herwehenden stärkeren Wind gedreht. Und die Botschaft an den Feind unterblieb, obgleich sie tags darauf wegen so hartnäckigem Festhalten an uns gründlich bombardiert und beschossen wurden.

Noch vor Morgengrauen erreichten wir wieder das Lager und hatten uns eben zum Schlaf ausgestreckt, als von der Richtung der Eisenbahn her ein lautes „Bumm" ertönte und gleich darauf ein Schrapnell hinter unsern schlafenden Reihen krepierte. Die Türken hatten einen Panzerzug heruntergesandt, der ein Feldgeschütz führte. Ich für meine Person hätte es schließlich auf einen Treffer ankommen lassen, denn ich hatte nur gerade soviel geschlafen, um nach mehr zu lechzen. Doch die Truppe hatte sechs Stunden geruht und war schon auf den Beinen.

Über scheußlichen Boden ging's in Eile zurück. Ein türkischer Flieger erschien über uns, um das Geschützfeuer zu leiten. Die Schrapnells begannen mit unsern eilenden Marschlinien bedenklich Schritt zu halten. Wir legten im Tempo zu und zogen die Kolonne in kleine Gruppen mit weiten Abständen auseinander. Das Feuerleitungsflugzeug kam plötzlich ins Schwanken, bog seitlich ab, der Bahnlinie zu, und schien dort irgendwo zu landen. Das Geschütz funkte einen weiteren Treffer in uns hinein, der zwei Kamele tötete; dann verlor es seine Sicherheit, und nach etwa fünfzig Schüssen kamen wir ihm außer Reichweite. Das Geschütz machte sich nunmehr an die Bestrafung von Taiyibe.

In Umtaiye hatte Joyce das Schießen gehört und kam heraus, um uns zu begrüßen. Hinter seiner schlanken Gestalt sah man die Ruinen der alten römischen Niederlassung dicht besetzt mit buntscheckigem Volk, Abgesandten jedes Dorfs oder Stammes im Hauran, gekommen, uns zu huldigen und uns – wenigstens mit dem Munde – ihre Dienste anzubieten. Zu seinem Verdruß überließ ich dieses Geschäft Nasir, dem derlei längst zuwider war. Ich selbst streckte mich in den Schatten eines Wagens; und sämtliche Araber der Wüste mitsamt den türkischen Flugzeugen, die uns mit Bomben beglückten, konnten mich nicht in meiner Ruhe stören. Wie meist, wenn ich mich niedergelegt hatte, fiel ich sofort in Schlaf und schlief bis in den Nachmittag.

32. Die Königliche Luftflotte greift ein

Vom strategischen Gesichtspunkt war es unsere Aufgabe, Umtaiye zu halten, von wo aus wir die drei in Deráa zusammenlaufenden Hauptbahnen nach Belieben in der Hand hatten. Blieben wir dort noch eine weitere Woche stehen, so konnten wir die türkischen Armeen abschnüren, ganz gleich, wieweit das Vorgehen Allenbys gelang. Taktisch gesehen freilich war Umtaiye ein denkbar ungünstiger Platz. Mit unterlegenen Kräften, lediglich aus Regulären bestehend, ohne Deckung durch Kleinkriegsunternehmungen der Stämme war der Ort kaum mit einiger Sicherheit zu halten. Und doch mußten wir binnen kurzem auf diese unsere paar regulären Formationen beschränkt sein, wenn unsere Ohnmacht in der Luft weiter so anhielt.

Die Türken hatten mindestens neun Maschinen. Wir waren nur zwölf Meilen weit von ihrer Flugstation gelagert, zudem in der offenen Wüste, an der einzigen ausreichenden Wasserstelle, und notwendigerweise war eine große Anzahl Kamele und Pferde ringsumher auf den Weiden zerstreut. Schon die ersten türkischen Bombenangriffe hatten die Irregulären, die doch gewissermaßen unsere Augen und Ohren waren, stark in Unruhe versetzt. Wir sahen voraus, daß sie über kurz oder lang aufbrechen und sich nach Hause verziehen würden, damit aber waren wir so gut wie gelähmt. Auch Taiyibe, das nächste Dorf, das uns gegen Deráa hin deckte, lag wehrlos dem Feinde preisgegeben, und seine Bevölkerung zitterte unter den wiederholten Angriffen.

Danach also war unsere erste und wichtigste Aufgabe, Luftverstärkung von Allenby zu erbitten. Nach seinen Dispositionen sollte übermorgen ein Nachrichtenflieger nach Azrak kommen. Ich hielt es für ratsam, persönlich zu Allenby zu gehen und mit ihm darüber zu sprechen. Ich konnte am 22. September wieder zurück sein. Umtaiye würde sich so lange halten können, und um den feindlichen Fliegern die Arbeit zu erschweren, konnten wir zudem zeitweilig das Lager nach Um el Surab verlegen, der nächsten altrömischen Ansiedlung.

Ich fuhr mit einem Panzerauto nach Azrak zu Faisal; tags darauf kam auch der englische Flieger aus Palästina und brachte die ersten Nachrichten von dem wunderbaren Sieg Allenbys. Sein Angriff hatte die türkischen Linien geworfen, durchbrochen und rückwärts getrieben in einem Umfang, der fast unbegreiflich schien. Mit einem Schlage hatte sich der Krieg zu unsern Gunsten gewendet. Rasch unterrichtete ich Faisal von dem Umschwung und riet ihm, diese neue Lage für den allgemeinen Aufstand in weitestem Maße nutzbar zu machen. Eine Stunde später landete ich wohlbehalten in Palästina.

In Ramleh gab mir die Fliegerabteilung ein Auto, das mich zum Hauptquartier brachte. Dort fand ich den großen Mann in der gelassenen Ruhe des seiner selbst sicheren Führers; und nur wenn Bols alle fünfzehn Minuten hereingeeilt kam mit Bericht von weiteren Erfolgen, leuchtete etwas in seinen Augen auf.

Er gab mir einen kurzen Überblick über seine nächsten Absichten. Das historische Palästina war in seiner Hand, und die geschlagenen Türken, jetzt in den Bergen des Libanon, erwarteten ein Nachlassen der Verfolgung. Aber da täuschten sie sich.

Bartholomew und Evans holten bereits zu drei neuen Schlägen aus: die eine Gruppe, Neuseeländer unter der Führung Chaytors, sollte über den Jordan gehen und auf Amman vorstoßen; eine zweite, Barrow und seine Inder, gleichfalls über den Jordan gegen Deráa; eine dritte, Chauvel mit den Australiern, über den Jordan gegen Kuneitra. Chaytor sollte in Amman stehenbleiben; Barrow und Chauvel sollten nach Erreichung der ersten Ziele konzentrisch auf Damaskus vorgehen. Die arabischen Streitkräfte sollten das Vorgehen der drei Gruppen unterstützen – und mein Unterfangen, Damaskus zu nehmen, sollte nicht eher ausgeführt werden, als bis wir alle vereinigt wären.

Ich setzte unsere Lage und Absichten auseinander und wies nach, daß durch unsere Ohnmacht in der Luft alles in Frage gestellt sei. Allenby drückte auf eine Klingel; und wenige Minuten später saßen wir mit Salmond und Borton zur Besprechung zusammen. Die Luftflotte hatte im Operationsplan Allenbys einen wesentlichen Faktor ausgemacht, und sie hatte die ihr gestellte Aufgabe erfüllt. Kein türkischer Flieger erschien mehr am Himmel – ausgenommen bei uns, wie ich schleunigst einschaltete. Um so besser, erklärte Salmond; man würde uns zwei Kampfflugzeuge nach Umtaiye senden, die bei uns bleiben sollten, solange wir sie brauchten. Ob wir Vorräte hätten? Benzin? Nicht einen Tropfen? Wie man das dort hinschaffen könnte? Nur auf dem Luftwege? Eine Fliegerformation auf dem Luftweg versorgen? Noch nicht dagewesen!

Nun, Salmond und Borton waren nicht die Männer, vor Neuem zurückzuschrecken. Sie machten sich sofort daran, die erforderlichen Materiallasten für „D. H. 9" und „Handley-Page" zu berechnen, während Allenby dabei saß und lächelnd zuhörte, sicher, daß es geschafft würde. Die Luftflotte hatte in einer außerordentlich geschickten, raschen und verständnisvollen Weise mit den Operationen der Landarmee zusammengewirkt und deren Erfolge wirksam auszunutzen gewußt. Sie war es gewesen, die den türkischen Rückzug zur Flucht gewandelt hatte, die des Gegners telephonische und telegraphische Verbindungen zerstört, seine Kolonnenbewegungen gehemmt und seine Infanterieformationen zersprengt hatte. Tul Keram, Messudieh, Jenin und Afuleh waren nacheinander so wirksam aus der Luft in Schach gehalten worden, daß ihr Nutzen für den Feind bereits Stunden vor dem Angriff der Landarmee illusorisch wurde.

Zum Schauplatz des stärksten Luftangriffes jedoch und zu einer wahren Schreckensstätte für die Türken wurde das tiefe Tal des Esdraelon, eines kleinen Flusses, der bei Beisan in den Jordan mündet. Die modern ausgebaute Autostraße, der einzige Rückzugsweg der türkischen Divisionen, drängte sich hier in mörderischem Engpaß zwischen Steilwänden und zerrissenen Felsen hindurch. Vier Stunden lang hatten hier unsere Flugzeuggeschwader einander abgelöst über den zurückflutenden Kolonnen: neun Tonnen Bomben aller Größe und die Geschosse von fünfzigtausend Maschinengewehr-Ladestreifen waren ununterbrochen auf den Feind herabgeregnet. Als sich dann der Rauch verzogen hatte, zeigte sich, daß die Truppenverbände des Gegners dahingeschmolzen waren. Da war nur noch eine verstreute Horde zitternder

Einzelwesen, die, nur auf Rettung ihres Lebens bedacht, in alle Ritzen und Falten des Felsgebirges sich verkrochen. Kein Führer vermochte es, sie wieder zusammenzubringen. Als am nächsten Tage unsere Kavallerie in das totenstille Tal einritt, zählte sie neunzig Geschütze, fünfzig Lastautos und an die Tausend verlassener Packwagen mit allem Zubehör. Die Luftflotte hatte fünf Tote verloren, die Türken ein Armeekorps.

Salmond und Borton wandten sich an mich mit der Frage, ob wir auch einen geeigneten Landungsplatz hätten für einen schwer beladenen „Handley-Page". Ich hatte die starke Maschine früher mal in ihrem Schuppen stehen sehen und sagte ohne Zögern „ja", wenngleich es vielleicht besser gewesen wäre, man hätte in einem der „Bristols" morgen einen Sachverständigen mit mir nach Umtaiye geschickt, um die Sache fachmännisch festzustellen. Er hätte schon gegen Mittag zurück sein können und die Handley gegen drei Uhr dort. Salmond erhob sich. „Also gut", erklärte er, „wir werden das Nötige veranlassen." Damit war die Frage erledigt, und ich ging um zu frühstücken.

Allenbys Hauptquartier war ein Ort, wo es sich wohlsein ließ: ein großes, weiß getünchtes Haus mit kühlen, luftigen Räumen, geschützt gegen die Fliegenplage und umrauscht von den windbewegten Bäumen draußen. Ich schämte mich fast, hier den seltenen Luxus eines sauber gedeckten Tisches und gewandt bedienender Ordonnanzen zu genießen, während meine Leute draußen in Umtaiye wie Eidechsen zwischen den Steinen lagen, ungesäuertes Brot aßen, gefaßt darauf, daß vielleicht im nächsten Augenblick eine Bombe zwischen sie schlug. Ich fühlte mich unruhig wie das dunstige Sonnenlicht, das durch das Laubdach hindurch zuckende Lichter über die Pfade spann; so lange gewöhnt an den herben Zauberbann der Wüste, empfand ich Blumen und Wiesen als etwas Spielerisches, und das Keimen und Sprossen des trächtigen Lebens allerwärts bekam in seiner Üppigkeit etwas niedrig Erdgebundenes.

In der Frühe des nächsten Morgens standen auf dem Flugplatz der Australier zwei „Bristols" und ein „D.H.9" zum Aufstieg bereit. In dem einen saß Ross Smith, mein alter Pilot, auserwählt, später den neuen „Handley-Page" zu führen. Es war die einzige Maschine ihres Typs in Ägypten und von Salmond wie sein Augapfel gehütet. Daran, daß sie uns zu einem so unwürdigen Zweck, lediglich zum Benzintransport über die feindlichen Linien weg, zur Verfügung gestellt wurde, ließ sich so recht die Bereitwilligkeit gegen uns ermessen.

In einer Stunde hatten wir Umtaiye erreicht und stellten fest, daß die Armee von dort abgezogen war. Also flogen wir nach Um el Surab zurück und fanden sie dort: die Panzerwagen schußbereit in ihren Abwehrstellungen, die Araber auf unser verdächtiges Geräusch hin eiligst sich verbergend, wo es gerade ging, indes die klugen Kamele sich längst weithin über die Ebene verstreut hatten und sich ruhevoll den Bauch mit fettem Gras füllten. Als Young unser Abzeichen erkannte, gab er das Landungssignal und ließ

Rauchbomben auf dem Rasenfleck aufsteigen, den seine und Nuri Saids Vorsorge von allen Steinen gesäubert hatte.

Ross Smith schätzte, einigermaßen besorgt, Länge und Breite des ausgesperrten Platzes und prüfte seine Unzulänglichkeiten, kam aber dann mit heiterer Miene zu uns zurück, wo die Fahrer gerade das Frühstück herrichteten. Der Landungsplatz war auch für den später zu erwartenden „Handley-Page" als „all right" befunden worden. Young berichtete von den wiederholten Bombenangriffen gestern und vorgestern; einige Reguläre und mehrere von der Batterie Pisani wären getötet, und ihr Aufenthalt in Umtaiye sei für jedermann so unerquicklich geworden, daß sie in der vergangenen Nacht das Lager nach Um el Surab verlegt hätten. Die dummen Türken bombardierten nach wie vor Umtaiye, trotzdem jetzt nur noch Wasserholer des Nachts oder in den kampflosen Mittagsstunden dorthin gingen.

Das Eintreffen der drei prächtigen Flugzeuge hatte den Arabern neuen Mut gemacht. Sie ergingen sich in Lobpreisungen der Engländer und ihrer eigenen Tapferkeit und Ausdauer, indes ich ihnen das wunderbare Epos vortrug von Allenbys märchenhaftem Erfolg: – Nablut genommen, Afuleh genommen, ebenso Beisan und Semath und Haifa. Die Herzen meiner Zuhörer schlugen mir zu wie Flammen. Tallal fing Feuer und geriet in wilde Prahlereien; die Rualla verlangten mit stürmischem Geschrei sofortigen Aufbruch zum Marsch auf Damaskus. Durch das ganze Lager ging eine Woge der Selbstgewißheit und Zuversicht. Ich beschloß bei mir, jetzt zum glorreichen Finale Faisal und Nuri Schaalan zur Armee zu rufen.

Mittlerweile war es Frühstückszeit geworden, und es duftete lieblich nach heißen Würstchen. Also setzten wir uns rundum, schon die Gabeln gezückt, als plötzlich der Wächter an der Turmruine den Ruf ertönen ließ: „Flugzeug in Sicht." Es kam aus der Richtung von Deráa. Unsere Australier waren mit zwei Sätzen bei den noch warmen Maschinen und machten sie im Augenblick startbereit. Ross Smith, mit seinem Beobachter, sprang in die erste beste und kletterte wie eine Katze gen Himmel. Ihm folgte Peters, während der dritte Pilot neben seiner D.H.9 stand und scharf nach mir hinsah. Ich schien ihn nicht zu verstehen. Gewiß, man hatte mich theoretisch belehrt über das Fliegen und die Handhabung der Maschinengewehre; aber vom Wissen der Vorschriften bis zu ihrer Anwendung ist ein langer und mühevoller Schritt, und ich hatte nicht die geringste Praxis. Nein, mir stand es nicht zu, zum Luftkampf aufzusteigen, mochte ich auch in den Augen des Piloten an Ansehen einbüßen.

Etwas zu sagen, war er zu respektvoll, blickte aber vorwurfsvoll nach mir hin, während wir den Kampf in der Luft beobachteten. Der Feind war mit einem Doppeldecker und drei kleinen Eindeckern gekommen. Ross Smith machte sich an den Stärksten, und nach fünf Minuten heftigen Maschinengewehrknatterns sackte der Deutsche plötzlich gegen die Eisenbahn hin ab. Während er hinter die kleine Erhöhung hinabschoß, zog sich eine Rauchfahne hinter ihm her, und von der Stelle, wo er auffiel, quoll eine weiche schwarze

Wolke auf. Ein bewunderndes „Oh“ kam von den Arabern um uns her. Fünf Minuten danach war Ross Smith wieder an Land, kletterte vergnügt aus seiner Maschine und erklärte, die arabische Front wäre *der* Platz für Flieger.

Unsere Würstchen waren noch warm; wir verzehrten sie und tranken Tee dazu (echt englischen, unser letzter Vorrat, für Gäste aufgespart). Doch eben hatten wir uns an die saftigen Trauben von Djebel Druse gemacht, als der Posten wiederum seinen Mantel schwenkte und rief: „Ein Flugzeug.“ Diesmal gewann Peters das Rennen, Ross Smith wurde zweiter, und Traill mußte betrübt als Reserve zurückbleiben. Doch der Feind machte vor unserer Überlegenheit kehrt. Peters jagte ihm nach, faßte ihn erst in der Nähe von Arar und brachte ihn im Kampf zum Absturz. Später, als der Krieg sich nach jener Gegend zog, fanden wir die Trümmer der Maschine und darunter die verkohlten Leichen zweier Deutschen.

Ross Smith wäre am liebsten für immer an der arabischen Front geblieben – alle halben Stunden einen Feind! – und beneidete Peters innig um das, was ihm bevorstand. Aber er mußte ja zurück, um mit dem „Handley-Page“ Benzin, Verpflegung und Vorräte heranzuschaffen. Die dritte Maschine sollte nach Azrak gehen, um den feindlichen Beobachter abzufangen, der gestern dort herumvagabundiert hatte. Ich flog mit, um Faisal zu holen.

Dreißig Stunden nach unserer Abfahrt von dort waren wir wieder in Azrak, Ghurkas und Ägypter wurden, zu weiteren Bahnzerstörungen im Norden, wieder zur Armee in Marsch gesetzt. Dann bestieg ich mit Faisal und Nuri Schaalan einen grünen Vauxhall-Wagen, und zurück ging's nach Um el Surab, um die Landung des Handley-Page zu sehen.

Dem starken Wagen volle Fahrt gebend, sausten wir über die flache Ebene aus Kalk- oder Lehmboden dahin, um zur Landung rechtzeitig zur Stelle zu sein. Aber es sollte nicht sein: die Meldung von einem ausgebrochenen Zwist zwang uns, vom Wege abzubiegen nach dem Lager eines Klans der einheimischen Serahin. Doch zogen wir Nutzen aus dem Zeitverlust, indem wir die kampffähigen Männer des Klans nach Umtaiye schickten; ferner sandten wir Botschaft von unserm großen Sieg zu den Serahin jenseits der Bahn, damit sie die Straßen durch die Adjlun-Berge den zurückflutenden türkischen Armeen sperren sollten.

Dann ging es von neuem in raschester Fahrt nordwärts. Etwa zwanzig Meilen vor Um el Surab bemerkten wir einen einzelnen Beduinen, der in heller Aufregung nach Süden zu lief, sein graues Haar und der lange graue Bart flatterten im Wind, und das weite Kleid (aufgeschürzt im Leibriemen) bauschte sich hinter ihm. Er bog auf uns zu, rief uns, seine knochigen Arme schwingend, im Vorbeilaufen zu: „Das allergrößte Flugzeug der Welt!“ und stürmte weiter, um die große Neuigkeit überall bei den Zelten zu verkünden.

Als wir dann Um el Surab erreichten, sahen wir den „Handley-Page“ in majestätischer Größe auf dem Rasen stehen, die Bristols neben ihm nahmen sich wie Kücken aus unter seinen weitgespreizten Schwingen. Die Araber standen bewundernd herum und sagten: „Jetzt haben sie uns wirklich und endlich *das* Flugzeug geschickt; dagegen sind die andern Dinger ja nur kleine Fohlen.“ Noch in der Nacht drang das Gerücht von Faisals neuem Machtzuwachs über Djebel Druse hinaus bis in die Ebene von Hauran und verkündete allem Volk, daß die Waage sich nun zu unsern Gunsten geneigt habe.

Borton war selbst mit dem Handley mitgekommen, um über die weitere Hilfe zu beraten. Während wir mit ihm sprachen, holten unsere Leute aus dem Leib des Handley eine Tonne Benzin heraus und Öl sowie Reserveteile für die Bristolflieger; ferner Tee, Zucker und Rationen für unsere Mannschaften; Post, Reutertelegramme und Medizinen für uns. Dann in der frühen Dämmerung stieg die große Maschine in Richtung auf Ramleh auf, um dem vereinbarten Programm gemäß Deráa und Mafrak nächtlich zu bombardieren und so den durch unsere Sprengungen gestörten Eisenbahnverkehr vollständig lahmzulegen.

Wir für unser Teil sollten mit den Sprengungen fortfahren. Von Allenby war uns im besonderen die vierte türkische Armee zugewiesen worden. Wir sollten ständig ihre Verbindungen stören und beunruhigen, bis das Vorgehen Chaytors sie aus Amman herausgezwungen hätte: dann sollten wir sie auf ihrem Rückzug fassen und tunlichst abschneiden. Dieser Rückzug war nur noch eine Frage von Tagen; und es war so sicher, wie nur etwas im Kriege sein kann, daß wir in der nächsten Woche die Ebenen zwischen uns und Damaskus zum Aufstand bringen würden. Faisal entschloß sich daher, die Rualla-Kamelreiter Nuri Schaalans aus Azrak zu unserer Truppe heranzuziehen. Das würde unsere Armee auf die Stärke von etwa viertausend Mann bringen, mehr als dreiviertel davon Irreguläre, aber zuverlässige, denn Nuri, der harte, schweigsame, zynische alte Mann hielt seinen Ruallastamm in der Hand wie ein gefügiges Werkzeug.

Ein Mann wie er, ohne jeden Sinn für weitschweifige Erörterungen und Auseinandersetzungen, war eine einzigartige Erscheinung in der Wüste. Er wollte oder wollte nicht, mehr gab es nicht. Wenn die andern mit ihren langen Reden fertig waren, so pflegte er mit wenigen kargen Sätzen seinen Willen kund zu tun, und damit gut; des Gehorsams war er sicher, denn er war gefürchtet. Er war alt und weise, was so viel bedeutete wie müde und enttäuscht: so alt, daß ich mich immer wieder wunderte, wie er sich unserer Begeisterung anschloß.

33. Die türkischen Armeen zerbröckeln

Am nächsten Tag blieb ich im Zelt Nasirs; zahlreiche Besucher kamen vom Lande; ihr wacher Sinn und guter Wille lieferte uns eine Überfülle von Nachrichten, die ich prüfen und zusammenstellen mußte. Eine ansehnliche Truppenmacht unter Führung Nuri Saids, mit Pisani und zwei Geschützen, Stirling, Winterton und Young mit ihren Panzerautos rückte offen gegen die Eisenbahn vor, säuberte die Linie nach allen Regeln der Kunst, zerstörte einen Kilometer Geleise und steckte den hölzernen Behelfsbau in Brand, mit dem die Türken die von Joyce und mir beim ersten Vorstoß auf Deráa zerstörte Brücke geflickt hatten. Nuri Schaalan, in weitem Mantel aus feinem schwarzem Tuch, führte persönlich seine Ruallareiter und galoppierte, umgeben von den vornehmsten Scheikhs, an ihrer Spitze. Unter seinen Augen bewies der Stamm eine Bravour, die selbst Nuri Said ein Lob abrang.

Nach der heutigen Unternehmung Nuris gaben die Türken fürderhin jeden weiteren Versuch auf, die Bahnlinie zwischen Amman und Deráa wieder betriebsfähig zu machen. Das wußten wir natürlich noch nicht, sondern machten uns im Gegenteil daran, eine noch größere Strecke der Bahn mattzusetzen. Zu diesem Zweck fuhren Winterton, Jemil und ich in Autos in der Frühe des nächsten Tages los, um die Strecke südlich der Station Mafrak zu erkunden. Als wir uns der Bahn näherten, wurden wir mit Maschinengewehrfeuer von einer völlig ungewohnten Heftigkeit, Treffsicherheit und Hartnäckigkeit empfangen. Später nahmen wir dann diesen Meisterschützen gefangen, und es stellte sich heraus, daß es eine deutsche Maschinengewehreinheit war. Für den Augenblick ließen wir uns ins Bockshorn jagen und fuhren weiter nach Süden, wo eine verlockende Brücke lag. Meine Absicht war, im Wagen den Hang hinab unter die Brücke zu fahren, bis das Gewölbe ausreichend Schutz gab, um die Ladung an den Pfeiler zu legen. Ich stieg also in ein Panzerauto um, packte sechzig Pfund Schießbaumwolle hinten drauf und hieß den Lenker unter den Brückenbogen fahren.

Winterton und Jemil folgten als Deckung im zweiten Wagen. „Verdammt heiß heute“, brummte Jemil. „Keine Bange, wird gleich noch heißer werden“, erwiderte Winterton, während wir über flachen Boden unter wirksamem Schrapnellfeuer dahinfuhren. Wir hatten uns glücklich bis auf fünfzig Yard herangearbeitet, bedacht mit einem auf unsere Panzerung prasselnden Hagel von Maschinengewehrkugeln, die für eine ganze Gefechtswoche gelangt hätten, als plötzlich von jenseits des Bahndamms her eine Handgranate auf uns geworfen wurde.

Dieser neue Umstand vereitelte meine Absicht, unter die Brücke zu gelangen. Denn einmal hätte ein Treffer in die Rückseite des Wagens unsere Ladung Schießbaumwolle zur Entzündung gebracht und uns sehr rasch ins Jenseits befördert, zum andern war unser Wagen gegen von oben herabfallende Handgranaten wehrlos. Also machten wir kehrt, vergebens bemüht, die Gründe zu einer solchen an ein Stückchen Eisenbahn verschwendeten Verteidigung zu verstehen, und sehr angeregt, ja belustigt durch diesen zähen und ernst zu nennenden Widerstand, nachdem wir bisher immer so leichte Arbeit gehabt hatten. Jedenfalls aber blieb uns nichts andres übrig, als im Schutz der Nacht einen neuen Versuch zu wagen.

Nach Um el Surab zurückgekehrt, erfuhren wir, daß Nasir das Lager wieder nach Umtaiye verlegen wollte. Das entsprach durchaus unsern Wünschen, da ja Umtaiye die erste Etappe war auf dem Marsch nach Damaskus. Der Umzug bot uns willkommenen Vorwand, in dieser Nacht nichts gegen die Bahn zu unternehmen. Statt dessen saßen wir plaudernd und unsere Erlebnisse austauschend beisammen und warteten auf die Mitternacht und den „Handley-Page“, der alsdann die Station Mafrak mit Bomben belegen sollte. Und so geschah es; eine Hundertpfundbombe nach der andern schlug in die Gebäude und das angestaute Wagenmaterial, bis alles Feuer fing und das Schießen der Türken verstummte.

Die Nacht hindurch und den ganzen nächsten Tag griff das Feuer im Wagenmaterial immer weiter um sich, ohne daß der Feind etwas dagegen unternahm. Eine Bestätigung des Zusammenbruchs der Türken, von dem die Araber schon gestern gemunkelt hatten. Sie erzählten, die vierte türkische Armee strömte in aufgelösten Massen von Amman zurück. Die Beni Hassan, die bereits Nachzügler und kleinere Abteilungen abfingen, verglichen sie mit wandernden Zigeunerhorden.

Wir hielten Kriegsrat. Unsere Aufgabe gegenüber der vierten türkischen Armee war beendet. Was von ihren Resten dem Zugriff der Araber entging, würde als Trümmer nach Deráa gelangen. Also galt es jetzt, eine möglichst rasche Räumung von Deráa zu erzwingen, um zu verhindern, daß sich die Türken dort festsetzten und mit den zurückflutenden Truppen eine Aufnahmestellung einrichteten. Ich schlug daher vor, die arabische Armee nordwärts in Bewegung zu setzen, über Tell Arar, nördlich Deráa, zu marschieren, in der Frühe des nächsten Morgens die Bahn zu überschreiten und bis Scheikh Saad vorzurücken. Das Dorf lag in freundlich gesinntem Land, hatte reichlich Wasser, ermöglichte eine vorzügliche Beobachtung und gestattete bei direktem und überlegenem feindlichen Angriff sicheren Rückzug nach Westen und Norden, im Notfall sogar nach Südwesten. Durch unsere Stellung dort wurden Deráa und auch Mezerib völlig von Damaskus abgeschnitten.

Tallal war sofort mit Feuereifer dabei. Nuri Schaalan nickte ein stummes Ja; auch Nasir und Nuri Said stimmten zu. So wurden alle Anordnungen zum endgültigen Abbruch des Lagers getroffen. Die Panzerautos konnten nicht mitkommen; sie blieben bis zum Fall von Deráa besser in Azrak und sollten dann wieder zum Vormarsch gegen Damaskus herangezogen werden. Auch die Bristol-Kampfmaschinen hatten ihre Aufgabe erfüllt und die Luft von türkischen Fliegern gesäubert. Sie konnten nach Palästina zurückkehren und Meldung bringen von unserm Vormarsch auf Scheikh Saad.

Sie stiegen auf und kreisten davon. Während wir den Entfliegenden nachblickten, bemerkten wir eine breite Staubwolke, die sich dem träg aufsteigenden Rauch der niedergebrannten Station Mafrak vermischte. Einer unserer Flieger kehrte zurück und warf einen Zettel ab mit der Meldung, daß sich eine starke feindliche Kavalleriemasse von der Eisenbahn her gegen uns entwickelte.

Unwillkommene Nachricht, denn wir waren gerade im Aufbruch und nicht gefechtsbereit. Die Panzerwagen und Flugzeuge waren fort, eine Kompanie berittene Infanterie abmarschiert, die Geschütze Pisanis bereits wohlverpackt auf den Maultieren, schon zur Kolonne formiert. Ich ging zu Nuri Said, der mit Nasir auf dem Bergrücken stand. Wir schwankten, ob wir standhalten oder uns davonmachen sollten; schließlich erschien es aber doch klüger, abzuziehen, um möglichst bald das gut zu verteidigende Scheikh Saad zu erreichen. Die Regulären wurden schleunigst in Marsch gesetzt.

Doch konnte man den Gegner nicht gänzlich unbeachtet lassen. Nuri Schaalan und Tallal führten daher die zu Pferde berittenen Rualla und Hauran zurück, um einen etwaigen feindlichen Nachstoß aufzuhalten. Sie fanden unerwartete Unterstützung durch die Panzerautos, die auf ihrem Wege nach Azrak die türkische Kavallerie entdeckt hatten. Und wie die Dinge lagen, handelte es sich hier nicht um einen Feind, der gekommen war, um anzugreifen, sondern um abgeirrte Truppenteile, die den kürzesten Weg zur Heimat suchten. Das Endergebnis war denn auch eine große Menge erbeuteten Gepäcks und einige hundert halb verdursteter Gefangener. Unter dem nachfolgenden Haupttrupp brach eine solche Panik aus, daß die Fahrer die Stränge an den Protzen durchschnitten und auf den blanken Pferden durch die Ebene davonjagten. Der Schrecken lief, lawinenartig anschwellend, längs der Bahn hinunter; und türkische Truppen, die Meilen von jeder Bedrohung durch Araber entfernt waren, warfen Ausrüstungsstücke und selbst die Gewehre fort, nur noch darauf bedacht, möglichst rasch in den vermeintlichen Schutz von Deráa zu gelangen.

Am Spätnachmittag mußte unser Haupttrupp haltmachen, um Tallal, Nasir und Nuri Schaalan mit ihren Reitern abzuwarten. Wir konnten als ein der Hauptsache nach reguläres Kamelreiterkorps in Khakiuniform kaum nächtlich durch den Hauran marschieren ohne genügende Begleitung einheimischer Kavallerie, die die mißtrauischen Dörfler darüber aufklärte, daß wir keine Türken waren.

Unsere Reiterei stieß in der Dunkelheit an uns vorbei. Am nächsten Morgen waren wir wieder vereint und rückten nach Norden weiter, durch blühende, glückliche Dörfer dieses fetten Ackerlandes, immer gegen einen frischen Wind an. Auf den abgeernteten Feldern, deren Getreide meist nicht abgemäht, sondern einfach ausgerauft war, wuchsen Disteln halb mannshoch, aber schon gelb und dürr und tot. Der Wind riß sie von den hohlen Wurzeln los und wirbelte sie über den flachen Grund, so daß Distel mit Distel und Dorngestrüpp sich verfilzte und sie schließlich in richtigen Klumpen wie lebendig gewordene Heuhaufen über das Brachland jagten.

Von Stunde zu Stunde wurden unser mehr: berittene Männer kamen und schlossen sich uns an, indes aus jedem Dorf die abenteuerlustige Jugend herbeiströmte, um zu Fuß in unsere Reihen zu treten. Als wir so dahinzogen, vom goldenen Sonnenlicht gleichsam miteinander verwoben, hatten wir das seltene Erlebnis, uns als ein Ganzes zu sehen und zu fühlen: wie von selbst wurden wir zu einem Organismus, zu einer ausgeprägten

Gemeinschaft, und der Stolz eines jeden hob sich in dem Bewußtsein, ein lebendiger Teil der Gesamtheit zu sein.

Gegen Mittag kamen wir in Wassermelonenfelder. Die Leute machten sich darüber her, indes wir vorritten zur Erkundung der Bahn, deren Strecke verlassen dalag, flimmernd in der hellen Sonne. Doch während wir noch beobachteten, fuhr ein Zug vorüber. Die Bahn war erst in der vergangenen Nacht wieder betriebsfähig gemacht worden, und heute war das schon der dritte Zug. Darauf ging ein Teil unserer Truppen, auf zwei Meilen auseinandergezogen, gegen die Bahn vor, ohne Widerstand zu finden; und jeder, der etwas Material bei sich hatte, begann eiligst Sprengungen vorzunehmen, wo es ihm gerade passend schien. Die Zerstörungen, von Hunderten von Unerfahrenen mit viel Eifer ausgeführt, gelangen zwar nicht ganz der Regel nach, aber waren doch wirksam genug.

Das Wiedererscheinen der arabischen Armee nördlich von Deráa bedeutete eine Überraschung für den zurückgehenden Feind, die noch weiter ausgenutzt werden mußte. Wir wandten uns daher an die Führer unserer Stämme: Nuri Schaalan, Auda und Tallal, und fragten, was jeder für diese Nacht zu unternehmen bereit wäre. Tallal, der Feurige, wollte Ezráa angreifen, das große Getreidedepot nördlich an der Bahn. Auda wollte sich an Khirbet el Ghazala machen, die entsprechende Station südlich. Nuri Schaalan beabsichtigte, die große Straße nach Deráa mit seinen Reitern zu besetzen, um einzelne türkische Truppenteile auf ihrem Rückzug abzufangen. Das waren drei gute Vorschläge; und die Führer machten sich an die Ausführung. Die Hauptkolonne wurde wieder in Marsch gesetzt und zog ihre Straße weiter, vorbei an der zerstörten Kolonie Scheikh Miskin, deren öde Ruinen im blassen Mondlicht ragten. Das wirre Netz von Bewässerungskanälen jenseits in der Ebene brachte die Reihen durcheinander und behinderte den Marsch. Daher wurde auf abgeernteten Feldern haltgemacht, um die Morgendämmerung abzuwarten. Der Mond war untergegangen, die Welt ringsumher schwarz und kalt.

Ich hieß meine Leibgarde satteln, und dann ritten wir in so gutem Tempo durch die Nacht, daß wir Scheikh Saad mit Morgengrauen erreichten. Als wir, aus dem Felsgestein herauskommend, die von Bäumen umsäumten Felder vor uns liegen sahen, erwachte die Erde zu neuem Leben im Licht des jungen Tages. Der Morgenwind durchfurchte die Olivenhaine silbrig. Von einem großen Ziegenhaarzelt zur Rechten riefen uns Leute an und baten uns, zu ihnen zu Gast zu kommen.

Die drei Abteilungen kehrten von ihren nächtlichen Unternehmungen, beladen mit Beute, zurück. Ezráa war von Abd el Kader, dem Algerier, besetzt gewesen mit seinen Anhängern, einigen Freiwilligen und geringen Truppen. Als Tallal erschien, gingen die Freiwilligen zu ihm über, die Truppen entflohen, und Abd el Kader hatte mit seiner kleinen Schar Anhänger den Platz kampflos räumen müssen. Unsere Reiter waren zu schwer mit Beute beladen, um ihn zu fangen. Auda hatte Ghazala im Sturm genommen, einen verlassenen Zug und Geschütze erobert und zweihundert Gefangene gemacht, darunter einige Deutsche. Nuri Schaalan meldete vierhundert Gefangene nebst Maultieren und Maschinengewehren.

Ein englischer Flieger kreiste über uns, offenbar ungewiß, ob wir die arabische Armee wären. Young gab Signale, und das Flugzeug warf eine Nachricht ab, die besagte, daß Bulgarien sich den Alliierten ergeben habe. Wir hatten gar nichts von einer Offensive auf dem Balkan gewußt; so kam uns diese Nachricht einigermaßen überraschend und zusammenhanglos. Aber das eine schien klar: das Ende nicht nur des großen Krieges, sondern auch unseres Krieges war nahe, und mit ihm Frieden und Ruhe.

Später traf auch die Armee ein. Die Gärten und Haine bevölkerten sich, jede ankommende Abteilung suchte sich den besten freien Platz zum Absatteln, zwischen Feigenbäumen, unter Palmen und Oliven; und ganze Wolken aufgescheuchter Vögel flogen mit ohrenbetäubendem Gelärm und Geschrei aus den Baumgruppen auf. Die Mannschaften führten ihre Tiere zum Fluß hinab, der sich zwischen üppig grünenden Büschen, Blumenbeeten und Obstkulturen dahinwand – uns fremd anmutenden Dingen nach all den Jahren des Wanderns durch öde Kalksteinwüsten.

Die Bevölkerung von Scheikh Saad kam scheu und zaghaft herbei, sich die Armee Faisals anzusehen, um die sich schon so etwas wie eine Legende gesponnen hatte und die nun plötzlich hier bei ihrem Dorf erschienen war, an ihrer Spitze Namen von berühmtem oder berüchtigtem Klang: Tallal el Hareidhin; Scherif Nasir; Nuri Schaalan; Auda abu Tayi. Wir hinwiederum blickten mit heimlichem Neid auf ihr friedliches Bauerndasein.

Während sich die Leute ihre vom langen Ritt steifgewordenen Glieder ein wenig vertraten, gingen wir zur Höhe hinauf bei den Ruinen, von wo aus man die weithin nach Süden sich dehnende Ebene überblicken konnte, im beruhigten Gefühl vollkommener Sicherheit. Zu unserer Überraschung entdeckten wir, gerade seitlich von uns, eine Kompagnie des Feindes – Türken, Österreicher, Deutsche – mit acht Maschinengewehren auf Packtieren. Sie strebten, nach der Niederlage in Galiläa, auf Damaskus zu und marschierten jetzt, wenn auch ohne Hoffnung, so doch sorgenfrei, denn sie glaubten sich an die fünfzig Meilen von jedem Krieg entfernt.

Wir gaben kein Alarmzeichen, um unserer ermüdeten Truppe Ruhe zu lassen. Nur Durzi ibn Dughmi mit den Khaffadjireitern und andern des Stammes stiegen rasch in die Sättel, machten ausbiegend eine Umgehung und fielen, aus einer verdeckenden Schlucht hervorbrechend, über die Zurückgehenden her. Die Offiziere machten Miene zu Gegenwehr und waren augenblicklich niedergemacht. Die Mannschaften ergaben sich daraufhin, waren binnen fünf Minuten durchsucht und ausgeraubt und wurden dann in langen Reihen am Bewässerungskanal entlang bis zu einer gemauerten Viehhege getrieben, die als Gewahrsam geeignet schien. Unsere Stellung bei Scheikh Saad machte sich gut und reich bezahlt.

Nach Osten zu in der Ferne sah man drei oder vier dunkle Menschenknäuel nordwärts sich bewegen. Wir schickten die Howeitat gegen sie vor. Eine Stunde später kehrten sie lachend zurück, jeder ein Maultier oder Packtier am Zügel führend – verhungerte, müde, wunde Geschöpfe, stumme Zeugen vom Verfall der geschlagenen Armee. Ihre Reiter waren waffenlose Soldaten gewesen auf der Flucht vor den Engländern. Die Howeitat hatten es verschmäht, solcher Art Gefangene zu machen. „Wir haben sie den Burschen und Mädchen der Dörfer als Knechte geschenkt", meinte Zaal mit einem höhnischen Grinsen seines dünnlippigen Mundes.

Meldung kam, daß im Westen sich einige schwache türkische Kompagnien vor dem Angriff General Chauvels in die umliegenden Dörfer zurückzögen. Wir schickten bewaffnete Trupps der Naim dorthin, eines Bauernstammes, der sich erst in der letzten Nacht uns angeschlossen hatte. Die Massen dieses Landes, deren Erhebung wir schon so lange im stillen vorbereitet hatten, waren in Fluß gekommen, und mit jedem unserer Erfolge strömten mehr Aufständische zu uns. Innerhalb von zwei Tagen hätten wir an die sechzigtausend Bewaffnete in Bewegung bringen können.

Später sahen wir hinter dem Hügel, hinter dem Deráa lag, dichte Rauchwolken aufsteigen. Ein Reiter kam heran und berichtete, daß die Deutschen alle Magazine und die Flugzeuge in Brand gesteckt hätten und bereitständen, die Stadt zu räumen. Dann warf ein englischer Flieger eine wichtige Meldung ab, die besagte, daß General Barrows Truppen bereits dicht vor Remthe ständen, und ferner: daß zwei türkische Kolonnen, die eine viertausend, die andere zweitausend Mann stark, von Deráa beziehungsweise Mezerib in der Richtung auf uns hin im Rückzug wären.

Meinem Dafürhalten nach waren diese Sechstausend die Reste der vierten türkischen Armee, die auf Deráa zurückgegangen war, und der türkischen siebenten Armee, die der Armeegruppe des General Barrow gegenübergestanden hatte. Waren sie aufgerieben, so hatte unsere Aufgabe hier ein Ende. Doch um sicher zu gehen, mußten wir bis dahin Scheikh Saad unbedingt in Besitz halten. Um beiden Kolonnen gegenüberzutreten, waren wir nicht stark genug; daher überließen wir die Viertausend ihrem Schicksal und entsandten gegen sie nur Khalid mit seinen Rualla, um sie in Flanke und Rücken dauernd zu beunruhigen.

Die andere Kolonne von zweitausend Mann lag unserm Zugriff näher. Die Hälfte unserer regulären Truppen und die halbe Batterie Pisani sollten gegen sie vorgehen. Tallal zeigte sich sehr beunruhigt, denn die feindliche Kolonne mußte auf ihrem Rückzug notwendigerweise durch Tafas, seinen Heimatort, kommen. Wir beschlossen daher, im Eilmarsch das Dorf zu erreichen, um tunlichst noch vor Eintreffen des Feindes den südlich gelegenen Rücken zu besetzen. Doch war Eile leider nur ein relativer Begriff bei der starken Ermüdung unserer Truppen. Ich ritt daher mit meinen Leuten voraus, in der Hoffnung, eine gedeckte Stellung beim Dorf zu finden, von der aus der Feind bis zum Eintreffen unserer Hauptmacht aufgehalten werden konnte. Auf halbem Wege begegneten wir arabischen Reitern, die einen Trupp halbnackter Gefangener nach Scheikh Saad zu trieben. Sie jagten sie unbarmherzig vor sich her; die blauen Beulen von ihren Stößen und Schlägen hoben sich vom Elfenbeingelb der Rücken ab. Aber ich überließ die Opfer ihrem Schicksal, denn es waren Türken von dem Polizeibataillon in Deráa, deren Ruchlosigkeiten unzählige Male Blut und Tränen über die Dorfbewohner der Umgegend gebracht hatten. Die Araber erzählten mir, die türkische Kolonne – darunter das Lanzenreiterregiment Djemal-Paschas – wäre bereits in Tafas eingezogen.

Als wir bis auf Sicht heran waren, stellten wir fest, daß die Türken das Dorf (von Zeit zu Zeit fiel ein Schuß) besetzt und ringsum Wachen ausgestellt hatten. Zwischen den Häusern stiegen Rauchwolken von zahlreichen kleinen Feuern hoch. An dem diesseitigen Hang des Rückens stand, knietief in den Disteln, eine Gruppe von Überlebenden der Bevölkerung: alte Männer, Frauen, Kinder; sie erzählten Grauenvolles, was sich eine Stunde zuvor beim Einmarsch der Türken in das Dorf ereignet hätte.

Wir lagen oben auf dem Höhenrücken auf der Lauer und beobachteten, wie sich der Feind von dem Sammelplatz hinter den Häusern wieder in Marsch setzte. In guter Ordnung rückten sie nach Miskin weiter, Lanzenreiter in der Vorhut und Nachhut, geschlossene Infanterieformationen und Maschinengewehre als Flankendeckung gleichmäßig in der Kolonne verteilt, in der Mitte die Artillerie und die Transportkolonnen. Als die Spitze aus dem Schutz der Häuser heraustrat, eröffneten wir das Feuer gegen sie. Zwei Geschütze wurden gegen uns gerichtet, aber, wie meist, war die Entfernung zu weit genommen, und die Schrapnells flogen wirkungslos über unsere Köpfe weg.

Unsere Truppen trafen ein, an ihrer Spitze Nuri, Pisani und Tallal; dieser fast dem Wahnsinn nahe über das, was ihm seine Leute von den Leiden des Dorfes erzählt hatten. Eben verließen es die letzten Türken. Unsere Infanterie ging in Stellung und eröffnete Maschinengewehrfeuer; die halbe Batterie Pisani fuhr innerhalb der Schützenlinie auf; die französischen Granaten trieben die türkische Nachhut auseinander.

Das Dorf lag in völligem Schweigen, überschwelt von träg hinziehenden Rauchwolken, als wir vorsichtig heranritten. Einige graue Haufen lagen im hohen Grase, als wollten sie sich da verbergen, aber ihre dicht an den Boden geschmiegte Stellung war die von Leichen. Wir blickten fort, wußten ja, die waren tot. Doch von einem der Haufen erhob sich eine kleine Gestalt und schwankte hinweg, wie um vor uns zu fliehen. Es war ein Kind, drei oder vier Jahre alt, das schmutzige Hemd an Schulter und Seite rot gefärbt vom Blut einer großen, schon entzündeten Wunde – vielleicht einem Lanzenstich – gerade zwischen Hals und Rumpf.

Das Kind lief einige Schritte, stand dann still und schrie mit erstaunlich lautem Ton (sonst war alles totenstill): „Schlag mich nicht, Baba!“ Abd el Aziz – es war sein Heimatdorf, und das Kind konnte von seiner Familie sein – schwang sich, einen unverständlichen Laut herauswürgend, von seinem Kamel, taumelte vorwärts und stürzte sich auf die Knie neben das Kind. Seine Heftigkeit mußte es erschreckt haben, denn es warf die Arme in die Luft und versuchte zu schreien, sank aber statt dessen zu einem kleinen Haufen in sich zusammen, während das Blut, wieder hervorbrechend, das Hemdchen hinunterrann. Dann, glaube ich, ist es gestorben.

Wir ritten an all den andern Leichen von Männern und Frauen vorbei – auch vier Kinder darunter – dem Dorf zu, dessen Schweigen, das wußten wir jetzt, Tod und Schrecken bedeutete. Außerhalb der Häuser standen niedrige Lehmmauern, Schafhürden, und auf einer bemerkte man etwas Rotes und Weißes. Ich sah genauer zu und erblickte den Körper einer Frau, über die Lehmwand gelegt, Rücken nach oben, dort festgenagelt mit einem Sägebajonett, dessen Heft gräßlich zwischen ihren nackten Schenkeln hervor in die Luft ragte. Um sie her lagen noch andere, vielleicht zwanzig im ganzen, auf die verschiedenste Weise hingemetzelt.

Zaagi brach in eine schallende Lache aus, es klang schauerlich in der heiteren Ruhe dieses reinen, sonnendurchleuchteten Nachmittags. Ich rief: „Wer mir die meisten türkischen Toten bringt, ist der Beste unter euch.“ Dann ritten wir weiter dem entweichenden Feinde nach. Was am Wege zurückgeblieben war und um unser Mitleid flehte, wurde erbarmungslos niedergeschossen. Ein verwundeter Türke, halb nackt, nicht fähig zu stehen, saß am Grabenrand, er hob uns die Arme entgegen, und Tränen rannen aus seinen Augen. Abdulla wandte sein Kamel zur Seite. Zaagi jedoch ritt fluchend heran und schoß ihm drei Kugeln in die Brust. Das Blut entströmte mit den Schlägen seines Herzens, poch, poch, poch, langsamer und langsamer.

Tallal hatte gesehen, was wir gesehen hatten. Ein Seufzer kam von seinen Lippen, es klang wie das Klagen eines verwundeten Tieres. Dann ritt er auf die Höhe nördlich des Dorfes, blieb dort eine Weile auf seiner Stute halten und blickte starr den abziehenden Türken nach, während ein Beben durch seine Gestalt lief. Ich wollte mich ihm nähern, um mit ihm zu reden; aber Auda griff mir in die Zügel und hielt mich zurück. Ganz langsam faßte er nach seinem Kopftuch und zog es über sein Gesicht; dann schien er sich einen Ruck zu geben, stieß die spitzen Steigbügel seiner Stute in die Flanken und, tief vorgebeugt, schwankend im Sattel, galoppierte er vorwärts, gerade auf die Masse des Feindes zu.

Er schien unendlich lange zu dauern, dieser Ritt, den flachen Hang hinab und über eine Niederung hinweg. Wir starrten wie versteinert, während er vorwärts stürmte – der Hufschlag dröhnte unnatürlich laut in der Stille; wir und die Türken hatten das Schießen eingestellt. Beide Teile warteten regungslos, was kommen würde. Nur er jagte weiter durch den stillen Abend, schwer schaukelnd im Sattel, bis er auf wenige Längen an den

Feind heran war. Dann richtete er sich steil hoch, und mit schauerlichem Jauchzen stieß er seinen Kriegsruf aus: „Tallal! Tallal!" Augenblicklich krachten die Büchsen, ratterten die Maschinengewehre, und er und seine Stute, von Kugeln durchlöchert, brachen tot zwischen den Lanzenspitzen zusammen.

Auda schien kalt und ruhig, düster glomm es in seinen Augen. „Gott sei ihm gnädig", sagte er, „wir werden seinen Preis einfordern." Dann ruckte er an den Zügeln und setzte sich langsam in Bewegung, hinter dem Feinde her. Die bewaffnete Bauernschaft, jetzt wie trunken von Schrecken und Blut, wurde aufgerufen und ging von verschiedenen Seiten gegen die weichende Kolonne vor. Der alte Schlachtenlöwe war in Auda erwacht, und wie selbstverständlich wurde er jetzt wieder unser gegebener Führer. Durch eine geschickte Umgehung gelang es ihm, die Türken in ungünstiges Gelände abzudrängen und ihre Kolonne in drei Teile auseinander zu sprengen.

Der dritte und schwächste Teil bestand zumeist aus Deutschen und Österreichern, um ihre Maschinengewehre geschart, nebst einer Handvoll berittener Offiziere und Mannschaften. Sie verteidigten sich geradezu großartig, und trotz unseres kühnen Draufgehens wurden wir immer wieder zurückgeworfen. Die Araber fochten wie die Teufel, der Schweiß trübte ihre Augen, der Staub dörrte ihre Kehlen, Blutdurst und Rache durchzitterte ihre Körper, daß ihre Hände kaum das Gewehr zu handhaben vermochten. Auf meinen Befehl – das einzigste Mal in unserm Krieg – wurden keine Gefangenen gemacht.

Schließlich ließen wir von dieser trotzigen Abteilung ab und machten uns an die beiden andern Teile der auseinandergerissenen Kolonne. Sie hatten sich schon in Panik aufgelöst, und als die Sonne sank, waren sie fast bis auf den letzten Mann niedergemacht, und reiche Beute war gewonnen. Gruppen der Landbevölkerung strömten unserem Vormarsch zu. Anfangs besaßen sie nur zu je fünf oder sechs eine Waffe; dann erbeutete dieser ein Bajonett, jener einen Säbel, der dritte einen Revolver. Eine Stunde später saßen die, die zu Fuß ausgezogen waren, bereits auf einem Esel; zuletzt besaß jeder ein Gewehr und ein erobertes Pferd. Als die Nacht herabsank, waren alle Pferde hoch mit Beute beladen; die weite, fruchtbare Ebene aber war besät mit toten Menschen und Tieren. In blinder Raserei, erweckt durch die Greuel von Tafas, töteten und töteten wir, zerschlugen selbst noch die Köpfe der Gefallenen, stachen Tiere nieder, als könnten nur Tod und rinnendes Blut unsern Schmerz lindern.

Aber trotz Wunden, Pein und Erschöpfung konnte ich nicht aufhören, an Tallal zu denken, den herrlich kühnen Führer, den glänzenden Reiter, den liebenswürdigen und unermüdlichen Kameraden und Weggenossen. Sobald hier alles vorbei war, bestieg ich mein zweites, noch ausgeruhtes Kamel, und begleitet von einem meiner Leibgarde, ritt ich hinüber, um zu sehen, was sich mit der zweiten Kolonne des Feindes ereignet hatte, den viertausend Mann, gegen die Khalid mit den Rualla entsandt worden war.

Die Nacht war sehr dunkel, ein kalter Wind schlug mir in heftigen Stößen von Süd und Ost her ins Gesicht. Nur dem Klang der Schüsse folgend, die der Wind herübertrug, und dem gelegentlichen Aufblitzen der Geschütze, erreichten wir schließlich das Kampfgelände. Über Felder und Täler strebten aufgelöste türkische Abteilungen in blinder Hast nordwärts. Die Dunkelheit hatte unsere Leute kühner gemacht, und sie waren dem Feind hart auf den Fersen, hingen sich wie Kletten an ihn. Jedes Dorf, an dem die Woge der Schlacht vorbeirollte, schloß sich dem Kampf an; und in das Heulen des nächtlichen Windes mischte sich das Knattern von Gewehrfeuer, wildes Rufen und Schreien, einzelne ratternde Salven der Türken und das Dröhnen galoppierender Pferdehufe, wenn zwei Abteilungen von beiden Seiten tosend aufeinanderprallten.

Der Feind hatte bei Sonnenuntergang haltzumachen und ein Lager aufzuschlagen versucht; doch Khalid hatte ihm keine Ruhe gelassen und ihn wieder auf die Beine gebracht. Ein Teil marschierte, ein Teil war stehengeblieben; viele sanken mitten auf dem Wege vor Übermüdung in Schlaf. Ordnung und Zusammenhang hatten sich völlig gelöst; in verlorenen Haufen trieb die Masse der Türken im stürmischen Wind dahin, schoß unsinnig in die Luft und lief bei jedem Zusammenstoß mit Freund oder Feind blindlings auseinander. Auch unsere Araber, in wirrem Durcheinander, fielen sich in der Dunkelheit oft gegenseitig an.

Eine Ausnahme allein machten die deutschen Abteilungen; und hier zum erstenmal wurde ich stolz auf den Feind, der meine Brüder getötet hatte. Sie waren zweitausend Meilen von ihrer Heimat entfernt, ohne Hoffnung im fremden, unbekannten Land, in einer Lage, verzweifelt genug, um auch die stärksten Nerven zu brechen. Dennoch hielten ihre Trupps fest zusammen, geordnet in Reih und Glied, und steuerten durch das wirr wogende Meer von Türken und Arabern wie Panzerschiffe, schweigsam und erhobenen Hauptes. Wurden sie angegriffen, so machten sie halt, nahmen Gefechtsstellung und gaben wohlgezieltes Feuer. Da war keine Hast, kein Geschrei, keine Unsicherheit. Sie waren prachtvoll.

Endlich fand ich in der Dunkelheit Khalid und bat ihn, seine Rualla wieder zusammenzurufen; die Reste der weichenden Türken konnten der Landbevölkerung überlassen bleiben. Denn vielleicht gab es woanders wichtigere Arbeit. Bei Dunkelwerden nämlich hatte sich das Gerücht verbreitet, Deráa wäre vom Feind geräumt, und um die Wahrheit festzustellen, war Trad, der Bruder Khalids, mit einem Teil der Anazeh dorthin geritten. Ich fürchtete einen Rückschlag für ihn, denn es mußten noch Türken in dem Platze sein, und längs der Eisenbahn und aus den Irbidbergen strömten noch weitere dorthin zurück. General Barrow war bei Remthe stehengeblieben, und wenn er die Fühlung mit dem Feinde verloren hatte, mußte eine starke Nachhut des Gegners im Rückmarsch auf Deráa sein.

Ich bat daher Khalid, seinem Bruder für alle Fälle zu Hilfe zu kommen. Nachdem er den Befehl zum Sammeln ein oder auch zwei Stunden lang in den Wind gerufen hatte, waren Hunderte von Rualla zu Pferd oder Kamel bei ihm zusammengekommen. Er ritt durch die jetzt sternenklare Nacht, rannte unterwegs noch einzelne versprengte türkische Abteilungen über den Haufen und fand Trad in sicherem Besitz von Deráa. Er hatte, eben als die Dunkelheit hereinbrach, die Station im Galopp attackiert und die kümmerlichen Reste der Türken, die noch schwachen Widerstand versuchten, niedergemacht.

Nach Mitternacht kam ich nach Scheikh Saad zurück, wo eben die Boten Trads mit der Meldung von der Besitznahme von Deráa eingetroffen waren. Nasir brach sogleich dahin auf. Trotz aller Müdigkeit – ich war nun schon die vierte Nacht im Sattel – bestieg ich mein drittes Kamel und trabte in die Nacht hinaus Deráa zu, wieder vorbei an dem dunkel und schweigend liegenden Dorf Tafas.

Auf dem gleichen Weg ritt Nuri Said mit seinem Stab, im Vortrab seiner berittenen Infanterie; ich schloß mich ihm an, bis im Osten das erste Grau sich zeigte. Dann hielt mich meine Ungeduld nicht länger bei dem gemächlichen Tempo der Pferde. Ich gab meinem Kamel die Zügel frei – es war die große, rebellische Baha – und mächtig ausgreifend, ging sie los, in gleichmäßiger Gangart, wie Kolbenstöße einer Maschine, so daß ich – meine Begleiter auf Meilen hinter mir lassend – bei Anbruch des hellen Morgens ganz allein in Deráa einritt.

34. Vereinigung mit den Engländern

Nasir residierte im Rathaus, setzte einen Militärgouverneur ein nebst der nötigen Polizeitruppe und ordnete eine genaue Durchsuchung der Stadt an. Ich ergänzte seine Anordnungen und ließ Wachen aufziehen bei allen Maschinenschuppen, Pumpstationen und den noch vorhandenen Material- und Proviantvorräten. Dann, in einstündigem Vortrag, entwickelte ich ihm ein genaues Programm aller Maßnahmen, die zur Aufrechterhaltung der öffentlichen Ordnung und Sicherheit notwendig waren, wenn wir Herr der Lage bleiben wollten. Dem armen Nasir schien ganz wirr im Kopf zu werden.

Dann ging ich, um General Barrow ausfindig zu machen. Gerade kam ein Mann von Westen her in die Stadt und berichtete, daß die Engländer auf ihn geschossen hätten und sich bereits zu einem Angriff gegen die Stadt entwickelten. Dem mußte ich zuvorkommen und ritt daher, von Zaagi begleitet, zum Buweib hinauf, auf dessen Kamm eine indische Maschinengewehrabteilung in Stellung sichtbar wurde. Als uns die Inder herankommen sahen, richteten sie ihre Gewehre auf uns, sehr stolz auf ein so prächtig gekleidetes Ziel. Zum Glück erschien ein englischer Offizier, und ich konnte ihm erklären, wer ich sei. Tatsächlich waren die Engländer schon mitten in einer Angriffsbewegung gegen Deráa. Während wir noch sprachen, bombardierten die englischen Flugzeuge den unglücklichen Nuri Said, der – als letzter von Scheikh Saad kommend – mit seinem Stabe eben in die Eisenbahnstation einritt. Um dem Einhalt zu tun, eilte ich hinunter zu General Barrow, der eben in seinem Wagen die vorgeschobenen Stellungen abfuhr.

Barrow erklärte, daß er Wachen in den Ort legen müßte zur Aufrechterhaltung der öffentlichen Ordnung. Ich unterrichtete ihn – mit sanftester Stimme – daß die Araber bereits ihren Militärgouverneur eingesetzt hätten. Barrow sagte, seine Pioniere müßten die Pumpen bei den Brunnen nachsehen. Ich erwiderte, ihre Hilfe wäre uns willkommen. Barrow schnarrte, wir schienen ja hier schon ganz zu Hause zu sein, jedenfalls aber müßte er Station und Eisenbahn besetzen. Ich wies auf eine Lokomotive, die eben die Station in Richtung auf Mezerib verließ, und bat ihn, seine Posten dahin zu instruieren, daß sie sich nicht in den von uns eingerichteten Betrieb einmischten.

Barrow hatte keinerlei Weisung erhalten in bezug auf die Araber und daher geglaubt, sie wie ein besiegtes Volk behandeln zu müssen. So schaute er einigermaßen verdutzt drein, als ich ihm mit ruhiger Entschiedenheit erklärte, er wäre hier mein Gast, aber es blieb ihm nichts andres übrig, als sich nach dieser Versicherung zu richten. Mein Kopf arbeitete fieberhaft in diesen Minuten, um bei dem Zusammentreffen beider Völker die unseligen ersten Schritte zu vermeiden, durch die der phantasielose Engländer bei bestem Willen gemeinhin die nachgiebigen Eingeborenen der Zucht der Selbstverantwortung beraubt und eine Lage schafft, die wieder gutzumachen es dann Jahre der Werbung und allmählichen Reformen bedarf.

Barrow fand sich in das Gegebene und bat mich nun, ihm Verpflegung und Fourage für seine Truppen zu beschaffen. Als wir auf den großen Platz in der Stadt kamen, zeigte ich ihm den kleinen seidenen Wimpel Nasirs am Eingang zu dem angeräucherten Gouvernementsgebäude, mit einer gähnenden Schildwache daneben. Barrow richtete sich straff auf und grüßte den Wimpel; ein Beben der Freude lief durch die umstehenden arabischen Offiziere und Soldaten bei dieser Ehrenbezeugung des englischen Generals.

Umgekehrt bemühten wir uns wiederum, ein möglichstes Entgegenkommen zu zeigen, soweit es mit der allgemeinen Ordnung und Sicherheit vereinbar war. Den Arabern prägten wir nachdrücklichst ein, die Inder als ihre Gäste zu betrachten und ihnen daher alles zu gestatten, was sie zu tun wünschten, ja ihnen dabei noch behilflich zu sein. Diese Auffassung brachte uns in die sonderbarsten Lagen. Binnen kurzem waren sämtliche Hühner aus der Ortschaft verschwunden; und drei Sowars schleppten Nasirs Wimpel davon, dessen silberne Knöpfe und Nägel an dem zierlichen Stock ihnen begehrlich erschienen waren. Das ergab einen sehr sichtbaren Gegensatz zwischen dem englischen General, der den Wimpel ehrte, und den indischen Soldaten, die ihn stehlen wollten, einen Gegensatz, der die Araber in ihrem Rassevorurteil gegen die Inder bestärkte.

Inzwischen wurden von überallher noch türkische Mannschaften, Geschütze und Material eingebracht. Die Gefangenen konnten wir nach Tausenden zählen. Ein Teil wurde den Engländern übergeben, die sie nochmals zählten; die meisten wurden in die umliegenden Dörfer verteilt. Auch Azrak erhielt Kunde vom ganzen Umfang unseres Sieges. Faisal zog einen Tag danach in Deráa ein, voran die Reihe unsrer Panzerautos, hinter denen er in einem Vauxhall-Wagen folgte; er nahm in den Stationsgebäuden Quartier.

General Barrow, dessen Truppen jetzt verpflegt und ausgeruht waren, mußte sich auf den Weg machen zu der befohlenen Vereinigung mit General Chauvel, kurz vor Damaskus: beide Heeresteile sollten gemeinsam in die Stadt einziehen. Er bat mich, mit den arabischen Streitkräften die rechte Flanke zu übernehmen. Das entsprach meinen Wünschen: längs der Hedjas-Bahn ging bereits Nasir vor in engster Fühlung mit der Hauptmasse der weichenden türkischen Heertrümmer und zerrieb sie vollends durch ununterbrochene Angriffe bei Tag und Nacht. Ich persönlich hatte noch mancherlei zu tun und blieb daher noch einen weiteren Tag in Deráa, froh der Ruhe in der Stadt nach dem Abzug der Truppen. Denn Deráa lag am Rande der offenen Wüste, und die Masse Inder hatten mich irritiert, weil sie nicht hierher paßten. Zur Wüste gehört der einzelne, schweigende Mann, der Sohn der Einsamkeit, abgeschieden von der Welt wie im Grabe. Diese Soldaten, in Trupps wie Schafe, schienen dieser Wüste unwürdig.

Überhaupt empfand ich etwas Kümmerliches und Beengtes an der indischen Soldateska, ein Bewußtsein eigner Minderwertigkeit, eine wohlbedachte Unterwürfigkeit, grundverschieden von dem unbefangenen Freimut der Beduinen. Die Art, wie die britischen Offiziere mit ihren Leuten umgingen, entsetzte meine Leibgarde, der persönliche Ungleichheit ein fremder Begriff war.

Zur Nacht lagerte ich mit meinen Leuten auf dem einstigen Flugplatz. Bei den halb niedergebrannten Schuppen lärmten sie und stritten sich nach Herzenslust, veränderlich und leicht erregbar wie der Spiegel des Meeres. Abdulla brachte mir – zum letzten Male – den nach seiner Art gekochten Reis in der silbernen Schale. Nachdem ich gegessen hatte, versuchte ich, meine Gedanken in die Leere der Zukunft zu richten; aber mein Geist war ebenso leer, meine Träume verloschen wie Kerzen im Sturmwind des Erfolges. Vor mir lag unser Ziel, schon zu nahe, um noch ein Ziel zu sein; doch hinter mir lag das Werk zweier langer Jahre, und alle Mühsal war vergessen oder verklärt. Namen klangen mir durch den Sinn, alle herrlich in der Erinnerung: Rumm die Erhabene, Petra die Strahlende, Azrak die Stille, Batra die Lichte. Aber die Menschen waren anders geworden. Der Tod hatte die Besten und Edelsten hinweggerafft; und die neue hochmütige Gespreiztheit derer, die übriggeblieben waren, verletzte mich.

Schlaf wollte nicht kommen. Noch vor Tag weckte ich daher Stirling und meine Fahrer; wir stiegen in unsern Rolls, genannt „der blaue Dunst“, und machten uns nach Damaskus auf. Die weiche, schmutzige Straße war anfangs tief ausgefahren, dann mehr und mehr verstopft durch die vorrückenden Kolonnen und die Nachhut der Division Barrow. Wir bogen seitlich ab und fuhren querfeldein zu der einst von den Franzosen gebauten Bahnlinie, deren alte Schotterung uns einen zwar etwas holprigen, aber freien Weg gab; und wir ließen den Wagen laufen. Gegen Mittag sahen wir den Wimpel Barrows am Ufer des Flusses, wo seine Pferde getränkt wurden. Meine Leibgarde war schon nahe heran, und so bestieg ich mein Kamel und ritt zu ihm hinüber. Wie alle auf Pferde eingeschworenen Reiter, dachte er über Kamele etwas verächtlich; in Deráa hatte er geäußert, wir auf unsern Kamelen würden wohl kaum mit seiner Kavallerie Schritt halten, die Damaskus in drei starken Tagemärschen erreichen könnte.

Als er mich daher so frisch heranreiten sah, zeigte er sich etwas erstaunt und fragte, wann wir in Deráa aufgebrochen wären. „Heute Morgen“, erwiderte ich. Seine Miene zog sich in die Länge. „Und wo gedenken Sie heute zur Nacht haltzumachen?“ „In Damaskus“, rief ich vergnügt und ritt davon. Ich hatte mir wiederum einen Feind gemacht.

Ich kehrte zu Stirling zurück, und wir fuhren weiter. In jedem Dorf ließen wir für den englischen Vortrab Nachricht zurück, wo und wie weit vom Feinde wir wären. Stirling und ich fanden die Vorsicht, mit der Barrow sich vorwärts bewegte, denn doch stark übertrieben: jedes völlig einzusehende Tal wurde von Patrouillen abgesucht, jede verlassene Höhe von vorgeschobenen Abteilungen besetzt; und das alles bei einem Marsch durch befreundetes Land. Man sah daran so recht den Unterschied zwischen den raschen und sicheren Bewegungen unserer arabischen Irregulären und den behutsamen Methoden normaler Kriegführung.

Bis nach Kiswe, hart südlich Damaskus, war Ernstliches nicht zu befürchten. Und dort trafen wir mit der von Südwesten kommenden Division Chauvel zusammen; außerdem näherte sich dort die Hedjas-Bahn unserer Straße. Längs der Bahnlinie aber befanden sich Nasir, Nuri Schaalan und Auda mit den Stämmen, in Verfolgung jener feindlichen Kolonne von viertausend Mann (in Wirklichkeit waren es nahezu siebentausend), die von unsern Fliegern vor drei Tagen bei Scheikh Saad gemeldet worden war. Die Stämme hatten die ganzen drei Tage ununterbrochen mit dieser Kolonne im Kampf gelegen.

Als wir näher kamen, sah man hinter dem Höhenrücken rechts, hinter dem die Bahn lag, Schrapnells aufsteigen. Bald darauf zeigte sich eine türkische Kolonne, etwa zweitausend Mann stark, die sich, in einzelne ungeordnete Gruppen zerteilt, nordwärts bewegte und von Zeit zu Zeit anhielt, um ihre Gebirgsgeschütze abzufeuern. Wir fuhren rasch weiter, um die Verfolger einzuholen; unser großer blauer Rolls war weithin sichtbar auf der Straße. Bald auch erschienen von der türkischen Kolonne her einige arabische Reiter und galoppierten auf uns zu, dabei mit elegantem Sprung die zahlreichen Bewässerungsgräben nehmend. Wir erkannten Nasir auf seinem hellbraunen Hengst, dem herrlichen Tier, nach hundert Meilen Gefechtsritt noch voller Feuer; ferner den alten Nuri Schaalan und etwa vierzig Mann ihres Gefolges. Sie berichteten, daß die dort sichtbare türkische Kolonne der ganze Rest der Siebentausend wäre. Die Rualla hingen mit zäher Hartnäckigkeit an ihren beiden Flanken. Auda abu Tayi wäre über den Djebel Mania geritten; er wollte die Wuld Ali, seine Freunde, sammeln und sich dort in den Hinterhalt legen, um die feindliche Kolonne abzufangen. Sie hofften, die Türken von hier aus in die Berge ihm in die Falle zu treiben. Ob mein Erscheinen endlich das Eintreffen baldiger Hilfe bedeute?

Ich berichtete ihnen, daß starke englische Kräfte dicht hinter mir im Anmarsch wären. Wenn sie den Feind nur noch eine Stunde aufhalten könnten ... Nasir sah sich nordwärts um und entdeckte einen ummauerten und mit Baumgruppen umstandenen Pachthof, der das Tal, durch das die Türken zogen, sperrte. Er gab Nuri Schaalan Bescheid, und sie eilten dorthin, um die Türken aufzuhalten.

Wir fuhren die Straße drei Meilen zurück bis zu den Indern im Vortrab der Division Barrow und unterrichteten ihren alten, mürrischen Oberst davon, was die Araber unternommen hätten, um uns den letzten Rest des Feindes in die Hand zu liefern. Er schien wenig geneigt, sich die schöne Marschordnung seiner Kolonne durcheinanderbringen zu lassen; aber zuletzt ließ er doch eine Schwadron seitlich herausschwenken und sie mit aller Vorsicht über die Ebene hin gegen die Türken vorgehen, die ihre kleinen Gebirgsgeschütze ihr entgegenrichteten. Ein oder zwei Schrapnells krepierten in der Nähe der Schwadron, woraufhin der Oberst – zu unserm Entsetzen, denn Nasir hatte sich in Erwartung sicherer Hilfe stark exponiert – den Rückzug befahl und seine Kolonne rasch wieder auf der Straße zusammenzog. Wir eilten hin – das Auto in tollen Sprüngen querfeldein – und baten ihn, doch vor diesen kleinen Gebirgsgeschützen keine Bange zu haben, gegen seine leichten Maschinengewehre könnten sie kaum ankommen. Aber weder freundliches Zureden noch Drohungen vermochten den alten Mann zu bewegen, fernerhin auch nur einen Zoll breit vom Wege abzuweichen. Wir fuhren schleunigst die Straße zurück, um den höheren Vorgesetzten ausfindig zu machen.

Ein Adjutant, den wir unterwegs trafen, sagte uns, daß die Inder dem General Gregory unterständen. Mit Hilfe unseres Freundes fanden wir denn auch den General und liehen ihm unsern Wagen, damit er der Brigade-Kavallerie rasche Befehle zukommen lassen könnte. Eine Ordonnanz galoppierte zurück, um die reitende Artillerie vorzuziehen. Sie eröffnete denn auch bald ein wirksames Feuer, indes das Middlesex-Kavallerieregiment vorging und, sich in die Araber einschiebend, über die türkische Nachhut herfiel. Als die Nacht herabsank, löste sich der Feind völlig auf; und Geschütze, Gepäck und Ausrüstung zurücklassend, strömten die Reste in eiliger Flucht in die Berge, den beiden Gipfeln von Mania zu, in der Meinung, sie kämen dort jenseits in sicheres Gelände.

In dem sicheren Gelände jedoch stand Auda mit seinen Arabern bereit; und in dieser seiner letzten Nacht des Kampfes tötete der alte Mann, was er nur töten konnte, fing, raubte, plünderte, bis ihm der dämmernde Tag zeigte, daß es nichts mehr für ihn zu tun gab. Das war das Ende der vierten türkischen Armee, die uns zwei Jahre lang den Weg gesperrt hatte.

Dank Gregorys glücklichem Einschreiten konnten wir Nasir jetzt gerechtfertigt gegenübertreten. Wir fuhren nach Kiswe, wo wir, der Verabredung gemäß, um Mitternacht mit ihm zusammentreffen wollten. Hinter uns strömten die indischen Truppen in den Ort. Wir suchten nach einem einsamen Fleckchen, aber schon wimmelte es überall von Tausenden von Soldaten.

Das Gelärm und Gewudel so vieler Menschen trieb mich umher, machte mich selbst ruhelos. In der Dunkelheit blieben meine Abzeichen unerkannt, und ich konnte nach Belieben umherstreifen, ein unbeachteter Araber; und so, mitten unter Menschen meiner Rasse und dennoch abgeschieden von ihnen, kam ich mir wunderlich einsam vor. Die Mannschaften unserer Panzerwagen waren mir zu individuellen Persönlichkeiten geworden, weil es ja nur wenige waren und mir durch lange Kameradschaft verbunden; auch hatten diese Monate schutzloser Preisgegebenheit an flammende Sonne und tobenden Wind sie wirklich zu ausgeprägteren und erfreulicheren Persönlichkeiten gemacht. Inmitten dieser Soldateska von Neulingen: Engländern, Australiern, Indern, gingen sie so fremd und scheu umher wie ich selbst, gekennzeichnet durch ihr unansehnliches Äußeres; denn in wochenlangem, ununterbrochenem Tragen hatten sich ihre Kleider durch Schweiß und Gebrauch allmählich nach ihrem Körper geformt und waren mehr zu einer Art zweiter Haut geworden. Die andern aber waren schmucke, adrette Soldaten, ein seltener Anblick nach zwei Jahren irregulären Wüstenkrieges. Und wieder kam mir das Geheimnis der Uniform zu Bewußtsein: sie gibt einer Masse Festigkeit, Würde und etwas Überpersönliches, gleichsam die Straffheit *eines* einzelnen, aufrechten Mannes.

Rings um die Biwaks der Soldaten lagerten die Araber in freien Schwärmen, ernst dreinblickende Männer einer andern Welt. Mein verschrobenes Pflichtgefühl hatte mich zwei Jahre lang in ihre Mitte verbannt. In dieser Nacht heute stand ich ihnen näher als den Truppen, und ich empfand das als einigermaßen beschämend. Dieser sich mir aufdrängende Kontrast, gemischt mit Heimweh, schärfte meine gereizten Sinne mehr denn je: ich sah nicht nur die Ungleichheit der Rasse, hörte die Ungleichheit der Sprache, sondern konnte auch ihre Gerüche unterscheiden – die schwere, stockige, geronnene Säuerlichkeit verschwitzter Baumwolle über den arabischen Haufen, und den muffigen Brodem der englischen Soldaten, diesen warmen Pißdunst zusammengepferchter Männer in Wollkleidern, beißend und atemversetzend wie Ammoniak, einen scharfen, gärenden Naphthageruch.

35. Einzug in Damaskus

Unser Krieg war zu Ende – wenngleich wir die letzte Nacht noch draußen in Kiswe lagern mußten; denn die Araber hatten uns berichtet, auf den Straßen wäre es gefährlich, und wir verspürten keine Lust, unmittelbar vor den Toren von Damaskus etwa ruhmlos im Dunkeln unser Leben zu lassen. Die sportgewohnten Australier betrachteten diesen Feldzug gegen Damaskus mehr als eine Art Wettrennen, bei dem es für sie nur darauf ankam, den ersten Preis zu ergattern. Aber alle Heeresteile hatten sich der Gesamtleistung Allenbys einzufügen, und der Sieg war einzig und allein das logische Ergebnis seines Genies und der methodischen Arbeit Bartholomews, seines Generalstabschefs.

Allenbys Operationsplan gemäß sollten die Australier die Gegend nördlich und westlich von Damaskus samt den Eisenbahnen besetzen und ausdrücklich abwarten, bis die südliche Kolonne der Engländer die Stadt erreicht hatte. Und wir selbst, die Führer der Araber, hatten beim Vorgehen auf Damaskus auf die bedeutend langsamer marschierenden Engländer gewartet, gewiß auch im Sinne Allenbys.

Er hoffte, wir würden bei dem Einzug zugegen sein, zum Teil weil er wußte, wieviel mehr als eine bloße Siegesbeute den Arabern Damaskus bedeutete, zum Teil aber auch aus rein sachlichen Gründen: denn dank der von Faisal geführten arabischen Bewegung begegnete die Bevölkerung den Engländern freundschaftlich auf ihrem Vormarsch durch Feindesland, so daß sich ihre Transporte ohne Bedeckung auf den Straßen bewegen und Städte ohne militärische Besatzung verwaltet werden konnten. Bei ihrer voreiligen Einkreisung von Damaskus konnten die Australier, entgegen ausdrücklichem Befehl, gezwungen werden, in die Stadt einzudringen. Trafen sie dann auf Widerstand von irgendeiner Seite, so konnte das möglicherweise alle unsere Zukunftspläne zunichte machen. In dieser letzten Nacht vor einem möglichen Sturm auf die Stadt mußten wir also den Versuch machen, die Damaszener zu veranlassen, die englischen Armeen als ihre Verbündeten zu empfangen.

Nun hatte das Damaskus-Komitee Faisals schon seit Monaten im stillen alle Vorbereitungen getroffen, um bei einem türkischen Zusammenbruch die Zügel in die Hand zu nehmen. Wir brauchten daher nur mit ihnen in Fühlung zu treten, um ihnen die Bewegungen der Verbündeten mitzuteilen und was zunächst zu tun sei. So sandte denn Nasir, als es völlig dunkel geworden war, die Rualla-Scheikhs in die Stadt. Sie sollten Ali Riza, den Vorsitzenden unseres Komitees, oder Schukhri el Ayubi, den zweiten Vorsitzenden, aufsuchen und ihnen mitteilen, daß am nächsten Morgen eine Schonung der Stadt möglich sein würde, falls sie sofort eine Regierung bildeten. Tatsächlich war das bereits, noch vor unserem Eingreifen, um vier Uhr nachmittags geschehen. Ali Riza war nicht in der Stadt anwesend – im letzten Augenblick hatten ihm die Türken ein Kommando bei ihrer aus Galiläa zurückgehenden Armee übertragen – Schukhri aber hatte unerwartet Unterstützung bei den beiden Algeriern, den Brüdern

Mohammed Said und Abd el Kader, gefunden. Mit Hilfe ihrer Anhänger in der Stadt war noch vor Sonnenuntergang die arabische Flagge auf dem Stadthaus gehißt worden, während die letzten Staffeln der Deutschen und Türken daran vorüberzogen. Man erzählte sich, der letzte General habe die Flagge ironisch salutiert.

Ich riet Nasir entschieden ab, schon jetzt die Stadt zu betreten: es würde dort nur eine Nacht der Verwirrung geben, und es wäre seiner Würde angemessener, wenn er morgen in der Frühe feierlich einzöge. Er und Nuri Schaalan hatten ohne mein Wissen die zweite Gruppe der Rualla-Kamelreiter, die mit mir am Morgen von Deráa vormarschiert war, nach Damaskus den Ruallascheikhs zu Hilfe geschickt. Somit hatten wir gegen Mitternacht, als wir zur Ruhe kamen, viertausend unserer Bewaffneten in der Stadt.

Ich wollte ein paar Stunden schlafen, denn morgen stand mir viel bevor, aber ich konnte es nicht. Damaskus war der Brennpunkt unserer Gedanken gewesen, das uns stets vorschwebende Ziel in diesen zwei Jahren schwankender Ungewißheit; und mein Hirn war noch voll von all dem Wust der Ideen und Pläne, die während dieser Zeit verwirklicht oder verworfen worden waren. Zudem war Kiswe schwül von den Dünsten zu vieler Bäume, zu vieler Pflanzen, zu vieler Menschen: ein kleiner Ableger gleichsam der wimmelnden Welt da vor uns.

Bei ihrem Abmarsch sprengten die Deutschen die Material- und Munitionsdepots in die Luft, so daß wir alle paar Minuten aufgeschreckt wurden vom Krachen der Explosionen, deren erste gleich den Himmel weithin in Flammen setzte. Bei jedem dieser Schläge schien die Erde zu beben, und wenn wir nach Norden blickten, sahen wir den fahlen Nachthimmel durchsprüht von Garben heller Punkte: den Granaten, die, aus den gesprengten Magazinen mit ungeheurer Gewalt hoch in die Luft geschleudert, wie Raketenschwärme barsten. Ich wandte mich zu Stirling und sagte leise: „Damaskus brennt", ganz krank bei dem Gedanken, die große Stadt in Asche zu finden als Preis für ihre Freiheit.

Als der Morgen graute, fuhren wir auf den Höhenrücken, der die Oase der Stadt südlich umgrenzt; wir getrauten uns kaum nach Norden hinzuschauen, aus Angst, nur eine Trümmerstätte zu sehen. Aber anstatt Ruinen lagen da stille Gärten in prangendem Grün, überdunstet vom frühen Nebel des Flusses, und durch seine Schleier hindurch schimmerte die Stadt, herrlich wie je, gleich einer Perle in der Morgensonne. Vom Aufruhr der Nacht war nichts mehr zu sehen als eine träge, hohe Rauchsäule, die in mürrischer Schwärze aus dem Speichergelände bei Kadem aufstieg, der Kopfstation der Hedjas-Bahn.

Wir fuhren die gerade, eingedämmte Straße durch die bewässerten Felder hinunter, wo Bauern eben ihr Tagwerk begannen. Ein Reiter kam uns entgegengaloppiert. Als er unsere arabischen Kopftücher im Wagen erblickte, hielt er an und streckte uns mit fröhlichem Gruß eine gelb leuchtende Weintraube entgegen: „Gute Nachricht“, rief er. „Damaskus heißt euch willkommen.“ Er war von Schukhri el Ayubi gesandt.

Nasir war gerade hinter uns; wir überbrachten ihm die Botschaft, denn ihm, dem Kämpfer in fünfzig Schlachten, gebührte die Ehre, zuerst seinen Einzug in die Stadt zu halten. Er und Nuri Schaalan an seiner Seite setzten ihre Pferde in einen letzten Galopp der Stadt zu und verschwanden die lange Straße hinunter in einer Staubwolke, die zögernd zwischen den Berieselungskanälen in der Luft hängenblieb. Stirling und ich wollten ihm genügend Vorsprung lassen, und an einem kleinen Wasserlauf, kühl in der Tiefe einer steilen Rinne, hielten wir an, um uns zu waschen und zu rasieren.

Eine kleine Abteilung indischer Truppen blickte mißtrauisch musternd nach uns und unserm Auto und unserm Wagenführer in zerlumpter Militärhose und Waffenrock. Ich war ganz als Araber gekleidet; Stirling, außer dem Kopftuch, in der Uniform des englischen Stabsoffiziers. Der indische Unteroffizier, ein beschränkter und mißlauniger Mann, glaubte, hier wären Gefangene zu machen. Als wir dann aus der Haft befreit waren, hielten wir es an der Zeit, Nasir zu folgen.

In aller Ruhe fuhren wir die langgezogene Straße hinunter, die zu dem Regierungsgebäude am Ufer der Barada führt. Sie war umlagert von Menschen: auf ihr, neben ihr, an den Fenstern, auf den Balkonen und Dächern standen sie dichtgedrängt. Viele weinten, hier und da ertönten schwache Hochrufe, einzelne der Kühneren riefen uns bei Namen, die meisten aber standen nur und schauten – schauten, und die Freude leuchtete aus ihren Augen. Es war, als ginge es wie ein langer Seufzer durch die Reihen, uns geleitend vom Tor bis ins Herz der Stadt.

Am Rathaus sah es anders aus. Seine Stufen und Treppen waren dichtbesetzt von einer jauchzenden Menge, die schrie, sich umarmte, sang und tanzte. Man bahnte uns einen Weg in das Vorzimmer, wo der strahlende Nasir und Nuri Schaalan saßen. Rechts und links von ihnen standen die Algerier: Abd el Kader, mein alter Feind, und Mohammed Said, sein Bruder. Ich war stumm vor Staunen. Mohammed Said sprang vor und schrie, daß sie beide, die Enkelsöhne Abd el Kaders, des Emirs, zusammen mit Schukhri el Ayubi aus dem Hause Saladins, gestern die Regierung gebildet und Hussein zum „König der Araber“ ausgerufen hätten vor den Ohren der gedemütigten Türken und Deutschen.

Indes er noch weiterprahlte, wandte ich mich an Schukhri, der kein Staatsmann war, aber von allen geliebt, ja, fast ein Märtyrer in den Augen des Volks um dessentwillen, was er von Djemal Pascha erduldet hatte. Er erzählte mir, daß die beiden Algerier, als die einzigen in Damaskus, zu den Türken gehalten hätten, bis sie sahen, daß sie davonzulaufen begannen. Dann wären sie mit ihren algerischen Anhängern in das Haus eingedrungen, wo das Komitee Faisals im geheimen tagte, und hätten gewaltsam die Leitung an sich gerissen.

Sie waren beide Fanatiker, deren Ideen von religiösen Motiven bestimmt wurden, nicht von der Vernunft; ich wandte mich daher an Nasir, um ihn zu bewegen, von Anfang an ihrer Frechheit einen Riegel vorzuschieben. Doch da ereignete sich ein Zwischenfall. Das lärmende Gedränge um uns her teilte sich plötzlich, als wäre eine Ramme hineingetrieben worden, Menschen flogen rechts und links auseinander, stürzten mitsamt zerkrachenden Tischen und Stühlen zu Boden, indes das gewaltige Gedröhn einer mir bekannten Stimme alles übertönte und zum Schweigen brachte.

In dem entstandenen freien Raum sah man jetzt Scheikh Auda abu Tayi in wilder Rauferei mit Sultan el Atrasch, dem Oberhaupt der Drusen. Die beiderseitigen Anhänger gingen schon gegeneinander los, während ich, um sie zu trennen, rasch hinzusprang und dabei mit Mohammed el Dheilan zusammenprallte, den die gleiche Absicht bewegte. Mit vereinten Kräften gelang es dann, die beiden Kampfhähne auseinanderzubringen; Auda wurde einen Schritt zurückgedrängt, während Hussein el Atrasch den leichteren Sultan rasch in die Menge schob und mit ihm in einen Nebenraum entwich. Dann sah ich mich nach Nasir und Abd el Kader um, um nunmehr die Regierung ordnungsgemäß einzusetzen. Sie waren fort. Die beiden Algerier hatten Nasir in ihr Haus zu einer Erfrischung eingeladen. Das traf sich gut, denn es gab jetzt Dringenderes zu erledigen. Wir mußten der Öffentlichkeit zeigen, daß die alte Zeit endgültig vorbei und eine Regierung aus dem Lande selbst schon an der Macht war: und dafür war Schukhri, als bereits regierender Präsident, mein bestes Werkzeug. So machten wir uns denn in unserem Wagen auf, um uns mit Schukhri in der Stadt zu zeigen: sein Anblick in so erhöhter Machtstellung mußte für die Bürgerschaft gleichsam das Wahrzeichen der vollzogenen Umwälzung selbst bedeuten.

Als wir einzogen, hatten uns viele Hunderte von Menschen begrüßt; jetzt aber waren aus jedem Hundert Tausende geworden. Alles: Männer, Frauen, Kinder, die Viertelmillion dieser Stadt, schien in den Straßen zu sein und nur darauf zu warten, daß unser Erscheinen den Funken der Begeisterung in ihre Herzen würfe. Damaskus wurde toll vor Freude. Die Männer schleuderten jubelschreiend ihre Tarbuschs in die Luft, die Frauen rissen ihre Schleier vom Gesicht. Die Hausbesitzer streuten Blumen, breiteten Teppiche und Vorhänge vor uns auf den Weg; ihre Frauen lehnten sich, schreiend vor Lachen, durch die Gitterfenster und überschütteten uns mit ganzen Eimern von Wohlgerüchen.

Die Derwische gaben die Läufer ab vor und neben unserm Wagen, heulten und stachen sich mit Messern in wilder Raserei. Und über dem allgemeinen Geschrei der Menge und dem Kreischen der Frauen dröhnte wie in rhythmischem Gesang der Ruf tiefer Männerstimmen: „Faisal, Nasir, Schukhri, Urens“. Wie eine Welle hub es an bei uns, rollte über die Plätze, den Markt, die langen Straßen hinunter zum Osttor, rund um die Stadtmauer, kam vom Medina-Tor wieder zurück und wuchs bei der Zitadelle wie eine Mauer von Rufen um uns empor.

Es wurde mir berichtet, Chauvel, der Führer der englischen Truppen, wäre soeben angekommen. Unsere Wagen trafen sich in der südlichen Vorstadt. Ich beschrieb ihm die Erregung in der Stadt, und daß die neue Regierung einen geregelten Verwaltungsdienst nicht vor dem morgigen Tag garantieren könnte; alsdann wolle ich mit ihm zusammenkommen, um alle für uns und die englischen Truppen notwendigen Maßnahmen zu besprechen. Bis dahin stände ich persönlich für die öffentliche Ordnung ein, bäte ihn aber nur, die englischen Truppen vorläufig noch außerhalb der Stadt zu belassen. Denn die Nacht würde innerhalb der Mauern einen Karneval sehen, wie ihn die Stadt seit sechshundert Jahren nicht mehr gefeiert hätte, und das könnte denn doch die Disziplin der Truppen gefährden.

36. Stürmische Regierungsbildung

Endlich gelang es uns, wieder nach dem Rathaus zu entwischen, denn wir mußten jetzt mit Abd el Kader abrechnen; er war aber noch nicht zurückgekehrt. Ich schickte nach seinem Hause, um ihn, seinen Bruder und Nasir herbeizuholen, bekam jedoch nur den kurzen Bescheid, die hohen Herren schliefen. Das hätte ich gescheiterweise auch tun sollen; aber statt dessen saßen wir zu vier oder fünf bei einem hastig aufgetragenen Mahl in dem Prunksaal auf üppigen goldenen Schnörkelstühlen an einem goldenen Tisch mit gleichfalls wollüstig verschnörkelten Beinen.

Ich setzte dem Boten mit aller Deutlichkeit mein Begehren auseinander. Er verschwand, und wenige Minuten danach erschien, sehr aufgeregt, ein Vetter der Algerier und erklärte, sie wären bereits auf dem Wege hierher. Das war eine offenbare Lüge; ich erwiderte jedoch, es wäre gut, andernfalls hätte ich in einer halben Stunde englische Truppen herbeigeholt und gründlich nach ihnen gesucht. Er lief eilig davon; und Nuri Schaalan fragte gelassen, was ich zu tun beabsichtigte.

Ich erklärte, daß ich Abd el Kader und Mohammed Said absetzen und statt ihrer Schukhri einstweilen zum Gouverneur bis zum Eintreffen Faisals ernennen würde. Es müßte das auf möglichst milde Art geschehen, da es mir widerstrebte, die Empfindungen Nasirs zu verletzen, und außerdem hätte ich keine reale Macht hinter mir, wenn die Algerier Widerstand leisteten. Ob denn die Engländer nicht kommen wollten, fragte Nuri Schaalan. Ich erwiderte: Ganz gewiß! Nur wäre zu besorgen, daß sie nachher nicht wieder gingen. Er überlegte einen Augenblick und sagte dann: „Du sollst meine Rualla haben, und zwar sofort, damit du alles tun kannst, was du willst." Der alte Mann stand auf und ging hinaus, um seinen Stamm zusammenzurufen.

Die Algerier kamen zu der Begegnung in Begleitung ihrer Leibgarden; in ihren Augen lauerte Mord. Aber unterwegs sahen sie die in voller Stärke heranziehenden Rualla des Nuri Schaalan, auf dem Platz vor dem Rathaus stand Nuri Said mit seinen Regulären, und drinnen im Vorzimmer lungerten die verwegenen Kerls meines Gefolges. Das führte ihnen deutlich zu Gemüte, daß ihr Spiel verloren war. Aber es wurde dennoch eine recht stürmische Sitzung.

Ich erklärte in meiner Eigenschaft als Vertreter Faisals ihre Zivilregierung von Damaskus hiermit für aufgehoben und ernannte Schukhri Pascha Ayubi zum interimistischen Militärgouverneur. Nuri Said wurde Kommandant der Truppen, Azmi erster Vertreter des Gouverneurs, Djemil Befehlshaber der Polizei. Darauf erhob sich Mohammed Said, und in einer hämischen Erwiderung klagte er mich an als einen Christen und Engländer und ersuchte Nasir, ihm beizustehen.

Der arme Nasir, der jeden Boden unter den Füßen verloren hatte, konnte nur betrübt dasitzen und dem Sturz seiner Freunde untätig zusehen. Abd el Kader sprang auf, begann mich in wildesten Ausdrücken zu verfluchen und steigerte sich dabei in eine förmliche Weißglut der Leidenschaft. Die Gründe, die er vorbrachte, waren lediglich von blindwütigem Fanatismus eingegeben, nicht sachlicher Natur; daher nahm ich überhaupt keine Notiz von ihm. Das brachte ihn noch mehr aus der Fassung; und plötzlich stürzte er mit gezücktem Dolch vorwärts.

Wie der Blitz war Auda bei ihm; der alte Mann, schäumend noch von der entfesselten Wut von heute morgen, dürstete nach Kampf. Es wäre für ihn eine wahre Erlösung gewesen, sich hier gleich auf einen zu stürzen, um ihn mit seinen langen Krallenfingern zu zerreißen. Abd el Kader zog sich eingeschüchtert zurück. Nuri Schaalan schloß die Sitzung und erklärte dem Diwan (es war ein recht bunter und einigermaßen unbequemer Diwan), daß die Rualla auf meiner Seite ständen, und damit wäre die Frage erledigt. Die Algerier rauschten zornentbrannt aus der Halle. Man drängte mich, sie verhaften und erschießen zu lassen; doch erschienen mir die beiden Unheilstifter nicht mehr sonderlich gefährlich, und ich wollte auch den Arabern nicht das Beispiel eines Präventivmordes geben als eines Mittels der Politik.

Wir aber machten uns ans Werk. Als Ziel schwebte uns vor, eine einheimische arabische Regierung auf einer möglichst breiten Grundlage zu bilden, die es gestattete, den Schwung und den Opfergeist der Erhebung für das Werk des Friedens nutzbar zu machen. Etwas von dem Prophetentum der Führer mußte in das Neue mit hinübergenommen werden, damit es ein tragfähiger Untergrund würde für die neunzig Prozent der Bevölkerung, die allzu ehrbare Bürger gewesen waren, um den Aufstand mitzumachen, auf deren Ehrbarkeit aber gerade der neue Staat ruhen mußte.

Rebellen, im besonderen erfolgreiche Rebellen, sind schlechte Staatsbürger und noch schlechtere Staatsleiter. Faisal mußte sich der traurigen Pflicht unterziehen, sich von seinen Kriegsgenossen zu trennen und sie durch jene Elemente zu ersetzen, die auch unter der türkischen Regierung wertvolle Dienste geleistet hatten. Nasir hatte zu wenig politischen Sinn, um das einzusehen. Nuri Said erkannte die Notwendigkeit, ebenso Nuri Schaalan.

Rasch sammelten sie einen ersten kleinen Stab erfahrener Beamter um sich und stürzten sich kopfüber in die Geschäfte. Zuvörderst Schaffung einer zuverlässigen Polizei: Ein Kommandant wurde ernannt nebst den nötigen Unterkommandanten, Bezirke wurden eingeteilt und zugewiesen, der Pflichtenkreis festgesetzt, vorläufige Gehälter, Verträge, Uniformierung bestimmt. Der Apparat kam in Gang. Dann gab es Schwierigkeiten mit der Wasserzufuhr. Die Leitungen waren verstopft mit Menschen- und Tierleichen. Die Sache fand ihre Lösung durch Einsetzen einer Wasserinspektion mit den nötigen Arbeitertrupps; umfangreiche Regulierungen wurden vorgenommen.

Der Tag begann sich zu neigen, alle Welt war auf den Straßen, voller Aufruhr und Erregung. Wir bestimmten einen Ingenieur zur Inbetriebnahme der Kraftstation und befahlen ihm unter schweren Strafen, auf jeden Fall die Beleuchtung der Stadt während der Nacht in Gang zu bringen. Waren die Straßen wieder beleuchtet, so war das das sicherste Zeichen friedlicher Zustände. Es gelang auch; und die beruhigende Helligkeit trug ihr gutes Teil zur Ordnung bei an diesem ersten Abend nach dem Sieg, obwohl auch unsere neugeschaffene Polizei sich voller Eifer zeigte und die Obmänner der zahlreichen Stadtviertel ihre Patrouillen unterstützten.

Dann der Sanitätsdienst. Alle Straßen waren angefüllt mit den Trümmern der vernichteten Armeen: herrenlosen Karren, Wagen, Bagage, Ausrüstungsstücken, Leichen. In den türkischen Reihen waren Typhus, Ruhr, Fleckfieber epidemisch gewesen; und viele Kranke waren in jedem Fleckchen Schatten am Wege niedergesunken und dort verendet. Nuri organisierte Straßenkehrertrupps, um die verpesteten Gassen und Plätze zunächst vom gröbsten zu säubern; er verteilte seine Ärzte in die verschiedenen Hospitäler und versprach ihnen Medikamente und Verpflegung für den nächsten Tag, falls irgend etwas aufzutreiben wäre.

Ferner die Feuerwehr. Die Spritzen der Stadt waren von den Deutschen zerstört, und noch brannten die großen Vorratsschuppen der Armee und gefährdeten die Stadt. Mechaniker wurden angefordert, Sachkundige zum Dienst gepreßt und zu den brennenden Schuppen gesandt, um den Flammen beizukommen. Die Gefängnisse! Wächter und Gefangene waren gemeinsam entsprungen. Schukhri machte aus der Not eine Tugend und erließ eine allgemeine Amnestie, sowohl für politische und militärische, wie gewöhnliche Delikte.

Ferner die Versorgung der Stadt. Viele hatten seit Tagen kaum noch etwas zu essen gehabt. Was von Vorräten in den Armee-Proviantämtern nicht zerstört war, wurde zunächst unter die Hilfsbedürftigsten verteilt. Aber auch für die Allgemeinheit mußten Nahrungsmittel beschafft werden. Vorräte waren in Damaskus nicht vorhanden, und in zwei Tagen mußte die Stadt hungern. Um wenigstens vorläufig Zufuhren aus den umliegenden Dörfern zu bekommen, mußte das Vertrauen in die öffentliche Sicherheit wiederhergestellt, Bewachung der Straßen angeordnet und die von den Türken mitgeschleppten Tragtiere aus den eroberten Beständen ersetzt werden. Die Engländer wollten uns keine abgeben. Daher ergänzten wir die fehlenden Tiere aus unseren Transportkolonnen.

Zur ausreichenden und regelmäßigen Versorgung der Stadt mußte die Eisenbahn in Betrieb gesetzt werden. Lokomotivführer, Heizer, Weichensteller, Rangierer nebst dem nötigen Beamtenpersonal wurden herangezogen und sofort wieder zum Dienst verpflichtet. Dann die Telegraphen: Unterpersonal war vorhanden und willig; aber Betriebsleiter mußten gefunden und Streckenarbeiter abgesandt werden, um die Linie wieder herzustellen. Die Post konnte noch ein oder zwei Tage warten; aber dringend notwendig war die Beschaffung von Quartieren für unsere Truppen und die Engländer; ebenso dringend die Öffnung der Läden, die gesamte Wiederaufnahme von Handel und Wandel, und als Vorbedingung dazu eine gesunde Währung.

Der Geldkurs war völlig zerrüttet. Die Australier hatten Millionen von türkischen Noten erbeutet (nur Papiergeld war im Umlauf) und mit vollen Händen damit um sich geworfen, so daß sie fast wertlos waren. Ein Soldat hatte einem Jungen, der ihm drei Minuten das Pferd hielt, eine Fünfhundertpfundnote dafür gegeben. Young versuchte sich auch als Finanzminister und stützte den Kurs mit dem Rest unseres Akaba-Goldes. Aber neue Noten mußten ausgegeben werden, was die Druckerpressen in Anspruch nahm; und kaum war das in Gang gebracht, als dringend Zeitungen verlangt wurden. Auch mußten die Araber, als Erben der türkischen Verwaltung, die Einwohnerlisten, Grundbücher und Eigentumsurkunden übernehmen; doch die alten Beamten machten Feiertag.

Während die Stadt noch hungerte, wurden wir von Requisitionen bedrängt. General Chauvel hatte vierzigtausend Pferde und kein Korn Fourage. Wurde ihm das nötige Futter nicht geliefert, so trieb er es sicherlich gewaltsam ein, und das eben erst entzündete Licht der Freiheit mußte verlöschen wie ein Streichholz. Der Bestand des neugeborenen Staates Syrien hing daran, daß wir ihn zufriedenstellten, und besondere Rücksicht war nicht von ihm zu erwarten.

Alles in allem war es ein recht arbeitsreicher Abend; aber endlich machten wir für heute Schluß, indem wir das Personal fortschickten. Unsere Absicht war, mehr ein provisorisches Gerüst zu schaffen als einen fertigen Bau. Doch die Dinge ließen sich so überraschend gut an, daß, als ich am 4. Oktober Damaskus verließ, Syrien de facto eine fertige einheimische Regierung hatte. Und sie hielt sich zwei Jahre lang am Ruder, in einem eroberten, vom Krieg verwüsteten Lande, ohne fremde Hilfe und gegen den Willen einflußreicher Elemente unter den Alliierten.

Später saß ich dann allein in meinem Zimmer und versuchte nach diesem ereignisreichen Tage eben meine Gedanken ein wenig zu sammeln, als die Muezzin begannen, den abendlichen Gebetruf über die im hellen Licht strahlende und feiernde Stadt durch die feuchte Nacht zu schicken. Von einer Moschee ganz dicht bei meinem Fenster rief ein Muezzin mit besonders reicher, klangvoller Stimme. Unwillkürlich lauschte ich seinen Worten: „Gott allein ist groß. Ich bezeuge, es gibt keine Götter außer Gott, und Mohammed ist sein Prophet. Kommt zum Beten, kommt zum Heil. Gott allein ist groß, es ist kein Gott – denn Gott!"

Zum Schluß senkte er seine Stimme um zwei Töne, fast wie zum Sprechen, und fügte leise hinzu: „Und Er hat uns viel Gnade erwiesen am heutigen Tag, o Volk von Damaskus!" Das Geschrei in den Straßen verstummte; und ein jeder schien dem Gebetruf zu gehorchen an diesem ersten Abend wahrer Freiheit.